REIHE SIEGEN
Beiträge zur Literatur-, Sprach- und Medienwissenschaft
Band 138

Eine Schriftenreihe der Universität – Gesamthochschule – Siegen

Herausgegeben von
Wolfgang Drost, Helmut Kreuzer
Karl Riha, Christian W. Thomsen und Ralf Schnell

GERMANISTISCHE ABTEILUNG

Verantwortlicher Herausgeber: *Helmut Kreuzer*

FRIEDRICH SENGLE

Kontinuität und Wandlung
Einführung in Goethes Leben und Werk

Mit einem Nachwort von

MANFRED WINDFUHR

Herausgegeben von

MARIANNE TILCH

UNIVERSITÄTSVERLAG C. WINTER

HEIDELBERG

Die Deutsche Bibliothek – CIP-Einheitsaufnahme

Sengle, Friedrich:

Kontinuität und Wandlung: Einführung in Goethes Leben und Werk / von Friedrich Sengle. Mit einem Nachw. von Manfred Windfuhr. Hrsg. von Marianne Tilch. – Heidelberg: Winter, 1999

(Reihe Siegen; Bd. 138: Germanistische Abteilung)

ISBN 3-8253-0831-6

ISBN 3-8253-0831-6

Imprimé en Allemagne. Printed in Germany
Druck: Strauss Offsetdruck GmbH, 69509 Mörlenbach

Inhalt

Anhang

Einleitung

Einige von Ihnen werden sich gefragt haben, ob es heute noch sinnvoll ist, eine Vorlesung über Goethe allein zu lesen. Ich will daher einige Vorüberlegungen anstellen, um beliebte Mißverständnisse von vornherein abzuwehren.

Mit der Konzentrierung auf Goethe will ich sagen, daß ich nicht über die sogenannte Klassik sprechen werde. Auch der Anführer der sogenannten Goethezeit ist *nicht* gemeint. Ich setze auch nicht voraus, daß Goethe der größte deutsche Dichter ist und der unüberbietbare Höhepunkt der deutschen oder gar der abendländischen Kultur. Goethe ist für mich nicht die Norm, an der wir uns selbst und die moderne Literatur messen müssen. Wohin dies führt, verraten die Urteile Emil Staigers über die moderne Literatur überdeutlich. Andererseits ist für mich der große deutsche Dichter um 1800 auch kein Zeitgenosse, dem wir auf die Schulter klopfen und den wir beliebig wie unsereinen beurteilen und kritisieren dürfen. Dies ist der Fall in der erfolgreichen Biographie Friedenthals.

Für mich ist Goethe einer der größten deutschen Dichter, der um 1800 in einer bedeutenden Epoche der deutschen Kultur lebte, dichtete und arbeitete. Er ist historisch, d.h. unbefangen, als eine Größe der *Vergangenheit* zu betrachten. Er ist aber als ein *großer* deutscher Dichter einer *bedeutenden* Epoche mit *Respekt* zu behandeln. Man darf ihn nicht an irgendwelchen modernen Idealen, so teuer sie uns auch sein mögen, messen, sondern man muß ihn in *seiner* Zeit werten und vor allen Dingen auch *verstehen*. Das ist bis in unsere Tage hinein nicht befriedigend geschehen. Ich kann Ihnen keine einzige Goethebiographie oder sonstige Gesamtdarstellung Goethes nennen, die den Dichter nicht vergrößert oder verkleinert, sondern den Anspruch einer gerechten historischen Würdigung ganz erfüllt. Am ehesten würde ich noch sagen, daß in der *Kleinen Goethebiographie* von Günther Müller der historische Anspruch erfüllt ist.

Ich will daher so verfahren, daß ich in dieser Einleitung zunächst eine kurzgefaßte Geschichte der Goethekritik gebe und d.h. weithin eine Geschichte der Vergötterung und Verteufelung Goethes. Anschließend will ich versuchen, den historischen Ort und Rang Goethes unbefangen zu bestimmen. Es ist nicht gesagt, daß er uns dadurch *ferner* rückt; denn wir alle sind keine Götter und Teufel, sondern eben Menschen in unserer Zeit, wenn auch niederen oder höheren Ranges. Aber ein Mensch, *nichts* als ein Mensch - wenn auch einer höchsten Ranges! - wird uns immer *mehr* zu sagen haben als ein Gott, der auf dem Denkmal steht, oder eine Karikatur aus der Kammerdienerperspektive mit Faunsgesicht oder gar mit Bocksfüßen.

Goethe-Wirkung

Im Anfang seiner Laufbahn ist Goethe vor allem der Dichter von *Werthers Leiden*. Der erste Roman wird in viele Sprachen übersetzt. Er hat eingeschlagen wie selten ein Buch. Für viele Zeitgenossen blieb Goethe bis zu seinem Lebensende der Dichter von *Werthers Leiden*. Wenn der Kaiser Napoleon den Dichter huldvoll empfängt, um der deutschen Kultur seinen Respekt zu erweisen, so unterhält man sich natürlich über *Werthers Leiden*. Goethe hat unter dieser Abstempelung gelitten; denn er war ja ein Mensch und Dichter, der nach einem Erlebnis oder nach einer Dichtung sogleich *weiterschritt*. Er wendet dafür das Bild von den Schlangenhäuten an. Er wirft eine Haut nach der anderen ab und bleibt dabei doch in merkwürdiger Weise immer wieder ein gleicher oder jedenfalls ähnlicher Mensch. Wäre das nicht der Fall gewesen, so hätte er kaum sein ganzes Leben am *Faust* schreiben können. In der Goethe-Forschung wird dieser Aspekt besonders von Gerhart Baumann betont. Aber Goethe ist für das Publikum *zunächst* ganz und gar nicht der Dichter des *Faust*. Den *Urfaust* hat er ja nicht veröffentlicht: Er ist uns überhaupt nur durch Zufall erhalten geblieben.

Nach *Werthers Leiden* hatte er es zunächst satt, den umstrittenen Dichter zu spielen. Warum war *Werthers Leiden* so umstritten? Das ist ein großes Thema heute [!]. Ich begnüge mich mit <einem> kurzen Hinweis. Der *Werther* sieht zunächst so aus, als ob er ein empfindsamer Roman wäre. Empfindsamkeit ist die große europäische Mode. Der Roman hat als empfindsamer Roman Erfolg wie so viele empfindsame Romane von Richardson, Rousseau, Sophie von La Roche etc. Der *Werther* ist aber ein besonders aufregender, ja für viele ein empörender Roman; denn während sonst die Empfindsamkeit die gottgegebene Harmonie der Welt den Leuten mit Wohlklang und süßer Musik in den Mund streicht, endet *Werthers Leiden* mit einem schrillen Ton. Werther bringt sich um, er *muß* sich sozusagen, so wie *er* ist, und so wie die sinnlose Welt ist, umbringen. Der Roman ist unsittlich, ja irreligiös. Er ist eine Blasphemie! Daher die ungeheure Empörung bei Pädagogen und Theologen. Die anderen, besonders Goethe Freunde, die Stürmer und Dränger, sind *fasziniert*; aber sie wagen es entweder nicht, ihre Zustimmung öffentlich zu gestehen, oder sie werden als junge gewissenlose und aufrührerische Burschen überhört. Sie nannten sich ja selbst Kerls und Genies; aber das wurde meistens als Überheblichkeit empfunden und *war* es auch in den meisten Fällen. Kurz und gut, Goethe hatte 1775 genug von dem literarischen Hexenkessel. Er wurde der Günstling eines jungen Fürsten, lebte selbst als eine Art kleiner Fürst. Für diesen Kreis in Weimar schrieb er auch allerlei Werke, besonders für das

Liebhabertheater, ernste Sachen wie die Prosa-*Iphigenie*, Singspiele, wie sie damals Mode waren, auch allerlei Jux für die Freunde und, nicht zu vergessen, hervorragende Balladen und Lyrik. Aber diese Sachen alle zu veröffentlichen und sich damit der akademischen und bürgerlichen Kritik zu stellen, war unter der Würde eines Fürstenfreundes, Ministers und gefürchteten Höflings.

Wenn ihm damals schon Weihrauch gestreut wurde, z.B. von dem ehemaligen Prinzenerzieher Chr. M. Wieland in Weimar, so weiß man nicht ganz sicher, ob es aufrichtig oder aus Ängstlichkeit geschah, - weil man nämlich die Pension als Vater vieler Kinder nicht verlieren wollte. Lenz, der ehemalige Genosse, wurde des Landes verwiesen, als er es wagte, Goethe zu karikieren. Und dem andern Sturm und Drang-Genossen, Klinger, wurde nur die Rechnung im Gasthof bezahlt. Er konnte sehen, wo er blieb.

Als Goethe nach zehn Jahren bemerkte, daß er eben doch kein Höfling im Stile des Ancien régime und auch kein Staatsmann und Menschheitsbeglücker war, streifte er diese Schlangenhaut rasch, ja plötzlich ab: Italienreise. Er stellte sich erneut dem *literarischen* Publikum und zwar jetzt mit klassizistisch und humanistisch überformten Werken: *Iphigenie* in Blankversen, *Tasso* in Blankversen, *Römische Elegien* in Distichen. Auch der *Egmont*, der aus dem Sturm und Drang stammte, war klassizistisch überformt, d.h. nach dem Gesetz der Klarheit, Symmetrie und Objektivität gestaltet worden, obwohl der Dichter bei der Prosa blieb.

Großartige Werke, der Höhepunkt von Goethes Schaffen, sagen *wir*. Großartig diese Unbefangenheit in den *Römischen Elegien*, wie tief die Problematik des Dichters im *Tasso*, erstmalig, einzigartig. Überzeugend die immer noch empfindsame, aber ganz und gar nicht süßliche Humanität in der *Iphigenie*. Bezaubernd, unvergeßlich das Klärchen im *Egmont*. Aber die Resonanz auf diese Werke war schwach, im Stile eines Achtungserfolgs, im Falle der *Römischen Elegien* war sie sogar empört. Wieder war Goethe gründlich aus der empfindsam-christlichen Kultur *ausgebrochen*. Sogar Herder mäkelte an Goethes Werken herum und fand z.B. dirnenhafte Züge bei Klärchen. Der Dichter hatte wieder allen Grund mit dem Publikum unzufrieden zu sein.

Dies ist eine Voraussetzung für sein Bündnis mit Schiller, der ein traditionellerer Dichter und daher erfolgreicher beim Publikum war. Er stand stärker in der Barocktradition oder, das will das Gleiche sagen, er stand stärker in der Tradition der Rhetorik. Zugleich war er der handfestere Dramatiker, der einzige, der mit den Theaterbeherrschern der Zeit - Kotzebue, Iffland, Schröder - mit Erfolg konkurrieren konnte.

Als *Denker* war Schiller seinem Freund Goethe in manchem überlegen. So durchschaute er z.B., daß der Klassizismus, im Sinn einer ebenbürtigen Nachahmung der Griechen, ein Irrtum war. Goethe hatte sich buchstäblich vorgestellt, er könne es den Griechen gleichtun. Die *Achilleis*, in der Goethe mit Homer wetteifern wollte, blieb aber liegen. Dagegen vollendete er im

Gefolge des Göttinger Hainbündlers und Idyllikers Voß - es ist der Homer-Übersetzer - sein idyllisches oder auch bürgerliches Epos *Hermann und Dorothea*. Es war eine ziemlich *revolutionäre* Form des Epos; denn nach der Theorie war das Epos ein Heldengedicht, das sich mit öffentlichen Angelegenheiten, besonders mit Kriegen befaßte. *Hermann und Dorothea* hatte Erfolg; aber Goethe behandelte diese Zustimmung des Publikums mit Geringschätzung; denn, wie gesagt, das bürgerliche Epos war nicht *seine* Idee gewesen und von seinen deutschen Landsleuten hielt er wenig; denn er fühlte sich immer noch als eine Art Grieche und Bruder des Homer und des Sophokles.

Aber Goethe gehörte nicht zu den Dichtern, die sich als erfolglose Dachstubenpoeten und brotlose Träumer wohlfühlten. Dichter wie Hölderlin waren ihm fremd und ein wenig verächtlich. Deshalb hatte er schon vor *Hermann und Dorothea* mit lässiger Hand das Ansehen, das er sich beim Publikum durch den *Werther* erworben hatte, *weiter*gepflegt, dadurch, daß er einen Roman aus der Schublade zog und, ohne sich viel Mühe zu geben, vollendete [!]. Ein gewisser Blankenburg, ein Verehrer Wielands, hatte versucht, das Ansehen des Romans zu heben, indem er ihn zum Epos erhob. Roman = subjektive Epopöe...

Diese Theorie mag Goethe gerade recht gewesen sein, zur Rechtfertigung seiner Betätigung auf dem mißachteten Feld der Erzählprosa. Jedenfalls waren die *Lehrjahre* wie das Epos *Hermann und Dorothea* Zugeständnisse an das bürgerliche Publikum, das sich für Erzählungen aus der Gegenwart mehr interessierte als für Dramen und Epen aus der Geschichte oder der antiken Mythologie.

Die Äußerungen über die *Lehrjahre*, die man im Briefwechsel Goethes mit Schiller findet, sind ziemlich verdrossen. Man sehe, daß die Prosa nun einmal grundsätzlich nicht zur Poesie führen könne, daß sie eigentlich doch unter der Würde eines großen Dichters sei und daß man fortan nur noch Versdichtungen schreiben wolle. Auf der Basis dieser klassizistischen Ideologie schrieb Goethe den ersten Teil seiner *Natürlichen Tochter* und Schiller *Die Braut von Messina*. Beide Dichtungen gehören zu den frostigsten, stilisiertesten Werken der Goethezeit und wurden sogleich hart getadelt.

Inzwischen geschah etwas, woran Goethe und Schiller, wie auch die großen Dichter des früheren 18. Jahrhunderts, Klopstock und Wieland *nicht* gedacht hatten. Eine *junge, frische* Generation, die mit der Feder sehr gut umgehen konnte, die in der Publizistik z.T. besser als Goethe und Schiller war, erhob sich, um die klassizistische Ideologie, den Wahn, die Griechen nachahmen zu können, *grundsätzlich* zu verwerfen. Ihr Vorbild war die moderne, romantische, d.h. im Sprachgebrauch der Epoche, die nachantike Dichtung vom Nibelungenlied über Dante, Shakespeare bis zu Calderon.

Romantisch heißt, wie gesagt, nachantik, modern; Romantiker hießen sich die, denen das antike Vorbild nicht mehr unbedingt verbindlich war.

Romantisch hat aber auch mit Roman zu tun in *dem* Sinn, daß der *Roman*, damals ein *vager* Begriff, für den die Übersetzung mit Erzählprosa noch zu eng ist, sehr hoch gestellt, ja womöglich zum Inbegriff der Dichtung wird. Man darf dabei nicht vergessen, daß bis dahin, nach *klassizistischen* Begriffen, das Epos und die Tragödie fortwährend nebeneinander gestellt, die höchsten Gattungen gewesen waren.

Aus dieser Glorifizierung des Romans ist es zu verstehen, daß die Romantiker Klopstock und Schiller, den Verfasser des *Messias* und den Verfasser berühmter Tragödien, *verwarfen* und nicht mehr als große Poeten anerkannten. Wieland lief, besonders durch seinen *Oberon*, als moderner Hauptvertreter des romantischen Epos. Außerdem hatte er ja zur Hebung des Romans einen großen Beitrag geleistet, besonders durch seine *Geschichte des Agathon*. Aber auch diesen Dichter des 18. Jahrhunderts ließen die Romantiker nicht gelten; denn er war ihnen nicht tief genug, nicht religiös genug und nicht deutsch genug. Übrig blieb Goethe. Ihn versuchten sie in ihr Lager zu ziehen, indem sie ihn zum Statthalter des poetischen Geistes auf Erden ernannten und auch sonst huldigten. Dabei gehörte ihr Interesse besonders Goethes neuem Roman, den *Lehrjahren*. Zwar war auch dieser Roman nicht poetisch genug - das betonte besonders Novalis -; aber er galt immerhin als ein Anfang der neuen romantischen Poesie. Selbstverständlich bewunderten die Romantiker auch das dunkle *Märchen* Goethes in den *Unterhaltungen deutscher Ausgewanderten* und seine Lyrik im Gefolge Herders. Sie war bei einem Klassizisten alles andere als selbstverständlich (Oden!).

Die Romantiker sind es also zuerst gewesen, die Goethe zum Erz- und Ur- und Volkspoeten erhoben. Das gilt besonders für die Frühromantik, für die Kritik Tiecks, Hardenbergs und vor allem der Brüder Schlegel. Als die Romantik christlicher und restaurativer wurde, war die Anerkennung Goethes nicht mehr so selbstverständlich. So hat z.B. Eichendorff in seinen großen literarhistorischen Arbeiten ein zwiespältiges Verhältnis zu Goethe, weil Goethe, wie er sagt, in der Natur haften blieb, im Irdischen, und dem heiligen Auftrag der Poesie nicht ganz gerecht wurde. Aber Eichendorff vergißt nie, daß Goethe, bei all seinem Heidentum, ein großer Dichter ist. Er *überhebt* sich nicht über ihn.

Das wurde anders, als sich die Romantik in restaurative und revolutionäre Dichter aufzuspalten begann, in streitbare christliche Kämpfer wie Jeremias Gotthelf und in streitbare Liberale wie Börne. Börne hat Goethe unter moralischen und demokratischen Gesichtspunkten völlig verdammt. Er ließ nicht einmal Gedichte wie den *Erlkönig* gelten; sie ließen ihn völlig kalt. Goethes Liebe, meint Börne, kommt aus dem Unterleib. Er verkauft das Volk und die Freiheit um das Lächeln einer Fürstin. Seine Objektivität ist vollkommene Gefühllosigkeit. Börne spielt Jean Paul gegen Goethe aus, Jean Paul hatte ein Herz und ist auch in die Hütten der Armen hinabgestiegen. Fast ebenso scharf war die Kritik des christlichen Burschenschafters Wolfgang

Menzel, der als Kritiker an Cottas *Morgenblatt* eine geachtete und einflußreiche Stellung hatte. Auch hier ist Goethe der unsittliche Dichter, der aalglatte Höfling, der nur für glatte, elegante Form Verständnis hat.

Börne und Menzel bekämpfen einander erbittert, in großen Artikeln und Aufsätzen; aber in dem Verdammungsurteil gegenüber dem Geheimerat, Wollüstling und Formalisten Goethe sind sie *einig*. Auch Heine kritisiert natürlich den Höfling Goethe. Und: Er erklärt, die Kunstperiode unter Goethes Führung sei zu Ende. Jetzt komme die Politik an die Reihe. Aber dieser Dichter ist, ähnlich wie Eichendorff, zu empfindlich für ästhetische Werte, als daß er Goethe ganz verdammen könnte [!]. Heine hat frühzeitig im berühmten Salon der großen Rahel in Berlin verkehrt. Rahel war die jüdische Gattin des ehemaligen Diplomaten Varnhagen von Ense. Rahel hat Goethe, ähnlich wie Bettina von Arnim, schwärmerisch verehrt. Man kann wohl sagen, daß sie einen völlig unkritischen Goethekult begründet hat. Aber eben diese Übertreibung schadete dem Ansehen Goethes. Menzel nannte Goethe einen "Messias der Juden", und das war im Zeitalter der Metternichschen Restauration ein Verdammungsurteil.

Im stillen gab es schon manchen verständnisvollen Goetheverehrer: Mörike z.B., dann den Österreicher Feuchtersleben, auch Grillparzer und Stifter. Aber bis zum Beginn des Realismus, d.h. bis zur Märzrevolution, die neues Leben in die deutsche Literatur brachte, war Goethe ein umstrittener moderner Dichter, heimlich zwar oft geliebt, öffentlich aber meist verdammt als Egoist, Unchrist und Verräter an der Freiheit.

Erst in der zweiten Hälfte des 19. Jahrhunderts begann Goethe zum allgemein bewunderten und anerkannten Klassiker aufzusteigen, ja womöglich *Schillers* Ruhm zu überstrahlen, der es in der Biedermeierzeit als pathetischer, sittlicher und auch politischer Dichter leichter gehabt hatte.

Welche Gründe führten im Zeitalter des bürgerlichen Realismus zu einem verbesserten Verständnis Goethes?

1) Der Realismus liebte das Pathos nicht und bekämpfte es überall, wo er es fand. So hat z.B. Otto Ludwig den pathetischen Dramatiker Schiller erbittert bekämpft. Höher schätzte er Goethe. Er stellte ihn als Menschenkenner und -gestalter neben Shakespeare.

2) Realismus und Individualismus sind eng miteinander verwandt; denn Realismus bedeutet nach 1848 nicht die absolute Sachlichkeit, die photographische Sehweise, sondern nur, daß die Einzelbeobachtung mehr gilt als ein System oder eine Norm. (Richard Brinkmann). *Die einzelnen Dinge und Personen in individueller Perspektive* - das ist Realismus - Es ist selbstverständlich, daß auf dieser Grundlage Goethe plötzlich als Vorbild erschien. Hingerissen bewunderte man jetzt so individuelle und lebensnahe Gestalten wie Gretchen oder Klärchen. Auch für den *Faust* begann man sich zu begeistern; denn mächtige Persönlichkeiten wurden im Zeitalter Bismarcks, der erfolgreichen deutschen Industriepioniere, der in Europa oft führenden

deutschen Wissenschaftler und der erfolgreichen deutschen Generäle zum Vorbild für das eigene Leben. Goethes *Individualismus* störte die Deutschen *nicht* mehr, im Gegenteil, dieser Individualismus, der immer noch begrenzt gewesen war durch gesellschaftliche und sittliche Normen freierer Art, wurde von Nietzsche zu einem wilden Übermenschentum jenseits von Gut und Böse gesteigert. Das faustische Zeitalter in einem durchaus verhängnisvollen Sinn begann gegen Ende des 19. Jahrhunderts und zwar immer unter Berufung auf den Dichter, der jetzt als der Größte unter den Deutschen betrachtet wurde. Wenn Stefan George Goethe andichtet - im *Siebenten Ring* -, so tut er das als ein *Aristokrat*, der sich mit Goethe brüderlich verbunden weiß.

Man darf wohl sagen, daß bei der Generation, die um 1870 geboren ist, der Goethekult seinen Kulminationspunkt erreicht. Der ehemalige Naturalist G. Hauptmann wird zum Goethe-Imitator, Thomas Mann steht bis zum *Doktor Faustus* in einer ständigen Auseinandersetzung mit diesem Vorbild. In harmloserer Weise versuchen sich Dichter wie Hans Carossa als Gefolgsleute Goethes. Rudolf Steiner, der Begründer der Anthroposophie, begründet sein Goetheaneum. Der große Historiker Meinecke [!] erhoffte sich noch nach dem zweiten Kriege eine Erneuerung unseres religiösen und sittlichen Lebens durch Goethegemeinden. Im Ausland wird Goethe überall zum Repräsentanten Deutschlands, nicht nur der deutschen *Dichtung*. Wenn bei unseren Antipoden in Neuseeland eine Goethe-Society begründet wird - Prof. Asher aus Auckland hat es getan - so ist damit nicht nur eine Beschäftigung mit Goethes Werken gemeint, sondern mit der gesamten deutschen Kultur. Entsprechend fühlt sich auch das Goethe-Institut, eine mächtige deutsche Auslandsorganisation mit dem Hauptsitz in München, nicht so sehr Goethe verpflichtet als der deutschen Sprache und Kultur, die das Institut in zahllosen Zweigstellen des In- und Auslands den Ausländern vermittelt. *Goethe ist zum Symbol für das Deutschtum geworden*, und zwar gerade in einer Epoche, die wenig mit ihm zu tun hat, die ihn weniger liest als die ihm feindliche Restaurationsepoche, die, auf der Grundlage der Goethe-fernen expressionistischen Literatur, *ein eigenes literarisches Selbstbewußtsein entwickelt* hat und diejenigen, die, wie der Schweizer Emil Staiger, noch immer unsere moderne Literatur an Goethe messen, erbittert kritisiert, ja verhöhnt.

Staiger erklärt, *wir* hätten nicht Goethe zu kritisieren, sondern uns zu fragen, ob unsere Zeit vor Goethe besteht. Umgekehrt erklärte Jaspers in seiner Goetherede von 1949, Goethe hätte uns nicht mehr viel zu sagen, weil er keinen Begriff vom Radikal-Bösen, d.h. also vom Teuflischen habe. Goethe habe zwar gezeigt, was eine Persönlichkeit sei; aber sein Weltbild sei zu flach, zu harmonistisch.

Ich persönlich meine, wir sollten endlich aufhören, *uns* an Goethe oder *Goethe* an uns zu messen. Das wird allmählich ebenso sinnlos, als ob wir uns an Wolfram von Eschenbach oder Dante oder Calderon, oder umgekehrt diese an uns messen wollten.

Schon trennen uns 227 Jahre von Goethes Geburtstag. Das ist ein größerer Zeitraum als der, welcher Opitz von Goethe trennt. Und wer wird diese Dichter und ihre Zeiten aneinander messen? Wenn uns Goethe immer noch in historischer Nähe erscheint, so liegt dies daran, daß er als Klassiker durch die Schule konserviert und mit dem trügerischen Heiligenschein der Überzeitlichkeit versehen wurde. Er ist aber nicht überzeitlicher als Sophokles oder Homer oder Shakespeare oder Calderon, und bei diesen alten Dichtern liegt es uns doch ganz fern, uns in irgendeiner Weise mit ihnen zu *identifizieren*. Das ist der Hauptfehler, daß wir uns mit einem so entfernten Dichter identifizieren wollen. Sowohl der Goethenachfolger wie der prinzipielle Goethekritiker gehen von der Vorstellung aus, man könne Goethe, *ohne* historischen Abstand, wie irgend einen Zeitgenossen ins Herz schließen oder ablehnen. Aber beides ist sinnlos geworden.

Das soll nicht heißen, daß wir von und an Goethe nichts lernen können. Wir können an Goethe sehen, wie ein großer Mensch durch die *Zeit* ging, nicht durch irgend eine Zeit, sondern durch seine eigene. Wir können sehen, wie er dieser Zeit widerstand und wie er ihr - noch häufiger - nachgab, - ohne deshalb seine Größe zu verlieren; denn es ist eine falsche, idealistische Vorstellung, wenn man meint, man könne sich um seine Zeit drücken. Man kann im besten Fall durch die Zeit, in der man lebt, *hindurchgehen* und ihr etwas Bedeutendes, etwas Dauerhaftes *abgewinnen*.

Goethe ist in allen seinen Lebensaltern *in die Zeit hineingegangen* und *durch* sie hindurchgegangen und hat ihr etwas *abgewonnen*, keineswegs nur in seiner klassischen Zeit, da er sich bewußt um Überzeitlichkeit bemühte.

Man hat zunächst den klassischen Versdichter Goethe gegen den jungen und prosaischen Goethe ausgespielt. Bezeichnend ist z.B., daß man in unseren Schulen eher *Hermann und Dorothea* als die *Lehrjahre*, eher *Iphigenie* als *Egmont* gelesen hat [!]. Seit dem Naturalismus begann man dann umgekehrt den jungen Goethe gegen den klassischen auszuspielen. Lieber *Götz von Berlichingen* als *Iphigenie* und *Tasso*, oder gar *Die natürliche Tochter*.

Der *alte* Goethe wurde im ganzen 19. Jahrhundert mit großer Skepsis betrachtet. Sogar der Ästhetiker F. Th. Vischer [!] persiflierte den alten Goethe. Die erste Auflage des *West-östlichen Divan* war noch zu Beginn unseres Jahrhunderts *nicht* verkauft. Heute besteht eher die Neigung, den alten, angeblich *modernen* Goethe gegen den Stürmer und Dränger oder Klassiker auszuspielen. Aber auch dieses Messen des einen Goethe am andern hat keinen Sinn. Unsere Aufgabe wird es also sein, *den ganzen Goethe in seinen verschiedenen Lebensaltern und in seiner ständig wechselnden historischen Umwelt zu verstehen.*

Ich komme nun zu dem Versuch, Goethes *geschichtlichen* Ort in groben Umrissen zu bestimmen. Ich möchte damit denen helfen, die von der Goethe*zeit* wenig wissen und eine Art von Vorausdeutung auf meine Vorlesung geben, wie ich dies schon mit dem kurzen Überblick über die Goethe*kritik* getan habe. Goethe wird in der Goetheforschung *fast immer* zu isoliert gesehen. Dieser Gefahr möchte ich schon in meiner Einleitung entgegenwirken.

Die ersten dichterischen und persönlichen Schritte Goethes liegen in den 60er Jahren des 18. Jahrhunderts. In dieser Zeit ist die Empfindsamkeit schon ein wenig abgestanden und zu den Epigonen abgesunken oder befindet sich jedenfalls in einem Umwandlungsprozeß (Göttinger Hain). Dagegen hat sich die Aufklärung und die von ihr überformte Rokokokultur mächtig erneuert und ist dadurch zu neuem Ansehen gelangt, besonders durch Wielands aber auch durch Lessings Verdienst. Die *Geschichte des Agathon, Musarion, Minna von Barnhelm* sind die *ersten* literarischen Erlebnisse Goethes, und diese ersten Erlebnisse sind bekanntlich - einfach aus psychologischen Gründen - von besonderer Bedeutung. (Sie werden Neuerscheinungen nie wieder so intensiv aufnehmen, wie Sie es jetzt tun.) Diese einfache psychologisch-historische Tatsache wird von der Forschung bis zum heutigen Tag nicht voll erkannt und anerkannt. Der Grund dafür ist oder war die nationalistische Ideologie vom undeutschen Charakter der Aufklärungs- und Rokokokultur. Der Rokoko-Goethe *muß* ein Irrweg gewesen sein, erst im Sturm und Drang erscheint der wahre, tiefe, mystische, deutsche Goethe. Goethe hat sich aber sein ganzes Leben etwas von dieser Rokokoleichtigkeit, ja man kann sogar sagen von diesem Rokokoleichtsinn bewahrt. Man braucht diesen Leichtsinn nicht so stark zu betonen, wie dies Richard Friedenthal in seiner Goethebiographie tut. Da wird Goethe geradezu zu einem Luftikus und Schmetterling, der keine Reue kennt. Eine Tatsache aber ist, daß er auch im Sturm und Drang merkwürdig leicht gelebt hat - sehr zum Mißfallen des gewichtigen Herder -, daß er die Ehe wie ein rotes Tuch gescheut hat, im Unterschied zu dem Rokokodichter Wieland, der biographisch als Vater Wieland in die Geschichte eingegangen ist. Tatsache ist, daß Goethe, im Anschluß an den Rokokophilosophen Voltaire, sein ganzes Leben lang der Skepsis nahestand, daß er die wechselnden philosophischen Systeme des deutschen Idealismus niemals ganz ernst genommen hat - im Unterschied etwa zu Schiller, Novalis und Hebbel -, daß er immer etwas vom Okkasionalismus des Rokoko, d.h. also von dem Glauben an die einzelne Gelegenheit, an den einzelnen Augenblick, sich bewahrt hat. In den *Römischen Elegien*, d.h. also nach seinem Versuch mit dem Spinozismus und idealistischen Humanismus (*Iphigenie*!), taucht diese Göttin Gelegenheit in persona wieder auf. Die *Römischen Elegien* sind - anders ausgedrückt - eine neue Form der

Anakreontik, und auch der *West-östliche Divan* ist, wie man längst erkannt hat, auf weiten Strecken *wieder* Anakreontik in neuer Verkleidung, besonders im *Schenkenbuch*.

Ich will, wie gesagt, Goethe nicht auf seine Rokokobasis festlegen - Friedenthal treibt mir seine Leichtlebigkeit und Unbekümmertheit zu weit -, aber das Rokokoerlebnis, die Rokokoprägung bleiben wichtige *Komponenten* im Leben und Dichten Goethes. Man kann sich fragen, ob er es *ohne* diesen Anteil am Rokoko, d.h. am Ancien régime, überhaupt ausgehalten hätte, ein ganzes Leben lang als Hofmann zu verbringen. Den Jüngeren war es ganz unmöglich, Goethe als Höfling zu verstehen, weil sie in eine revolutionäre Epoche hineingeboren waren und diese Verwurzelung im Ancien régime *fehlte* [!].

Es ist kaum denkbar, daß Goethe allein - sagen wir einmal, wenn er in Leipzig geblieben wäre - den Weg zum Sturm und Drang gefunden hätte. Dazu bedurfte er Herders und wohl auch des einen oder anderen Generationsgenossen - ich denke dabei besonders an den schwerlebigen und wahrscheinlich schon ein wenig psychopathischen aber genialen Lenz. Die große Bedeutung, die für Goethe die Begegnung mit Herder hatte, soll dadurch in keiner Weise verkleinert werden. Der menschliche Geist, auch die Dichtung eines Menschen, sind keine Pflanzen, die sich nach einem vorherbestimmten Plan gesetzmäßig, unbeeinflußbar zu einer bestimmten Gestalt entfalten, sondern sie sind in ihrem künftigen Wesen davon abhängig, was sie aufnehmen. Die Lehrer, die ein junger Mensch hat, gehören zu seinem geistigen Schicksal und bestimmen es auf weiten Strecken. Es ist durchaus möglich, daß Goethe ein anderer geworden wäre, wenn ihm nicht so frühzeitig Herder begegnet wäre, *der grundverschieden von ihm war*. Wieland nennt Herder einen Vulkan. Er war eine wuchtige, explosive, heftige Natur, dem die ästhetische Rokokokultur von Grund auf zuwider war, weil er ganz auf religiösem und philosophischem Grund wurzelte. Er wählte ja die Theologie zu seinem Beruf.

Das bedeutete zunächst einmal, daß ihm die Vergangenheit mehr bedeutete, - die christlich-religiöse, aber auch die mit ihr eng verbundene deutschnationale und volkstümliche. Das bedeutete aber auch, daß er die Skepsis *bekämpfte*. Herder *durch*dachte alle historischen Probleme der Zeit und schlug in seiner Geschichtsphilosophie einen Bogen von der großen Vergangenheit über die nichtige Gegenwart bis in die fernste Zukunft, von der er glaubte, sie werde Gottes Plan entsprechen und also auch heilsam sein, - trotz aller erschreckenden Symptome, die er als moderne Entwicklungstendenzen richtig erkannte: Die Phänomene der Nivellierung, der Kollektivierung, der Abstraktion und dergleichen. Alles das sah er schon. Ohne Herder ist Hegel kaum zu denken.

Indem der junge Goethe diesen gewaltigen, schwerfälligen, unbequemen Geist *ertrug*, indem der Höfling Goethe die Berufung dieses Mannes in das höchste kirchliche Amt des Weimarer Staates gegen heftigen Widerstand *durchsetzte*, brachte er in sein eigenes Leben und in die deutsche Kultur eine *Spannung* hinein, die oft unbequem, ja unerträglich erschien, die aber eine Voraussetzung dessen ist, was wir heute Goethe und die Kultur von Weimar nennen.

Auch *dem* Dichter, der *vor* Goethe in Weimar war, dem Vater Wieland, verdankte Goethe mehr, als man zu wissen pflegt. Aber die fruchtbare Spannung, die Herder, in literarischer Hinsicht auch Hamann und Justus Möser, in Goethes Leben und Werk brachten, konnte Wieland unmöglich bewirken, da er selbst auf der Rokokobasis stand. Wieland wurde gefragt, wenn es im Leben und in der Dichtung um Fragen der Form ging. Ohne ihn hätte Goethe vielleicht den Weg zur Klassik nicht gefunden. Aber das ist eine Frage zweiten Ranges.

Ich sage noch einmal deutlich, daß schon der junge Goethe ein großer Dichter ist und daß es daher wenig Sinn hat, den klassischen Goethe gegen den jungen auszuspielen. Wenn Goethe nach *Werthers Leiden* gestorben wäre, würden wir ihn etwa so kennen und schätzen wie Büchner, der mit 23 1/2 Jahren starb. Er wäre kein Klassiker im Sinn des Klassizismus. Man kann sich aber auch auf der Basis des *Götz von Berlichingen* eine großartige Fortsetzung von Goethes Werk vorstellen. Die Fortsetzung des *Urfaust* beweist dies zur Genüge. Der Klassizismus war ihm nicht in die Wiege gelegt.

Eine Frage ersten Ranges war es dagegen, ob Goethe nach 1800 wieder aus dem Klassizismus herausfand; denn ein stur klassizistischer Goethe im Zeitalter der Romantik wäre *nicht* der große Dichter geworden. Stellen Sie sich vor: Ein Epos *Alexis und Dora* (Idylle) statt der *Wahlverwandtschaften*. Eine Fortsetzung der *Natürlichen Tochter* [!] statt der Fortsetzung des *Faust*. Eine Vollendung des geplanten Heldengedichts *Achilleis* - im direkten, naiven Wettstreit mit Homer, statt des vorwärtsweisenden Romans *Wilhelm Meisters Wanderjahre. Das hätte geschehen können!* Ähnliches ist nach 1800 oft vorgekommen, besonders in Österreich. Aber das so entstandene Lebenswerk hätte nicht die dichterische Fülle gehabt, die wir tatsächlich mit dem Namen Goethe bezeichnen. Und nicht die dauerhafte Wirkung.

Goethe hat auch den *Klassizismus* überwunden, einmal natürlich, weil er überhaupt gerne seine Schlangenhäute abwarf, dann auch deshalb, weil ihm wieder Menschen begegneten, andersartige Menschen, die dem Klassizismus kritisch gegenüberstanden.

Wenn Sie Schillers *Don Karlos* oder *Wallenstein* mit *Iphigenie* und *Tasso* vergleichen, so bemerken Sie, daß in Schillers Dramen mehr *Shakespeare* steckt, daß er also dem Vorbild der Griechen bzw. Racines *freier* gegenübersteht als der klassische Goethe. Schon Schiller vereinigt Sophokles und Shakespeare, was bekanntlich Kleists Ehrgeiz gewesen ist. Und er ist es ja auch gewesen, der Goethe zur Fortsetzung des *Faust* geraten hat. In dem Aufsatz *Über naive und sentimentalische Dichtung* wies er nach, daß selbst

Goethe - bei all seiner Naivität und Objektivität - ein sentimentalischer Dichter ist, - weil ein moderner Dichter gar nicht anders als sentimentalisch, d.h. subjektiv und reflektiert sein *kann*. Er bewies Goethes Modernität aus *Werthers Leiden, Tasso, Faust* usw. Die Romantiker brauchten diesen Gedanken nur weiter zu denken, um zu einer völligen Verwerfung des antiken Vorbilds, im Sinn einer *direkten* Nachahmung, zu gelangen. Die Frühromantiker, besonders die Brüder Schlegel verdanken dem von ihnen befehdeten Schiller in gedanklicher Hinsicht sehr *viel*. Novalis, der bessere *Dichter*, polemisierte überhaupt nicht gegen Schiller.

Der Einfluß der Romantiker hatte demnach eine ähnliche Wirkung auf Goethe wie der Schillers. *Die Romantik befreite Goethe vollkommen von dem Wahn, ein Grieche zu sein.*

Der romantische Einfluß auf Goethe wird in Deutschland meistens unterschätzt, vor allem deshalb, weil er auf dem Gebiet der bildenen Kunst, in seiner Zeitschrift *Kunst und Altertum*, zu einem guten Teil die klassizistischen Stilprinzipien weiterverfochten hat, weil er ferner über die patriotisch-christliche Kunst, über das ganze von Klopstock herkommende germanistisch-burschenschaftliche Wesen geschimpft hat. Alles das, was mit den Namen Fouqué, Arndt, Turnvater Jahn umschrieben wird, der christlich verbrämte Nationalismus und Barbarismus, die Fremdwortjägerei, das Ausspielen der Engländer gegen die Franzosen, des Nordens gegen den Süden, mit einem Wort die Revolte gegen die bisher herrschende aufgeklärte und internationale Zivilisation war Goethe zuwider, ja verhaßt.

Trotzdem ist er von der Romantik tief beeinflußt worden, fast ebenso tief wie von Rokoko, Sturm und Drang und Klassizismus. Ich will dies an einigen wenigen Punkten aufweisen.

1) *Lyrische Gattungen*. Goethe gilt mit Recht als der Meister des Lieds. Ihm vor allem ist es zu danken, daß das Wort Lied für andere Völker zu einem Begriff geworden ist. Das Sonett [!] erschien ihm wie fast allen Dichtern des 18. Jahrhunderts als eine barocke, d.h. künstliche Form. Trotzdem hat ihn die Romantik dazu verlockt, auch in dieser nicht antiken, sondern romantischen Form zu dichten. Dem entspricht, daß er sich von den antiken Metren in der Lyrik so gut wie ganz abgewandt hat. *Euphrosine*, *Amyntas* und andere Elegien um 1800 sind in Distichen geschrieben, die *Marienbader Elegie* nicht. Sie ist nicht einmal in Distichen vorstellbar. Wichtig ist auch: keine Oden.

2) *Orient*. Die Romantiker haben, im Gefolge von Herder und anderen, den Orient entdeckt und oft genug gegen die klassische Antike *ausgespielt*, als Kindheit der Menschheit, Mutterland der Religion, Heimat einer höheren, weniger irdischen Poesie. Im Gefolge der Romantik entstand in Europa eine orientalische Mode. Goethe hat im *West-östlichen Divan* die Mode *mitgemacht* und das Orientalische ausdrücklich als stilistisches Urphänomen anerkannt. Auf diese Weise gelangte er zu einer Anerkennung Jean Pauls, der die Klassik von Weimar abgelehnt hatte und, im Gegensatz zum klassizisti-

schen Dogma, unbeirrt Roman um Roman geschrieben hatte. Goethe wies Jean Paul dem orientalischen Typus zu, weil er, wie die Orientalen, die Metaphorik über alles liebte. In diesem Urteil lag eine Anerkennung des völlig anders gearteten Dichters und Denkers. Jean Paul ist auch ein tiefer Ästhetiker gewesen.

3) *Roman.* Wir haben gehört, daß die Romantiker dem Roman die höchste Stelle in der Poetik zuwiesen [!]. Der alte Goethe schrieb zwei Romane, eine Reihe von Novellen und Märchen, aber kein einziges Epos, obwohl Pläne bestanden. Diese Bekehrung zum Roman fällt um so mehr auf, als im ganzen 19. Jahrhundert Versepen geschrieben wurden, sehr erfolgreiche und auch sehr gute, z.B. von Heine, Droste-Hülshoff, Mörike, Platen, Hebbel, C.F. Meyer, Liliencron, G. Hauptmann. Der alte Goethe war in diesem Punkt moderner als die meisten Dichter des 19. Jahrhunderts und damit den großen realistischen Erzählern wie Stifter, G. Keller, Raabe und Storm ein Vorbild.

4) *Doppeldrama.* Es ist unwahrscheinlich, daß Goethe von sich aus einen zweiteiligen *Faust* geschrieben hätte. Seine frühen Dramen lassen keine Ansätze in dieser Richtung erkennen. Er hat Schiller geraten, den *Wallenstein* in die klassizistische Form der Trilogie zu bringen und mit der *Natürlichen Tochter* Ähnliches beabsichtigt. Dahinter steht wohl schon der allgemeine Drang zum weiträumigen romantischen Großdrama, das sich von dem Schema der Trilogie gelöst hat. Zweiteilige Dramen sind in der Romantik an der Tagesordnung. Das weltanschauliche Großdrama darf als eine Form der von der Romantik geforderten Universalpoesie verstanden werden. Tieck, Brentano und sogar der nüchterne Achim von Arnim haben Großdramen mit weltanschaulichem bzw. religiösem Anspruch geschrieben, z.B. Achim von Arnim: *Halle und Jerusalem.* Als Goethe den *Faust* vollendete, war es schon eine Mode. Das zeigt z.B. die Tatsache, daß der in der Literaturgeschichte als Realist laufende Jurist Karl Immermann um die gleiche Zeit wie Goethe ein tiefsinniges Großdrama vollendete: *Merlin.* Die Anthroposophen schätzen dies Drama neben dem *Faust*, weil es ebenso dunkel und geheimnisreich ist. Sie sehen: Goethe ging sogar im *Faust* in seine Zeit *hinein*, aber er brachte heraus, was Bestand hat.

5) *Gattungspoetik.* Wenn Sie im Goethe-Schiller-Briefwechsel lesen - das ist *vor* jeder Sekundärliteratur zu empfehlen -, so finden Sie fast nur Gedanken zur dramatischen und epischen Dichtung. Die *lyrische* Gattung als eine einheitliche Größe gibt es für die Vorstellung der Klassiker offenbar noch nicht (= Aristoteles). Mit dieser Konzentration auf die epische und dramatische Dichtung hinkten die Klassiker weit hinter dem Denken ihrer Zeit her. Schon Herder hatte nämlich auf die große Bedeutung der Lyrik hingewiesen; sogar in der Schulpoetik wird die Lyrik gelegentlich schon hervorgehoben. Ich verweise auf das Buch von Klaus R. Scherpe: *Gattungspoetik im 18. Jahrhundert* (Stuttgart 1968) <und auf die Rezension dieses Buchs von Georg Jäger>.

Noch wichtiger als diese theoretische Vorarbeit war die romantische Leistung auf dem Gebiet der Lyrik. Denn was die Romantiker auch von Universalpoesie und Roman reden mochten, am wenigsten konnte ihre lyrische Leistung bestritten werden. Denken Sie an Brentano und Eichendorff.

In den Noten und Abhandlungen zum *West-östlichen Divan*, d.h. 1819, stellt Goethe das *Lyrische* plötzlich gleichwertig neben das Epische und Dramatische. Das sind [!] die drei Naturformen der Dichtung, während die anderen Gattungen mehr künstliche, sekundäre Bedeutung haben. Goethe läßt sie im Unterschied zu späteren Theoretikern noch nicht verschwinden. Aber es ist klar, daß der Aufstieg der Lyrik in der Gedankenwelt Goethes ohne die Romantik kaum denkbar ist. Auch ein Einfluß der romantischen Theorie ist wahrscheinlich. A.W. Schlegel hatte die drei Gattungen Lyrik, Dramatik, Epik schon sehr stark gegenüber den übrigen Gattungen hervorgehoben und mit ähnlicher dialektischer Begrifflichkeit wie später Hegel.

So weit meine fünf Punkte über Goethe und die Romantik. Es wäre leicht, fünf weitere Punkte zu finden. Ich hoffe aber, daß ich schon *damit* die zentrale Wirkung der Romantik auf Goethe nachgewiesen habe.

Ungefähr in den Jahren 1815-1820 beginnt sich der Gegensatz zwischen dem Klassizismus und der Romantik zu mildern. Goethe selbst hat durch die Veröffentlichung von *Faust* I.Teil, der ja alles andere als ein klassizistisches Drama war (1808), durch die Pflege der Romangattung (*Wahlverwandtschaften*, 1809) und durch den *West-östlichen Divan* (1819) zu dieser Entwicklung beigetragen. Man erkannte immer mehr, daß der klassizistische oder romantische Stil nicht den Wert einer Dichtung ausmachte, daß es in beiden Stilformen gute und schlechte Dichtungen gab.

Cottas *Morgenblatt*, das die Romantiker zunächst erbittert bekämpft hatte, öffnete sich Dichtern, die der Romantik nahestanden. Umgekehrt schwenkten romantische Dichter wie z.B. der alte Tieck und Arnim als Prosaerzähler auf eine Linie ein, die der Goethes gar nicht so fern lag. Eine Koexistenz von klassizistischem und romantischem Stil bildete sich heraus, und die jungen Dichter versuchten oft, sich in *beiden* Stilformen zu bewähren. So haben z.B. Mörike und Platen sowohl die von den Romantikern erneuerte Form des Sonetts wie dann später antike Gattungen und Versmaße benützt.

Mit diesem Verblassen des klassizistischen *und* des romantischen Dogmas hängt es zusammen, daß die Zeit *vor* Klassik und Romantik, d.h. also die Empfindsamkeit und die Aufklärung bzw. das Rokoko, erneut aktuell und in modifizierter Weise restauriert wurde. Natürlich hat die politische und gesellschaftliche Restauration von 1815 in der *gleichen* Richtung gewirkt.

Wilhelm Müller z.B., Verfasser der von Schubert komponierten *Müllerlieder*, ließ von neuem anakreontische Töne erklingen und Heines frühe Gedichte machten wieder große Anleihen bei der Empfindsamkeit. Es gab wieder Werther-Nachahmungen, z.B. Immermanns *Papierfenster eines Eremiten*. Auch die Hinwendung zu praktischen Fragen, welche die

Aufklärung so geschätzt hatte, z.B. zu politischen, sozialen und allgemein kulturkritischen, wurde erneut beliebt. Die Zweckliteratur hatte, wie in der Aufklärung, wieder eine *große Zeit.* — Fast alle diese Entwicklungs- bzw. Restaurationstendenzen *lassen sich auch bei dem alten Goethe erkennen.* Er hüllt sich ganz und gar nicht in überzeitliche Erhabenheit. Von den anakreontischen Tönen im *West-östlichen Divan* haben wir schon gesprochen. Es gibt dort auch Didaktisches. Zur Zweckliteratur können wir die Autobiographie *Dichtung und Wahrheit*, Festspiele wie *Epimenides Erwachen* - zur Feier des Sieges über Napoleon -, und vor allem auch den riesigen Schatz von Aphorismen, die sogenannten *Maximen und Reflexionen* rechnen. Diese beginnen gleichzeitig mit dem Biedermeier, das die Besinnlichkeit über alles schätzte, bei Goethe massenweise aufzutreten (Preisendanz).

Der Roman ist in der nachromantischen Zeit nicht mehr der Inbegriff der Poesie wie in der Frühromantik - denken Sie an Novalis: *Heinrich von Ofterdingen* mit Klingsohrs Märchen usw. Der Roman gehört wie alle Prosa seit 1815 mehr oder weniger wieder zur Rhetorik: er ist sogenannte "Kunst der Prosa". So wird Rhetorik übersetzt: "Kunst der Prosa". Das bedeutet, daß er auf einen bestimmten Zweck ausgerichtet sein *muß*. Aus diesem Grund sind Goethes *Wanderjahre* prosaischer, praktischer und hinsichtlich des Ästhetischen noch sorgloser als die *Lehrjahre*. Goethe erneuert die in der Aufklärung sehr beliebte Form des utopischen Romans. D.h. also, es werden Idealbilder entworfen, z.B. in der Pädagogischen Provinz oder für die Auswanderer, und Wilhelm wird ein vorbildlicher Mensch.

Politische Tendenzdichtung, wie sie von Uhland und Arndt bis Freiligrath und Herwegh viel geschrieben wurde, hat Goethe abgelehnt. Aber eine aktuelle, gesellschaftskritische Dichtung waren die *Wanderjahre* durchaus. Ich nenne nur einige Probleme, mit denen sich Goethe auseinandersetzt. Es sind beinahe alle Hauptprobleme des 19. Jahrhunderts: Auswanderung, Bodengewinnung innerhalb Europas, gemeinschaftliche Lebens- und Arbeitsgruppen, Großstadt, Industrialisierung, Spezialisierung, Pädagogik. Ja, man darf behaupten, daß schon das Bild einer sozialisierten Gesellschaft ins Auge gefaßt wurde [!]. Alles das ohne viel Polemik, in dem positiven Geiste des Aufbaus, der *Produktivität*, den Goethe weit höher als die Kritik schätzte [!]. Trotzdem darf behauptet werden, daß Goethe weiter in die Zukunft gesehen hat als die meisten Tendenzdichter des Vormärz, die von der Freiheit fleißig schwärmten, aber keine so klaren Vorstellungen, Modelle von der künftigen Gesellschaft entwickelten.

Wenn man von einer gewissen Neigung zur klassizistischen Ideologie absieht, - sie war im Grunde durch Herder schon überholt -, so kann man behaupten, daß Goethe zu allen Zeiten an der Front der geistigen und literarischen Entwicklung stand, nicht in *dem* Sinn, daß er z.B. alle neuen Gattungen und Formen selbst erfunden hätte. In gattungsgeschichtlicher Hinsicht waren kleinere Dichter produktiver. Den Entwicklungsroman übernahm er von Wieland, das Jambendrama von Wieland und Lessing, die Liedbegeisterung von Herder, das idyllische Epos von Voß, den utopischen Roman aus der ganzen Aufklärung, die orientalische Mode aus der Orientalistik bzw. aus der europäischen Romantik usw. Aber er hatte immer ein Gespür für das, was in seiner Zeit fruchtbar war. *Er sah, woraus sich etwas machen ließ*. Er hatte ein Gespür für das Zeit*notwendige*. Und was in einer Zeit unbedingt notwendig ist, das hat meistens auch Zukunft.

Ob er nun die Form des idyllischen Epos ernst nahm oder nicht: Er hat die Form *benützt*: und das Heldengedicht *Achilleis* ließ er liegen. Ob er nun die Erzählprosa für eine wertvolle Gattung hielt oder nicht: Er hat *Romane* und Novellen geschrieben: die *Lehrjahre* sogar mitten in der klassizistischen Zeit; und gerade dieser Roman war dann ein Vorbild, *von* den Romantikern *bis* zu den Realisten, ja sogar bis in unser Jahrhundert hinein. So ist z.B. Thomas Manns *Zauberberg* ohne die *Lehrjahre* kaum zu denken (Scharfschwerdt).

In stilgeschichtlicher Hinsicht ist Goethe noch mehr Pionier als in der Gattungsgeschichte. Das 18. Jahrhundert war hinsichtlich der Stilhöhe außerordentlich dualistisch. Auf der einen Seite Gottsched und die Gottschedianer mit ihrem Natürlichkeitsprinzip. Auf der anderen Seite Klopstock und die Klopstockianer mit ihrer Neigung zum erhabenen Stil. Dieser Dualismus charakterisiert hundert Jahre lang die deutsche Dichtung, wenigstens in ihrer *Breite*. Er geht auch mitten durch einzelne Dichter hindurch: Wieland, Jean Paul, Heine. Daneben gibt es die Neigung, diesen Stilgegensatz *auszugleichen*, besonders im Sturm und Drang und im Göttinger Hain. Man darf behaupten, daß Goethe von allen Stürmern und Drängern und Hainbündlern auf dem Gebiet des mittleren Stils am überzeugendsten experimentiert hat, besonders im *Götz von Berlichingen*. Das Pathetische *und* das Komische lagen ihm wenig. Als zweiter ist auch auf diesem Gebiet Lenz zu nennen.

Das mag ihn heute *wenig* modern erscheinen lassen; denn die Pioniere unserer *modernen* Literatur waren Neopathetiker und liebten das Komische, ja sogar das Groteske [!]. Das moderne Stilgefühl ist dem Verständnis Wielands, Jean Pauls, Hoffmanns, Schillers, Nestroys, Heines und anderer zugutegekommen. Von Goethe kann man das Gleiche kaum sagen. Dagegen war er das Vorbild der Realisten und wird immer wieder ein Vorbild sein, *sobald* sich die Stilentwicklung vom Übertriebenen abwendet und wieder einen Ausgleich *zwischen* den Extremen des Pathetischen und des Komischen anstrebt.

Soweit meine Vorausdeutung auf den ganzen Goethe. Ich hoffe, daß Ihnen diese historische Einleitung Anlaß gibt, die literarische Umwelt Goethes in Ihre Goethestudien *vergleichend* einzubeziehen. Sie können nicht nachholen, was die Goethe-Forschung durch Isolierung des Dichters versäumt hat, aber machen Sie einen neuen Ansatz in Ihrer Lektüre. Da ich annehme, daß manche von Ihnen die beiden Goethebücher, die heute im Vordergrund stehen, kennen oder gar besitzen, will ich sie zum Schluß meiner Einleitung kurz rezensieren und dabei auch auf berühmte ältere Bücher kurz eingehen.

Ich höre, daß Richard Friedenthals *Goethe* von Lehrern empfohlen und von Primanern gelesen worden ist. Ich will daher mit dieser Biographie beginnen. Der Untertitel heißt nicht Leben und Werk, sondern "sein Leben und seine Zeit". Er ist treffend. Friedenthal tut die Werke mit einer ausgesprochenen Abneigung gegen die Werkinterpretation fast immer mit wenigen Worten ab. Er sagt etwa: "Man soll das nicht zergliedern". Man merkt, daß er nicht unmusisch ist. Er *versteht* etwas von Goethes Werken; aber er scheint der Meinung zu sein, daß man sie auch ohne Interpretation versteht und durch langes Gerede eher verdirbt. Friedenthal schreibt gut und hat die Gabe des Historikers, die Umwelt Goethes, z.B. seine Freunde und seine Begegnungen mit Unbekannten oder die Verhältnisse an einem Orte, mit *wenigen* Worten anschaulich zu machen. Die Darstellung ist nicht monoman auf Goethe konzentriert, sondern entwickelt seine Freunde, und auch seine Opfer, in ihrem *eigenen* Recht.

Friedenthal entspricht in *dieser* Hinsicht den Forderungen, die man an eine historische Goethe-Darstellung stellen muß. Allerdings sind seine Behauptungen nicht nachprüfbar, da die Belege fehlen, auch dann, wenn sehr kühne Feststellungen gemacht werden. Wir werden bei einer Goethebiographie gewiß nicht verlangen, daß *jede* Aussage belegt wird, da vieles bekannt ist. Aber da wo er *neue* Akzente setzt, vermißt man Belege. Das Buch verfährt publizistisch und verbirgt eher die Gelehrsamkeit des Autors, als daß es sie zur Schau stellt. Angelsächsische Schule! Eine englische Ausgabe erschien in London.

Der Verfasser hat sich in die Goethequellen und in die Goethezeit fleißig eingearbeitet. Ab und zu freilich entdeckt man schwere Kenntnislücken. So wird z.B. Herders Geschichtsbild mit direkten Fehlern wiedergegeben. Sein Nationalismus soll im Widerspruch zum Partikularismus stehen, während Herder als prinzipieller Partikularist unter anderem auch die Nation betont, so wie er das Individuum oder die einzelne Epoche betont.

Friedenthal fällt in ideengeschichtlicher Hinsicht überhaupt weit hinter ein Werk zurück, das nicht vergessen werden sollte. H.A. Korffs *Geist der Goethezeit.* Es ist ein Monumentalwerk der letzten Generation, für *Sie vielleicht* nicht mehr so leicht zu lesen. Aber es lohnt sich immer noch. Friedenthal liest sich wie ein *Roman,* aber das wird mit den erwähnten Mängeln hinsichtlich der ästhetischen und ideengeschichtlichen Interpretation erkauft. Ganz gut ist er in sozialgeschichtlicher Hinsicht. Der Hof in Weimar z.B. kommt zu seinem Recht. Das ist nicht selbstverständlich. Der ursprüngliche *bürgerliche* Goethekult sah den Höfling kaum. Heute muß man schon wieder vor einer Übertreibung der sogenannten "Hofklassik" warnen. Den Begriff "Hofklassik" finden Sie in der Einleitung zu dem kleinen Buch *Die Klassik-Legende,* hrsg. von Reinhold Grimm und Jost Hermand (Frankfurt/M. 1971). Das ist kritisch zu lesen, für Anfänger nicht unbedingt geeignet. Wer zunächst einmal Fakten kennenlernen will, sollte das Buch des Engländers Walter H. Bruford lesen: *Die gesellschaftlichen Grundlagen der Goethezeit.*

Am *meisten* interessiert sich Friedenthal für die Psychologie des Dichters. Er macht Anleihen bei der Tiefenpsychologie. Das liegt bei einem Biographen nahe. Sogar der ehemalige Marxist Hans Mayer versucht sich in einem kleinen Goethebuch in dieser Richtung. Dem Psychologen liegt auch die *Entlarvung.* Friedenthals Biographie entspricht in dieser Hinsicht der Emils Ludwigs, welche die Weimarer Republik aufregte. Wir regen uns heute über Menschlichkeiten bei einem Genie *nicht* auf, wissen vielmehr, daß fast jeder Vorzug durch einen Nachteil erkauft wird (Walter Muschg, *Tragische Literaturgeschichte*). Die fehlenden Belege machen es bei Friedenthal schwer zu entscheiden, an welchen Stellen der Biograph zu weit geht. Ob z.B. die nächtlichen Gespräche Karl Augusts mit seinem Favoriten das bedeuten, was Friedenthal andeutet, ist mir zweifelhaft. Friedenthal nimmt an, daß dem Dichter tiefsinnige Gespräche ebenso unsympathisch waren wie ihm selbst. Aber damit verflacht er Goethe (Spinoza). Der Weltmann Goethe kommt in dieser Biographie gut heraus, Mephistopheles; aber die andere Seele Goethes, die faustische, mystische, pietistische, wird nicht ausreichend vergegenwärtigt. Wenn Goethe ein *solcher* Lebemann gewesen wäre, wie Friedenthal meint, hätte er eine so unerhörte Leistung aus seinem Leben nicht herausgeholt. Das ist schlechterdings unmöglich.

Goethe ist bei Friedenthal zu sehr Zauberkünstler - auch hierin Mephistopheles -; wie sauer es sich dieser Mensch hat werden lassen - man denke an den Naturwissenschaftler und Politiker - wird nicht deutlich genug. Und insofern ist das Buch für einen hochstrebenden jungen Menschen sogar ein gefährliches, verführerisches Buch. Sicherlich: Goethe war kein Preuße und kein Schwabe, kein Kant und kein Schiller. Aber eine sittliche Natur war er doch, - wenn auch in einer etwas moderneren Form. Ich will damit keineswegs sagen, daß die gemeinsamen erotischen Exzesse mit dem Herzog und dergleichen unmöglich waren. Aber Goethe hat sich immer wieder unter *Kontrolle* gebracht. Er hat der Gesellschaft, seinen Freunden, seinem Fürsten und vor allem auch seinem Werk hingebend *gedient.* Diese Dienstbereitschaft, ein wesentliches Kennzeichen großer Kulturepochen, verbindet Goethe mit Schiller und Kant. Im *West-östlichen Divan*, im *Buch des Parsen* findet man ein Gedicht mit dem Titel *Vermächtnis altpersischen Glaubens.* Das klingt historisch. Goethe versteckt aber so sein eigenes Vermächtnis, vor allem in der folgenden Strophe, die man im Alter verstehen lernt:

> Und nun sei ein heiliges Vermächtnis
> Brüderlichem Wollen und Gedächtnis:
> Schwerer Dienste tägliche Bewahrung,
> Sonst bedarf es keiner Offenbarung. (HA II,105)

Das klingt nüchtern. Aber es ist das, was eine Kultur groß macht und viele nicht mehr verstehen.

Das zweite Goethebuch, das heute empfohlen wird, ist Emil Staigers dreibändiger *Goethe*. Es war ursprünglich wohl auch als Gesamtdarstellung gedacht: Werk *und* Leben. Das verraten vereinzelte biographische Kapitel. Im ganzen aber ist Staigers Goethe doch das gleiche geworden, was seine anderen Werke sind: Interpretationen von Meisterwerken deutscher Sprache. Man sollte ihm das *nicht* zum Vorwurf machen. Jeder Wissenschaftler tut das, was er kann. Und interpretieren kann Staiger. Man kann ihm dabei nicht den Vorwurf machen, daß er *nur* die Form oder den Stil der Dichtungen interpretiert. Die Kombination von philosophischer und künstlerischer Begabung ist Staigers Vorzug. Er sieht also durchaus auch, wohin eine Dichtung geistesgeschichtlich gehört. Wenig Sinn hat er für Sozialgeschichte. Aber er ist doch zu sehr Schweizer, als daß er im Stile Friedrich Gundolfs Goethe zu einem übermenschlichen Genie machen könnte.

Goethe ist für Staiger weder ein Halbgott noch ein leichtfertiger Zauberkünstler, sondern eben ein tiefer Künstler, und zum Künstler gehört, wie zu jedem Menschen, daß er sich hie und da auch vergreift. Staiger erkennt z.B. die kompositorischen Schwächen der *Wanderjahre* und gibt sie zu. Ich möchte durch den Vergleich mit Gundolf das ältere, in seiner Weise epochemachende Werk nicht klein machen. In Gundolfs *Goethe* kulminiert nämlich in gewisser Weise die Art von Dichter-Biographie, die durch die Beschränkung auf Leben und Werk gekennzeichnet ist. Im Gegensatz zur positivistischen Biographie, die das Leben überbetonte, versteht es der Georgianer Gundolf, Leben und Werk Goethes in ihrer *Einheit* zu zeigen. Dazu gehört freilich die Art von Stilisierung, die georgianisch ist. Den speziell an Goethe Interessierten möchte ich auch das Buch *Gundolfs* empfehlen. Es enthält unerschöpfliche Anregungen und im einzelnen gute Werturteile. Aber hinsichtlich der Werk*interpretationen* verkörpert Staiger doch eine höhere Entwicklungsstufe unserer Wissenschaft.

Staiger hat mit Gundolf und Friedenthal gemein, daß er mehr Schriftsteller als Forscher ist. Auch er kann ausgezeichnet schreiben. Dagegen bemerkt man öfters Lücken in der Kenntnis der Goetheforschung. Ein gewissenhafterer Forscher hätte an dem Werk länger gearbeitet. Man wird Staigers Interpretationen trotzdem gewiß noch lange lesen und sich von ihnen anregen lassen. Es ist durch seine Kultur und Bildung eine sympathische Einführung in Goethes Werke, besonders für den Anfänger und Laien. Aber es eröffnet keine neue Epoche der Goetheforschung im strengeren Sinn.

Zum Schluß noch das Wichtigste. Ich rate Ihnen, in erster Linie die Hauptwerke Goethes zu lesen, von *Werthers Leiden* bis zu den *Wanderjahren* und vom *Götz* und *Urfaust* bis zum *Faust* II. Teil [!]. Die Lyrik ist im ersten Band der Hamburger Goethe-Ausgabe leicht zu überblicken, und er kann Ihnen eine Art Leitfaden bieten. Der Hauptherausgeber der Hamburger

Goethe-Ausgabe ist Erich Trunz. Diese Auswahlausgabe bietet auch einen guten Kommentar und *Goethes* Äußerungen zu den einzelnen Werken. Erst wenn Sie Goethes Werk *selbst* so studiert haben, sollten Sie zu Staiger, Friedenthal, Korff, Gundolf usw. greifen [!].

I. Kapitel

Der junge Goethe

Die Jugend Goethes unterscheidet sich für den Historiker dadurch von den andern Epochen des Goetheschen Lebens, daß sie der Dichter selbst eingehend und liebevoll beschrieben hat, und zwar zu einer Zeit, da er sich selbst schon historisch wurde [!]. Der Titel heißt bekanntlich: *Aus meinem Leben. Dichtung und Wahrheit.* Goethe hat diese partielle Autobiographie *nach* seinem 60. Jahr geschrieben. Sie erschien 1811 und 1814 in zwei Teilen. - Der Begriff Dichtung ist nicht ohne weiteres im Sinne von Fiktion, von Erfindung zu verstehen. Modernes Vorurteil!

Goethe hat sich *große* Mühe gegeben, biographisches und historisches Material über seine Jugendepoche heranzuziehen. *Dichtung und Wahrheit* ist eine hervorragende geschichtliche Quelle, unbeschadet der künstlerischen Qualitäten des Werkes. Goethe trennt das Werk eindeutig von seinen Romanen. — Aber es war doch unvermeidlich, daß Urteile und Vorstellungen des *alten* Goethe in diese Darstellung eingingen; daß er manches hervorhebt, was zunächst wenig Bedeutung für ihn hatte, z.B. zeitgenössische Dichter, und daß er andererseits Wesentliches verschweigt. *Dichtung und Wahrheit* kompliziert also die Aufgabe des Historikers [!]. Die Goethe-Forschung ist immer noch dabei, das von Goethe gegebene Bild seiner Jugend zu ergänzen und zu korrigieren. Auch Friedenthal betätigt sich in dieser Richtung sehr stark. Aber er geht zu weit. Wenn Sie eine konkrete Vorstellung haben wollen, wie schwierig das alles ist, dann lesen Sie etwa die *Essays um Goethe* von Ernst Beutler. Essays: Understatement. Lesen Sie z.B. das Essay *Die Kindsmörderin.* Wir werden noch im Zusammenhang mit dem *Urfaust* davon hören. So viel zum Problem von *Dichtung und Wahrheit.*

Herkunft und Knabenzeit

Die Herkunft eines Dichters ist immer sehr wichtig. Und wenn wir einmal abstrahierend fragen, was an Goethes Herkunft wesentlich war, so fällt zuerst die Stadt ins Auge, in der Goethe jung gewesen ist.

Goethe stammt aus *Frankfurt* am Main, d.h. aus einer alten Reichsstadt, die im altdeutschen Reich, das ja damals noch de jure *bestand*, *größte* Bedeutung hatte, politische, kulturelle und wirtschaftliche. Goethe erzählt, wie seine Freunde und er im Römer die Brustbilder der Kaiser neugierig und ehrfurchtsvoll betrachteten, wie sie sich von den Kaisern erzählen ließen und besonders von den neuesten Krönungen, die im Römer stattgefunden hatten. "Es war kein Frankfurter von einem gewissen Alter, der nicht diese beiden Ereignisse" - gemeint sind die Krönungen von Karl VII. und Franz I. - "[...] für den Gipfel seines Lebens gehalten hätte". 1764 erlebte er dann selbst die Kaiserkrönung Josephs II.

Goethe lebt also in der *traditionsgesättigten* Welt des "Reiches", im Gegensatz zu den Söhnen von Landesstaaten. Das gilt nicht nur für den Staat, sondern auch für die *künstlerische* Kultur. Der Römer machte ihm schon als Bauwerk Eindruck, ebenso der Dom, den er als Knabe oft besuchte (*Dichtung und Wahrheit*). Nicht erst in Straßburg ... Man mag hinzufügen, daß Frankfurt auch eine alte Druckerstadt war. So stammt z.B. das Faustbuch aus Frankfurt. Auch die Wanderkomödianten hatten dort immer gerne gespielt wie in allen großen Handelsstädten.

Dieses alte deutsche Theaterwesen war freilich zu Goethes Zeit in die volkstümlichen Jahrmärkte abgedrängt, so in das Puppenspiel: Das Faustspiel der alten Komödianten lernte Goethe als Puppenspiel kennen.

Das *gesellschaftliche* Theater, das Theater der Oberschicht, war französisch. Es war mit der französischen Besatzung im Siebenjährigen Krieg gekommen. Über französisches Theater allgemein. Ein einflußreicher Mann dieser Besatzung, der Königsleutnant Graf Thoranc, lebte in Goethes Haus. Goethes Vater war sehr wenig erbaut von der Besatzung, denn er war friderizianisch und patriotisch gesinnt. Aber Goethe selbst freundete sich naiv mit dem Franzosen an. Er erhielt von seinem Großvater ein Freibillett fürs Theater, und er benützte es, wie er sagt, "täglich", "mit Widerwillen meines Vaters, unter dem Beistand meiner Mutter". - Die frühen Eindrücke sind sehr wichtig. Und die waren also zum Teil französisch. Meistens waren es Komödien, was er im Theater sah. Aber er holte sich den *Racine* aus des Vaters Bibliothek und lernte ganze Stellen auswendig, ohne sie ganz zu verstehen. Er befreundete sich mit einem kleinen Franzosen, der zum Theater gehörte und schwärmte für seine interessante Schwester. Sie können das alles in *Dichtung und Wahrheit* nachlesen. Wesentlich ist für unseren Zusammenhang nur, *daß neben die altdeutsche Tradition mächtige Eindrücke des französischen Menschentums und der französischen Kultur traten*.

Und in ähnlicher Richtung wirkte natürlich die *Handelsstadt* Frankfurt, die Stadt der großen Messen. In solchen Zeiten zog Goethe, wie er erzählt, in der von Menschen wimmelnden Stadt herum. Es bildete sich, wie er wörtlich sagt, "die Vorstellung von dem, was die Welt alles hervorbringt, was sie bedarf, und was die Bewohner ihrer verschiedenen Teile gegen einander auswechseln".

Alles in allem dürfen wir vielleicht sagen: Die Herkunft aus Frankfurt gab die Basis für Goethes Weltoffenheit, für sein weltmännisches, universales, auch *praktisch* ausgreifendes Wesen, für sein Bestreben, der Tradition ebenso zu entsprechen wie den Erfordernissen des modernen Lebens. Wir brauchen daneben nur den Typus des württembergischen Stiftlers zu stellen, z.B. Hölderlin, Mörike, Schelling, um zu empfinden, *was Goethe Frankfurt zu verdanken hatte*. So weit das überhaupt in Deutschland möglich war, konnte sich Goethe als Haupt- und Weltstädter fühlen.

Freilich war für diese Mitgift Frankfurts noch eine zweite Voraussetzung von Goethes Herkunft notwendig, nämlich Goethes *gehobene soziale Stellung*. Wir haben von Goethes Großvater gehört, der ihm ein Freibillett für das französische Theater gab. Es handelt sich um den Vater der Mutter, J.W. Textor; er hatte eine sehr einflußreiche Stellung als Schultheiß. Auch Goethes Vater hatte ja einen begehrten Rang als kaiserlicher Rat. Das heißt also alles in allem: Goethes Familie gehörte zu den angeseheneren Familien in Frankfurt. Er ist groß- oder hochbürgerlicher Herkunft. Der Vater hatte es nicht so weit gebracht, als er hoffte. Aber schon er hatte Vermögen *ererbt*. Das war in dieser Zeit die Hauptsache. Goethe wurde bis in seine Weimarer Zeit hinein von seiner Familie finanziell unterstützt. *Ansehen, Vermögen, die Verfügung über alle Bildungsmöglichkeiten sind für Goethe von Anfang an eine Selbstverständlichkeit*. Er ist zwar bürgerlicher Herkunft, aber er lebt praktisch finanziell an der oberen Grenze des Bürgertums; *denn*: Die Höfe hatten natürlich das Bestreben, die oberen Schichten des mächtig werdenden Bürgertums *für sich zu gewinnen*.

Äußerlich gesehen ist Frankfurt eine alte enge Bürgerstadt. Sie ist noch in die alten Mauern eingeschlossen mit den Stadttoren und nach unseren Begriffen nur eine Mittelstadt: 36 000 Einwohner. Alles kennt sich, alles geht seinen traditionellen Gang. So ist z.B. die Kindsmörderin, die Grethe, die die Anregung zu seinem Gretchen gegeben hat, nach altem Recht am Strick in der ganzen Stadt herumgezogen worden, und die Henkersmahlzeit war öffentlich. Die mittelalterliche Rechtsordnung ist also äußerlich noch in Kraft, und damit auch der strenge Begriff des Bürgers. Aber was äußerlich die französische Besatzung und der Handel leisteten, nämlich die Auflockerung der altdeutschen Tradition, das leistete ideell die Aufklärung.

Schon Goethes *Vater* stand in deutlicher Opposition zur Tradition. Er war vielgereist und mit seinen Mitbürgern unzufrieden, so wie Wieland Demokrit in Abdera schildert. Er lebte ziemlich zurückgezogen mit seinen Büchern. Er empfand es z.B. als eine Schande für Frankfurt, daß Voltaire ausgerechnet hier verhaftet worden war. Natürlich schimpfte er auch auf die Höfe, und er warnte den Sohn, in den Herrendienst zu treten. Aber im Grunde war er kein Bürger im alten Sinn mehr und schon von der Einsamkeit des modernen Kosmopoliten und Intellektuellen umwittert, ein Mann *zwischen* den Ständen.

Man nennt ihn nach Goethes Darstellung pedantisch. Aber diese charakterologische Feststellung ist irreführend. Wenn man die Zeit kennt, so weiß man, daß diese ganze Vätergeneration pedantisch war, d.h. methodisch, vernünftig, pädagogisch, sozial. Er schenkte z.B. den Armen Kleider, aber um mehr zu bekommen, mußten sie sauber angezogen antreten. Das könnte auch Stifter empfehlen. Es handelt sich nicht um ein tyrannisches Quälen der Mitmenschen, sondern um wohlüberlegte Erziehungs- und Reformbemühungen zur Hebung der Unterschicht.

Die Generation *Goethes* dagegen, bis hin zu den Romantikern, ist freier, leichtlebiger, genialer. Genial zu sein ist jedenfalls das Ideal. Daher macht sie die Kunst zu ihrem Hauptzweck und erreicht überhaupt eine beglückende Fülle des *Geistes*. Aber sie ist auch weniger verantwortlich und leistet für die Neuordnung der menschlichen Gesellschaft weniger. Daher knüpft die Biedermeierzeit da wieder an, wo die irrationalistischen Genies die Welt gelassen haben. Wir haben ja von diesem Rückgriff auf das 18. Jahrhundert nach Klassik und Romantik schon gesprochen.

Wenn wir *Goethes Entwicklung* betrachten, so bemerken wir, daß das Vatererbe immer stärker in ihm wird. Zum Genie tritt die *Verantwortung*. Wir dürfen also den Vater Goethes nicht mehr in dem düsteren Licht sehen, wie das üblich war. Auch er mit seiner aufklärerischen Verantwortung ist ein positives Moment in Goethes Herkunft. Der Wissenschaftler, der Minister und der Kulturerzieher Goethe hatten hier eine Vorform.

Ohne diese Aufklärungsseite wäre die Erscheinung Goethes nicht so reich und nicht so *sittlich* gewesen. Aber den tiefsten Grund Goethes haben wir damit noch nicht erreicht, ich meine den elementaren Menschen und Dichter. In diesem Zusammenhang pflegt man *Goethes Mutter* zu nennen, diese wenig gebildete, aber höchst lebendige Frau. Und in der Tat: Goethe ist ein Mensch mit *Mutterbindung*, wie die Psychoanalyse zu sagen pflegt, er steht dem Naturhaften und Weiblichen nahe.

Der Vater bleibt immer noch in den Grenzen des standesbewußten und aufgeklärten *Bürgers* seiner Zeit. In der Mutter dagegen tritt ein urtümliches und gewissermaßen zeitloses Prinzip zutage, wie in allen bedeutenden Müttern und Frauen. Ich stehe nicht an, in Goethes Mutter die dritte und vielleicht wichtigste Gunst seiner Herkunft zu sehen. Ich nannte sie, die sogenannte Frau Aja, wenig gebildet. Sie ist also alles andere als humanistisch oder aufgeklärt oder fortschrittlich oder wie immer man die damalige Bildung bezeichnen will. Sie beherrscht ja nicht einmal die Orthographie! — Auf den ersten Blick macht Frau Aja sogar einen fast leichtsinnigen Eindruck. In ihren Briefen liest man viel von Champagner und anderen Genüssen des Lebens. Bekannt ist ihre Freude über Goethes Lösung von Frau von Stein. Sie beglückwünschte den Sohn zu seinem "Bettschatz", denn alles Geschraubte und Künstliche war ihr zuwider. Für Wieland hatte sie daher eine gewisse Vorliebe, aber der Respekt vor den Dichtern war ihr auch hier ganz unbekannt. So schreibt sie z.B., als Wieland und Merck in ihrem Haus sind, an eine Bekannte in Frankfurt folgendes:

> Herr Doctor Wagner wirds Ihnen sagen, daß von Morgens biß in die liebe Nacht alles drunter und drüber geht, denn liebe Frau Gevatterin da Sie selbst einen Poeten zum Mann haben, und also aus Erfahrung wissen, daß die Gattung Menschen in einem Tag mehr unfug anrichtet, als wir andern arme Erden-würmer in einem Jahr; so können Sie Sich leicht meine dermahlige Häußliche unordnung undVerwirrung vorstellen. (19.12.1777)

Sie hat nichts von einem *Schöngeist*, von einem Bohemien, sie hält auf *Ordnung*, und zwar in dem alten christlich-religiösen Sinn. Dazu gehört durchaus der Sinn für das Kreatürliche, für Essen, Trinken, Spielen, Lieben, Lachen, aber auch die unbedingte Hilfsbereitschaft für den anderen und die feste Hoffnung auf ein jenseitiges Leben. Ihre Ordnung ist nicht moralisch, sondern *religiös*. Wenn Reinhold Lenz sich in Weimar unmöglich aufführt, so schimpft sie darüber; aber sie schickt Wieland, der sich seiner annimmt, heimlich Geld zu seiner Unterstützung - zu einer Zeit, da Goethe selbst den alten Freund vernachlässigt. Für sie sind die Unterschiede, die Stand und Leistung setzen, nebensächlich. Alle stehen für sie in Gottes Hand und Führung. Dieser Zug tritt etwa in ihren Briefen an *Lavater* hervor. Lavater war Pietist und Stürmer und Dränger zugleich und in der geistigen Welt für Goethe ungefähr das, was in der persönlichen seine Mutter war. Wir werden noch von ihm hören.

Niemand ist zu *gering*, aber auch niemand zu *hoch* für Frau Aja; so korrespondiert sie unbefangen mit der Herzogin Anna Amalia von Weimar, der Begründerin des Weimarer Musenhofs. Aber was schreibt sie dieser hochgebildeten Frau? Ich gebe Ihnen eine Probe aus der Zeit, da Goethe noch alles tat, um den höheren Bedürfnissen des Hofes zu entsprechen und zu diesem Zweck die *Iphigenie* im Liebhabertheater aufgeführt hatte. Die Herzogin hatte Frau Aja offenbar eingeladen, die Erfolge ihres Sohns in Weimar zu bewundern.

> Mit dem sehen der Iphigenie, des Jahrmarckts und den übrigen schönen sachen des Herren Häschelhanßens, wirds wohl noch Zeit haben: Frau Aja muß noch im glauben leben, das schauen muß sie mit Gedult erwarten. Von dem berühmten Herrn Generahl Supprindtenten Herder [!] habe ich zwey Predigten gelesen, auf die Gebuhrt und Taufhandlung der Printzseß von Weimar - Wan ich sontags immer so was hören könte, würde mein Kirchengehen auch in beßerer Ordnung seyn, als leyder jetzt, da des Herrn Pfarrer Starcks Gemeinplätze und Wieder-gebuhrten mein warmes Bett in keine Wege ersetzen. (15.12.1780)

Sie sehen, Frau Aja ist *nicht* begierig auf die Iphigenie, sie liest, wie es sich für Frauen damals gehört, *Predigten*, aber in dieser traditionellen Ordnung zeigt sie Originalität und sogar Gefühl für Rang. Sie ist ganz und gar nicht kleinlich und pedantisch, aber sie ist im höchsten Sinn des Wortes *fromm*. Durch diese Mutter erhielt Goethe Verbindung mit uralten Schichten des christlichen Naturalismus [!] *und* der christlichen Zuversicht, der von dieser Epoche verehrten Hoffnung. — Wie aber diese *alten* Schichten doch wieder mit der Rokokokultur, mit einer *genießerischen* Kultur also, *zusammenhängen*, das läßt sich an der Frau Aja deutlich zeigen und deshalb bin ich so ausführlich geworden. Der Mensch nimmt sich selbst - sein irdisches Leben - noch nicht so wichtig und *deshalb* kann er spielen und genießen. Im Jahr 1824 schrieb der alte Goethe über die Briefe seiner Mutter einen Satz, der die alte, *ihm selbst* fremd gewordene und doch imponierende Ordnung, in der Frau Aja noch lebte, klar vergegenwärtigt:

> [...] in jeder ihrer Zeilen, spricht sich der Charakter einer Frau aus, die, in alttestamentlicher Gottesfurcht, ein tüchtiges Leben voll Zuversicht auf den unwandelbaren Volks- und Familiengott zubrachte [...] ihr Leichenbegängnis so pünktlich anordnete daß die Weinsorte und die Größe der Bretzeln, womit die Begleiter erquickt werden sollten, genau bestimmt war. (9. 1. 1824; an Karl Friedrich Zelter)

Vom Alten Testament spricht Goethe. Und in der Tat spürt man noch etwas von der großartigen Naivität alter Kulturen in dieser Frau. Ich halte ihre Briefe für ein wichtiges literarisches Dokument, trotz...

Erscheinungen wie Claudius und Gotthelf werden durch sie verständlicher, aber auch für Goethe liegt hier der *eine* Pol seiner Existenz. Er ist nicht nur *Humanist*, d.h. Künstler und Wissenschaftler und Organisator; sondern er reicht in den mütterlichen, volkstümlichen, kosmischen und letztlich metaphysischen Grund hinein, der die geistige Welt *trägt* und ihre Begriffe oder Formen erst zu wirklich lebendigen macht. Deshalb war es so töricht von Börne und Menzel, Goethe zu einem Formalisten machen zu wollen.

Zunächst allerdings in der Zeit der Ausbildung ging es nach dem Willen des *Vaters,* denn ein aufgeklärter Vater war ein Fridericus rex im Kleinen und regierte völlig souverän und patriarchalisch. Mit hoher Verantwortung, wie gesagt, nach bestem Wissen und Gewissen. Dazu gehörte ein früher und sorgfältiger *Unterricht*. Die Generation Goethes war, sofern sie aus gutem Hause stammte, durch den Privatunterricht viel besser ausgebildet als die heutigen Generationen durch den Massenunterricht. Wenn man heute gegen die frühe intellektuelle Bildung kämpft, so kann man sich auf die große und unerhört produktive Generation der Goethezeit *nicht* berufen, vgl. auch Mozart. Sie war frühreif, altklug, wohl dressiert und entsprach gar nicht dem Ideal des Naturburschentums oder der heutigen Arbeitsschule. Auch in der heutigen Pädagogik erkennt man ja allmählich wieder die Bedeutung des frühen Lernens.

Bei Goethe ist dieses Bild eines altklugen Kindes einigermaßen gemildert durch die heimliche Unterstützung der Mutter gegen den Vater und durch die auflockernde Wirkung der großen *Stadt*. Aber im ganzen ist auch Goethes frühe Bildung erstaunlich. Und er bezog, *wie* seine Generationsgenossen, früher die Universität, als es heute üblich ist. 1765 [!]. Und natürlich durfte diese Universität keine andere sein als die Universität Leipzig.

Leipzig ist die Stadt, da Gottsched und Gellert wirkten. Es ist die Hauptstadt der deutschen Aufklärung und des deutschen Rokoko. Es ist die Stadt des eleganten Studentenlebens, in der sich starker Widerstand gegen das alte derbe Wesen der deutschen Burschen regte. Man kann es an Zachariaes *Renommisten* sehen. Leipzig ist Klein-Paris, die Stadt lockerer Moral; Leipzig ist die Stadt des neuen deutschen Theaters. Die Stadt, da die Neuberin wirkte, da Lessing seine ersten Dramen schrieb, die Stadt, da eben damals Chr. F. Weiße das Singspiel kultiviert, da Wielands frühe Rokokodichtungen erscheinen. Leipzig ist als Handelsstadt auch eine wohlhabende Bürgerstadt.

Leipzig: musische Universität

Die Universität war - rein wissenschaftlich gesehen - kaum die führende Universität. Das dürfte damals Göttingen gewesen sein. Aber sie war weltoffen und musisch. Gellert war ja nicht nur Verfasser reizender Verserzählungen und Komödien, sondern ein Professor von Leipzig. Neben Gellert stand der Maler Adam Friedrich *Oeser*. Hier lernte Goethe viel für sein Zeichnen und für die Kunstgeschichte [!]. Oeser repräsentiert in der bildenden Kunst, was wir Rokokoklassizismus nennen; d.h. die farbenreiche und phantastische Kunst des ursprünglichen Rokoko wird klassizistisch abgedämpft, durch Betonung des Umrisses und der harmonischen Komposition. Das Bild wird, kurz gesagt, blasser, eintöniger, aber klarer. Oeser ist schon von Winckelmann beeinflußt, d.h. durch den programmatischen Klassizismus, aber in einer noch ziemlich äußerlichen Weise. Die Nachahmung der Antike kann die Rokokokultur, die sich auf der Höhe der Zeit fühlt, noch *nicht* ernstlich in Frage stellen.

Man kann diese Erscheinung an *Wielands Musarion* studieren. Zwar spielt die Erzählung in antiker Umwelt, aber die Antike ist nur Allegorie, Emblem für moderne Gesellschaftsprobleme. Ein entschiedenes Zurückgreifen auf die alten Kulturen gibt es noch nicht. Oder anders ausgedrückt: Es gibt noch keinen Historismus. Aber eben diese Dichtung hat Goethe mit größter Bewunderung gelesen: "gefaßt und genau". Das ist es, was er von Wieland lernen konnte.

Alle genannten Männer wirkten persönlich oder durch ihr Werk auf den jungen Goethe; denn er war ungewöhnlich gelehrig und anpassungsfähig. Wenn man also meint, ein junges Genie müsse ungesellig und erhaben sein, so wird man durch Goethe eines anderen belehrt. Zwar gab es damals schon so etwas wie geniale Selbstbestimmung und Exklusivität. Der junge Klopstock hatte zwei Jahrzehnte früher im gleichen Leipzig schon viel eher diesem modernen snobistischen Ideal entsprochen. Er hatte sich an die Rokokokultur *nicht* angepaßt, sondern sie aus pietistischem Geiste revolutioniert und weitergebildet.

Anders Goethe. Er ist der typische *Lehrling*. Ihn reizt es, die hochkultivierten Formen des Rokokolebens und der Rokokokunst sich *anzueignen*. Er bewundert Oeser, Zachariae, Gellert und er bewundert Wieland, der in dieser Zeit der größte Wortkünstler unter den Schriftstellern gewesen sein dürfte. Wieland hatte Gellert an Fülle, Lebendigkeit und Kunst übertroffen, schon unter dem Einfluß Shakespeares, den er übersetzte. (Zeit!) Über *Oeser* und *Wieland* kommt also Goethe an *Winckelmann* und *Shakespeare* heran, die später so wichtig für ihn wurden. Noch in einem rückblickenden Brief vom 20. Februar 1770 schreibt er nach Leipzig, Oeser habe ihn gelehrt, daß "kein Jüngling Meister werden könne" (daß man also zuerst Lehrling sein *muß*!).

> Es ist ein Glück wenn man sich von dieser Wahrheit nicht erst durch eine traurige Erfahrung zu überzeugen braucht.

Sie sehen, höchst gelehrig!

> Empfehlen Sie mich meinem lieben Oeser. Nach ihm und Schäckespearen, ist Wieland noch der einzige, den ich für meinen ächten Lehrer erkennen kann, andre hatten mir gezeigt dass ich fehlte, diese zeigten mir wie ich s besser machen sollte. (an Ph. E. Reich)

Wir sehen hier, *warum* Goethe ein so hingebender Lehrling war - *weil er Meister werden wollte*! Das steht am Anfang dieser genialen Laufbahn! Und ich glaube *nicht*, daß dieser Sinn seiner Lehrlingszeit schon hinreichend gewürdigt worden ist.

Vorläufig aber ergab sich etwas, das früher wie ein Witz der Literaturgeschichte erschien. Der spätere Dichter des *Götz* und des *Urfausts* begann als Rokokokünstler, und zwar als ein *entschiedener*, ja *einseitiger*!

Wenn Wieland neben Verserzählungen wie *Musarion* und *Idris* große *Romane*, besonders den *Agathon* schrieb und damit das reine Rokoko bereits *durchbrach*, so wirkte er *damit nicht* auf den *jungen* Goethe. Er wirkte mit seinen leichten, wenn auch meisterhaften Werken, und Ähnliches läßt sich von Lessing sagen. Er wirkte mit dem Lustspiel. *Der Leipziger Goethe erschöpft also nicht einmal die Möglichkeit der gleichzeitigen Aufklärung*, die schon viel eher klassische Bahnen einschlägt. Goethe beschränkt sich auf die kleinen, leichten und angenehmen Formen des Rokoko. Und trotzdem, glaube ich, darf man behaupten: *Er war schon auf dem Weg zur Meisterschaft.* In welchem Sinn, das wollen wir jetzt durch eine Betrachtung seiner Leipziger Dichtungen zu klären versuchen.

Leipziger Dichtungen

Zunächst eine *philologische Vorbemerkung*: Goethe hat von seiner frühen Produktion wenig veröffentlicht. Er steht in diesem Punkt zwischen Wieland, der ziemlich hemmungslos publizierte, und Klopstock, der mit allzugroßem Anspruch sein eigenes Schaffen betrachtete und siebte. Vieles hat Goethe vernichtet, anderes ist verloren und nur aus irgendwelchen Äußerungen bekannt, unter Umständen mit Probestellen, ein dritter Teil ist wiedergefunden worden und nur ein kleiner Teil ist, wie gesagt, von Goethe selbst herausgegeben worden.

Nun interessiert uns natürlich bei Goethe *alles*, und so bemühte sich die Philologie um Erfassung aller direkten und indirekten Quellen zu Goethes Frühwerk. Zu nennen ist hier in erster Linie, als Standardwerk sozusagen: Max Morris: *Der junge Goethe* (6 Bde., 1909-1912). Geistvoller: Karl Viëtor: *Goethe*. Noch kürzer der Abschnitt über den jungen Goethe in G. Kaisers *Aufklärung, Empfindsamkeit und Sturm und Drang* (1976); Werner Kohlschmidt: *Vom Barock zur Klassik*. Eine bekannte und für den Studenten brauchbare Zusammenstellung des Materials bis 1769 (vor Straßburg) gibt der zweite Band der Reihe *Irrationalismus*, hrsg. 1932 in der *Deutschen Literatur in Entwicklungsreihen* bei Reclam (Allgemeines über dieses Unternehmen): *Der Rokoko-Goethe*, hrsg. von Heinz Kindermann, neu herausgegeben von der Wissenschaftlichen Buchgesellschaft in Darmstadt: *Texte*. Auch die Einleitung des Bandes ist verdienstlich. Warnen möchte ich nur vor der Tendenz des Verfassers, insofern er überall schon Sturm und Drang sehen will. Was er bei Goethe als neu und originell bezeichnet, das gilt zu einem guten Teil schon für das Spätrokoko. Hier zeigt sich schon, wie gefährlich es ist, wenn man die Umwelt Goethes nicht genügend kennt, dann rückt auch *seine* Leistung in ein schiefes Licht. Ich nenne nur drei Punkte, an denen Kindermann das Spätrokoko verkennt:

1) Er hält es für optimistisch und selbstbewußt. In Wirklichkeit bedeutet Rokoko überall ein Wiederaufleben des alten Barockpessimismus. Man spielt, aber man spielt verzweifelt. Es herrscht die von Herder verurteilte Skepsis Humes, Voltaires u.a.

2) Kindermann hält die Beziehung zwischen Dichtung und Leben, wie sie sich beim Leipziger Goethe zeigt, für revolutionär und für eine Vorbereitung des Sturm und Drang. Man braucht aber nur Wielands Werk und Leben zu betrachten, um zu wissen, daß die Verbindung von Werk und Leben keine persönliche Leistung Goethes ist. Ich erinnere nur an den autobiographischen Roman *Agathon*. Der Biberacher Wieland geht darin *weiter* als gleichzeitig

der Leipziger Goethe. Goethe schreibt noch keinen Bekenntnisroman. Man kann die Sache auch ideengeschichtlich wenden: Wieland ist 1765 von Rousseau stärker beeinflußt als Goethe, und Rousseaus Gedanken sind ja *die* Kraft, welche die alte Kultur am stärksten bedroht, - auch eine Voraussetzung der Französischen Revolution!

3) Wo sich in Goethes Leipziger Dichtung *Gefühl* zeigt, da meint Kindermann gleich, den Sturm und Drang zu haben. Auch diese Meinung wird durch eine allgemeine Kenntnis des 18. Jahrhunderts korrigiert. Das *gesamte* Spätrokoko ist nämlich dadurch gekennzeichnet, daß es durch die Gefühlskultur der frühen Empfindsamkeit *hindurchgegangen und von ihr beeinflußt ist* (Wieland - Klopstock). Das Spätrokoko ist zwar der Versuch, die alte kühle "objektive" Gesellschaftskultur wieder zur Geltung zu bringen, man *gibt* sich weltmännisch und überlegen; aber auf ihrem Grund liegt überall noch die Empfindsamkeit, d.h. also die Neigung zu allgemeiner Gefühlsseligkeit, womöglich zum vagen Enthusiasmus. Die Empfindsamkeit verbindet sich an vielen Stellen mit dem Rokoko zu der sogenannten Rokoko-Empfindsamkeit. Der Leipziger Goethe ist darin kaum führend, wie überhaupt ein 17jähriger Mensch kaum einmal avantgardistisch sein kann, sondern fast immer noch nach irgendwelchen literarischen Vorbildern dichtet. Ein gutes Beispiel für die Rokoko-Empfindsamkeit sind Salomon Geßners *Idyllen*, Zürich 1756 [!].

Zusammenfassend läßt sich zu dieser Frage sagen: Der Leipziger Goethe gehört *vollkommen* in das Spätrokoko hinein. Er kann geradezu zu seinen Hauptdichtern gerechnet werden. *Aber*: Spätrokoko und Sturm und Drang sind nicht so völlig verschieden, wie man oft meint. Die *Unruhe*, die Spannung zwischen Tradition und Revolution, die schließlich zum Ausbruch des Sturm und Drang führen, zeigen sich überall im Spätrokoko, wenn auch mühsam gebändigt. Auch die Neigung zum bewußten Fragment zeigt sich schon (Wielands *Idris*).

Man muß sich darüber klar sein, daß sich die ganze deutsche Literatur schon damals, in den 60er Jahren, in einem *Experimentierstadium* befand. Alle zehn Jahre versuchte man es wieder anders. Sogar für den jungen Goethe war der Leipziger Stil nicht der erste, in dem er sich versuchte. Das Erste waren erhabene geistliche Oden, wie sie durch Klopstock Mode geworden waren. Daß es sich um eine Mode gehandelt hat, zeigt sich schon darin, daß der Knabe Goethe nicht so sehr Klopstock als seine Freunde nachahmte: nämlich Cramer und Joh. Adolf Schlegel.

Manche von Ihnen wissen, wer der Hofprediger Cramer ist. Er war mit ungeheurem Anspruch aufgetreten, und seine Verehrer waren sehr aufgebracht, als Lessing in den *Briefen die Neueste Literatur betreffend* sein Genie *bezweifelte* und in diesem Punkte einen scharfen Unterschied zu Klopstock fand. Lessing beugte sich *nicht* dem Anspruch der sogenannten heiligen

Poesie; er analysierte sie wie jede andere und gab damit zu verstehen, daß ein frommes Gedicht genau so wie ein leichtsinniges schlecht sein kann.

Die Literaturbriefe veränderten um 1760 überhaupt das literarische Klima in ganz entschiedener Weise. Man bekam wieder Mut zur weltlichen, ja sogar zur heiteren und epigrammatischen Dichtung. Darauf eben beruht die Neugeburt des Rokoko in den 60er Jahren. Auch Wielands Metamorphose um 1760 verdankt er wohl keinem anderen als Lessing.

Goethe kam sich gewiß sehr fortschrittlich vor, als er den erhabenen Odenton von sich warf und so dichtete, wie es in Leipzig üblich war. Man muß diese jugendliche Entscheidung ernstnehmen, denn sie wiederholt sich in Goethes Leben mindestens zweimal: 1) als er die *Römischen Elegien* dichtete und 2) als er Hafis im *West-östlichen Divan* nachahmte. Jedesmal ist hier Goethe des empfindsamen oder des monumental-erhabenen Stils *müde*. Er steigt herab zum gesellschaftlich-erotischen Ton und fürchtet den Vorwurf des Leichtsinns *nicht*.

Leipzig ist also nicht nur Anempfindung, das Verfallen an eine fremde Konvention. Leipzig trifft *eine* Seite in Goethes vielgestaltigem Wesen. Wenn der Sturm und Drang mit Goethes Wesen identisch wäre, dann wäre die frühe *Abwendung* vom Sturm und Drang unverständlich. In Wirklichkeit bedeutet die Abwendung vom Sturm und Drang um 1776 *in einem gewissen Sinn die Rückkehr* zu den gesellschaftlichen und artistischen Grundlagen von *Leipzig*. In *welchem* Sinn wird *später* zu zeigen sein!

Vorläufig begnüge ich mich mit einer literaturgeographischen Bemerkung, also mit einem äußeren Argument. Der Sturm und Drang war vor allem in Südwest-Deutschland zuhause. Aber Goethe bleibt *nicht* in Südwest-Deutschland; er kehrt 1775 in den sächsisch-thüringischen Kulturkreis *zurück*, in dem Leipzig liegt. Weimar ist auf einer höheren Entwicklungsstufe wieder eine Art Leipzig für ihn. Es vereinigt zum mindesten die Vorstufen in Leipzig und Straßburg, wie sich ja auch Herder *und* Wieland dort befinden und fortgesetzt auf Goethes Dichtung wirken! -

Die Leipziger Schule ist also sehr wichtig für Goethe. Wir wollen nun die Dichtungen etwas näher betrachten. Da ist zunächst das Buch *Annette* zu erwähnen. Wir kennen es aus einer Handschrift von Behrisch. Behrisch ist Goethes Freund in Leipzig. Goethe hat Briefe, aber auch Oden an Behrisch gerichtet. - Im Buch *Annette* handelt es sich in der Hauptsache um kurze Erzählungen erotischen und nicht selten frivolen Charakters. Ein Beispiel: Lyde, in der gleichnamigen Verserzählung, ist in Amin verliebt. Die Eltern sind sehr wachsam, sie haben hundert Augen, aber verliebte Mädchen machen hundert Augen blind. Amin kommt also schließlich in den Genuß ihrer Liebe. Aber eben das macht ihn mißtrauisch und mißgelaunt:

> Ist wohl bey des Blutes Wallen,
> Denkt er, immer Liebe da? (WA I.37,19)

Die typische Rokoko-Skepsis.

Um Lyde zu prüfen, verläßt er sie für einige Zeit unter Zurücklassung eines angenehmen Freundes. Und siehe da: Gelegenheit macht Diebe. Lyde glüht auch für diesen jungen Mann. Und die Moral von der Geschicht? "Glaubet nie den Schein der Sachen," - besonders in der Liebe. Die Erzählung besteht aus zwölf fünfzeiligen *Strophen*, die sorgfältig und geschickt gereimt sind. Sie entspricht also etwa dem Typus der *Kurz*erzählung, den Hagedorn, Rost und Gellert pflegten.

Zu diesem Typus gehört auch die Erzählung *Pygmalion*, obwohl sie den Untertitel *Romanze* führt; denn: Mit Romanze ist hier die komische Romanze gemeint, - die es z.B. bei Bürger und Hölty gibt, die Herder aber bekämpfte und wieder durch die ernste ersetzen wollte, - sie ist von der komischen Verserzählung kaum zu unterscheiden, höchstens noch ein wenig kecker, frecher und ohne eigentliche Moral.

Pygmalion verliebte sich bekanntlich in eine Bildsäule, die er selbst gemacht hatte. Bei Goethe ist es ein "Bild", wodurch der Sinngehalt noch deutlicher wird. *Er macht sich ein Bild von der Frau.* Man *soll* aber keine Bilder anbeten oder um das griechische Wort zu benützen, man soll Ideen nicht mit der Wirklichkeit verwechseln; sonst geht die Sache schief.

Das ist eine Grundüberzeugung des Spätrokoko, in der sich christlicher und moderner Naturalismus treffen. *Man darf die Ideen nicht so übertrieben ernst nehmen.* Es geht gegen den neuen gefühlvollen Platonismus, gegen den Idealismus. Was ist die Folge dieser idealistischen Haltung? Pygmalion heiratet das erste beste Mädchen, das ihm ein boshafter Freund zuführt; denn er ist in der Liebe unerfahren. Und die Moral von der Geschicht? Es ist keine Moral, sondern eine Lebenslehre im Stil des Rokoko:

> Drum seht oft Mädgen, küsset sie,
> Und liebt sie auch wohl gar,
> Gewöhnt euch dran, und werdet nie
> Ein Thor, wie jener war.
>
> Nun, liebe Freunde, merkt euch diß,
> Und folget mir genau;
> Sonst straft euch Amor ganz gewiß,
> Und gibt euch eine Frau. (WA I.37,41)

Da haben Sie das, was man beim jungen Goethe altklug nennt. Und in der Tat: Er beruft sich immer wieder auf alte Erfahrungen. Es ist das christliche Mißtrauen gegen den Leib, gegen die sinnliche Glut, die hier im Rokoko nachwirkt. Nur werden aus diesem Pessimismus andere Folgerungen gezogen: Man muß sich vorsehen, - ja -, damit man seine geistige Unabhängigkeit und Freiheit bewahrt. Man muß *Erfahrungen* in der Liebe sammeln. Diese Haltung stammt aus der Rokokotradition, aber Goethe hat diese Haltung sehr lange aufrechterhalten, insofern er ja auch später ehescheu war.

Neben den reinen Verserzählungen gibt es auch zwei Erzählungen, die Vers und Prosa mischen, beide unter dem Titel *Kunst die Spröden zu fangen*. Diese Mischform aus Vers und Prosa stammt aus Frankreich und ist besonders bezeichnend für das *Spätrokoko*, insofern sie zeigt, daß auch das späte Rokoko eine Abneigung gegen die feste Form hatte. Wenn man je nach Stimmung und Situation vom Vers in die Prosa abspringen kann, entfällt der Zwang, den das durchgehende Versmaß auferlegt. Offene Form (in *allen* Gattungen). Es ist ja eigentlich eine Bastardform. Wieland, der sie eine Zeitlang pflegte, gab sie wieder auf. Aber in der Romantik feierte sie fröhliche Auferstehung, insofern ja auch hier der Erzähler gerne zur Versdichtung abschweift.

Einem ähnlichen Impuls wie der Vers-Prosa-Mischung entstammt der sogenannte Vers libre. Man versteht darunter Verse, die *gereimt*, aber im übrigen sehr frei gebildet sind. Besonders charakteristisch ist die große Verschiedenheit der Verslänge. Dieses Stilmittel gibt den Erzählungen einen legeren, zwanglosen Charakter. Die Rhetorik, d.h. die Stilkunde, spricht vom Konversationston, vgl. H. Neumaier: *Die Konversation in der frühen Biedermeierzeit*. Diss. München 1974.

Wieland gab diesem Vers in der deutschen Literatur eine hohe Vollendung und Goethe nimmt ihn in *Triumph der Tugend* so geschickt auf, daß man kaum den Unterschied merkt. Ich lese den ersten Abschnitt:

> Ich fand mein Mädgen einst allein
> Am Abend so, wie ich sie selten finde.
> Entkleidet sah ich sie; dem guten Kinde
> Fiel es nicht ein,
> Daß ich so nahe bey ihr seyn,
> Neugierig sie betrachten könnte.
> Was sie mir nie zu sehn vergönnte,
> Des Busens volle Blüten wies
> Sie dem verschwiegnen kalten Spiegel, ließ
> Das Haar getheilt von ihrem Scheitel fallen,
> Wie Rosenzweig' um Knospen, um den Busen Wallen. (WA I.37,29)

Die Überraschung der entkleideten Geliebten ist ein altes Motiv, das man immer wieder abgewandelt findet in allen möglichen Erzählungen und Gemälden der damaligen Kunst. Meistens ist es eine Frau im Bade. Goethe stellt sich in die Reihe dieser Rokokomeister und spinnt aus dieser Situation eine Erzählung, *diesmal eine höchst moralische*, was ich im einzelnen nicht wiedergeben will.

Eben die Verfänglichkeit der Situation erfordert eine gründliche moralische Kompensation, wenn sie in der keineswegs völlig entarteten Gesellschaft der Zeit vertretbar sein soll. Dieses *Balancieren* der Gewichte, diese Equilibristik, wie man heute verächtlich sagt, und wie man auch schon im Vormärz mit anderen Worten sagte, z.B. bei Heine, ist charakteristisch für den Leipziger Goethe und nicht nur für diesen; denn Goethes *Grundhaltung* ist ausgleichend, nachgiebig, wenn auch nur bis zu einem gewissen Punkt. Stilistisch entspricht dieser Neigung die Fähigkeit zu unaufdringlicher, will sagen, *anmutiger* Gestaltung. Der Leipziger Goethe besitzt sie schon in einem bedeutenden Maß und das ist nicht nur Nachahmung. Wieland hatte schon die "Grazie" programmatisch erstrebt. Soviel zu den Erzählungen in dem Buch *Annette*.

Größere erzählende Werke Goethes haben sich aus der Zeit vor dem *Werther* nicht erhalten. Das könnte erstaunlich erscheinen, denn der *Werther* ist ja zweifellos schon ein fast vollkommenes Meisterwerk. Ich sage "fast", weil die wenig bekannte erste Fassung doch noch einige Spuren der Unreife zeigt [!]

Man hat, um diese Lücke zu schließen, auf eine Tatsache hingewiesen, die man leicht vergißt. Der junge Goethe hat viel und leidenschaftlich *Briefe* geschrieben und zwar solche, in denen er ausführlich irgend etwas *erzählt*. Die Vorkommnisse sind oft nicht so wichtig, daß sie aus sachlichen Gründen erzählt werden müßten. Aber Goethe erzählt gerne, *er übt sich gerne im Erzählen*. Die Grenzen zwischen Literatur und Leben verfließen *völlig*, das zeigt sich schon daran, daß auch die Briefe gern in Verse übergehen, in deutsche und französische. Die Leipziger Briefe sind Sprach- und Stilübungen, sie sind ein Vorfeld des Werks.

Und da im Werk die Prosa-Erzählungen gegenüber dem Drama etwas zu kurz kommen, *holt es hier Goethe nach*: in seinen Briefen. Goethe gibt hier manches runde Anekdötchen, das für sich stehen könnte. Und noch etwas ist zu bedenken! Es besteht ja damals ein enges Verhältnis zwischen dem Brief und dem Roman: durch die Gattung des Briefromans, welche die große Mode ist. Der Leipziger Goethe *liest* nicht nur Briefromane, sondern er macht sozusagen seinen eigenen Roman in Briefen.

Aus dieser Art, Briefe schreibend zu *leben* und lebend Briefe zu schreiben, konnte sich später leicht der *Werther* ergeben, der ja ein Briefroman mit autobiographischen Anklängen und autobiographischer Perspektive ist.

Sie sehen auch hier wieder die Bedeutung der Leipziger Zeit. Zu dem Problem selbst verweise ich auf einen Aufsatz von Stuart Pratt Atkins: *The apprentice novelist. Goethes letters 1765-1767*. In: *Modern Language Quarterly*, 10 (1949).

Lyrik

Die Lyrik im Buch *Annette* spiegelt verschiedene Richtungen der Rokokolyrik, ganz ähnlich wie die Erzählungen. Es gibt kurze epigrammatische

Gedichte, z.T. Übersetzungen, z.B. "aus dem Französischen des Herrn von Voltaire". Goethe kennzeichnet diese Abhängigkeit ganz sorglos, denn in der Rokokokultur weiß man, daß ein Übersetzen mehr Kunst erfordern kann als ein Neuschaffen. Goethe bewegt sich hier auch im Umkreise Lessings, der ein hervorragender Vertreter des epigrammatischen Gedichts ist. Daneben gibt es einige Oden und Elegien, die aber mehr an Hagedorn als an Klopstock erinnern, z.B. *Ode an den Herrn Professor Zachariae*. Zachariae wird hier anläßlich seines Weggangs als Liebling Apollos, der Musen und aller Götter gepriesen. Panegyrische Ode im Stil der Barocktradition! Berühmter ist die *Elegie auf den Tod des Bruders meines Freundes* und zwar deshalb, weil hier ein Fürst wegen seiner Gefühllosigkeit angeklagt wird. Man hat herausgebracht, daß es wohl der Landgraf Karl von Hessen-Philippsthal war, da Behrischs Bruder Regierungsrat in Hessen war. Man denkt dabei gleich an Schubart und den Sturm und Drang. Aber schon die bürgerliche Aufklärung war fürstenfeindlich, und es gehörte zu ihren Gemeinplätzen, die Fürsten so ganz allgemein und pathetisch anzuklagen. Über diese Haltung geht das Gedicht kaum hinaus. Immerhin zeigt es, daß Goethe nicht nur Anakreontiker war, sondern sich auch für die revolutionäre Seite der Aufklärung aufgeschlossen zeigte. *Hie und da*! Das Witzige und das Erotische *überwiegen* aber durchaus, - *mehr* als bei Hagedorn oder Gellert. Und in Wielands *Agathon*, der in Goethes Leipziger Zeit erschien, hätte er viel über politische und andere ernste Dinge lesen können. Aber wahrscheinlich war ihm das Buch zu dick. Er bevorzugte die leichten Dichtungen.

Ein wenig ernster als die Lyrik im Buch *Annette* sind die *Neuen Lieder*. Es handelt sich um die erste Gedichtsammlung Goethes, die im Druck erschien: Oktober 1769 mit der Jahreszahl 1770. Beigefügt waren die Melodien Breitkopfs, und das bedeutete, daß dem Dichter noch ganz das alte Ideal des sangbaren Gesellschaftslieds vorschwebte (vgl. Günther Müller: *Geschichte des deutschen Liedes*). Man nennt diese *Neuen Lieder* gewöhnlich das "Leipziger Liederbuch". Das ist insofern nicht ganz exakt, als Goethe das Werk in *Frankfurt* abschloß. Er änderte an den Liedern, die aus Leipzig stammten und fügte *neue* hinzu.

Sie gehören aber noch zur Rokokostufe Goethes; auch die empfindsamen Töne, die sich einmischen, passen durchaus zum Spätrokoko. Zumal der *elegische* Ton, der sich immer wieder einschleicht, zeigt, daß die Rokokoheiterkeit eine sehr bewußte und fast heroische Haltung war, ähnlich etwa wie der hohe muot des Mittelalters oder wie das keep smiling der Angelsachsen. Heiterkeit war noch für den alten Goethe sein wichtigstes Ideal! Man *will* sich nicht klagend preisgeben, man *will* seine geistige oder sittliche Überlegenheit *demonstrieren*; aber je individueller der Mensch wird, um so schwieriger und gewollter wird diese gesellschaftliche Haltung.

Daß es eine Lebens- und nicht nur eine Kunsthaltung ist, zeigen wieder die Briefe. Auch hier bemüht sich Goethe um Überlegenheit, um ein ironisches

Verfügen über alle Situationen und Stimmungen, sogar über seine Liebe. Er liebte ja leidenschaftlich eine kokette und vielumworbene Leipzigerin: Käthchen Schönkopf. Er bemühte sich, sie kunstgemäß zu lieben, womöglich nach dem Rat des Freundes. Aber diese überspitzte Bewußtheit schlägt notwendig in Rührseligkeit um. Unter diesem psychologischen Gesetz steht die ganze Rokokokultur und so auch der Goethe von Leipzig. Dafür zwei kleine Proben! In dem Gedicht *Unbeständigkeit* heißt es:

> O Jüngling, sei weise, verwein' nicht vergebens
> Die fröhlichsten Stunden des traurigen Lebens,
> Wenn flatterhaft je dich ein Mädchen vergißt.
> Geh, ruf sie zurücke, die vorigen Zeiten,
> Es küßt sich so süße der Busen der zweiten
> Als kaum sich der Busen der ersten geküßt. (HA I, 20)

Das hört sich leichtsinnig an, und ist es auch. Aber das Beiwort, das hier das Leben *im ganzen* hat, heißt immer noch wie seit 1000 Jahren "traurig". Und so ist es kein Wunder, wenn diese Trauer sich unter die leichtsinnigen Töne mischt. Da heißt es dann etwa ganz einfach so:

> *An meine Lieder* [sollte ursprünglich den Schluß der Sammlung bilden]
> Verfließet, vielgeliebte Lieder,
> Zum Meere der Vergessenheit!
> Kein Mädchen entzückt euch lieblich wieder,
> Kein Jüngling in der Blüthenzeit.
> Ihr sanget nur zu meiner Lieben;
> Nun spricht sie meiner Treue Hohn.
> Ihr wart in's Wasser eingeschrieben;
> So fließt denn auch mit ihm davon. (WA I.1,61 und 382)

Das hört sich sehr ernsthaft, biographisch an. Die Liebe ist wichtiger als das Liebes*lied*! Aber [!] auch diesen *Ernst* darf man nicht unbedingt glauben. Er hört sich so gut an im Gedicht! Die Vokale sind überaus eindringlich gesetzt! "Verfließet, vielgeliebte Lieder" (Wunderschön!). Und: Man muß auch die Darstellung einer *traurigen* Stimmung, der Vergänglichkeitsstimmung *probieren. Man muß alles probieren, lebend und dichtend.* Goethe hat die Lieder *nicht* vernichtet, sondern veröffentlicht. Der Verzicht war ein schönes Wort. Auch Käthchens Schönkopf wußte was es hieß, wenn Goethe in einem Brief "bis in den Tod" Treue versprach. Schönes Wort!

Es gehört zum Ethos des Rokoko, den Gefühlen zu mißtrauen und von allen erhabenen Ideen wieder zum Konkreten und Nächstliegenden *zurückzukehren*. Daraus ergibt sich das Pointengedicht, d.h. die Auflösung des Enthusiasmus durch Ironie. Es ist also falsch, wenn man meint, Heine habe diesen Gedichttypus geschaffen und diese Art von Gedichten sei besonders modern. Das Gedicht mit der naturalistischen Schlußpointe ist schon eine Rokokoform.

Durch die Empfindsamkeit war die Naturschwärmerei aufgekommen, z.B. das Schwärmen für den Frühling oder für einen Sonnenuntergang oder für den Mondschein. Die *Nacht* vor allem erweckte begeisterte Empfindungen (Young). Daraus ergab sich der romantische Nacht-Mythos, z.B. Novalis' *Hymnen an die Nacht*. - Für den Barock und die Barocktradition erweckte der Begriff "Nacht" andere Vorstellungen, nämlich sinnlich-erotische. "Nacht" = Liebesnacht.

Man kann nun ganz deutlich sehen, wie beim jungen Goethe diese beiden Vorstellungen zusammenprallen. Und vorläufig behält die barocke den Sieg, d.h. das Naturschwärmen wird durch eine erotische Pointe entwertet. Ich meine das vielgenannte Gedicht *Die Nacht* (verfaßt 1768). Zunächst wird die nächtliche Natur vergegenwärtigt, so lebhaft und sinnlich und [!] atmosphärisch, daß die alten Begriffe Luna und Zephir unpassend erscheinen. Man könnte sie für Relikte des Barock halten; aber dann zeigt die Pointe plötzlich ganz deutlich, daß sie noch ihren guten alten Sinn haben, daß nämlich die Natur nur Staffage ist für den Lebensgenuß des Menschen. Ich lese das Gedicht

Die Nacht
Gern verlass' ich diese Hütte,
Schönen
Meiner [Liebsten] Aufenthalt,
Und durchstreich' mit leisem
[Wandle mit verhülltem] Tritte
Diesen
[Durch den] ausgestorbnen Wald.
Luna bricht die Nacht der Eichen,
Zephirs melden ihren Lauf,
Und die Birken streun mit Neigen
Ihr den süßten Weihrauch auf.

Schauer, der das Herze fühlen,
Der die Seele schmelzen macht,
Wandelt im
[Flüstert durchs] Gebüsch im Kühlen.
Welche schöne, süße Nacht!
Freude! Wollust! Kaum zu fassen!
Und doch wollt' ich, Himmel, dir
deiner
Tausend [solcher] Nächte lassen,
Gäb' mein Mädchen eine mir.

(HA I,18; Verbesserungen nach der ersten Fassung)

Sie sehen hier die bewußte Rückkehr vom "Himmel", d.h. von der erhabenen *Empfindung* der Natur zur Erde und zu seinem ganz bestimmten erotischen Begehren.

Zweifellos ließe sich ein Gedicht denken, in dem das Schwärmen für die schöne Nacht mit einem herzlicheren Gefühl für die Geliebte harmonisch zusammenklingen würde, in dem also der epigrammatische Bruch, die Pointe, vermieden wäre. *Willkommen und Abschied* ist zwei Jahre später ein solches Gedicht. Vgl.!

Es liegt also in Goethes Rokokogedichten nicht nur eine Zurückhaltung gegenüber der Naturschwärmerei, *sondern gegenüber der Schwärmerei überhaupt*. Wir kennen schon den Grund: es gibt schöne Nächte, es *gibt* den Genuß des Augenblicks, aber: Das Leben selbst ist traurig und nur ein Traum. *Daß* Goethe diesen tieferen Grund des Rokoko-Leichtsinns kennt, zeigt das selten genannte Gedicht:

Das Glück
An mein Mädgen
Du hast uns oft im Traum gesehen
Zusammen zum Altare gehen,
Und dich als Frau, und mich als Mann.
Oft nahm ich wachend deinem Munde,
In einer unbewachten Stunde,
So viel man Küsse nehmen kann.

Das reinste Glück, das wir empfunden,
Die Wollust mancher reichen Stunden
Floh wie die Zeit mit dem Genuß.
Was hilft es mir, daß ich genieße?
Wie Träume fliehn die wärmsten Küsse
Und alle Freude wie ein Kuß. (WA I.1,45 und 377)

Sie sehen, man muß sehr vorsichtig sein, wenn man dem Rokoko-Goethe Oberflächlichkeit vorwerfen will. Das was man gemeinhin die Oberflächlichkeit des Rokoko nennt, ruht auf der alten religiösen Einsicht in die Vergänglichkeit des Lebens. Hier ist sehr ernsthaft von Mann und Frau und sogar vom Altar die Rede, aber selbst das bräutliche Glück erscheint als ein Traum. Die alte Metapher vom Leben als Traum hat sich sehr lange erhalten, und sie prägt auch dieses Gedicht.

Charakteristisch für die Rokokokultur ist nur, daß sie von diesen düsteren Hintergründen *gerne schweigt, daß sie vom Tragischen absieht*. Auch in *diesem* Punkt ist Goethe immer wieder zur Haltung des Rokokomenschen zurückgekehrt. In ganzen Perioden seines Lebens hat er das Traurige und Tragische ängstlich oder vielleicht weise *vermieden*. Aber als Hintergrund war es stets vorhanden. Auch in Leipzig. Das zeigen schon sehr früh, nämlich 1767, die *Oden an meinen Freund*, nämlich an Behrisch. Sie sind erst nach Goethes Tod, 1836, veröffentlicht worden, geben uns aber einen unschätzbaren Einblick in *Goethes Auseinandersetzung mit der Leipziger Kultur*.

Zunächst in formaler Hinsicht. Zum folgenden verweise ich auf Karl Viëtor: *Geschichte der deutschen Ode.*

Der Begriff "Ode" ist damals zweideutig. Einmal ist er noch gleichbedeutend mit Lied. Die Ode ist bei Hagedorn und seinem Gefolge singbar. Daneben gibt es den Begriff der Ode, den Klopstock und seine Anhänger nach antikem Vorbild entwickelt haben. Diese Ode ist reimlos, ernst, womöglich erhaben und nicht singbar (z.B. Klopstocks Ode *An Fanny*).

Der Leipziger Goethe schlägt einen *Mittelweg* ein, der für ihn sehr bezeichnend ist und auf die Weimarer Zeit vorausweist. Zwar wählt er freie Rhythmen. Aber der Vers hat nie mehr als vier Hebungen, d.h. der freie Rhythmus ist hier sehr ruhig oder, um ein Wort Goethes zu gebrauchen, er ist "gefaßt", maßvoll, nicht stürmisch ausschwingend. Unter dem gleichen Gesetz steht der *Inhalt* der drei Oden. Er ist *ernst*, aber er ist keineswegs *erhaben*. Es geht nicht um die großen Gegenstände Klopstocks, um Unsterblichkeit, Gott und Vaterland, sondern um etwas ganz Menschliches, um die Stadt Leipzig und um das Schicksal des Freundes, der Leipzig verlassen will.

Leipzig wird hier plötzlich ohne die Rokoko-Fassade gesehen, als Gebärort schädlicher "Insekten", als "Fäulnis", "Gift", als "Vielkünstliche", gegen welche die Natur aufgerufen wird. Soll Behrisch dieses Land, diese "Sümpfe" verlassen? Oder soll ihn die Freundschaft zurückhalten? Goethe antwortet:

> Kein edler Freund
> Hält den Mitgefangnen,
> Der fliehen kann, zurück.

Der Freund muß fliehen. Goethe bleibt zurück:

> Aber schon drehen
> Des letzten Jahrs Flügelspeichen
> Sich um die rauchende Achse.
>
> Ich zähle die Schläge
> Des donnernden Rads,
> Segne den letzten,
> Da springen die Riegel, frei bin ich wie du. (HA I, 24)

Leipzig erscheint hier als das reinste Gefängnis. Die auffallende und zum Teil gesuchte Metaphorik dieser Stelle, und der drei Oden überhaupt, auch der ein wenig schwerfällige Rhythmus der Verse, der durch die allzulogische Fügung der Sprache entsteht, erinnert daran, daß hier ein junger Mann schreibt, der seinem innersten *Stilstreben* noch nicht gerecht werden kann. Aber der Wille und die Kraft zur Meisterschaft sind spürbar, hier so gut wie in den anakreontischen Gedichten.

Es ist bezeichnend für den jungen Goethe, daß er sich zwischen Anakreontik und Klopstock nicht *entscheidet*, sondern beides *durchprobiert*. Vorläufig überwiegt noch das Anakreontische, im Sturm und Drang überwiegt das Hymnische; sein Formtalent gestattet ihm sogleich, die verschiedensten Meister zu haben. *Er vereinigt alles in sich und treibt es weiter.*

Drama

Wir kommen nun zu Goethes *dramatischen* Bemühungen in dieser Zeit. Auch hier gibt der Vordergrund ein täuschendes Bild. Nur heitere und scheinbar harmlose Dramen sind erhalten; aber was lesen wir in *Dichtung und Wahrheit*? Schon an der *Laune des Verliebten* wird man, so betont Goethe, zugleich "den Drang einer siedenden Leidenschaft gewahr". Und nun fährt Goethe folgendermaßen fort:

> Allein mich hatte eine tiefe, bedeutende, drangvolle Welt schon früher angesprochen. Bei meiner Geschichte mit Gretchen und an den Folgen derselben hatte ich zeitig in die seltsamen Irrgänge geblickt, mit welchen die bürgerliche Sozietät unterminiert ist. Religion, Sitte, Gesetz, Stand, Verhältnisse, Gewohnheit, alles beherrscht nur die Oberfläche des städtischen Daseins.

— Es ist genau die Perspektive, die wir aus den Behrisch-Oden kennen, und was ist die Folge für das Drama?

> Um mir Luft zu verschaffen, entwarf ich mehrere Schauspiele und schrieb die Expositionen von den meisten. Da aber die Verwicklungen jederzeit ängstlich werden mußten, und fast alle diese Stücke mit einem tragischen Ende drohten, ließ ich eins nach dem anderen fallen. (HA IX, 285f.)

Goethe behauptet im folgenden, auch sein Lustspiel *Die Mitschuldigen* sei "von etwas Bänglichem begleitet". Wir werden gleich sehen, wie das zu verstehen ist.

Vorläufig muß aber noch etwas anderes betont werden: Goethe *könnte* schon Tragödien schreiben, d.h. er kennt schon die tiefe Zweideutigkeit der Welt, der "Sozietät", in der er lebt. Aber er *will* keine Tragödien schreiben. Er schließt die Augen, wie er es auch später so oft getan hat in seiner klassischen Zeit. Er macht die Tragödien ganz einfach nicht fertig, ja er hat die Spuren dieser frühen tragischen Tätigkeit so ziemlich getilgt. Ich sagte, Goethe gehe leichtsinnig mit seinen Werken um. Ich muß jetzt dieses Urteil noch verschärfen: Der junge Goethe gehört zu den Dichtern, die ihre Werke rücksichtslos verbrennen. Dahinter steckt natürlich auch das künstlerische Gewissen, der schon erwähnte Maßstab unbedingter Meisterschaft.

Und Meisterschaft ließ sich vielleicht vorderhand auf dem Gebiet des Lustspiels eher erreichen als auf dem der Tragödie. Lessings *Emilia Galotti*, ein Vorbild der klassischen Tragödie, war noch *nicht* erschienen, dagegen *Minna von Barnhelm* (1767). Und eben von diesem Werk spricht Goethe ausführlich in *Dichtung und Wahrheit*, ehe er an die Besprechung seiner Rokoko-Dramatik herangeht. *Minna von Barnhelm*, so sagt er, eröffnete glücklich "den Blick in eine höhere, bedeutendere Welt". Auch ein *Lustspiel* konnte das also und zwar nach der Meinung des *alten* Goethe.

Nun ist es allerdings die gleiche Sache wie bei Wieland, d.h. wie auf dem Gebiet der erzählenden Kunst. Die reifste, höchste Stufe des Rokoko erfaßt der junge Goethe noch nicht, er bleibt zunächst hinter den Meistern der Zeit *zurück* und kommt über die Stufe Gellerts bzw. des jungen Lessing kaum hinaus. *Die Laune des Verliebten*, das erste erhaltene Stück Goethes, ist bekanntlich ein *Schäferspiel.*

Das Schäferspiel ist eine Lieblingsgattung des *frühen* Rokoko. Sein Höhepunkt liegt in den vierziger Jahren. So war z.B. Gellerts bekanntes Schäferspiel *Das Band* 1744 erschienen. Es geht hier genau so wie bei Goethe um eine Demonstration der Eifersucht und um eine Heilung von diesem scheußlichen Übel. Vgl.!

Die Eifersucht ist im Rokoko, wie jede Leidenschaft, eine höchst bedenkliche Seelenstimmung; *denn: Sie zerstört die Harmonie der Gesellschaft*, die Fähigkeit zum Festefeiern und damit die Lebensfreude im Sinn alter Kulturen überhaupt. Die *Eifersucht* ist die "siedende Leidenschaft", die Goethe in der *Laune des Verliebten* feststellt. Eridon will seiner Freundin Amine nicht gestatten, daß sie auf das Fest geht und sich dort mit anderen Männern vergnügt, denn er will sie mit Haut und Haaren für sich allein haben. Amines Freundin Egle gibt ihr den Rat, sich eine solche Tyrannei nicht gefallen zu lassen. Und Amine versucht es auch, aber sie ist zu verliebt, als daß sie Eridon erziehen könnte. Nun übernimmt Egle selbst diese Aufgabe. Eridon fordert von Amine unbedingte Treue. Er ist also Idealist. *Darin* wurzelt sein tyrannisches Wesen. Aber gibt es das überhaupt, die unbedingte Treue? Egle bezweifelt es, und sie überzeugt auch Eridon davon, ganz einfach dadurch, daß sie ihn zu einem Kuß verführt. Zum Schluß gesteht er: "Ein Kuß bekehrte mich". Und das streitende Paar geht miteinander versöhnt zum Fest. Sie haben gelernt, die menschliche Schwäche aneinander zu ertragen. Das ist der Anfang der Lebenskunst.

Höchst oberflächlich, so pflegen wir zu sagen; aber der ernste, ja sogar christliche Hintergrund der Rokokokultur tritt wiederum ganz klar zutage. Eridon war auf dem falschen Wege, weil er selbstgerecht war, weil er um die allgemeine Sündigkeit der Menschen, um ihre Erbsünde und Kreatürlichkeit nicht wußte. Wenn man weiß, was der Mensch in Wahrheit ist, dann nimmt man die Feste und alles was mit ihnen zusammenhängt *nicht* so blutig ernst. Wenn man hat, als ob man nicht hätte, erst dann wird ein anmutiges und harmonisches Leben möglich.

Goethe hat alles getan, um das bescheidene Werk so vollkommen zu machen als irgend möglich, und deshalb ist *Die Laune des Verliebten* bis zum heutigen Tag genießbar, wenn man es nimmt wie es ist. Man rechnet es zu den besten Werken des Rokoko; man tat es wenigstens bisher.

Wenn neuerdings Emil Staiger im ersten Band seines Goethebuchs von 1952 meint, es sei nicht so vollkommen, nicht so "rein" wie Gellerts Spiele (S. 42), so kann ich mich *davon nicht* überzeugen. Staiger weist darauf hin, daß Goethe die Alexandriner lässiger behandelt als Gellert, daß er gelegentlich die Zäsur verwischt. Aber 1) sind solche Fälle nicht eben häufig und 2) ist es überhaupt ein Kennzeichen des Spätrokoko, die Form weniger fühlbar zu machen. Auch der Alexandriner [!] wird jetzt leicht und elegant. Goetheliebhaber wußten das Spiel bisher immer zu schätzen. *Die Laune des Verliebten* wurde öfters aufgeführt, etwa im Rahmen von gesellschaftlichen Veranstaltungen und zusammen mit Haydn- oder Mozart-Musik.

Goethes zweites Drama *Die Mitschuldigen* lebt heute noch weniger; und es ist ja auch wahr, daß es uns befremdlich ist. Das Stück wurde erst 1769 in Frankfurt geschrieben, aber es gehört in die Kultur von *Leipzig* und wurde vielleicht dort geplant. Ich spreche daher jetzt schon darüber. — Das Stück ist uns fast fremder als die Leipziger Dichtung. Der geringe Umfang, den wir bei einem Schäferspiel gerne hinnehmen, erscheint uns bei einem Lustspiel merkwürdig; denn wir erwarten hier eine menschliche Bedeutsamkeit, die sich in *einem* Akt kaum entfalten kann. Der *Stoff* erscheint uns uninteressant oder gar unerquicklich. Und *Alexandriner* ertragen wir bei einem so derben Stoff noch weniger als bei einem Schäferspiel.

Aber Goethe hat auf *Die Mitschuldigen* viel gehalten (13. Buch von *Dichtung und Wahrheit*), und er hat sie unermüdlich umgearbeitet, "um sie zugleich bewegter und klarer zu machen". Er hat bis 1783 daran geändert (8. Buch *Dichtung und Wahrheit*), und 1805, noch zu Lebzeiten Schillers, hat er das Stück in Weimar aufgeführt. Es wurde in den folgenden Jahren *häufig* gespielt. Goethe war also wohl der Meinung, daß er auf dem Gebiet des Lustspiels nicht viel Besseres zu geben habe. *Und das ist richtig. Die Mitschuldigen* sind in ihrer Art schon ein Meisterstück. Heinrich Meyer nennt sie "das Meisterwerk von Goethes Jugend" (*Goethe. Das Leben im Werk*, 1949 und 1951, S. 79).

Das Befremdliche an dem Stück erklärt sich dadurch, daß es weltanschaulich und technisch einer Lustspielstufe angehört, die eigentlich schon durch Lessings *Minna von Barnhelm* historisch zu werden begann.

Ich sagte, Goethe erlebte sein Leipziger Leben als Roman; er spielte es aber auch als Lustspiel. Und zwar dachte er dabei, wie die Briefe zeigen, besonders an *Goldoni*, d.h. an einen Meister des italienischen Rokoko und zwar des Lustspiels. Alles verwandelte sich bei Goldoni zum übermütigen Lustpiel mit starken Erinnerungen an die Commedia dell'arte. So hat er z.B. aus dem Tasso-Stoff eine Art Posse gemacht. Mit Molière und mit vielen älteren Lustspieldichtern kennt er den Menschen nur als festgefügten Charaktertypus. Der Mensch ist also neugierig oder ehebrecherisch oder er stiehlt gern, immer *ein* Laster wird betont. Er ist nur der Mann mit Eigenschaften, während neuerdings der Mann ohne Eigenschaften beliebt ist. Wenn der Mensch nur *eine* Eigenschaft hat, kann der Dichter wundervoll mit ihm jonglieren wie mit Marionetten; man kann die Situationen und Szenen ganz genau berechnen; denn die Figuren tun immer das, was ihre *Eigenschaft* verlangt. Bei so einfachen Menschen kann ein Stück kurz sein, die Rechnung geht trotzdem wunderbar auf, *wenn man richtig arrangiert.* Und so ist es auch in den *Mitschuldigen.*

Söller ist ein Dieb, er stiehlt das Geld des großzügigen Alcest. Alcest ist großzügig, aber auch *er* ist böse. Er möchte die Ehefrau Söllers, Sophie, verführen. Diese Ehefrau ist trotz einiger Hemmungen nicht ganz abgeneigt, ihrem Mann untreu zu werden. Sie liebt jedenfalls Alcest heftig und verachtet ihren Mann. Und der Wirt, in dessen Haus sich alles abspielt, ist auch kein Unschuldsengel: Er ist entsetzlich neugierig. Natürlich ergeben sich daraus Verwicklungen. Aber: Die Beteiligten brauchen sich am Ende nur gegenseitig die Rechnung zu machen, um die Verwicklung zu beseitigen. Alle sind mitschuldig. Daher der Titel. — Wir denken vielleicht nach unserem Recht, ein Ehebruch und ein Diebstahl seien nicht vergleichbar. Es geht aber alles nach dem *alten* Recht, wonach der Ehebruch auch ein kriminelles Delikt ist. Der Dieb hat den Ehebrecher in der Tasche!

Auch der Gedanke, daß sich die empfindsam verliebte Sophie von ihrem lumpigen Mann scheiden lassen könnte, ist nach altem Recht unmöglich. Dieser Gedanke taucht gar nicht auf! Nur die lustspielhafte Versöhnung auf dem status quo ist möglich. Und worauf beruht sie *eigentlich*? Auf der alten Grundlage, die wir sattsam kennen. Alle Menschen sind in ihrer Art Sünder, alle sind Mitschuldige, wenn es Streit gibt. Es empfiehlt sich für alle, zu *verzeihen. Die Mitschuldigen sind also ein in sich selbst sinnvolles Werk.* Und das gleiche kann man von Goethes früher Dichtung überhaupt sagen. *Sie ist auf ihre Weise sinnvoll und vollendet.*

(Wenn sie uns heute nicht mehr anzusprechen vermag, so liegt das mehr an der geschichtlichen Epoche als an der Unreife des Leipziger Goethe. Für die *alte* Kunst ist der Begriff Reife gar nicht so wichtig, da ja nach festen Traditionen produziert wird und die Jugend überhaupt noch nicht so tut, als ob sie eine nagelneue Welt machen könnte. Das ist schon öfters gesagt worden, aber ich glaube, *eine* Konsequenz ist daraus noch nicht genügend gezogen worden und zwar [!] eine wichtige: Die Literaturwissenschaft der westlichen Welt betont heute, wie Sie wissen, sehr stark die Form. Ich glaube, daß man darin übertreibt, denn es kommt auch auf die Inhalte an, die man formt oder die die Form aus sich *erzeugen.* Gerade Goethe hat das immer wieder betont.

Es dürfte nun kaum ein Zweifel sein, daß sich unsere Geringschätzung vor allem gegen die *Inhalte* der Leipziger Dichtung richtet. Sie erscheinen uns veraltet und vielleicht auch von einem überzeitlichen Gesichtspunkt aus klein und dürftig. Diese Einstellung ist diskutabel. Aber die hohe *formale* Leistung des Leipziger Goethe wird dadurch *nicht* widerlegt. Goethe stellt sich gleich neben Gellert und Goldoni, bis zu einem gewissen Grade auch neben Lessing und Wieland, d.h. neben große Meister der Zeit. Das Rokoko hat eine hohe *Formkultur*, und *dieser Formkultur zeigt Goethe sich gewachsen; ja er hat etwas vom Rokokovirtuosen*, genau so wie Wieland und Mozart.

Dieses "Könnertum", diese Virtuosität genügte ihm auf die Dauer *nicht*. Er war dazu berufen, neue Inhalte aufzunehmen, selbst zu entdecken und *ihnen* Gestalt zu geben. Im Sturm und Drang verlagert sich das Streben Goethes entschieden auf das Inhaltliche. Aber auch das war nicht Goethes letztes Wort. Es kam die Zeit, da er wieder entdeckte, was *Form* ist, wie *unentbehrlich* sie ist. Und da wurde die Schule von Leipzig überaus *wichtig*.

Solange man die Rokokokultur national oder romantisch betrachtete, als etwas Undeutsches oder Unechtes oder bloß Rationales, wurde dieser Zusammenhang übersehen. Das einzige Wichtige am jungen Goethe war damals die Genieepoche. Heute, da wir uns weiter von der Zeit entfernt haben, können wir die Rokokokultur, d.h. die vorrevolutionäre Zeit, wieder ohne Vorurteil sehen. Und wir sehen auch, wenn wir gerecht sind, daß sich die deutsche Klassik überall auf der Basis dieser alten europäischen Kulturtradition erhob. Das Rokoko ist zweifellos, im Durchgang durch den Sturm und Drang, so sehr beseelt und vertieft worden, daß ein neues und höheres Niveau erreicht worden ist, eben die deutsche Klassik. Diese Vertiefung macht den Anspruch der Klassik verständlich!

Aber mit dem Sturm und Drang *allein*, ohne Beihilfe der alten Formtradition, ist die Klassik (besonders die *Iphigenie*-Stufe) *nicht* zu denken. Das werde ich noch ausführlich zeigen. Und schon bei der Betrachtung des Leipziger Goethe sollte man diesen Gesichtspunkt nie aus den Augen verlieren. Schon hier wurde [!] für Goethes Klassik ein Baustein gelegt.)

Die Krankheitszeit

Goethes Leipziger Zeit endete bekanntlich mit einer gesundheitlichen Katastrophe (September 1768). Ein Blutsturz zwang ihn zur Heimkehr nach Frankfurt und dort lag er lange krank, d.h. er machte wohl eine Tuberkulose durch. Auch ein chirurgischer Eingriff am Hals wurde nötig.

Es gibt zweifellos Krankheiten, die psychogen sind, also seelische Ursache haben. Und es ist heute sehr verlockend, Goethes Krankheit mit den Mitteln der modernen Psychologie zu deuten. Goethe hätte demnach sein Unterbewußtsein vernachlässigt, durch seine überlegene, spielerische und vorwiegend rationale Haltung. Die Krankheit wäre also Durchbruch des Unterbewußten, eine psychiatrische Kur. Goethe selbst bringt die Krankheit in einen Zusammenhang mit seiner, wie er sagt, selbstverschuldeten Liebesenttäuschung.

> Allein, es war zu spät! ich hatte sie wirklich verloren, und die Tollheit, mit der ich meinen Fehler an mir selbst rächte, indem ich auf mancherlei unsinnige Weise in meine physische Natur stürmte, um der sittlichen etwas zu Leide zu tun, hat sehr viel zu den körperlichen Übeln beigetragen, unter denen ich einige der besten Jahre meines Lebens verlor; ja, ich wäre vielleicht an diesem Verlust völlig zugrunde gegangen, hätte sich nicht hier das poetische Talent mit seinen Heilkräften besonders hülfreich erwiesen. (HA IX, 284)

Die Stelle ist wie so manche Aussage des alten Goethe bewußt verschleiernd und fast geheimnisvoll. Aber *so* viel ist deutlich, daß er nicht seiner Vernünftigkeit, sondern seiner "Tollheit" die Schuld an dem Zusammenbruch gibt. Im übrigen findet er physische Gründe. Und es *ist* ja auch nichts Ungewöhnliches, daß ein junger Mann in diesem Alter die Tuberkulose bekommt, und war es damals noch weniger als heute. Das vielgeschmähte Rokoko ist in diesem Fall vielleicht doch unschuldig.

Etwas *anderes* ist die *Wirkung* der Krankheit. Sie führte ihn zum ersten Mal in die *Entsagung*. Der Ton der Briefe wird sofort ernster, inniger, demütiger, man muß sogar sagen, frömmer. Die Krankheit bedeutet nicht nur Rückkehr aus der großen Welt, in der Goethe allzu jung aufgehen und sich bewähren wollte, sondern zugleich Heimkehr zur frommen Mutter, Heimkehr in die christliche Tradition, von der das Rokoko nur noch eine matte und etwas morbide Schwundstufe darstellte.

Goethe gesteht in *Dichtung und Wahrheit*, daß ihn seine damalige "Natur immerfort aus einem Extreme in das andere warf". Jetzt ging es in das Extrem der Zerknirschung und Weltflucht hinein. Die Krankheit bot dazu mehr als genug Anregung. Die psycho-physischen Gründe sind deutlich. Heinrich Meyer spricht von einer "Flucht in die Religion". Diese Interpretation dürfte in psychologischer Hinsicht richtig sein, aber sie sagt wenig über das Ziel der Flucht. Und dieses Ziel ist nur religions- bzw. geistesgeschichtlich zu interpretieren. — *Neben* der Rokokokultur war eine geistige Macht emporgestiegen, die auf der gleichen alten Grundlage ruhte, nämlich auf der Einsicht in die Verderbtheit der Welt, die aber aus dieser Einsicht *andere* Konsequenzen zog.

Wenn die Welt so hoffnungslos im Argen lag, einschließlich der kirchlichen Kultur, die ja am Rokoko noch stärksten Anteil hatte, wenn die Welt so schlecht war, dann durfte man nicht in ihr mitspielen, sondern man mußte sich aus ihr *zurückziehen*. Man konnte höchstens den Versuch machen, außerhalb der großen Welt eine kleine zu bilden, zusammen mit Freunden und Gesinnungsgenossen: eine ecclesiola. Die so orientierte geistige Macht war bekanntlich der *Pietismus*. Schon im Freundeskreis um Klopstock hatte er mächtig auf die Literatur gewirkt. Und in Goethes Behrisch-Oden findet man einen gewissen Anklang an diese Literaturrichtung.

Aber als nun Goethe krank in Frankfurt liegt, da tritt ihm der Pietismus nicht nur literarisch entgegen, sondern in bestimmten *Personen*. Es handelte sich vor allem um eine Freundin von Goethes Mutter, und sie hieß Susanne von *Klettenberg*. Goethe hat diesem frommen Fräulein später ein berühmtes und literarisch hervorragendes Denkmal gesetzt, nämlich das 6. Buch der *Lehrjahre* mit dem Titel *Bekenntnisse einer schönen Seele*. Goethe erzählt hier, wie ein intellektuell und künstlerisch hochbegabtes Mädchen dazu kommt, sich von ihrem Bräutigam zu lösen, *weil er sie religiös nicht* anerkennt. Sie *liebt* den Mann, aber er kann sich nicht entschließen, ihren Pietismus zu dulden. Dieser erscheint ihm *töricht*. So muß sie sich schweren Herzens von ihm trennen, aber sie tauscht nun für die Ehe nicht nur ein frommes, sondern auch ein hochkultiviertes Leben ein, im Umgang mit schönen Büchern und Gemälden.

Der Pietismus ist im 18. Jahrhundert keine Sache des *Dorfes*, sondern eine in die Oberschicht stark hineinwirkende Kulturmacht. Gerade beim Adel ... Der Graf Zinzendorf hatte ja Herrnhut begründet. Zu ihm bekannte sich das von Goethe geschilderte Fräulein. Sie stammte selbst aus sehr guten Kreisen. Wir wissen nicht genau, ob Goethe bei der Abfassung der *Bekenntnisse einer schönen Seele* irgendwelche Aufzeichnungen des Fräuleins von Klettenberg hatte. Ein Brief an Schiller spricht eher für das Gegenteil. Goethe erzählte später aus einem ungeheuren Abstand unter Aufbietung seiner ganzen künstlerischen Einfühlungsgabe, von diesem seltsamen Fall. Die Gottverbundenheit der schönen Seele ist hier fast zu einem dämonischen Getriebensein geworden, wie die der Ottilie der *Wahlverwandtschaften* - noch später. Die schöne Seele verfällt, so schreibt Goethe an Schiller (18. März 1795), "der zarten Verwechslung des Subjektiven und Objektiven". D.h. sie verwechselt Gott mit ihrem eigenen innersten Wesen, - wenn auch in zarter Weise. Das kann der klassische Goethe nicht mehr nachahmen, wenn er es auch *versteht*. Er weiß, daß das eigenste innerste Wesen eine zweideutige, d.h. tragische Sache ist. Denken Sie an *Egmont* oder *Tasso*.

Damals aber, während seiner Frankfurter Krankheit, gab er sich dem Pietismus, der ihm in so kultivierter Gestalt entgegentrat, völlig hin. Er "bekehrte" sich [!]. Da Friedenthal diese Epoche in Goethes Leben fast ironisch darstellt, will ich genauer darauf eingehen. Die Stimmung, in der sich Goethe damals befindet, vermitteln am besten die Briefe an Ernst Theodor Langer. Sie sind zum Teil französisch geschrieben, ein Hinweis darauf, daß der Pietismus, wie die Rokokokultur auch, eine *europäische* Erscheinung war. Viel gelesen waren z.B. die Schriften einer gewissen Madame Guyon; ja selbst der französische Roman des 17. Jahrhunderts hat oft einen pietistischen Ton, z.B. die berühmte *Princesse de Clèves* der Madame de La Fayette. Der Pietismus stammt aus dem 17. Jahrhundert, aus der Zeit vor der Aufklärung. Er ist eben, das wird zu wenig gesehen, eine Form der *Barocktradition*.

In ihr bewegte sich Goethe damals so gut wie in Leipzig, nur ist es jetzt eben die mystisch-*religiöse* Barocktradition mit allen Ängsten vor dem Gericht und mit jenem verzweifelten Ringen um den Glauben, der für die

Spätformen des Christentums bezeichnend ist. Da heißt es etwa am 17. Januar 1769 (beachten Sie den verworrenen Stil!):

> Gerechter Gott, wenn du nicht gütig wärst. Langer ich habe meine Betrachtungen manchmal, es ist schröcklich! Ich binn jung und auf einem Weege der gewiß hinaus aus dem Labyrynte führt, wer ist's, der mir versprechen könnte, das Licht wird dir immer leuchten wie jetzt, und du wirst dich nicht wieder verirren. Doch Sorgen! Sorgen! Immer Schwäche im Glauben. Petrus war auch in unserm Gusto, ein rechtschaffner Mann, biß auf die Furchtsamkeit. Hätte er fest geglaubt der Jesus habe Macht über Himmel, Erde und Meer, er wäre über's Meer trocknen Fußes gewandelt, sein Zweifel machte ihn sinken. Sehen Sie, lieber Langer, es steht kurios mit uns; Mich hat der Heiland endlich erhascht, ich lief ihm zu lang und zu geschwind, da kriegt er mich bey den Haaren. Ihnen jagt er gewiss auch nach, und ich wills erleben, daß er Sie einhohlt, [...].

Sie sehen: Der Bekehrte wird schon zum Bekehrer! - Die derbe Sprache - der Heiland "kriegt mich bei den Haaren" - ist der typische Stil Herrnhuts.

Was waren denn nun eigentlich die Hindernisse und Sünden, die Goethe überwinden mußte? Im Brief vom 24. November 1768 gibt er darauf eine Antwort, die den Radikalismus der Bekehrung deutlich demonstriert:

> Mein feuriger Kopf, mein Witz, meine Bemühung und ziemlich gegründete Hoffnung, mit der Zeit ein guter Autor zu werden, sind jetzt, daß ich aufrichtig rede, die wichtigsten Hinderniße an meiner gänzlichen Sinnesänderung, und des eigentlichen Ernsts die Wincke der Gnade begieriger anzunehmen.

Man spricht, im Klischee der modernen Schaffenspsychologie, von der schöpferischen Pause, die Goethe in Frankfurt einlegte; denn er hat nach dem Abschluß der Leipziger Werke bis zur Übersiedlung nach Straßburg nicht mehr viel geschrieben.

Sie sehen aber hier, daß diese Pause für Goethe etwas ganz anderes war: *nämlich der Versuch, die Dichtung, die ihn schon im eigentlichen Sinn besaß und in der er, wie er genau wußte, große Möglichkeiten hatte, der Religion aufzuopfern.* Der alte puritanische Drang, der sich schon in Savonarola gegen die Kunst der Renaissance erhoben und sie seither stets begleitet hatte (Bilderstürmerei der deutschen Reformation; England!), fand hier in dem jungen Goethe ein Nachspiel. Wieder einmal wurde gefragt, ob die Dichtung wirklich notwendig, ob sie wahr und wirklich sei, oder ob es nicht besser sei für die menschliche Seele, diesen ganzen schönen Zauber der Worte wegzuwerfen, diese verführerischen Fiktionen.

Einige Monate später, am 13. Februar 1769 schrieb Goethe an Friederike Oeser, also an die Tochter seines Lehrers in der bildenden Kunst und Ästhetik: "Was ist Schönheit? Sie ist nicht Licht und nicht Nacht. Dämmerung; eine Gebuhrt von Wahrheit und Unwahrheit. Ein Mittelding."

Dieses Wort erinnert an Baumgartens Ästhetik und trifft zugleich das schillernde Wesen der Rokokokunst gut. Sie schillerte *prinzipiell* zwischen

Wesen und Schein. Sie machte immer einen Schritt zur Wahrheit und wieder einen zurück, weil ihr der Schein zur Kunst zu gehören schien. Sie war überdies, wie jede Spätkunst, eine komplizierte Kunst. Aber Goethe kann sich mit dieser ganzen raffinierten Kultur nicht mehr einverstanden erklären, und er sagt jetzt: "Es ist doch nichts wahr als was einfältig ist".

Das ist eine Absage an den Geist des Spät-Rokoko! - Man könnte nun das Programm einer neuen *einfacheren* Kunst vermuten. Aber eben damals schreibt Goethe die früher zitierten Worte, daß Wieland, Shakespeare und Oeser seine einzigen Lehrer seien (20. Februar 1770).

Es ist kein rechter Zusammenhang in den damaligen Äußerungen Goethes. *Alles geht durcheinander*. Die Diskontinuität des modernen Menschen kommt hier schon in erschreckender Weise zum Ausdruck. *Von einer echten Wiederherstellung der christlichen Ordnung in Goethe kann nicht die Rede sein*. Die Bekehrung Goethes ist mißglückt.

Ich habe früher gesagt, daß Goethe alles probierte. *Auch die Bekehrung ist nur ein Experiment, dessen Mißlingen sich bald herausstellte*. Es ist nicht das *erste* Mal und nicht das *letzte* Mal, daß der moderne Mensch versucht, durch gründliche Abkehr von der Moderne, durch Rückkehr zum alten Glauben den Frieden der Seele zu finden. Schon Wieland hat, in ähnlichem Alter wie Goethe, eine Bekehrung erlebt und sogar fromme Bücher geschrieben. Später versuchten es die Romantiker mit der "Konversion", diesmal mit der katholischen. Selbst Heine hat noch eine Bekehrung zum Glauben der Väter erlebt. Aber alle diese Versuche haben das Rad der Geschichte *nicht* zurückgedreht. Die bekehrten Dichter und ihre Poesien blieben eine Episode in der Literaturgeschichte. Der Aufklärungsprozeß ging weiter. Es sollte uns zu denken geben, daß die Episode bei unserem großen Dichter Goethe besonders kurz war und nur eine *indirekte* Wirkung hinterließ.

Worin bestand diese Wirkung? Wir haben es schon bei den *Bekenntnissen einer schönen Seele* gesehen. Goethe bemerkte, daß es geheimnisvolle Neigungen in der menschlichen Seele gibt, unwiderstehliche. Man kann in einem solchen Fall sagen: Was du tust, in deinem Drange tun *mußt*, das ist nicht Gott, das bist im Grunde du selbst *oder*, wie Goethe später mit einem mittleren Ausdruck sagt: das ist dein Dämon. Aber der Drang selbst ist damit doch vorhanden, der unwiderstehliche, unerklärbare Drang des Individuums.

Dieses Geheimnis des Individuellen erkannte oder ahnte Goethe *seit dieser Zeit*. Der Mensch wurde ihm rätselhaft. Er wußte auch nicht mehr recht, *wer er selbst war*. Und den anderen scheint es auch so gegangen zu sein. Goethe begann seiner Umwelt ein Rätsel zu werden, und er ist es eigentlich sein ganzen Leben lang geblieben. Über seinen Besuch der pietistischen Versammlungen sagt er folgendes: "Von seiten der Gemeine läßt man mich denn in den Zirkel, so mit einer stillen Konnivenz wie die Engel den Abbadona in ihren Kreis um Golgatha ließen." (24. November 1768) Abbadona ist bekanntlich ein Teufel (Klopstock!). Goethe wußte nicht, ob er ein Teufel oder ein Heiliger war. Die bisherigen Grenzen zwischen Engel und Teufel, Gut und Böse, Gott und Mensch, *alle* überlieferten Normen und Erkenntnisse wurden zweifelhaft, - das war im Grunde das Ergebnis dieser Krise, die freilich nicht nur persönlich war, sondern eine überpersönliche historische Krise widerspiegelte: *den Zerfall der gesamten überlieferten Ordnung*. Das christliche Abendland begann zu verfallen.

In solchen Zusammenbrüchen, wie sie der junge Goethe in Frankfurt 1768/70 erlebte, bestand die eigentliche große Revolution Europas. Die *politischen* Revolutionen von 1789, 1848, 1917, 1918 etc. sind nur äußere Folgen der *religiösen* Revolution. Die Bedeutung *dieser* großen Geistes-Revolution wird um so deutlicher, je mehr wir uns von ihr entfernen. Sie bedeutet in der europäischen Religions- oder Geistesgeschichte wahrscheinlich einen tieferen Einschnitt als die Reformation und läßt sich vielleicht mit dem Untergang der antiken Welt vergleichen.

Goethe hat, wie gesagt, in diesen zwei Frankfurter Jahren wenig geschrieben, aber er hat hingebend *gelesen*, wie später so oft in kritischen Perioden. Den Anlaß dazu gab der Hausarzt der Goetheschen Familie. Dieser Mann war, wie Goethe sagt, ein "unerklärlicher" Mann; aber er hatte, vielleicht eben deshalb, eine große Autorität in den pietistischen Kreisen und bei Goethe, der einen neuen Sinn für das Geheimnis hatte. — Der Arzt hatte nicht nur eine wunderbare Medizin, die angeblich immer, auch bei Goethe, ihre Wirkung tat, sondern er hatte, wie es scheint, ein Prinzip, das heute wieder modern zu werden beginnt: Er meinte, der Patient müsse selbst an seiner Heilung mitarbeiten, z.B. durch Lektüre. Die von ihm empfohlene Lektüre hing eng zusammen mit dem Wundermittel, das er nicht gleich anwandte. Es handelte sich um chemisch-alchimistische Bücher.

Sie wissen vielleicht, daß die Chemie früher eng mit der Alchimie, mit der schwarzen Kunst zusammenhing, mit den magischen Bemühungen, Gold oder ein Lebenselixier zu machen. Der Arzt empfahl vor allem Wellings *Opus Mago-Cabbalisticum*, das die gesamte alchimistische Literatur, bis in die Antike zurück, *zusammenfaßte*. Goethe bemühte sich um die Enträtselung des Buchs; aber es blieb dunkel [!]. Um nun weiter zu kommen, studierte er die Quellen, auf die sich Welling berief. Dazu gehörte unter anderem Paracelsus, der Arzt (16. Jahrhundert), der ja auch heute sehr geschätzt und endlich wissenschaftlich herausgegeben wird. Der alte Goethe weiß selbst, daß er auf diesem Weg in den sogenannten Neuplatonismus hineinwuchs, in die alte mystische Tradition, die unterschwellig alle Epochen begleitete und in der Romantik wieder herrschend wurde. Das Studium von Paracelsus und Welling bereitete Goethe auf Herder, Shaftesbury, Plotin, Spinoza usw. vor.

Neben diese mystisch-philosophische Bildung tritt schon die *naturwissenschaftliche*. Der Arzt hatte gesagt, Goethe solle versuchen, ein Wundermittel für sich selbst zu entdecken. Er richtete sich also ein *Laboratorium* ein und experimentierte fleißig drauf los. Natürlich hat er nichts erreicht, aber er hat etwas *gelernt*.

Der spätere Goethe berichtet von dieser Lektüre, von diesen Versuchen wie auch von seiner pietistischen Bekehrung mit *Ironie*. Aber er weiß, daß alle diese Bemühungen eine wichtige Entwicklungsstufe darstellen. Es bildete sich allmählich sein *Weltbild* heraus. Am Ende des 8. Buchs von *Dichtung und Wahrheit* berichtet er über die Mythologie, die er damals entwickelte, und man weiß am Ende nicht genau, was darin vom jungen Goethe stammt und also belächelt wird und was der alte Goethe, der Dichter von *Faust* II, dazugetan hat. (H.M. Rotermund versucht in einem Aufsatz zu beweisen, daß Goethe durch seine damalige Lektüre, besonders durch *Welling*, entscheidend gefördert wurde: *Zur Kosmogonie des jungen Goethe*. In: DVjs, 28 (1954).

Bleibend war dabei bestimmt *eine* Erkenntnis, von der wir schon früher gesprochen haben, daß nämlich der Mensch etwas von der Art Lucifers hat, daß er auf der einen Seite göttlicher Herkunft, andererseits aber auch teuflisch ist. Es bildet sich allmählich der Begriff des dämonischen Menschen, des tragisch entzweiten Menschen. Der Mensch fällt ab von Gott, ja er muß abfallen, um er *selbst* zu sein. Aber er *muß* sich auch wieder aufgeben können. Goethe erkennt, um seine eigenen Worte zu zitieren,

> daß wir uns in einem Zustande befinden, der, wenn er uns auch niederzuziehen und zu drücken scheint, dennoch Gelegenheit gibt, ja zur Pflicht macht, uns zu erheben und die Absichten der Gottheit dadurch zu erfüllen, daß wir, indem wir von einer Seite uns zu verselbsten genötiget sind, von der andern in regelmäßigen Pulsen uns zu entselbstigen nicht versäumen. (HA IX, 353)

Das hier entwickelte Prinzip der *Polarität* war dem jungen Goethe wohl noch nicht so klar, aber das Wort zeigt, daß Goethe den Sturm und Drang-Ansatz später nicht völlig verworfen, *sondern in sein Weltbild eingebaut hat*. Denn der Sturm und Drang war genau der Versuch, sich "zu verselbsten", so frei wie irgend möglich zu werden, aber nicht frei in dem vagen formalen Sinn der Aufklärung, sondern frei zu sich *selbs*t, worin zugleich ein Schicksal lag.

Der erste entschiedene Versuch in dieser Richtung fand bekanntlich in *Straßburg* statt. Dorthin Frühjahr 1770.

Straßburger Zeit

Goethe war als ein gescheiterter Student von Leipzig zurückgekehrt. Man studierte damals nicht lange; er hätte, der *Zeit* nach, in Leipzig promovieren *können*. Der Vater wußte zwar die universalen Neigungen des Sohnes, auch seine musischen, zu schätzen; aber natürlich hielt er das Dichten für keinen Lebensberuf. Auch Goethe warnte später sehr entschieden vor einem Leben in der Art Klopstocks und Gleims. Goethe sollte also jetzt vor allem sein juristisches Studium abschließen und dazu schien Straßburg geeignet.

Heinrich Meyer und Friedenthal behaupten, Goethe sei auch von Straßburg als "Versager" zurückgekehrt. Seine Dissertation wurde nämlich *zurückgewiesen.* Goethe wurde nicht Doktor, sondern Lizentiat der Rechte. Ich glaube aber, daß eine solche Interpretation die damaligen Gepflogenheiten übersieht und also unhistorisch ist. Für einen Sohn aus guter Familie war damals die Abschlußprüfung nicht so wichtig. Wichtig war nur, daß er studiert und etwas gelernt hatte. Dafür spricht die Tatsache, daß Goethe nachher in Frankfurt den Doktortitel ungeniert führte. Das hätte der rechtlich denkende Vater sicher nicht gestattet, wenn man damals diese Dinge so ernst genommen hätte wie heute.

Über den Rang eines Menschen entschieden damals Herkunft und Leistung, nicht die *Prüfung*. Das Vorbild dafür gab der *Adel.* Und wie kavaliersmäßig sich der Sohn des kaiserlichen Rats fühlte, das zeigt die Art, wie er sich im Pfarrhaus von Sesenheim einführte. Er nahm den Dorfpfarrer zuerst gar nicht ernst, sondern machte sich einen Jux mit ihm. Er erschien nämlich als ärmlich gekleideter cand. theol. Dann morgens Flucht. Rückkehr in Kleidern eines Bauernburschen, dann schön. Also Goethe spielt den Kavalier.

Überhaupt erwachte bei dem Straßburger Goethe wieder der ganze Leichtsinn der Leipziger Zeit. Eine seiner ersten Sorgen war, besser *tanzen* zu lernen. Er nahm zu diesem Zweck Privatstunden bei einem Tanzmeister und übte fleißig mit dessen zwei Töchtern. Die Liebesgeschichte, die er bei dieser Gelegenheit in *Dichtung und Wahrheit* erzählt, kann natürlich Dichtung sein: sie erinnert allzu deutlich an die Novellistik des alten Goethe. Sie ist zweifellos das Ergebnis einer überlegenen und ironischen *Erzählkunst.* Aber etwas von dem Übermut des jungen Goethe ist darin eingefangen, von seiner unglaublichen Geschicklichkeit und Anpassungsfähigkeit, von seiner Neigung, das Leben wie eine Komödie zu nehmen und sich in allen möglichen *Masken* zu bewegen. Natürlich bemüht er sich bei den Töchtern des Tanzmeisters um sein bestes Französisch [!], natürlich liebt er die Gesellschaft und will in ihr glänzen. Er ist Mitglied einer Tafelrunde, die meist aus Medizinern besteht. Selbstverständlich geht er mit ihnen ins Kolleg. Er hört besonders Anatomie. Warum eigentlich?

Goethe gibt eine merkwürdige Begründung. Sie paßt aber zum Bild des weltmännischen Jünglings. Er will sich über das Grauen erheben, das uns das Innere des Körpers einzuflößen pflegt. Die Parole heißt: "Sei gefühllos". Zu diesem Zweck weilt er auch in der Nacht auf Kirchhöfen etc. Wir können sagen: *Goethe kuriert sich von der Empfindsamkeit*, von der seelischen Verzärtelung, die damals Mode war. *Er* will nur das empfinden, was wirklich ist, nicht das, was man sich ängstlich oder sensationslüstern *vor*stellt.

Das Leben in Straßburg ist überhaupt urwüchsiger, robuster [!], *süd*deutscher als in dem feinen Leipzig. Zwar gehört das Elsaß staatlich zu Frankreich. Die französischen Moden und Sitten sind im Fortschreiten. Aber noch wird die ältere deutsche Tracht getragen, auf dem Land herrschen deutsche Sitte und Tracht durchaus. Und Straßburg ist mehr mit dem Land verbunden als das ganz und gar urbane Leipzig. Goethe erzählt, daß die Straßburger passionierte Spaziergänger waren; man lebte gerne am Rand der Stadt, in allerlei Lustorten und in den Gärten. Einer von Goethes Professoren ermahnte seine Studenten, nicht immer zu studieren, sondern aufs Land zu wandern und zu reiten. Und diese Aufforderung fand bei Goethe Gehör. Sesenheim ist nur einer der Orte, die er besuchte.

In der Erinnerung verklärt sich dem alten Goethe das Elsaß zu einem Paradies, zu einer Vorform des Südens. Die fruchtbare Ebene und das Gebirge greifen mannigfaltig ineinander und ergeben einen wundervollen Akkord. Die Sonne scheint klarer als in anderen Landschaften, und die zahlreichen Gewitter sind nur eine angenehme Unterbrechung des Lichts und der Wärme.

Mag sein, daß das alles etwas geschmeichelt ist; aber so empfand Goethe das süddeutsche Land. Er genoß es gleich von der Plattform des Münsters. Und dorthin kehrte er mit seinen Freunden oft zurück. Goethe war jetzt wieder sehr gesellig, überall trieb er sein Wesen, er studierte alle Menschen, auch die seltsamen und quetschte sie regelrecht aus. Von einem geordneten Studium dagegen oder auch nur von einer regelmäßigen Lektüre konnte kaum die Rede sein.

In *Dichtung und Wahrheit* gibt Goethe eine sehr detaillierte Beschreibung des Münsters, eine geradezu kunstwissenschaftliche. Inzwischen hatte nämlich die Kunstgeschichte begonnen, und sie interessierte sich vor allem für die Gotik. Goethe erwähnt Sulpiz Boisserée. Der alte Goethe war stolz, auch auf diesem Gebiet ein Bahnbrecher gewesen zu sein.

Der Aufsatz Goethes [!] war in dieser Hinsicht zweifellos epochemachend; aber er ist von einer streng *wissenschaftlichen* Betrachtung noch weit entfernt. Das Münster wird ihm nur zum Symbol seiner neuen Kunst, der *deutschen* Kunst, wie er, im Gefolge Herders meint. Und *zuallererst* ist es einfach der "Koloß", der das *Land* beherrscht und den er abenteuerlich findet.

Wenn man vom Straßburger Goethe spricht, dann stellt sich immer gleich das Wort *Leidenschaft* ein. Ein leidenschaftliches Leben, ein leidenschaftliches Naturgefühl, eine leidenschaftliche Kunst, ein leidenschaftliches Volksgefühl, eine leidenschaftliche Liebe - das soll das Wesentliche gewesen sein, *so will es die Konvention.* In der gegenwärtigen Goetheforschung zeigt sich eine entgegengesetzte Tendenz: der Zweifel an Erlebnis und Leidenschaft. Ich zitiere einige Sätze aus der erwähnten Biographie von Heinrich Meyer, die dafür symptomatisch sind. Ich könnte auch Friedenthal zitieren; aber Meyer ist etwas differenzierter!

1) *zum Friederike-Erlebnis*: "Wie weit die Darstellung in seinem Memoiren nun der Wirklichkeit entspricht, wie weit sie erst später durch eine erneute Lektüre des 'Landpredigers von Wakefield' geformt war, wie weit der

Abschied wirklich Goethes Herz zerriß und ob er sich tatsächlich Gewissensbisse darüber zu machen hatte, daß er falsche Hoffnungen erweckt habe, das alles kann man nicht wissen [...]" (S.96).

2) über die Echtheit von Goethes volkstümlicher Dichtung: "Der neue Sprachstil, durchaus nicht etwa volkstümlich, sondern geradezu manieristisch, nämlich bewußt volkstümlich, volkshaft-sein-wollend, trat zu gleicher Zeit allüberall auf." (S.93)
Ein Erlebnis war also nicht *nötig*.

3) "Die Erörterung des Naturempfindens Goethes ist hier nicht am Platz, weil ihn die Natur noch gar nicht interessierte und daher noch auf Jahre hinaus bloße Staffage blieb."
Ähnlich: *Herdererlebnis*.

Alles in allem bleibt von dem alten Bild des Straßburger Goethe so gut wie nichts übrig. Ein neuer Goethe wird uns präsentiert: ein sehr kühler, aber dafür auch ein überlegen und in gewisser Weise rücksichtslos *dichtender* Goethe.

Ich will Ihnen gerne gestehen, daß auch mir der Sturm und Drang-Goethe ein schwieriges Problem ist, vielleicht das schwierigste in der deutschen Literaturgeschichte. Denn schwierig ist für unsere fortgeschrittene literaturwissenschaftliche Technik nicht die Dichtung, die offensichtlich kunstvoll und hochgezüchtet ist, sondern gerade die, die einen unmittelbaren und naiven Eindruck macht. Meyer wendet sich gegen die Darstellung in *Dichtung und Wahrheit* in der Meinung, Goethe habe *nachträglich* den Ernst in die Straßburger Erlebnisse hineingetragen, ganz bewußt dichtend. — Nun fällt aber bei der Darstellung des Sesenheimer Idylls auf, daß Goethe prinzipiell die Vermischung von Literatur und Leben, wie es in Sesenheim geschah [!], *rechtfertigt. Man darf* also [!] das eigene Leben romanhaft erhöhen und sich selbst in Romanen (oder theatralisch) wiederfinden! Man *braucht* das wirkliche Leben *nicht so ernst* zu nehmen! An einer anderen Stelle bestimmt er sein eigenes Lebensgefühl im Unterschied zu dem Herders in ganz ähnlicher Weise:

> [...] eigentlich fühlte ich mich aber in Übereinstimmung mit jener ironischen Gesinnung, die sich über die Gegenstände, über Glück und Unglück, Gutes und Böses, Tod und Leben erhebt, und so zum Besitz einer wahrhaft poetischen Welt gelangt. Freilich konnte dieses nur später bei mir zum Bewußtsein kommen, genug, es machte mir für den Augenblick viel zu schaffen; (HA IX,429f.)

Aus dieser Stelle geht zweierlei hervor: 1) Goethe war sich seiner Ironie, dessen, was wir Leichtsinn nannten, in Straßburg *nicht* bewußt. Er nahm sich in seinen Leidenschaften *ernst. Er spielte oft mit großem Ernst.* 2) Später erkannte er, daß vieles nur Spiel war, daß ihn der poetische, ironische Abstand *nie* verlassen hatte. Von einer Unehrlichkeit kann also nicht die Rede sein, nur von einer gewissen *Bindungslosigkeit*, die dazu führte, daß das leidenschaftlich Ergriffene - in den Ideen, in der Kunst und im Leben - sich bald wieder entwertete, daß es durch die Entwicklung relativiert wurde.

Diese fortdauernde Bewegung, diese Unruhe, dieser Wechsel der Normen und der Stile ist das eigentlich Moderne an Goethe. Er hat alle paar Jahre ein anderes Ideal, und er orientiert sich immer wieder an anderen Vorbildern und an anderen literarischen Formen. Seine große Erscheinung könnte uns aber auch lehren, diese Bewegung nicht nur negativ zu sehen, wie es etwa Sedlmayr im *Verlust der Mitte* getan hat; denn *hinter* dem Wechsel erscheint doch immer wieder eine Art Einheit, freilich eine Einheit neuer Art.

Es ist eine Einheit rein persönlicher Art, wie sie sich etwa im *Faust* zeigt, der schon in Straßburg in seinem Kopf zu summen beginnt und von nun an sein Leben begleitet. Dies Goethische am jungen Goethe tritt in der Forschung immer deutlicher hervor, während das Sturm und Drang-Mäßige *zurücktritt*.

Herder

Das vorhin zitierte Geständnis, so ironisch überlegen gewesen zu sein, bezieht sich auf Goethes Verhältnis zu *Herder*. Meyer bezweifelt, ob man Herder überhaupt Goethes Erwecker nennen darf; das ist ein sehr radikaler Widerspruch gegen die Konvention. Und übertrieben. Sicher ist aber, daß Herder nur eine Episode für Goethe bedeutete und daß Goethe hier von vornherein ironischen Abstand hatte.

Herder gab ihm z.B. seine Preisarbeit über den Urprung der Sprache zu lesen. Hier widerlegt Herder die alte Meinung, die Sprache sei göttlichen Ursprungs. Für Hamann bedeutete das dann einen gottlosen Abfall; denn wie soll etwas so Wunderbares wie die Sprache *menschlichen* Ursprungs sein, ein Werk der "Besonnenheit" (Herder).

Goethe wurde von Herder auch auf Hamann hingewiesen; er versuchte ihn zu lesen. Er fand bei Herder und Hamann viel Streit und Zank, einen Kampf um Dogmen und *Begriffe*, der im Grunde der *Aufklärung* gar nicht so fern war. Nur beliebten sie eben oft, das Gegenteil zur Aufklärung zu behaupten. Es zeigt sich schon hier die geheime Verwandtschaft von Aufklärung und Romantik. Dialektische Einheit.

Wie steht nun der junge Goethe zu diesem Streit um Vernunft und Offenbarung, Mensch und Gott; was dachte er speziell über Herders Abhandlung? Im 10. Buch von *Dichtung und Wahrheit* lesen wir folgendes:

> Ich hatte über solche Gegenstände niemals nachgedacht, ich war noch zu sehr in der Mitte der Dinge befangen, als daß ich hätte an Anfang und Ende denken sollen. Auch schien mir die Frage einigermaßen müßig: denn wenn Gott den Menschen als Menschen erschaffen hatte, so war ihm ja so gut die Sprache als der aufrechte Gang anerschaffen [...]. War der Mensch göttlichen Ursprungs, so war es ja auch die Sprache selbst, und war der Mensch, in dem Umkreis der Natur betrachtet, ein natürliches

> Wesen, so war die Sprache gleichfalls natürlich. Diese beiden Dinge konnte ich wie Seel' und Leib niemals auseinander bringen. (HA IX, S. 406)

Herder war bekanntlich Theologe, ein sehr aufgeklärter Theologe. Aber wenn er nun so wie in der Abhandlung vom Ursprung der Sprache fragte, ob die Sprache göttlichen *oder* menschlichen Ursprungs sei, so war schon diese Frage, trotz der aufgeklärten Antwort, *theologisch.*

Für Goethe war die Frage, wie er sagt, "einigermaßen müßig". denn er konnte in dieser Weise unmöglich Gott und Mensch *trennen*, so wenig, fügt er hinzu, wie Seele und Leib. Goethe betrachtet also - und das wird nun immer so sein - die *ganzen* Phänomene, den *ganzen* Menschen, die *ganze* Welt. Die Unterscheidungen des alten Weltbilds (Gott und Mensch, Gut und Böse, Leib und Seele) werden relativ. Er sieht sie immer in ihrem dialektischen Zusammenhang. Der Unterschied wird nicht völlig *aufgehoben*, aber die *groben dualistischen Unterscheidungen entfallen.*

Auch eine gewisse Reserve gegenüber Herders *historischem* Denken kündet sich in der Stelle an: Nicht der Anfang und das Ende interessieren, sondern die "Mitte der Dinge".

Herder war damals schon ein berühmter Mann, der unerbittliche Kritiker der Fragmente *Ueber die neuere Deutsche Literatur*. Er sah von seiner Höhe großartig auf Goethe herab, nicht nur weil er jung war, sondern weil er ihm ungebildet und oberflächlich erschien. Goethe verkehrte *oft* mit älteren Menschen, um von ihnen zu lernen; aber er gesteht, nie so sarkastisch, ja verächtlich behandelt worden zu sein wie von Herder.

Herder beobachtete z.B., daß Goethe viele schöne Bücher dastehen hatte, ohne sie zu lesen. Das konnte der Kritiker, der Gelehrte nicht verzeihen. Oder: Er las Goethe und einem anderen Bekannten den Roman *The Vicar of Wakefield* von Goldsmith vor [!]. Herder konnte es aber nicht begreifen, daß Goethe *hingerissen* zuhörte, statt die Kunstgriffe des Autors zu studieren.

Meyer betont, daß Herder kein *großer* Gelehrter war, daß er das von anderen Erkannte radikalisierte und zu einer Art Weltanschauung zusammenschmiedete. Das ist ganz richtig. Er war ganz das, was man heute einen Literaten nennt; Herder ist ein *Viel*leser und ein *Viel*schreiber. Aber um so weniger verzieh er Goethe seine Naivität und seine Konzentrierung auf die "Mitte der Dinge", die den Dichter auszeichnet.

Um Herders schulmeisterhafte, mürrische Art zu entschuldigen, erinnert Goethe immer wieder an das Augenübel, unter dem dieser litt. Aber unmißverständlich kommt zum Ausdruck, daß Herder kein *Freund*, sondern eine Last für ihn war. Alles machte er ihm madig, nicht nur den größten Teil der deutschen Gegenwartsliteratur, sondern auch seine eigenen Versuche. Über *Die Mitschuldigen*, die ihm Goethe zu lesen gab, scheint er kein Wort verloren zu haben. Infolgedessen wagte es auch der junge Dichter nicht, ihn in seinen *Götz*-Plan einzuweihen. Und als er ihm später den *Götz* schickte, verwarf Herder diesen auch.

Das ist der tatsächliche Befund. Aber eben hier zeigt sich wieder die Goethesche Eigenschaft, die wir schon kennen, in voller Größe, nämlich *die Fähigkeit, ein Lehrling zu sein.* Goethe trug die schwere Last dieser ungestümen und unkultivierten Persönlichkeit ganz bewußt, nicht einfach aus Gutmütigkeit oder Liebe, sondern *weil er spürte, daß hier zu lernen war.*

Was man auch gegen Herder sagen mochte und mag, er war eine gewaltige schöpferische Kraft. Er repräsentierte - wie nicht so leicht ein anderer - die *revolutionäre Bewußtseinsstufe*, die der menschliche Geist damals erreicht hatte. Große, vielleicht fürchterliche Perspektiven wurden durch seinen Historismus, durch die selbstvergessene enthusiastische Hinwendung zur Vergangenheit eröffnet. Und vor allem: Im Historismus liegt schon das Zeitalter der Revolutionen. Und Goethe ging auf diesem Weg nicht *weit*, ja Herder *selbst* schreckte später vor den Konsequenzen seines Wegs *zurück. Aber zu umgehen war der große Ansatz nicht.* Auch wir laborieren noch an Herders Problemen.

Worum ging es eigentlich bei diesem neuen Ansatz? Ich betone das, was für Goethe wichtig wurde.

1) Herder wendet sich *gegen den* Begriff der Kunst, der im Mittelalter, in der Renaissance und im Barock eigentlich immer geherrscht hatte und auch heute wieder vorherrscht. Kunst ist nach Herder kein *Handwerk*, das gesammelt, gründlich und womöglich mit Kunstverstand zu treiben ist, sondern ein Stück Natur, das sich im *Rausche* gebiert. Vorbildlich sind daher die alten Stufen von Kunst und Dichtung [!]. Sie haben sich besonders in den Volksliedern und -balladen, in der orientalischen und klassischen Antike wie auch in Shakespeare und in der Gotik erhalten. Das gotische Münster ist unvergleichlich mehr als das Schloß und die Kirche der Renaissance oder des Barock. Shakespeare ist unvergleichlich tiefer als Racine oder irgend ein späterer Dramatiker. — Herder übersieht dabei zweierlei: a) daß Shakespeare ein bewußter, sogar humanistischer Künstler ist und b) daß er in erster Linie für ein Theater schreibt, wie alle späteren Dramatiker des 17. und 18. Jahrhunderts auch. Es besteht bei genauer Analyse von Herders Schriften und Vorlagen sogar der Verdacht, daß er Shakespeare *bewußt* umstilisierte, daß er also absichtlich hinter dem damaligen Stand der Shakespeare-Kenntnis zurückblieb. Shakespeare *mußte* einfach ein Welt- und Naturdichter sein, ohne die ärmlichen Schranken des Kunstverstandes und Theaters.

2) Herder blieb bei diesem *allgemeinen* Begriff der Natur- und Volkspoesie nicht stehen. Er glaubte in der Gotik, in Shakespeare, im *Ossian*, im Volkslied etc. "deutsche Art und Kunst" zu entdecken. Deutsch war dabei sehr weit gefaßt. Es deckt sich mindestens mit dem Germanischen. Herder liebt es, noch allgemeiner von "nordisch" zu sprechen. Er will mit dem Begriff deutsche Kunst nicht nur historisch beschreiben, sondern neue *Normen* setzen. Er

spinnt den von Gerstenberg, Klopstock und anderen geschaffenen, folgenschweren Mythos des Nordischen weiter. Ein nordischer Dichter *muß* immer nordisch dichten wie ein südlicher immer südlich und ein orientalischer immer orientalisch dichten muß.

Ich sprach von Herders Abneigung gegen das Artistische und damit gegen die gesamte Barock- und Rokokotradition. Shakespeare ist kein Künstler, kein Theaterdichter, sondern ein "dramatischer Gott", der genau so wie der Schöpfer der Welt ein *Naturgebilde* schafft. — Lessing hatte Shakespeare den griechischen Tragikern *gleichgestellt* [!]. Er hatte damit die Vereinigung von Shakespeare und Sophokles, die Schiller praktisch verwirklichte und Kleist ausdrücklich anstrebte, vorbereitet.

Herder dagegen erhebt Shakespeare für die nordische Menschheit zum höchsten und eigentlich einzigen Vorbild. Dieser dogmatische Nationalismus oder besser Regionalismus erscheint uns heute problematisch, denn wir wissen, daß sich alle Völker und Regionen gegenseitig befruchten können. Besser verstehen wir Herders Rückgriff auf das Volkslied des 15. und 16. Jahrhunderts. Doch entspricht er dem gleichen Kampf gegen die Barock- und Rokokokultur, die ja höfisch oder jedenfalls aristokratisch gewesen ist.

Herder greift auf die Dichtung der Unterschicht und das heißt ja zunächst des *Bürgertums* zurück. In diesem Zusammenhang ist auch die Aufwertung des tüchtigen, aber ganz und gar nicht großen Hans Sachs zu sehen. Er ist der deutsche *Ersatz-Shakespeare*. Seine Beliebtheit ist vor allem darin begründet, daß er ein Bürger war [!]. Neben diesem sozialgeschichtlichen Aspekt hat Herders Rückgriff auf das Volkslied noch einen gattungsgeschichtlichen Aspekt. Und darüber ist jetzt zu sprechen.

Die Empfindsamkeit war vor allem der Lyrik zugutegekommen. Während die klassizistische Schulpoetik nur von der Ode, der Elegie usw. gesprochen hatte, wurde durch den musikalischen Charakter der empfindsamen Poesie, besonders Klopstocks, deutlich, daß es *das* Lyrische als ein Grundphänomen gibt. Der alte Goethe rechnet das Lyrische wie das Epische und das Dramatische zu den Naturformen. Das ist ein Begriff, der *ganz* auf der Linie Herders liegt.

Herder scheint nun auch derjenige gewesen zu sein, der im 18. Jahrhundert den Aufstieg der Lyrik innerhalb der *Poetik* am entschiedensten gefördert hat. (Genaueres finden Sie bei Klaus R. Scherpe: *Gattungspoetik im 18. Jahrhundert*. Stuttgart 1968.)

Manche von Ihnen denken vielleicht noch im alten irrationalistischen Stil, die Poetik ist nicht so wichtig - wenn es nur die Lyrik in der Praxis *gibt*. Aber das ist ein Irrtum. So hängt z.B. die Verkennung Hölderlins damit zusammen, daß die Klassiker von Weimar nicht auf der Höhe der damals modernen Poetik standen. Sie fielen in die Vorstellung zurück, die Tragödie und das Epos seien die höchsten Dichtungsgattungen.

Heute erkennen wir Hölderlins geniale Sicherheit nicht zuletzt daran, daß er *kein* Epos geschrieben hat, während Klopstock 25 Jahre am *Messias* schrieb. Aber wer um 1800 in der Hauptsache *Lyrik* anzubieten hatte, *war* kein großer Dichter. Goethe hat die Lyrik in seinem Aufsatz über den Dilettantismus ausdrücklich als Hauptbetätigungsfeld von Dilettanten gesehen.

Sogar Hegels Ästhetik, die von den drei Gattungen ausgeht, ja diese geradezu zu einem Dogma erhebt, entwickelt noch einen merkwürdig vagen Lyrikbegriff, der hinter dem Herders zurückbleibt. So kommt es, daß bei Hegel *Schiller* als der vorbildliche Lyriker fungiert - keineswegs Hölderlin oder Brentano.

Der Schule Herders ist es vor allem zu danken, daß Goethe als *Lyriker* ansetzte und schließlich, im Lauf des 19. Jahrhunderts, zum Inbegriff des Lyrikers wurde. Natürlich war er zum Lyriker *geboren.* Aber Herder gab ihm das Selbstbewußtsein, diese Naturgabe nun auch wirklich zu *pflegen.*

Ganz hat sich dieser Ansatz auch in der Klassik nicht verloren. Das verrät die gemeinsame Balladendichtung von Goethe und Schiller, wie sie etwa im Balladen-Almanach von 1798 erscheint. Die Ballade wurde anders, größer, dramatischer, z.T. auch epischer. Aber es war nach klassizistischen Begriffen ganz und gar nicht selbstverständlich, Balladen zu dichten. Dagegen rechnete sie Herder zu dem von ihm so hochgeschätzten Volkslied. Gemeint ist hier vor allem die lyrische Ballade, wie wir sie gleich kennenlernen werden. Normalerweise hätten Dichter mit klassizistischem Denken und klassischem Anspruch Oden schreiben müssen, Oden und Elegien.

3) Da die moderne Dichtung des 18. Jahrhunderts unnatürlich, volksfern und undeutsch ist, ist sie fast durchweg *abzulehnen.* Nur *ganz* wenige Dichtungen, z.B. Klopstocks *Hermanns-Schlacht* bestehen vor Herders Maßstab.

Man stelle sich nun den unsicheren, hin- und hergeworfenen und im Grunde verzweifelten Goethe vor, den wir in Frankfurt und in der ersten Straßburger Zeit kennengelernt haben, den Ironiker, Equilibristen und Spieler! Natürlich imponiert ihm Herders Radikalismus, seine Dezidiertheit ungeheuer, samt den Vorbildern, auf die er hinwies. Man hatte endlich etwas Festes in der Hand und etwas Neues. — Insgeheim traute er dem Evangelium nicht so ganz, der Meister war doch gar zu griesgrämig. — Aber natürlich: Man mußte es probieren, und zwar als Dichter, als *Gestalter* probieren; das war eine Haltung, die im Grund Herder fern lag.

Goethe hat, ganz nach Herders Verlangen, Volkslieder gesammelt. Nicht gerade viele. Ein Gelehrter war er damals noch nicht. Bezeichnender ist die Tatsache, daß er Volkslieder *umdichtete und so den Volksliedton erlernte.* Auch aus dieser Zeit ist vieles verloren, und gerade Volkslieder dürften dabei gewesen sein. Aber sie kennen alle ein berühmtes Beispiel: das *Heidenröslein.* Herder hat dieses Gedicht in seinem Ossian-Aufsatz gebracht, als Beispiel für den "Kinderton" des Volksliedes. Die Fassung ist hier etwas anders als später in den Schriften von Goethe (1789); aber im wesentlichen ist sie jedenfalls *Goethes* Werk. Denn die Volkslieder, die an das *Heidenröslein* anklingen, sind von anderer Art.

Natürlich gibt es Volkslieder, in denen das Mädchen mit einer Rose verglichen wird. Aber dieser Vergleich hat die gleiche Funktion wie wenn von Korallenlippen, Lilienarmen, Augensternen oder von dem Alabasterbusen gesprochen wird. Der Vergleich hat schmückende Funktion. Ornatus heißt der Fachausdruck der Rhetorik. In einem Volkslied heißt es:

> Sie gleicht wohl einem Rosenstock.

Wenn ich sage, "sie gleicht", dann heißt das, daß sie kein Rosenstock *ist*. Bei Goethe *ist* das Mädchen ein Röslein. Es ist überhaupt nur vom Röslein die Rede. Das Bild von dem Knaben, der das Röslein bricht, ist so alltäglich, so klar und einfach, daß es jeder ABC-Schütze verstehen kann. Das meint Herder mit dem Kinderton.

Und doch versteht jeder Erwachsene das Gedicht symbolisch.

Auch in der Geschichte des Symbolbegriffs hat Herder eine hervorragende Bedeutung. Herder und K. Ph. Moritz vor allem haben ihn entwickelt, wenn ihm auch der klassische Goethe den klarsten Ausdruck gegeben hat. Für den späteren Goethe ist das Symbol bekanntlich das Gegenteil der Allegorie. Das Symbol geht nicht von einem allgemeinen Begriff aus: Tod, Nacht, Liebe usw., sondern es stellt im *Besonderen* das Allgemeine dar. Goethe betont immer wieder, daß es nicht nötig ist zu *erklären*, was das Besondere bedeutet. Noch der alte Goethe sagt zum II. Teil seines *Faust*: Den Eingeweihten wird der Sinn nicht entgehen.

Man muß also schon etwas wissen, um das Besondere *ganz* zu verstehen. *Der Dichter erklärt nicht, sondern er deutet nur an*: durch die konkrete Erscheinung. Jeder Erwachsene weiß sofort, daß das Röslein ein Mädchen bedeutet.

Sie dürfen nun nicht denken: Dieser Symbolbegriff, einmal definiert, habe sich gleich durchgesetzt. So einfach verlaufen geschichtliche Prozesse nicht. Wenn Sie irgendwo in der ersten Hälfte des 19. Jahrhunderts das Wort Symbol finden, so kann es immer noch identisch oder beinahe identisch mit Allegorie sein. Die Unterscheidung Goethes war lange Zeit keineswegs selbstverständlich. Wenn sich z.B. Hegel mit großer Entschiedenheit gegen die Symbolik wendet, so meint er damit nicht die Symbolik Goethes, sondern die durch die Romantik zu neuem Leben erweckte Allegorie, Emblematik.

Die Romantik versuchte ja, die christliche Mittelalter- und Barocktradition und damit auch die Allegorie zu erneuern. Das konnte ihr natürlich nicht ganz gelingen; denn untergründig lebte die Aufklärung weiter und der Pantheismus. Man muß aber in der ganzen ersten Hälfte des 19. Jahrhunderts von Mischformen zwischen allegorischer und symbolischer Dichtung ausgehen, wenn man nicht falsch interpretieren will. Das gilt bekanntlich auch für den II. Teil von *Faust*. Die Goetheforschung, z.B. Emrich, sprach schamhaft von Symbolen, Goethe selbst spricht ganz ungeniert, wenn auch etwas ironisch, von "Allegorien" (im Text von *Faust* II).

Der Symbolbegriff im Sinne Goethes setzte sich erst um 1870 durch; besonders durch den Ästhetiker F. Th. Vischer. So hat z.B. C. F. Meyer Vischer gelesen. Von dieser sehr bewußten und schon ein wenig übersteigerten Symbolik geht es dann weiter zum Symbolismus. Sie finden über diese Fragen das Wichtigste im ersten Band meiner *Biedermeierzeit*, Kapitel 4. Eine Textsammlung gibt es auch: Bengt Algot Sørensen: *Allegorie und Symbol. Texte zur Theorie des dichterischen Bildes im 18. und frühen 19. Jahrhundert.*

Von dieser ganzen Entwicklung ahnte Goethe natürlich noch nichts, als er das *Heidenröslein* niederschrieb. Herders Andeutungen und Theorien genügten ihm, um mit sicherem Instinkt ein Gedicht zu schaffen, das trotz aller älteren Theorien gleich als Vorbild wirkte. Das Gedicht war unerhört modern und zukunftweisend! F. Th. Vischer begreift die Symbolik im Sinne Goethes als eine Folge des Pantheismus; und ich glaube, er hat recht.

Es ist ja klar, daß die Allegorie nur da Sinn und dichterische Kraft hat, wo sich der Mensch von irgendwelchen metaphysischen Mächten *abhängig* fühlt. Er glaubt also z.B., der Krieg sei ein übernatürliches Wesen, das uns immer wieder überwältigen *muß*. Aus diesem Grund steht die lebendige Allegorie in einem engen Zusammenhang mit Mythologie. Jeder Barockdichter preist den Mars und die Venus als unwiderstehliche Mächte. Das Böse ist nicht das Böse, das man tun oder lassen kann, sondern Lucifer beherrscht nach barocken Vorstellungen die Welt. Fortuna ist eine antike Vorstellung; aber auch sie herrscht als *Göttin* Fortuna absolut und unwiderstehlich.

Wir haben gesehen, daß dem jungen Goethe der Unterschied zwischen Überirdischem und Irdischem *zweifelhaft* wird. Wenn es nur noch *eine* Welt gibt, dann gibt es nur noch Erscheinungsformen innerhalb dieser einen Welt. Der Knabe, der das Röslein bricht, ist nicht dazu erfunden, um einen Vorgang unter Menschen zu *veranschaulichen*, sondern er deutet auf ein Gesetz hin, das überall in dieser *einen* Welt herrscht. Deshalb ist das Bild des Rosenbrechens auch für sich allein gültig. Wenn das Kind die Rose bemitleidet, so erkennt es schon ein Urphänomen unserer Welt: das Leiden. Was Goethe in den *Wahlverwandtschaften* klar erkennt, die Einheit von Natur und Mensch, ist schon im *Heidenröslein* vorgeformt. Auch so gesehen also ist das Lied zukunftweisend.

Herder hat das Lied, weil es einfach ist, *trotzdem* als Volkslied betrachtet und auch später in seine Volkslieder aufgenommen. Er übersah also völlig das Moderne, das Neue an diesem Gedicht. Dabei ist das Lied gar nicht denkbar ohne die formale Virtuosität Goethes, die wir schon kennen. *Wie Goethe sich in den Stil des Rokoko eingefühlt hatte, so fühlte er sich jetzt in den Volksliedton ein.*

In diesem Punkt hat Meyer sicher recht; aber dürfen wir deshalb von einem "volkshaft-sein-wollenden" Stil sprechen, wie er es tut? Tatsache ist doch, daß das Lied in der Goetheschen Form *wieder zum Volkslied geworden ist.* Es *gibt* also so etwas wie Regeneration, wie Erneuerung der Volksdichtung, wie es ja überhaupt "*Renaissancen*" gibt [!].

Goethe hat diese Renaissance der Volksdichtung zusammen mit Bürger *eingeleitet* und ein Beispiel gegeben, das über die Romantik zur stärksten Wirkung im 19. Jahrhundert gekommen ist. Schon hier im *Heidenröslein* ist dabei der Bezug zum persönlichen, zum persönlichsten Erlebnis deutlich. Das Heidenröslein [!] war ein glänzendes Symbol für das einfache und *gebundene* Landkind, dem der ungebundene "wilde Knabe" fordernd und verheerend gegenübertritt. Heute denkt jeder gleich an das Pfarrerstöchterchen von Sesenheim.

Die neue Volksdichtung widerspricht also *nicht* dem Begriff der subjektiven Erlebnislyrik, den Goethe damals in seinem vollen Umfang verwirklicht hat in den sogenannten *Sesenheimer Liedern.* Das bleibt auch in der Romantik und im 19. Jahrhundert so. Das gehört auf weiten Strecken zur *neuen* Volksdichtung. Sie gestaltet *zugleich* persönliche Erlebnisse. Denken Sie z.B. an Mörike und Storm.

Auch die volksmäßige Dichtung hat eben ihre *Geschichte* und zwar selbstverständlich eine, die der Geschichte der Gesellschaftsdichtung parallelläuft. Es ist ja heute überhaupt umstritten, ob man einen so starken Unterschied zwischen Volks- und Gesellschaftsdichtung machen darf, wie Herder und die Romantik es getan haben. Hier liegt ein riesiges Aufgabenfeld für die moderne sozialgeschichtliche Erforschung der Literatur [!].

Sesenheimer Lieder

Zunächst eine philologische Vorbemerkung zu den *Sesenheimer Liedern.* Ich habe davon gesprochen, daß Goethe in Leipzig reichlich respektlos mit seinen eigenen Werken umgegangen ist. Das war z.T. berechtigt. Aber auch jetzt in Straßburg hatte er keine Ahnung davon, daß er einer der größten Vertreter der Weltliteratur sein und daß man für die kleinsten Dichtungen einmal ein Vermögen bezahlen würde. *Es ist wohl ein Kennzeichen des Genies, verschwenderisch zu sein.*

Goethe hat nur wenige Gedichte aus seiner Straßburger Zeit aufbewahrt und später veröffentlicht. Da er *viel* gedichtet hat, *dürfte das Meiste verloren sein*! Er scheint sich z.B. von den Gedichten, die er an Friederike sandte, meistens *keine* Abschrift genommen zu haben. Friederike hat die Gedichte Goethes gesammelt und auch für ihre Familie abgeschrieben. Aber ihr Nachlaß ist verloren. Nur im Nachlaß ihrer Schwester fand man 1835 eine Abschrift von zehn Gedichten.

Nun erhebt sich aber hier eine neue Schwierigkeit. Als Goethe von Straßburg nach Frankfurt abgereist war, stellte sich in Sesenheim öfters Reinhold Lenz ein, um ihn zu beerben. Dieses psychopathische Genie hatte ja den Ehrgeiz, Goethe in allem *gleich* zu sein, und so hat er auch Friederike angedichtet. Man weiß daher nicht ganz sicher, was in dieser Sammlung von Lenz und was von Goethe stammt. Natürlich hat man versucht, das Eigentum der beiden Dichter zu unterscheiden, und auf dieser *philologischen* Unterscheidung beruhen die heutigen Goetheausgaben. Aber es bleibt ein Unsicherheitsfaktor.

Literarhistorisch ist diese Verlegenheit hochinteressant. Sie widerlegt keineswegs Goethes bahnbrechende Leistung; aber sie zeigt auch, *wie sehr diese Leistung an der Zeit war. Wenn einmal der neue Ton gefunden war, dann konnte er auch sogleich nachgeahmt werden.* Lenz konnte sich mit einer gewissen Berechtigung schmeicheln, es Goethe gleichgetan zu haben. Und dieser Vorgang wiederholte sich später oft: in der Romantik und im 19. Jahrhundert bis hin zum Expressionismus, der dann *wieder* epochemachend war. 150 Jahre klang der von Goethe gefundene Ton nach (ja noch heute).

Bei der Lyrik des Straßburger Goethe denken die meisten zuerst an das Gedicht *Willkommen und Abschied.* Es eröffnet wirklich eine neue Epoche. Und wir können hier beispielhaft sehen, was der Begriff subjektive Erlebnislyrik besagen will.

Erlebnislyrik gab es auch schon bei Klopstock, z.B. in der Ode *Der Zürchersee.* Eine gemeinsame Seefahrt junger Leute wurde feiernd beschrieben. Aber all das blieb noch ein wenig unpersönlich und abstrakt. Die Mutter Natur, die Göttin Freude begleiten die Menschen, allegorische Figuren also, auch wenn sie gefühlvoll beschworen werden. Selbst in den Oden *An Fanny* und *An Cidli* ist noch vieles allgemein: sie ergreifen noch nicht den einzelnen Augenblick und die einzelne Person. Mit dem Begriff Allgemeingefühl versuche ich überhaupt die Empfindsamkeit zu erfassen und ihre Verwandtschaft mit der Aufklärung darzutun.

Bei *Goethe* haben wir nun ganz eindeutig ein bestimmtes einmaliges Erlebnis, eine bestimmte Individualität und eine bestimmte Sprache. Wir wissen, daß Goethe gerne von Straßburg nach Sesenheim ritt, ja daß er einmal sogar spätabends ritt. Wir wissen, daß es hier Wortprägungen und Sätze gibt, die ebenso neu sind wie das Motiv.

Natürlich kann man sagen, daß die Dichtung niemals das *Erlebnis* ist, sondern immer eine Objektivation. Daher ergab sich auch sofort die Möglichkeit der Nachahmung. Aber die Grundlage und die Methode des Dichtens wurden neu. Man kann also die Neuentdeckung Goethes nicht damit widerlegen, daß man sagt, jede Dichtung sei ein Formen und Objektivieren. Die erste Zeile heißt (erste Fassung, HA I, 27f.):

Es schlug mein Herz. Geschwind, zu Pferde!

Da sehen Sie schon die Bedeutung des Einmaligen: des *Augenblicks*, in dem der Dichter empfindet und handelt. Ausgangspunkt ist nicht irgendein Topos, irgendeine Formel, sondern ein einmaliger individueller Inhalt, - der allerdings zum Ausdruck, zur Form drängt. Stellen Sie daneben:

> Schön ist, Mutter Natur, deiner Erfindung Pracht.

Klopstock redet abstrakt von der Natur, Goethe *vergegenwärtigt* sie in ihrer konkreten Stimmung.

> Schon stund im Nebelkleid die Eiche
> Wie ein getürmter Riese da,
> Wo Finsternis aus dem Gesträuche
> Mit hundert schwarzen Augen sah.

Die Eiche ist ein getürmter Riese, die Finsternis sieht mit hundert Augen. Das Neue liegt *nicht* in den Personifikationen. Von jeher begriff man die Naturgegenstände unter *menschlichen* Begriffen. Die Nacht oder der Mond oder Wind waren menschliche Gestalten oder Götter. Daher sagte man auch Luna oder Zephir. Aber 1) waren es immer wieder die gleichen Begriffe, also z.B. die Nacht, - nicht wie hier die "*Finsternis*", was das Wesen der Nacht deutlicher, sinnlicher macht; 2) wurde die Nacht oder der Mond *neben* den Menschen gestellt als eine Art Kulisse, die man nicht ernst nahm, sondern über die der Mensch *spielerisch verfügte, um seine Macht zu zeigen.*

Jetzt fällt diese Grenze zwischen der Natur und den Menschen. Das naive Überlegenheitsgefühl des Menschen geht *verloren*. Der Mensch empfindet die Macht der Natur, wie er auch in sich die Natur, die Leidenschaft, empfindet und ihr unterworfen ist.

> Die Nacht schuf tausend Ungeheuer,
> [...]
> Mein ganzes Herz zerfloß in Glut.

Dazwischen ist von dem "Mut" des Menschen die Rede, aber eben diese Behauptung zeigt, daß er die überwältigende Größe und Gewalt der Natur *erlebt und erleidet*. Auch in der Liebe ist jetzt ein Teil dieser gewaltigen *Natur*, die den Menschen erheben und vernichten kann. Man *verfügt* nicht mehr sittlich erhaben oder intellektuell ironisch *über* die Liebe, *sondern man ist von ihr abhängig*. Die Liebe wird, wie das menschliche Leben überhaupt, aus einer Aufgabe oder einem Spiel zu einem Schicksal, zu einem persönlichen Schicksal. So war es im *Heidenröslein*, "mußt es eben leiden", und so ist es hier.

> Ganz war mein Herz an deiner Seite,
> Und jeder Atemzug für dich.

Das bedeutet Freude, aber es *kann* Schmerz bedeuten, wenn es das Schicksal will; und dies Schicksal tritt sofort heran:

> Der Abschied, wie bedrängt, wie trübe!

Wir wollen das Gedicht nicht ganz interpretieren, sondern zunächst nur seine symptomatische Bedeutung für das neue Lebensgefühl andeuten. Alles in allem zeigt es, daß von nun an bis zum Impressionismus die bestimmte, einmalige, individuelle Situation und Stimmung am meisten bedeutet.

Leichter, rokokohafter scheint das Gedicht "Kleine Blumen, kleine Blätter" zu sein (erste Fassung, HA I,25f.). Hier ist noch von tändelnden Frühlingsgöttern die Rede, von Zephir, Rosen und Rosen-Leben. Die Farbe des Gedichts ist wieder hell und luftig. Aber eben hier begegnet auch das schwere Wort "Schicksal" und der Wunsch, daß das Liebesleben kein "Rosen-Leben", also nicht flüchtig und vergänglich sei. Und das ist, von der Tradition her gesehen, neu. Im Barock und im Rokoko war die Liebe meistens genießerisch, sinnlich, flüchtig, die Ehe ohne jede *Problematik*, aber auch ohne Liebe und Freude, eine bloße Institution.

Dieser alte Dualismus (Liebe und Ehe) beginnt zu verschwinden, insofern die Liebe *selbst* als ernst, schicksalhaft verstanden wird und den Wunsch zur Dauer auslöst. Der Mensch gibt sich der Natur, der Leidenschaft hin und damit kommt er in das unsichere Reich der *Triebe*. Triebe! Dies Wort wird jetzt immer wieder auf Liebe gereimt.

Aber er hofft, daß die Natur *aus sich selbst eine neue Form von Heiligkeit und Ordnung erzeuge*, eine "bewegliche Ordnung", wie Goethe es später nennt:

> Schicksal, segne diese Triebe,
> Laß mich ihr und laß sie mein,

Das Wort segnen bezeugt, daß in die triebhafte Liebe selbst das Religiöse hineingetragen wird. Diesen Vorgang nennt man Säkularisation, oder, von der Natur her gesehen, Sakralisierung. Es fällt an diesen Versen auf, daß sie ganz einfach sind, so einfach, wie wenn es in *Willkommen und Abschied* hieß:

> In deinen Küssen welche Liebe,
> O welche Wonne, welcher Schmerz!

Das unmittelbare Gefühl bewirkt also Einfachheit der Sprache. Diese intensiv-einfache Sprache führt manchmal dazu, daß die Sätze durch Ausrufe ersetzt werden. - Man kann es an dem *Mailied* studieren. Der ursprüngliche Titel hieß bezeichnenderweise *Maifest* (HA I,30f.); sinnvoll, denn der liedhafte Ton steigert sich schon fast zur Hymne.

Die Hymne kennt meistens keine gemischten Töne, wie man diese in *Willkommen und Abschied* findet: vgl. Titel. Die Hymne geht sozusagen in *einer* Richtung, nämlich steil aufwärts. Das Schicksal, das immer zweideutig ist, wird für einen Augenblick ausgeklammert. Das *Maifest* jedenfalls kennt nur den Augenblick des Sonnenglanzes, der Liebe und Freude. Die Sprache wird gelegentlich zu einem entzückten Stammeln:

Und Freud und Wonne
Aus jeder Brust.
O Erd', o Sonne, [Es fehlt das Prädikat.]
O Glück, o Lust,

Der Liebende fühlt sich nicht nur mit der Liebenden einig, sondern buchstäblich mit der ganzen jubelnden und glänzenden und lachenden und dampfenden Natur.

Im Blütendampfe
Die volle Welt!

So etwas hatte es noch nicht gegeben, weil sich der Mensch immer als etwas Übernatürliches begriffen hatte, als göttliches Ebenbild oder als Geist- und Vernunftwesen, aber nicht einfach als *Natur*.

Nun ist es freilich so, daß der Mensch immer *menschlich* bleibt und dasjenige aus der Natur herausliest, was er herauslesen *will*. Schon Renaissance und Aufklärung hatten sich fortwährend auf die Natur berufen und so blieb es bis zum Naturalismus. Was man Natur nannte, war immer wieder etwas anderes!

Was ist denn nun eigentlich die Natur im Sinne des jungen Goethe? Sie ist *nicht* das mathematische Naturgesetz der Aufklärung und Renaissance, und sie ist auch *nicht* die Fülle der dinglichen Welt wie im Materialismus und Naturalismus. Die Natur deckt sich etwa mit dem, was Herder Weltseele nennt. In der Natur ist das gleiche wie im Menschen: Freude, Wonne, Liebe, Schmerz.

Die Sesenheimer Lyrik ist weniger rational [!], aber sie ist auch weniger *sinnlich* als die Rokokolyrik. Die sogenannte Leidenschaft ist im wesentlichen Seelenhaftigkeit. Das trennt sie von der Renaissance *und* von der Antike und verbindet sie mit der vergangenen Empfindsamkeit. Nur ist jetzt die Seelenhaftigkeit individueller und reicht wenigstens ins *Sinnliche hinein*, sie ist zum mindesten prinzipiell auf den *ganzen* Menschen gerichtet (Seele-Leib-Geist). Gerade diese ganzheitliche Art von Seelenhaftigkeit ist die Goethesche. Sie reicht vom Blut bis zu den Liedern:

Wie ich dich liebe
Mit warmem Blut,
Die du mir Jugend

Und Freud' und Mut

Zu neuen Liedern
Und Tänzen gibst.

Ein Urbild Goethescher Lyrik ist das *Mailied* auch insofern, als es sehr ernsthaft ist, *ohne eigentlich erhaben zu sein*. Dem Gedicht fehlt jede Schwere in der Art Klopstocks. Das kurzzeilige Metrum erzeugt Leichtigkeit, ja Anmut. Der ehemalige Anakreontiker verleugnet sich keineswegs! Aber wie es möglich war, soviel *Anmut* mit so viel *Enthusiasmus zu verbinden*, das bleibt ein Geheimnis, das noch keine Interpretation enträtselt hat.

Auch Emil Staiger, der ja ein meisterhafter Interpret ist und das Gedicht ausführlich interpretiert hat, flüchtet sich schließlich in die metaphorische Ausdrucksweise, die ja eigentlich nicht wissenschaftlich ist: "Ein Stück des paradiesischen Lebens scheint hier gewonnen zu sein." (S. 61) In der Tat, die Dichtung und mit ihr der Kulturmensch wurden wieder aufgefrischt und verjüngt, denn das Rokoko war unverkennbar eine Spätkultur gewesen. Die Sturm und Drang-Generation hat die Dichtung verjüngt.

Daß es solche Verjüngungen, solche Regenerationen tatsächlich gibt, zeigt die Sesenheimer Lyrik; und man sollte daher Wiederholungen eines solchen Vorgangs nie für unmöglich erklären. Auf Komplizierung und Abstraktion und Überkultur kommt immer wieder ein Neuanfang durch unverbrauchte Generationen, Schichten und Völker. Ich sage dies im Hinblick auf die Tradition des Expressionismus, die heute oft dogmatisch verteidigt wird.

Die französische Literatur war damals, wie noch der alte Goethe sagt, "bejahrt" und sah auf die sich bildende deutsche Literatur noch immer *herab*: "Was uns aber von den Franzosen gewaltiger als alles andere entfernte, war die wiederholte unhöfliche Behauptung, daß es den Deutschen [...] an Geschmack fehle" (HA IX, 482). Diese Behauptung war gerade für die an Wieland gebildete deutsche Jugend unerträglich.

Mit *Goethe* übernimmt dann das deutsche Bürgertum für einige Zeit die Führung der europäischen Literatur, die ja bis dahin durch die süd- und westeuropäischen Völker geprägt worden war. In der Goethezeit strahlt die deutsche Literatur mächtig nach allen Seiten aus! In diesem Sinn und nur in diesem Sinn war der revolutionäre Vorgang *deutsch*. Denn was er *erreichte*, kam und kommt natürlich auch der ganzen Welt zugute. Beispiel: Voraussetzung für Scotts historische Romane: *Götz*.

Ich glaube nicht, daß diese Stil-Revolution ohne eine Veränderung des ganzen Menschen zu leisten war. Nicht nur die Kunst, der *Mensch* wurde natürlicher, d.h. unmittelbarer und individueller. Das Verhältnis zu Friederike Brion ist anders als das zu Käthchen Schönkopf, nämlich persönlicher, wärmer, *seelischer* - und in diesem Sinn menschlicher. Die von Meyer gestellte Frage, ob er sie wirklich liebte, ist demgegenüber unwichtig und im Grunde ganz unexakt; denn was heißt schon wirklich lieben? Natürlich,

Goethe liebte in ihr den Gegensatz zu den Leipzigerinnen. Er liebte das frische Landkind der literarischen Idylle. Das Heidenröslein ist "morgenschön" und im *Maifest* ist die Liebe "So golden schön / Wie Morgenwolken". Zwei Komposita mit dem Wort Morgen. Diese *Frische*, diese Reinheit ist wesentlich; aber dieser Begriff des jungen Mädchens, das Gretchenhafte, wie wir heute sagen, *war für Goethe noch kein Allgemeinbegriff* (kein Klischee), sondern in Friederike *personifiziert*. Sie war *tatsächlich* unschuldiger und naiver als die Leipzigerinnen, und *so* liebte sie Goethe.

Im übrigen gehört es zu der neuen Liebe, daß sie schwerer zu fassen und zu erklären ist als die alte; sie ist wie die Dichtung irrationaler, d.h. von Stimmung und Augenblick stärker abhängig. Goethe weiß sogleich, daß er nicht immer so liebt, wie das im *Maifest* zum Ausdruck kommt, nämlich so überschwenglich, ungebrochen und in diesem Sinn so *naiv*. Es gibt ein Gedicht, das Goethe nicht in seine Werke aufgenommen hat, das aber wahrscheinlich von ihm ist und als Gegenpol des *Maifestes* gelten kann.

> Ob ich dich liebe, weiß ich nicht.
> Seh' ich nur einmal dein Gesicht,
> Seh' dir ins Auge nur einmal,
> Frei wird mein Herz von aller Qual.
> Gott weiß, wie mir so wohl geschicht!
> Ob ich dich liebe, weiß ich nicht. (HA I, S. 25)

Dies Gedicht paßt nicht zum Sesenheimer Goethe, wie man ihn gewöhnlich sieht. Aber eben deshalb wird es *uns* wertvoll. Es zeigt die Besonnenheit Goethes, die fast epigrammatische Gefaßtheit und Zurückhaltung. Und es zeigt bei allem Stimmungswechsel Goethes *Aufrichtigkeit* [!]. Die *Wahrheit*, die Goethe in der Rokokokultur nur halb verwirklicht sah, wollte er nun ganz ergreifen [!]. Es ging ihm wirklich um die Vermeidung des Scheins und des Spiels, so sehr er auch als eine ästhetische, ja sogar *virtuose* Natur *Neigung* dazu hatte. *Goethe wurde dadurch der große Dichter, daß er mehr als virtuoser Künstler sein wollte!*

Theorie

Zu diesem Goethebild paßt die Tatsache, daß er sich nicht nur der kritischen Schule Herders unterzog, sondern frühzeitig begann, *sich selbst über Kunst und Dichtung Rechenschaft zu geben, theoretisch Rechenschaft zu geben.* Zwar sind diese frühen programmatischen Verlautbarungen stark von Herders Stil beeinflußt, d.h. etwas unbestimmt und enthusiastisch. Aber es gibt doch schon einen Begriff von Goethes besonderer Sendung, wenn man beobachtet, daß er sich im Vergleich mit *Herder* kürzer, genauer und gründlicher ausdrückt, obwohl er ja *jünger* ist!

Zunächst der Aufsatz: *Von deutscher Baukunst*. Er ist vielleicht schon im Elsaß begonnen worden. Vollendet und gedruckt wurde er 1772 in Frankfurt mit der Jahreszahl 1773 und zwar *anonym* (oft!). Herder druckte den Aufsatz dann in der Sammelschrift *Von Deutscher Art und Kunst* 1773 wieder ab. Er mochte ihn als eine Art Eigentum betrachten, was aber nur zum Teil richtig ist.

In der neuen Dichtung tritt, wie wir gesehen haben, das Individuum hervor und begreift sich als *einzigartig*. Also muß auch das *Straßburger Münster einzigartig* sein und einen einzigartigen Erbauer haben. Der Aufsatz gibt sich also zunächst als Denkmal für Erwin von Steinbach. *Sein* Genius [!] wird mit brüderlichem Du angesprochen und enthusiastisch gefeiert, und zwar auf Kosten der Franzosen, die ja [!] die Gotik geschaffen haben. Im zweiten Abschnitt des Aufsatzes wendet sich Goethe gegen einen zeitgenössischen Kunsttheoretiker, Marc Antoine Laugier, der im Sinn der Renaissance-Tradition die Säule und die Säulenreihe stark betonte. Goethe findet im Widerspruch dazu, daß die Säulen Flickwerk, "belastender Überfluß" sind. Antike *offene* Tempel [!]. Je kühner Renaissance und Barock dieses Prinzip anwandten, um so unerträglicher war, sagt Goethe, die "Einförmigkeit". Und: Diese Einförmigkeit unterdrückt, wie Goethe sagt, die "*Seele*". Das heißt also: die klaren und einfachen Architekturformen der Renaissance-Tradition, des Klassizismus sind unerträglich, *seelenlos*. Sie sind, so könnten wir hinzufügen, zu mathematisch, zu rational für den Schüler Herders.

Daß auch die mittelalterlichen Grundrisse oft sehr klar und mathematisch sind, weiß er natürlich nicht. Statik. Vielmehr wird die Gotik dem neuen irrationalen Begriff der Natur unterworfen. Natur ist ohne mathematische Ordnung: unendlich, regellos und *bildet nur von innen heraus organische Formen*, z.B. Bäume. Und nun kommt das Wort, das die Kunst*historiker* lange verwirrte, aber für die neue Kunstgesinnung des jungen Goethe und vieler Nachfolger höchst bezeichnend ist: Die Seele würde, so sagt er, unterdrückt durch Einförmigkeit,

> wenn uns der Genius nicht zu Hülfe käme, der Erwinen von Steinbach eingab: vermannigfaltige die ungeheure Mauer, die du gen Himmel führen sollst, daß sie aufsteige gleich einem hocherhabnen, weitverbreiteten Baume Gottes, der mit tausend Ästen, Millionen Zweigen und Blättern wie der Sand am Meer ringsum der Gegend verkündet die Herrlichkeit des Herrn, seines Meisters. (HA XII,10)

Mannigfaltig also soll die Kunst sein, organisch, vielgeteilt wie ein Baum. Nur so entspricht Kunst der schaffenden Gottnatur. Später, in der Romantik, wird daraus die Vorstellung, eine gotische Kirche sei ein Wald.

Wenn wir verstehen wollen, was dies neue Ideal eigentlich bedeutet, ist es empfehlenswert zu fragen, warum denn eigentlich die Baumeister der Renaissance die gotische Baukunst abgelehnt hatten (Paatz, *Florenz*). Es war nicht einfach das Vorbild der Antike, sondern ein Ideal, das sehr zeitgemäß war, nämlich gerade das *mathematisch-astronomische Prinzip*. Die kühnsten Baumeister der Renaissance (z.B. Brunelleschi und Bramante) strebten zum Rundbau, also zu einem kreisförmigen Grundriß. Und sie beriefen sich dabei nicht nur auf das Pantheon in Rom, sondern auf die *Natur*, d.h. auf die Gestalt der Gestirne und der Planetenbahnen. Dieses Streben zum Kreis setzte sich nur da und dort durch; die Tradition des mittelalterlichen Kirchenbaus war zu *stark*. Aber die geometrischen Formen wurden überall herrschend und selbst der Kreis taucht immer wieder auf, z.B. in den Kolonnaden des Platzes vor der Peterskirche und in den großen Kuppeln dieser Kirche und vieler Kirchen.

Das war nach dem Begriff der Renaissance *natürlich*. Die Gotik dagegen erschien ihnen willkürlich, kompliziert und *künstlich*, genau so wie das Rokoko dem Stürmer und Dränger künstlich erschien. Jedesmal also spielt man die Natur gegen eine künstlich gewordene Spätkultur aus. Nur wird die Natur *anders* gesehen. In der Renaissance mathematisch-astronomisch, im Sturm und Drang organisch, biologisch. Im 18. Jahrhundert beginnt die Biologie. Es ist noch keine moderne Biologie mit Chemie, Milligrammwaage, Spurenelementen usw.; aber der *Begriff des Lebens* tritt überall in der Goethezeit hervor und stellt den uralten Geist- und Vernunftbegriff in Frage.

Die Formen des Geistes, besonders die künstlerischen, sollen *lebendig* sein, sie sollen entstehen und sich entwickeln wie Tiere und Pflanzen. Die Kunst wird nicht *gemacht*, wie man bisher glaubte (Poesie-Mache, Kunst-Wissen), sondern sie *wächst*, innig verbunden mit dem selber wachsenden und sich entwickelnden Menschen. So sagt z.B. noch der klassische Goethe: "Tasso wächst wie ein Orangenbaum".

Der dritte Abschnitt des Aufsatzes *Von deutscher Baukunst* erzählt von Goethes erster Begegnung mit dem Straßburger Münster. Er hatte (= *Renaissance-Tradition*) ein großes Vorurteil gegen alles, was "gotisch" hieß. Gotisch war gleichbedeutend mit unbestimmt, unnatürlich, aufgeflickt, zusammengestoppelt, überladen, kurz und gut mit "barbarisch". Aber: [!]

> Mit welcher unerwarteten Empfindung überraschte mich der Anblick, als ich davor trat! Ein ganzer, großer Eindruck füllte meine Seele, den, weil er aus tausend harmonierenden Einzelnheiten bestand, ich wohl schmecken und genießen, keineswegs aber erkennen und erklären konnte. (S. 11)

Goethe kehrte nun oft zum Münster zurück, um "durch forschendes Schauen" das Gefühl zu bestätigen [!]. Und da offenbarte sich ihm das Zusammenstimmen aller Teile, auch der kleinsten.

Goethe interpretiert genauer, als es Herder könnte. Es kündigt sich schon hier der *Augenmensch* der Italienreise an und sein Bedürfnis, die Phänomene genau zu *treffen*. Aber das Wichtigste ist natürlich wieder nicht das Kunsthistorische, sondern der *Begriff eines vielfältigen und doch harmonischen Kunstwerks, den er hier entwickelte*: "wie in Werken der ewigen Natur, bis aufs geringste Zäserchen, alles Gestalt, und alles zweckend zum Ganzen"

(S. 12). Erwin von Steinbach = Schöpfer, "gottgleich" (wörtlich), und das Münster ist eine "Schöpfung".

Im vierten Abschnitt geht es gegen die *Kunstgelehrten*. So ein Bauwerk darf man nicht verkleinernd gotisch nennen, es ist "deutsch". "Das ist deutsche Baukunst, unsre Baukunst, da der Italiener sich keiner eignen rühmen darf, viel weniger der Franzos" [!] (S. 12). Die neuere von den Romanen beherrschte Kunst [!] ist verzärtelte "Schönheitelei" [!]: "Die Kunst ist lange bildend, eh' sie schön ist, und doch so wahre, große Kunst, ja oft wahrer und größer als die schöne selbst" (S. 13). Also nicht eigentlich schöne Kunst, sondern *wahre* Kunst will der junge Goethe. Auch der Begriff "charakteristische Kunst" taucht schon auf. Er wird später in der Romantik wichtig werden. Wenn diese Kunst rauh und wild ist, so schadet das *nichts, weil* eben die Wahrheit wichtiger ist als die sogenannte Schönheit.

> Hier steht sein Werk, tretet hin und erkennt das tiefste Gefühl von Wahrheit und Schönheit der Verhältnisse [Wahrheit an erster Stelle], wirkend aus starker, rauher, deutscher Seele, auf dem eingeschränkten düstern Pfaffenschauplatz des medii aevi. (S. 14)

Sie sehen, das *eine* deutsche Kunstwerk und der *einmalige* deutsche Künstler werden gepriesen, - nicht *das* Mittelalter, nicht *die* Gotik. *So* weit ist Goethes Historismus nicht gediehen. Auch das unterscheidet ihn von Herder, der in *Auch eine Philosophie der Geschichte zur Bildung der Menschheit* das Mittelalter im ganzen rechtfertigte.

Der fünfte und letzte Abschnitt beginnt mit einer Verwünschung der modernen Maler und Pädagogen. Die Jugend muß sich der Natur anvertrauen, nicht irgendwelchen Vorschriften. Und neben die Natur tritt schon das Vorbild *Albrecht Dürers*, mit dem Attribut "*männlich*". Stark muß man sein! Man muß zuerst leben und dann erst gestalten. Nicht jeder Schwächling und Stubenhocker ist wert, in den Armen der "himmlischen Schönheit" "auszuruhen". Wer es aber ist, der ist "mehr als Prometheus", - der ja das Göttliche auf die Erde brachte. Sie sehen: von der "tragischen Literaturgeschichte" (Walter Muschg) weiß der junge Goethe noch nichts.

Goethe bedauerte später, diesen Aufsatz nicht "klar und deutlich, in vernehmlichem Stil" abgefaßt zu haben. Der Aufsatz hätte dann, so fährt er fort,

> mehr Wirkung getan und die vaterländischen Freunde der Kunst früher aufmerksam gemacht; so aber verhüllte ich, durch Hamanns und Herders Beispiel verführt, diese ganz einfachen Gedanken und Betrachtungen in eine Staubwolke von seltsamen Worten und Phrasen, und verfinsterte das Licht, das mir aufgegangen war, für mich und andere. (HA IX, 508).

Sie sehen: Später ist ihm bewußt geworden, was ihn von Herder *trennte*, eben das Bedürfnis nach Klarheit und Genauigkeit.

Auf diesem Weg ist der zweite programmatische Aufsatz schon ein Fortschritt: *Zum Shakespeares-Tag*. Ursprünglich eine Rede, die für eine Shakespeare-Feier im kleinsten Kreis verfaßt wurde, Herbst 1771 in Frankfurt. Die Anregung dazu gab ihm natürlich Herders Shakespeare-Auffassung. Man pflegt daher die Ähnlichkeit der Gedanken zu betonen. Auch für Goethe ist Shakespeare kein Theaterdichter im eigentlichen Sinn, sondern ein Geschichts- und Weltdichter, ein Schöpfer. Wir sprechen, so sagt Goethe, viel von Natur, aber gegenüber Shakespeares Menschen sind unsere Menschen "Seifenblasen, [...] von Romanengrillen aufgetrieben" (HA XII,227).

Sie bemerken hier die Abwendung vom *Roman*, nicht nur vom französisierenden, und vom französischen *Theater*. Goethe distanziert sich nicht nur von französischen Tragikern wie Voltaire, sondern zum ersten Mal auch von Wieland. Denn Wieland hatte Romane geschrieben und den Shakespeare modernisiert [!]. Das alles sind Seifenblasen.

Sturm und Drang bedeutet also nicht nur ein Wiederanknüpfen beim vorbarocken Drama, sondern eine begeisterte Hinwendung zum Drama überhaupt; es geht um eine *Regeneration des Dramas*, das durch den vordringenden Roman des 18. Jahrhunderts auf *europäischer* Ebene schon ernstlich in Frage gestellt war. In Westeuropa ist der Roman schon geradezu führend, das Theater hatte dort im 16. und 17. Jahrhundert seine Blüte gehabt. — Es ist nun hochinteressant, wie die verjüngte deutsche Literatur wieder beim Drama beginnt und zwar, das gehört zur Jugend, bei der *Tragödie*.

Am Beispiel Lessings kann man sehen, daß die Aufklärung nur bedingt zur Tragödie fähig war: durch ihren humanen Optimismus. Lessing drang ein Stück weit in den tragischen Bereich vor, in der *Emilia Galotti*, aber dort blieb er stehen. *Nathan der Weise* zeigt ja dann eine rückläufige Bewegung. Aufklärung und Rokoko werden vom Schauspiel und *Lustspiel* beherrscht. Auch beim Leipziger Goethe war es nicht anders. Die Frage ist nun, worin der *neue tragische Ansatz* bestand. Und darauf erhalten wir in der Rede *Zum Shakespeares-Tag* eine Antwort, die Goethe *nicht* bei Herder finden konnte, auch nicht bei Lessing, Wieland oder irgendwo sonst. Ob sie tatsächlich aus Shakespeare abgeleitet ist, lassen wir dahingestellt. Die neuere Shakespeare-Forschung würde es wohl verneinen. *Aber für Goethe selbst ist sie höchst bezeichnend.* Sie enthüllt das durchgehende Prinzip seiner Tragödien.

Die Aufklärungspoetik war nie von der *sittlichen* Interpretation der Tragödie losgekommen; auch bei Lessing hatte sie die Aufgabe, "tugendhafte Fertigkeiten" zu erzeugen. Bei Shakespeares Menschen erkennt nun Goethe - oder er glaubt zu erkennen, - daß "das, was wir bös nennen, [...] nur die andre Seite vom Guten" ist (S. 227). Die überpersönlichen Normen, die bisher herrschten, oder deren Existenz wenigstens anerkannt worden war, sind für den Sturm und Drang-Goethe *wesenlos*, in der Ethik so gut wie in der Ästhetik. Es gibt nur etwas charakteristisch Schönes, etwas charakteristisch

Gutes. Aber, das haben wir auch schon gesehen, auf diese *Verselbstigung und Vereinzelung folgt eine Gegenwirkung des Ganzen*, das sogenannte "Schicksal".

Was ist also die Tragödie? Man kann darüber wenig sagen. So ist es z.B. dem jungen Goethe völlig gleichgültig, ob das Shakespearsche Drama streng gebaut ist oder nicht. Das klassizistische Stilprinzip ist völlig aufgegeben, mehr als sich das aus Shakespeare rechtfertigen läßt, - der ja ein sehr besonnen bauender Künstler war. Auf den innersten Punkt kommt es Goethe an und nun hören Sie den entscheidenden Satz:

> Seine Plane sind, nach dem gemeinen Stil zu reden, keine Plane, aber seine Stücke drehen sich alle um den geheimen Punkt (den noch kein Philosoph gesehen und bestimmt hat), in dem das Eigentümliche unsres Ichs, die prätendierte Freiheit unsres Wollens, mit dem notwendigen Gang des Ganzen zusammenstößt. (S. 226)

Sie brauchen sich hier nur einen Augenblick daran zu erinnern, daß noch die Tragödientheorie Hebbels um den Zusammenstoß des Ichs mit dem Ganzen kreist. Dann wissen Sie, daß wir hier eine *Entdeckung* vor uns haben; es ist ganz gewiß keine logisch entwickelte Theorie; aber es ist doch charakteristisch für Goethe, daß er in dieser Weise die Konsequenzen aus seinem instinktiven Ich- und Welterlebnis zu ziehen vermag, daß er *theoretisch zur Klarheit kommt*. Es wäre für Klinger oder für Lenz unmöglich gewesen, sich in so klarer Weise Rechenschaft zu geben. Die neue Wahrheit hat hier tatsächlich die Tragödie neu *begründet*.

Lenz und Klinger sprachen von Freiheit und immer nur von Freiheit. Der dramatische Held ist der Kerl, der um sich schlägt, aber trotzdem durch die boshafte Welt zugrundegerichtet wird. In zweiter Instanz gelangen dann diese Freiheitsschwärmer zu einer neuen Art von Aufklärung und von "Komödie". Die Hofmeister sollen abgeschafft werden oder ein Bordell soll für die Soldaten eingerichtet werden, dann gibt es keine Tragödien mehr.

Goethe spricht von der "prätendierten Freiheit unsres Wollens", also von der angeblichen. Wir *sind* im Grunde nicht frei, wir stehen in dem Gang des Ganzen und stoßen unter Umständen mit ihm zusammen. Und dieses entgegenwirkende und zerstörende Ganze ist nicht nur das Werk böser Menschen, sondern "*notwendig*". Jeder, der versucht, ganz eigentümlich, ganz frei zu sein, *stellt sich zugleich dem Ganzen* und damit der Möglichkeit des Scheiterns. In dieser ruhigen Anerkennung des Ganzen [!] offenbart sich schon etwas *Klassisches*.

Das bevorzugte Feld dieser neuen Tragödie ist natürlich die politische Geschichte, nicht nur weil Shakespeare meistens geschichtliche Tragödien geschrieben hat, sondern weil sich in der *politischen* Geschichte der Zusammenstoß des Ichs mit dem Ganzen leichter ergibt als z.B. in der Familie, die das Eigentümliche, das Widerstrebende nicht zu vernichten, sondern zu dulden pflegt. Man hat freilich auch in die Familien den Sturm und

Drang-Konflikt hineingetragen, besonders durch den Generationskonflikt und den Bruderhaß. Aber notwendiger erscheint dem jungen Goethe der Konflikt in der *Politik.* Goethe eröffnet dem in der Spätaufklärung gehemmten politisch-historischen Trauerspiel eine neue Bahn, im Gegensatz z.B. zu Iffland. Auch in diesem Punkt steht er mit seiner ersten ausgeführten Tragödie an der Spitze eines langen Stammbaums. Ich meine natürlich den *Götz von Berlichingen* (1773).

Götz von Berlichingen

Goethe berichtet in *Dichtung und Wahrheit,* er habe das Werk nicht veröffentlichen wollen, sondern als Versuch betrachtet. Aber Merck habe ihn dazu überredet, endlich etwas zu veröffentlichen. Diese Aussage dürfte richtig sein, denn Goethe hatte auch *Die Mitschuldigen* noch nicht veröffentlicht und liebte es überhaupt, die Entwicklung seiner Werke abzuwarten. Das war die natürliche Folge seiner organischen Kunstauffassung. Auch der *Faust* entwickelte sich ja so geheim. Erst 1808 erschien *Faust* I. Teil. Und selbst der *Götz von Berlichingen*, den wir heute lesen, ist schon eine *zweite* Fassung.

Die erste Fassung stammt aus dem Ende des Jahres 1771, wurde also bald nach der Rückkehr aus Straßburg geschrieben, etwa gleichzeitig mit der Rede *Zum Shakespeares-Tag*. Schon der Titel dieser Fassung ist höchst bezeichnend *Geschichte Gottfriedens von Berlichingen mit der eisernen Hand, dramatisiert.* Beachten Sie: Geschichte! Ein Begriff, der in verschiedenen Bedeutungen eine große Zukunft haben wird. Die Grundlage dazu gab die Autobiographie des Götz von Berlichingen, der keine große historische Gestalt, sondern ein Raubritter war. — Goethe bereitete sich damals für seine Tätigkeit am Reichskammergericht in Wetzlar vor, das eine lange Geschichte hatte. Um es zu verstehen, mußte man die Zustände des altdeutschen Reichs *vor* dem Sieg der Landesfürsten, d.h. vor dem modernen absolutistischen Staat, kennen. Goethe hatte stets das Bedürfnis nach *Anschauung*, und ein anschauliches Bild von den Zuständen im 16. Jahrhundert gab diese Autobiographie eines Ritters. Goethe nimmt wie Götz Partei *für* die Ritter, *für* die Reichsunmittelbarkeit und *gegen* die Fürsten. Das lag bei dem Abkömmling einer Reichsstadt *nahe*.

Neben die Verherrlichung der gotischen Baukunst und neben die Verherrlichung Shakespeares, Hans Sachsens und Dürers tritt also die Verherrlichung des altdeutschen Reiches. Das bedeutet: Überall greift Goethe über den Absolutismus und über die Barockkultur auf die Mittelalter-Tradition *zurück.* Daß Götz von Berlichingen ein *fränkischer* Ritter war, ist daher nicht gleichgültig. Denn gerade in Franken hatte sich der Absolutismus am wenigsten durchgesetzt [!]. Hier waren überall die Reste der spätmittelalterlichen Verfassung zu sehen, in den Reichsstädten, Ritterschaften und in den geistlichen Herrschaften. So waren z.B. Würzburg und Bamberg noch geistliche Fürstentümer. Und Goethe selbst ist ein Franke, fühlt sich als Franke. Franken ist, so heißt es im *Götz*, ein "gesegnetes Land".

Natürlich geht es auch hier im Grunde nicht um das Alte, um die *alte* Freiheit, sondern um die *neue*. Aber es ist bezeichnend für Goethe, daß er nicht irgend eine utopische Freiheit beschwört, etwa im Rahmen eines orientalischen Stoffs, wie das üblich war. Das taten Wieland und Haller in ihren politischen Romanen und später Lessing in *Nathan der Weise*.

Für Goethe geht es nicht so sehr um den *Begriff* der Freiheit, wenn er auch seinen Götz gelegentlich so reden läßt, sondern um *ein konkretes Bild der Freiheit*. Und das findet er in der Geschichte des fränkischen Ritters! Gerade das Raubrittermäßige, das Unsystematische, das Planlose, der Gefühlsüberschuß an Götz *gefällt ihm*. Götz will im Grunde nichts, als er selbst sein. Das erscheint dem Stürmer und Dränger als das Richtige. Wenn Goethe einen planvoll arbeitenden Politiker gesucht hätte, dann hätte er nicht Götz, sondern Sickingen gewählt. Aber um diese *organisierte* Freiheit geht es nicht. Erst der Sozialist Lassalle verfaßte ein Sickingen-Drama.

Goethe hat mit sicherem Instinkt den *richtigen* Stoff für *sich* gewählt. Das hat er im Alter ausdrücklich festgestellt. Natürlich fand er sich selbst in dieser Gestalt wieder. In der Rittergesellschaft in Wetzlar hatte Goethe den Namen "Götz von Berlichingen, der Redliche". Redlichkeit war ja, wie wir wissen, das höchste Ideal des damaligen Goethe: Aufrichtigkeit, Wahrhaftigkeit.

Wenn er selbst in *Dichtung und Wahrheit* berichtet, er habe in dem untreuen Höfling Weislingen eine Beichte abgelegt, er habe damit Friederike Brion Genugtuung gegeben, so ist das natürlich auch richtig. Es gehört zum Wesen des Dramas, daß der Dichter mit keiner einzelnen Gestalt identisch ist. Solange sich der Dichter mit einer Gestalt identifiziert, verfährt er lyrisch, aber er verfährt keineswegs dramatisch.

(Nun ist es allerdings richtig, daß Goethe niemals die Objektivität des vollkommenen Dramatikers erlangte. Er macht auch diese Gattung zur Erlebnisdichtung. Und wenn der *Faust* vor allen anderen Stoffen den Vorzug erhielt, so liegt das daran, daß hier die Identifizierung mit der Hauptgestalt am ehesten gelingen konnte, ich sage am ehesten; denn Goethe ist nicht *nur* Faust, er ist wohl *auch* Mephistopheles. Bei den anderen Dramen ist diese *Selbstspaltung* noch deutlicher, überall findet man Kontrastfiguren, die erst *zusammengenommen* den ganzen Goethe ausmachen. Goethe spielte z.B. am Weimarer Hof keineswegs die Rolle Tassos, das tat viel eher der empfindliche Wieland. Goethe war Tasso und Antonio *zugleich*, nur war das eben nicht so einfach, es lagen darin Konflikte verborgen. Und diese Konflikte projiziert das Drama nach außen, verkörpert es in *Figuren*, in seinem ersten Drama noch verhältnismäßig grob.)

Götz ist der redliche, aber auch ein wenig primitive Ritter. Er lebt treuherzig mit seiner Familie und mit seinen Männern, und ist ganz überrascht, daß man auf diese Weise mit den Mächten der großen Welt in

Konflikt geraten kann. Auch Weislingen ist von dieser einfachen Welt, von dieser Biederkeit und Treuherzigkeit beeindruckt; aber als er nun in die große Welt zurückkehrt, in die Welt der Macht, der Intrige, des Eros, da erliegt er den Versuchungen, *er paßt sich an*, - wie es Goethe selbst so oft getan hat.

Die Färbung der höfischen Weislingen-Adelheid-Welt erinnert ein wenig an das bürgerliche Drama, d.h. der Hof wird noch ziemlich *moralisch* gesehen, als der Hort der Bosheit und Charakterlosigkeit [!]. Dagegen *Tasso*: differenzierteres Bild. Aber Goethe nimmt an der höfischen Welt sofort stärksten Anteil, er versucht durchaus schon, sie *verständlich* zu machen. Besonders in der zweiten Fassung bemüht sich Goethe stark, der Hofpartei Gerechtigkeit widerfahren zu lassen. Dazu treibt ihn nicht nur die *historische* Gerechtigkeit, sondern auch sein *dramatisches* Gewissen. Denn: Wir haben schon gehört, daß der Gang des Ganzen *notwendig* sein soll, und das ist er keineswegs, wenn er durch Bösewichter repräsentiert wird.

Weislingen bekommt von Goethe Worte in den Mund gelegt, die damals vielleicht noch nicht ganz seine eigene Meinung waren, die er aber später gegen die Französische Revolution oft variiert hat und die im Jahre 1773 gewiß schon den Beifall der ganzen konservativen Welt hatten. So sagt er z.B. in der 2. Szene des III. Akts zum Kaiser:

> Ich sehe kein ander Mittel, den Schwindelgeist, der ganze Landschaften ergreift, zu bannen. Hören wir nicht schon hier und da die bittersten Klagen der Edlen, daß ihre Unterthanen ihre Leibeigne sich gegen sie auflehnen und mit ihnen rechten, ihnen die hergebrachte Oberherrschaft zu schmälern drohen, so daß die gefährlichsten Folgen zu fürchten sind? (Baechtold, S.87)

Weislingen überzeugt auf diese Weise den *wohlmeinenden* Kaiser. Er mag also persönlich beschaffen sein, wie er will, er vertritt *objektiv* den Frieden, die Ordnung.

Götz dagegen, der persönlich so viel höher steht, vertritt nur sich selbst und stärkt, ohne es eigentlich zu wollen, die Unordnung. Dies zeigt vor allem die Verbindung mit den Bauern, in die er gerät. Luther und seine Kirche haben bekanntlich die Bauern bekämpft. Die Bauern hatten damals noch nicht die sozialistische oder nationalsozialistische Gloriole, die sie später umgab. Die Meinung in einem *bürgerlichen* Freiheitsdrama konnte nur sein, daß Götz durch den Bund mit den Bauern in die Anarchie geraten war und also vernichtet werden *mußte.* Aber das hindert Goethe nicht, ihn zu *verklären*; denn das Eigentümliche unseres Ichs ist etwas, *das durch sich selbst, auch ohne Erfolg, Wert behält.* Man hat es oft als Nachteil des Dramas bezeichnet, daß Götz am Ende auf seiner Burg eingeschlossen, also einsam ist und überhaupt während des ganzen Dramas mit der Gegenpartei in keinen lebendigen dialogischen Bezug tritt.

Das mag vom Standpunkt des *Dramas* aus richtig sein. Im *Egmont* hat Goethe schließlich ein anderes Verfahren gewählt. Aber eben diese

Einsamkeit und Abgeschlossenheit, *eine gewisse Anonymität der Gegenmächte ist das Moderne*. Gerstenberg hatte im *Ugolino* schon etwas Ähnliches gestaltet. Nicht irgend ein Feind, sondern *die Welt* richtet solche Helden zugrunde.

Der Dialog hat traditionsgemäß ein rationales Element. Nehmen Sie etwa die Szenen zwischen Alba und Egmont oder Tasso und Antonio oder das Gespräch von Marquis Posa mit Philipp II. im *Don Karlos*. Da geht es stets um Ideen, um Begriffe. Schon in Gottscheds *Sterbendem Cato*, etwa im Dialog zwischen Cato und Caesar, ging es um Begriffe.

Man kann sich Götz in einer solchen Diskussionsszene kaum denken. Er ist ein Gefühlsmensch *und* ein tätiger Mensch, aber Worte, Begriffe, Ideen sind nicht seine Sache. Er scheint nichts zu haben von Werthers kränklichem Wesen und ist ihm doch im Geheimen *verwandt*: eben durch seine Selbstbesessenheit und Leidenschaft, durch seinen Gefühlsüberschwang. Man hat auch auf die symbolische Bedeutung der eisernen Hand hingewiesen. Götz: Invalide.

Woher kommt nun aber die ungeheure Verschiedenheit der beiden Werke *Götz* und *Werther*? Warum ist *Götz von Berlichingen* so kräftig? Wie war es möglich, daß Goethe in einer so überschwenglichen und vorwiegend lyrischen Periode ein so anschauliches, farbenreiches, figurenreiches und dadurch auch volkstümliches Stück schrieb? Gewiß, Goethe hat den *Götz* ohne jeden *Plan* geschrieben, ganz so, wie er sich Shakespeares Arbeiten vorstellte. *Götz* ist eine lockere Folge von Szenen, die auf dem damaligen Theater fast unaufführbar war. Er ist bereits ein Ansatz zu dem, was wir heute episches Theater nennen, ein Stück, das im *dramaturgischen* Sinn erst dem Naturalismus vorbildlich wurde und vor der Erfindung der Drehbühne stets für das Theater bearbeitet werden mußte.

Aber bemüht sich der Naturalismus nicht um Objektivität? Und hat nicht auch Goethe ein treues Bild der *Welt* gegeben mit unverwechselbaren lebendigen Gestalten und Szenen? - Wie *konnte* das der Hymniker und der empfindsame *Werther*-Dichter? Friedrich Gundolf sagt zu dieser Frage in seinem großen Goethebuch: "Das Bildungserlebnis Goethes hat über sein Urerlebnis die Oberhand gewonnen, es abgebogen und bis zur Verkümmerung modifiziert". Er meint also, Herders Lehre vom Volkstum und Shakespeares Historien hätten Goethe von seinem eigentlichen Wollen abgelenkt, und so habe er dieses historisch-patriotische Drama geschrieben. Goethe wurde sozusagen *verführt*, und so wurde er auch durch den *Götz* selbst wieder zum Verführer. An den *Götz* schloß sich nämlich eine lange Folge von säbelrasselnden, oft geschmacklosen *Ritterdramen*.

Nun ist es ja zweifellos richtig, daß Goethe unerhört anpassungsfähig und gelehrig war. So wie er sich in den Ton der Rokokodichtung und des Volkslieds einfühlte, so erneuerte er hier auf seine Weise Shakespeares Historien. Aber wenn man nun gerade beim *Götz* streikt, weil einem das

Patriotische oder Rittertümliche nicht paßt, so ist das ebenso willkürlich, wie wenn man ihn patriotisch *verherrlicht*. Auch das hat es gegeben. (Der Hinweis auf das Ritterdrama ist ebenso wenig stichhaltig, denn auch der *Werther* und der *Faust* wurden vielfältig nachgeahmt, und keineswegs immer gut.)

Es *gibt* bei Goethe Werke, die er ohne besondere Anteilnahme hinwirft und selbst nicht ernst nimmt. *Aber dazu gehört der Götz nicht.* Er hat ihn jahrelang mit sich herumgetragen, das zeigt schon allein die zweite Fassung.

Wir müssen bei Goethe endlich anerkennen, *daß er sich in verschiedenen Stilebenen bewegen kann*, daß wir sein eigentliches Wesen *hinter den verschiedenen Stilen* suchen müssen, die er sich aus der Geschichte *holt* und wieder ablegt, wenn ihm ein neues Vorbild gemäßer erscheint. Er ist, wie der Kanadier Barker Fairley sagt, ein Chamäleon, also ein Wesen, das die jeweilige Farbe seiner Umwelt annimmt (Barker Fairley: *Goethe*, engl. 1947, dt. 1953). Freilich hat das nicht nur psychologische Gründe (Fairley), sondern geistesgeschichtliche Gründe, aus denen er nur früher als andere die Konsequenzen zieht, aufrichtiger als selbst Herder. Diese Konsequenz kennen wir: Es *gibt* keinen *Stil*, der verbindlich wäre. Es gibt nur verschiedene *historische Stilmöglichkeiten*, die man sich je nach Stimmung und Lage *anverwandelt*, aneignet. *Auf diese persönliche Aneignung kommt es diesem Dichter immer an*. Und die ist auch im *Götz* hervorragend gelungen.

Während bei Shakespeare jeder Teil des Dramas dem *Ziel* des Dramas untergeordnet bleibt, treten bei Goethe die einzelnen Teile organisch hervor und verbinden sich nur locker zu einem Ganzen. *Die Einheit verliert, aber die einzelnen Szenen und Gestalten gewinnen viel an Fülle* = offenes Drama. Das Gemütliche, Herzliche und Genrehafte, auch das Volkstümliche ist in einer anderen Form kaum zu denken (Shakespeare: aristokratischer, kälter). Goethe brauchte, um seine Intention zu erfüllen, Bewegungsfreiheit, Behaglichkeit, Unmittelbarkeit, sogar eine gewisse Spannungslosigkeit.

Man mag das vom Standpunkt des *Dramas* aus beklagen, denn das Drama ist eigentlich eine Form, die sich ohne Spannung gegen das Ende, ohne Berechnung nicht gut denken läßt. Und Goethe hat nicht berechnet, nur "gebildet", Szene für Szene, Gestalt für Gestalt mit *Leben* erfüllt. Auch diese Hinwendung zum Leben war keine freie Wahl, sondern entsprang einer tieferen historischen Notwendigkeit. Sogar der *Götz* war ihm noch zu sehr "gedacht". Goethe vergleicht ihn in dieser Hinsicht mit *Emilia Galotti*. Vielleicht war die Wahl der dramatischen Gattung ein Irrtum. Diese Antwort legt der Übergang zum *Werther* nahe. Richtiger ist es wohl zu sagen, daß sich hier eine *neue* Form des Dramas und, wenn Sie wollen, auch des Theaters ausbildete.

Gundolf beanstandet vor allem das Milieu. Das entspricht dem antinaturalistischen Ansatz des Georgianers. Dem Schüler des Aristokraten George ist die Massenszene zuwider. Aber dieser Massenszene gehörte die Zukunft, wenn es auch immer wieder Dramen im engeren klassizistischen Stil gab, gerade auch bei Goethe *selbst*. Denken Sie an die hinreißenden Massenszenen in Schillers *Räubern*, in *Wallensteins Lager*, im *Wilhelm Tell*. Dann bei Büchner und Grabbe, in *Dantons Tod*, im *Napoleon*, im *Hannibal*. Weiter bei G. Hauptmann, der im *Florian Geyer* direkt an *Götz von Berlichingen* anknüpft. Noch imponierender sind die Massenszenen in den *Webern*. Denken Sie schließlich an Georg Kaiser, Brecht, Peter Weiss. *Heute* wird man Goethe wegen seiner Massenszenen eher rühmen als tadeln. Auch in diesem Punkt ist er ein *Pionier*.

Eine kleine Einschränkung ist hier freilich zu machen, eine für Goethe bezeichnende. Emil Staiger vergleicht in seiner Interpretation den *Götz von Berlichingen* mit den *Räubern*. Er findet, daß dem Drama Goethes die dramatische Zielstrebigkeit und die mitreißende Wucht fehlt. Diese Eigenschaft ließe sich auch an den Massenszenen zeigen. Etwas so Steiles, Monumentales wie die Rütlischwurszene kann Goethe nicht schreiben, und auch Karl Moor ist viel pathetischer als Götz. Staiger übertreibt, wenn er beim Vergleich mit der Barocktragödie meint, *Götz* repräsentiere nichts und repräsentiere auch keine Idee. *Götz von Berlichingen* repräsentiert schon die alte ritterliche Freiheit. Aus diesem Grund hatte die Tragödie beim deutschen Adel viel Erfolg. *Götz von Berlichingen* war eine der dauerhaftesten Brücken, die in der Goethezeit zwischen Adel und Bürgertum geschlagen wurden und im ganzen 19. Jahrhundert standhielten. Aber zu dieser Wirkung gehörte auch, daß ein möglichst bürgerlicher, treuherziger familiärer *Götz* gegeben wurde. Staiger behauptet: “In dem ganzen Stück fällt kein inniger Ton“ (I,83). Staiger will das Drama mit diesen Worten von der Jugendlyrik abheben. Aber stimmt die Behauptung? Ich lese nur einige Sätze aus der Szene, da Götz seine Schwester Maria mit Sickingen, ihrem neuvermählten Gatten, wegschickt, weil seine Burg in wenigen Stunden eingeschlossen sein wird:

> GÖTZ: Es muß geschieden seyn, meine Lieben. Weine meine gute Marie, es werden Augenblicke kommen wo du dich freuen wirst. Es ist besser du weinst deinen Hochzeittag, als daß übergroße Freude der Vorbote künftigen Elends wäre. Lebt wohl Marie. Lebt wohl Bruder.
> MARIA. Ich kann nicht von euch, Schwester. Lieber Bruder laß uns. Achtest du meinen Mann so wenig, daß du in dieser Extremität seine Hülfe verschmähst?
> GÖTZ. Ja, es ist weit mit mir kommen. Vielleicht bin ich meinem Sturze nahe. Ihr beginnt heut zu leben, und ihr sollt euch von meinem Schicksal trennen. Ich hab eure Pferde zu satteln befohlen. Ihr müßt gleich fort.
> MARIA. Bruder! Bruder!
> ELISABETH [das ist die Gattin von Götz] (zu Sickingen.). Gebt ihm nach! Geht.
> SICKINGEN. Liebe Marie, laßt uns gehen!
> MARIA. Du auch. Mein Herz wird brechen. (Baechtold, S. 117f.)

An Innigkeit fehlt es nicht. Szenen dieser Art gibt es öfters, rührende Familienszenen. Aber der Historiker wird sich fragen, was in solchen Szenen über die Empfindsamkeit der vorhergehenden Jahrzehnte *hinausweist*. Man könnte antworten: Eben die Innigkeit, die Herzlichkeit, die *Dämpfung* des empfindsamen Tons, der ja bekanntlich außerordentlich erhaben oder sonst übertrieben sein kann. Man darf vielleicht auch von einer Verbürgerlichung der Gefühlskultur sprechen. Es wird geweint. Aber Götz läßt die Pferde satteln. Die konkrete Situation bleibt immer gegenwärtig. Alle sind gefaßt, sogar Elisabeth, und nur die junge Braut darf für einen Augenblick ihrem Abschiedsschmerz nachgeben. Alles in allem Empfindsamkeit in vorsichtiger Dosierung. Die Sätze sind kurz, auch Maria darf ihren Schmerz nicht hemmungslos aussprechen. (Wenn Maria sagt: "Bruder! Bruder!" so ist die Wiederholung keine Rhetorik alten Stils, sondern eher eine Regiebemerkung, ein Hinweis auf die Gesten Marias. Es wäre kaum eine Verfälschung, die Worte durch Gesten zu ersetzen; denn) die knappe Sprache bewirkt, daß das Gefühl mehr in den Pausen als in den Worten erscheint.

Man mag von rhetorischen Resten sprechen. Das Neue jedoch ist auch hier (wie im *Heidenröslein*-Stil, der nur *andeutet*) was *in* den Menschen vor sich geht. Daß der Dichter den Stil bewußt dämpft, verraten vor allem die Anleihen bei der Alltagssprache: "es ist weit mit mir _kommen", "ihr beginnt heut_ zu leben", "ich hab_ eure Pferde zu satteln befohlen".

Man hat mit Recht gesagt, daß Goethes Szenen mit einer Reihe von Figuren öfters Genreszenen sind. Der moderne Begriff Massenszene ist ungenau oder jedenfalls mißverständlich. Das Genrebild stellt zwar typische Figuren dar, *den* Soldaten, *den* Bauern, *den* Kaufmann, *den* Wirt usw. Aber die Stimmung ist nicht aufregend oder mitreißend, sondern ruhig, behaglich, in vielen Fällen sogar humoristisch. Besonders beliebt bei den Genremalern ist die Wirtsstube, in der die verschiedenen Typen zusammenkommen. Der *Götz von Berlichingen beginnt* schon mit einer Wirtshausszene. Die erste Regieanweisung lautet in der ersten Fassung: "Zwey Reitersknechte an einem Tisch, ein Bauer und ein Fuhrmann am andern beim Bier". Das ist ein Genrebild, das sich auch als ein Gemälde vorstellen läßt. In der zweiten Fassung wird diese breite Genreszene kräftig zusammengestrichen und die Berufsbezeichnungen werden zum Teil schon durch Namen ersetzt, die der Exposition dienen. Dieser energische Eingriff beweist schon, daß man die zweite Fassung als Neuschöpfung auffassen kann. Über diese Frage findet sich ein Aufsatz im *Schiller-Jahrbuch* 9 (1965) von Ilse Graham: *Vom Urgötz zum Götz: Neufassung oder Neuschöpfung?* Die Antwort heißt hier Neuschöpfung. Das Ziel war, aus dem *Götz* ein organisches *Ganzes* zu machen, während die Genreszenen zu einer starken Isolierung der Einzelszene führt.

Aber glücklicherweise hat Goethe den Ansatz des Werks nicht *völlig* verändert. Der Stil des *Götz* blieb stationär. Dieses Wort pflegt Goethe später zu benützen. Es geht von Station zu Station, mehr Bummelzug als Expreß. Die Reise ist wichtiger als das Ziel der Reise. Aus diesem Begriff stationär dürften sich die modernen Begriffe Stationendrama, Stationentechnik entwickelt haben. Dem 18. Jahrhundert angemessener ist der Begriff Genredrama; denn

Holland, der sogenannte niederländische Stil, war der Zeit zwischen 1770 und 1850 ein Vorbild. Man spricht auch von Genrerealismus, um den niederländischen Stil zu bezeichnen. Der programmatische Realismus nach 1848 hat dies Zerfallen in Genrebilder freilich abgelehnt. Er ist nur eine Vorstufe zum eigentlichen Realismus. Es gibt eine sehr gelehrte Arbeit über das literarische Genrebild: Eberhard Seybold: *Das Genrebild in der deutschen Literatur vom Sturm und Drang bis zum Realismus.* Stuttgart 1967. Der Verfasser ist auch Kunsthistoriker (und wie gesagt recht gelehrt; aber er ist klug und wurde zu seinem Heile nicht germanistischer Universitätslehrer, sondern Journalist).

Ich komme nun zu dem <abgedruckten> Szenenbruchstück. (IV. Akt, Saal; Theaterfassung, 15. Auflage, nach *Götz von Berlichingen in dreifacher Gestalt*. Hg. von Jakob Baechtold, Freiburg und Tübingen 1882, S. 126f.). Die erste Spalte enthält den Text A nach dem *Urgötz: Geschichte Gottfriedens von Berlichingen mit der eisernen Hand, dramatisiert*, verfaßt Ende 1771, herausgegeben erst 1832 im zweiten Band von Goethes nachgelassenen Werken. (Es ist der 42. Band der Ausgabe letzter Hand.) Die zweite Spalte enthält die Umarbeitung (Text B) mit dem Titel *Götz von Berlichingen* aus dem Jahr 1773, sie wurde noch 1773 gedruckt. Die dritte Spalte ist der Text C von der ersten Bühnenbearbeitung, die Goethe mit Schillers Hilfe für das Hoftheater in Weimar in den Jahren 1803 und 1804 verfaßte. Aufführung September 1804.

Ich habe diese Stelle gewählt, weil sie verhältnismäßig bewegt, *gerichtet* und insofern dramatisch ist. Sie beweist, daß Goethes Götz, wenigstens in den beiden ersten Fassungen *unter anderem* auch eine Idee repräsentiert. Der Text soll Ihnen einen konkreten Einblick in die sehr differenzierte und daher oft gefürchtete Goethephilologie geben

Staiger sagt in seiner Interpretation, Karl Moor rede, Götz *esse* auch ganz gern. Dafür gibt Ihnen die Szene ein gutes Beispiel. Der Ritter Götz speist patriarchalisch mit seinen Knechten, Die Szene ist situationsbezogen, insofern wir daran erinnert werden, daß wir uns in einer belagerten Burg befinden.

Der Wein geht aus, und das ist in einem Weinland immer schlimm. Die Flasche ist leer und Götz fragt in den beiden ersten Fassungen: "*Ist* keine mehr da?" Das ist eine sehr alltägliche Frage, einem Genrebild angemessen; aber nichts für die Aufführung im Hoftheater von Weimar. Sie wird gestrichen und gleich darauf noch eine bürgerlich-realistische Stelle: "Holt sie draußen im Schrank"!

So etwas Triviales darf im klassizistischen Hoftheater nicht einmal die *Frau* des Götz sagen. Zum Genredrama des Sturm und Drang paßt es ausgezeichnet. Die Treuherzigkeit des Ritters, seine patriarchalische Fürsorge wird allerdings auch in der Theaterfassung beibehalten. Auch hier teilt er den letzten Wein mit den Knechten. Allerdings wird das Mahl sakral erhöht, durch eine Art Gebet: wo in den beiden ersten Fassungen die heroische *Fröhlichkeit* des Ritters erscheint - "ich bin lang nicht so vergnügt gewesen" - wo also die

A.

Saal.
Gottfried. Elisabeth. Georg.
Knechte.
Bei Tisch.

Gottfried.
So bringt uns die Gefahr zusammen. Laßt's euch schmecken, meine Freunde! Vergeßt das Trinken nicht. Die Flasche ist leer. Noch eine, liebe Frau.

Elisabeth (zuckt die Achseln.)

Gottfried.
Ist keine mehr da?

Elisabeth (leise).
Noch eine, ich hab sie für dich bei Seite gesetzt.

Gottfried.
Nicht doch, Liebe! Gib sie heraus. Sie brauchen Stärkung, nicht ich; es ist ja meine Sache.

Elisabeth.
Holt sie draußen im Schrank.

[143]Gottfried.
Es ist die letzte. Und mir ist als ob wir nicht zu sparen Ursache hätten. Ich bin lang nicht so vergnügt gewesen.
(Er schenkt ein.)
Es lebe der Kaiser!

Alle.
Er lebe!

Gottfried.
Das soll unser vorletztes Wort seyn, wenn wir sterben. Ich lieb ihn, denn wir haben einerlei Schicksal. Und ich bin noch glücklicher als er. Er muß den Reichsständen die Mäuse fangen, inzwischen die Ratten seine Besitzthümer annagen. Ich weiß, er wünscht sich manchmal lieber todt, als länger die Seele eines so krüpplichen Körpers zu seyn. Ruft er zum Fuße: marsch! der ist eingeschlafen; zum Arm: heb dich! der ist verrenkt. Und wenn ein Gott im Gehirn säß, er könnt nicht mehr thun als ein unmündig

B.

[137] Saal.
Götz. Elisabeth. Georg. Knechte.
(bey Tisch.)

Götz. So bringt uns die Gefahr zusammen. Laßts euch schmecken meine Freunde! Vergeßt das trinken nicht. Die Flasche ist leer. Noch eine, liebe Frau. (Elisabeth zückt die Achsel.)

Götz. Ist keine mehr da?

Elisabeth (leise.) Noch eine, ich hab sie für dich bey Seit gesetzt.

Götz. Nicht doch Liebe! Gib sie heraus. Sie brauchen Stärkung, nicht ich, es ist ja meine Sache.

Elisabeth. Holt sie draussen im Schranck!

Götz. Es ist die letzte. Und mir ist's als ob wir nicht zu sparen Ursach hätten. Ich bin lang nicht so vergnügt gewesen. (er schenkt ein.) Es lebe der Kayser!

Alle. Er lebe.

Götz. Das soll unser vorletztes Wort seyn, wenn wir sterben. Ich lieb ihn, denn wir haben einerley [138] Schicksal. Und ich bin noch glücklicher als er. Er muß den Reichsständen die Mäuse fangen, inzwischen die Ratten seine Besitzthümer annagen. Ich weiß er wünscht sich manchmal lieber todt, als länger die Seele eines so krüplichen Cörpers zu seyn. (schenkt ein.)

C.

Fünfzehnter Auftritt.
Vorige. Elisabeth. Knechte mit kalten Speisen und einigen Krügen Wein.

Götz. (die Tafel beschauend.) Das sieht noch so ganz reichlich aus. Bis auf den Wein meine Liebe, den hast du knapp zugemessen.

Elisabeth. Es ist der letzte, (heimlich.) bis auf zwey Krüge, die hab ich für dich bey Seite gesetzt.

Götz. Nicht doch Liebe, gieb sie nur auch her. [120b] Sie brauchen Stärkung, nicht ich. Mein ist ja die Sache.

(Indessen sie sich um den Tisch stehend ordnen, werden noch zwey Krüge aufgetragen.)

Götz. Von diesem spärlichen Mahle wendet hinauf den Blick zu eurem Vater im Himmel, der alles ernährt, der euch nah ist zur guten und bösen Stunde, ohne dessen Willen kein Haar von eurem Haupte fällt. Vertraut ihm! dankt ihm!
(Er setzt sich, mit ihm alle.)
Und nun heiter und fröhlich zugegriffen.

Georg. Ja Herr, ich bin auch am heitersten, wenn ich gebetet habe.

Götz. Laßt uns, meine Kinder, nach guter alter Sitte, bey Tische nur des erfreulichen gedenken. Und wenn uns diesmal die Gefahr zusammenbringt, wenn sie Herrn und Knechte an Einen Tisch versammelt, so laßt uns erwägen, daß Lebensgenuß ein gemeinsam Gut ist, dessen [121a] man sich nur in Gesellschaft

Kind; die Speculationen und Wünsche ausgenommen um die er nur noch schlimmer dran ist.

(Schenkt ein.)

Es geht just noch einmal herum. Und wenn unser Blut anfängt auf die Neige zu gehn, wie der Wein in dieser Flasche erst schwach, dann tropfenweise rinnt (er tröpfelt das letzte in sein Glas) was soll unser letztes Wort seyn?

[144] Georg.

Es lebe die Freiheit!

Gottfried.

Es lebe die Freiheit!

Alle.

Es lebe die Freiheit!

Gottfried.

Und wann die uns überlebt, können wir ruhig sterben. Denn wir sehen im Geiste unsre Enkel glücklich, und die Kaiser unsrer Enkel glücklich.

Wenn die Diener der Fürsten so edel und frei dienen wie ihr mir, wenn die Fürsten dem Kaiser dienen wie ich ihm dienen möchte -

Georg.

Da muß viel anders werden.

Gottfried.

Es wird! Es wird! Vielleicht daß Gott denen Großen die Augen über ihre Glückseligkeit aufthut. Ich hoff's; denn ihre Verblendung ist so unnatürlich, daß zu ihrer Erleuchtung kein Wunder nöthig scheint. Wenn sie das Uebermaß von Wonne fühlen werden in ihren

Es geht just noch einmal herum. Und wenn unser Blut anfängt auf die Neige zu gehen, wie der Wein in dieser Flasche erst schwach, dann tropfenweise rinnt, (er tröpfelt das letzte in sein Glas.) Was soll unser letztes Wort seyn?

Georg. Es lebe die Freyheit!

Götz. Es lebe die Freyheit!

Alle. Es lebe die Freyheit!

Götz. Und wenn die uns überlebt können wir ruhig sterben. Denn wir sehen im Geist unsere Enkel glücklich, und die Kayser unsrer Enkel glücklich. Wenn die Diener der Fürsten so edel und frey dienen wie ihr mir, wenn die Fürsten dem Kayser dienen wie ich ihm dienen mögte.

Georg. Da müßts viel anders werden.

Götz. So viel nicht als es scheinen mögte. Hab ich nicht unter den Fürsten trefliche Menschen gekannt, und sollte das Geschlecht ausgestorben seyn! [139] Gute Menschen, die in sich und ihren Unterthanen glücklich waren. Die einen edlen freyen Nachbar neben sich leiden

erfreuen kann.

Faud. Ist es mir erlaubt, eine Gesundheit auszubringen?

Götz. Laßt hören.

Faud. Es lebe der Burgherr, unser Vater und Führer!

Alle. (wiederholen es.)

Götz. Dank euch. Dank euch von Herzen! Es muß ein Herr seyn im Hause, ein Führer in der Schlacht. Wohl ihm, wohl allen, wenn er seine Pflicht kennt und ihr genug zu thun vermag. Nun Georg, ists an dir.

Georg. Es lebe der Reuterstand!

Alle. (wiederholen es.)

Georg. Dabey will ich leben und sterben; denn was kann lustiger und ehrenvoller seyn? Mag sich der Mönch doch in sein Kloster sperren, der Kaufmann beladen seine Straße ziehen, der Ackersmann hinter seinem Pfluge herschreiten, sie treibens alle nur so lange es dem Reuter ge-[121b] fällt, dem müssen sie horchen und gehorchen, zinsen und zahlen, und er ist Herr von allem, eben weil er nichts besitzt.

Götz. Das geht schon eine Weile; aber ein höheres Wohl schwebt über dem unsrigen. Das laßt unsre Wünsche befeuern.

Georg. Laßt hören!

Götz. Es lebe der Kaiser!

Alle. (wiederholen es.)

Götz. Weisheit seiner Krone, seinem Scepter Macht! Fürsten, die sich an ihn schließen, wie ihr an mich, die in seinem Sinne wirken, wie ich für ihn wirken möchte. Uebereinstimmung als Pfand unsrer Freyheit.

Georg. Da müßte viel anders werden.

Götz. So viel nicht, als es scheinen möchte! O, daß bey Großen und Kleinen Verehrung des Kaisers, Fried und Freundschaft der Nachbarn, Liebe der Unterthanen als ein kostbarer Familienschatz bewahrt würde, der auf Enkel [122a] und Urenkel fort erbt. Jeder würde

Stilhöhe ausdrücklich *gedrückt* wird -, erscheint den Klassikern eine Stilerhöhung am Platz, so daß aus dem einfachen Mahl eine Art Abendmahl wird. Beachten Sie in dem folgenden Satz die drei parallelen Relativsätze, die, reichlich rhetorisch, vielleicht von Schiller sind: “Von diesem spärlichen Mahle wendet hinauf den Blick zu eurem Vater im Himmel, *der* alles ernährt, *der* euch nah ist zur guten und bösen Stunde, ohne *dessen* Willen kein Haar von eurem Haupte fällt. Vertraut ihm! dankt ihm!” Erst jetzt wird fröhlich zugegriffen.

1804 hat durch die Romantik die Rechristianisierung der deutschen Literatur, die Restauration der alten Ordnung bereits wieder eingesetzt. Aber die Klassiker benützen die neue christliche Welle vor allem als Stilmittel zur *Erhöhung des Tragödienstils*. Denken Sie an *Die Jungfrau von Orleans*, *Maria Stuart* usw.

In den beiden ersten Fassungen sagt Götz, sobald er eingeschenkt hat: “Es lebe der Kaiser!”. Und die Knechte antworten im Chor: “Er lebe!”. Den Klassikern erscheint dies zu plump. Mit solchen chorischen Höhepunkten muß man ökonomisch umgehen, zumal da der Höhepunkt, der im Sturm und Drang die Hauptsache war, *entfällt*, nämlich: “Es lebe die Freiheit!”.

Das Hoch auf den Kaiser wird, wie das der klassischen Dramaturgie entspricht, sorgfältig *vorbereitet*. Götz sagt zu seinen Knechten erst in der dritten Fassung “meine Kinder” und erst da gibt er gute Lehren: “so laßt uns erwägen, daß Lebensgenuß ein gemeinsam Gut ist, dessen man sich nur in Gesellschaft erfreuen kann”. Götz ist mit Goethe älter und umständlicher geworden. Nun kommt immer noch nicht das Wohl auf den Kaiser, sondern das Wohl auf den patriarchalischen Ritter: “Es lebe der Burgherr, unser Vater und Führer!”

Der Götz von Weimar nimmt das Wort vom Vater und Führer auf, damit das Publikum ganz bestimmt weiß, daß es sich auf seine Führung verlassen kann: “Es muß ein Herr seyn im Hause, ein Führer in der Schlacht. Wohl ihm, wohl allen, wenn er seine Pflicht kennt und ihr genug zu thun vermag.” Die Klassiker ermahnen nicht nur den Untertanen, sondern auch den Führer. Durch besondere Pflichterfüllung soll die Revolution überflüssig gemacht werden. Das ist um 1804 überall die Parole. — Nach den einzelnen Adeligen kommt der ganze Reiterstand: “Es lebe der Reuterstand!”. Das Aparte ist hier, daß die Knechte mit dem Wort Reuterstand *einbezogen* und sozusagen zu Rittern erhoben werden. Und der junge Georg rühmt auch die Macht des Reiterstandes naiv. Die Mönche und Bauern müssen, wie es wörtlich heißt, “horchen und gehorchen, zinsen und zahlen, und er ist Herr von allem, eben weil er nichts besitzt”. Es ist der Geist von “Wohlauf Kameraden, aufs Pferd, aufs Pferd”: “Wer dem Tod ins Angesicht schauen kann, der Soldat allein ist ein freier Mann”. Auch im Weimarer *Götz* mildert die Todesnähe der Soldaten die Standesunterschiede. Doch eben an *dieser* Stelle, da sich Georg mit der *Macht* der Reiter brüstet, erinnert sein Herr an “ein höheres Wohl”, das “über dem unsrigen" schwebt: "Es lebe der Kaiser!". Götz benutzt die Gelegenheit *wieder* zu guten Lehren: "Weisheit seiner Krone, seinem Scepter Macht! Fürsten, die sich an ihn schließen, wie ihr an mich, die in seinem Sinne wirken, wie ich für ihn wirken möchte. Uebereinstimmung als Pfand unsrer Freyheit."

Es ist ganz offensichtlich die *gemeinsame* Freiheit, die nationale Freiheit, nicht die individuelle. Das Publikum wird auf die bevorstehende Auseinandersetzung mit Napoleon vorbereitet. Die Übereinstimmung bestand bekanntlich *nicht*. Napoleon konnte Österreich und Preußen nacheinander niederwerfen: 1805, 1806.

Ist dieser lehrhafte Ritter noch Götz von Berlichingen, der Rebell? An der Stelle, wo es in der Weimarer Theaterfassung heißt: "Es lebe der Reuterstand!", steht in den beiden *ersten* Fassungen: "Es lebe die Freiheit!" *Das ist der Höhepunkt.* Das bemerkt man schon am rhetorischen Aufbau der Stelle, die um so wirksamer ist, als *Götz von Berlichingen* sonst, wie wir schon gesehen haben, sparsam mit der Rhetorik umgeht. Götz vergleicht den Wein heroisch mit dem Blut, das nun auch bald zur Neige gehen kann, und fragt:

> Was soll unser letztes Wort seyn?
> GEORG. Es lebe die Freiheit!
> GOTTFRIED.. Es lebe die Freiheit!
> ALLE. Es lebe die Freiheit!

Diese Stelle wird aus dem *Urgötz* wörtlich in den *Götz* von 1773 übernommen; denn die politische Situation des Heiligen Römischen Reiches ist noch die gleiche. 1804 hat sich die Situation grundlegend geändert. *"Es lebe die Freiheit" kann man nicht mehr sagen*; denn 1) ist diese Rhetorik doch ein bißchen laut, man neigt jetzt zu umständlicherer, differenzierter Rhetorik. 2) ist das Wort Freiheit durch die Französische Revolution mißbraucht worden. Man denkt dabei gleich an Ermordung der französischen Führungsschicht durch Robespierre und seine Mordmaschine, die Guillotine. 3) ist die Freiheit 1804 etwas geworden, das eben diese Franzosen *gewaltsam*, mit Hilfe des Angriffskriegs ins Land bringen wollen. Da gilt nur noch "Uebereinstimmung als Pfand unsrer Freyheit". Die nationale Not läßt die soziale Frage als sekundär erscheinen, zumal da die deutsche Führungsschicht auf dem Weg vom leichtsinnigen Rokoko zum patriarchalischen Biedermeier ist. Statt Mätressenbetreuung *Untertanenbetreuung*.

Nun erwartet allerdings auch schon der ursprüngliche *Götz von Berlichingen* das Heil der Untertanen von der Einsicht und Güte der *Fürsten*. Nach dem dreifachen Rufe "Es lebe die Freyheit" hat Götz eine Zukunftsvision. Auch sie kleidet sich in der ersten und zweiten Fassung beinahe in die gleichen Worte:

> Es lebe die Freyheit! [...]

GÖTZ. Und wenn die uns überlebt können wir ruhig sterben. Denn wir sehen im Geist unsere Enkel glücklich, und die Kayser unsrer Enkel glücklich.

Man hat gesagt, der *Götz* sei von Herders Geschichtspessimismus beeinflußt. Auch Staiger meint das, stellt aber mit Morris fest, daß wir gegen Ende des *Götz* optimistischere Aussagen zu hören bekommen. Meine früheren Hörer wissen, daß schon der junge Herder seinen Geschichtspessimismus in *Auch eine Philosophie der Geschichte zur Bildung der Menschheit* letzten Endes *überwindet*. Es liegt bei Staiger eine Verwechslung mit Romantikern wie Jacob Grimm vor. Da allerdings wird alles schlechter, entsprechend der Entwicklung vom vokalreichen Althochdeutschen zum blassen heutigen Deutsch mit den vielen Endungen auf e. Auch Herder ist Rousseau-Schüler genug, um eine Abneigung gegen die abgeschliffene, nivellierte und normalisierte Kultur der Aufklärung zu haben; aber er ist zugleich Theologe und muß annehmen, daß die Geschichte nach Gottes Plan und daher letzten Endes zum *Heil* der Menschheit verläuft. Die Nivellierung der Nationen und Individuen ist ihm erschreckend; aber er muß auch zugeben, daß dies *letzten* Endes der Menschheit zugutekommt, da auf diesem Weg das alte Ideal der Gleichheit und Brüderlichkeit *erreicht* wird. Ähnlich findet Götz die Gegenwart, die ihm keine Gelegenheit zur Selbstverwirklichung gibt, *empörend*, aber er hofft auf die Zukunft. Auf den Einwurf von Georg: "Da muß viel anders werden", erwidert er in der ersten Fassung:

Es wird! Es wird! Vielleicht daß Gott denen Großen die Augen über ihre Glückseligkeit aufthut. Ich hoff's; denn ihre Verblendung ist so unnatürlich, daß zu ihrer Erleuchtung kein Wunder nöthig scheint. Wenn sie das Uebermaß von Wonne fühlen werden in ihren Unterthanen glücklich zu seyn; wenn sie menschliche Herzen genug haben werden [...]

Es folgen zwei weitere wenn-Sätze und noch zwei dann-Sätze. Wenn - wenn - wenn, - dann - dann. Es ist der typische empfindsame Satz, die typische empfindsame *Rhetorik*, die an diesem Höhepunkt in die sonst verhaltene Sprache des Götz *einbricht*, um eine glücklichere Zukunft zu beschwören. Schon die zweite Fassung beseitigt den überlangen empfindsam-rhetorischen Satz und damit die Herdersche Spannung zwischen öder Gegenwart und herrlicher Zukunft. Die Goethesche Anpassungsfähigkeit, die Fähigkeit zu *kleinen* Schritten, die ihn nach Weimar führt und zum Staatsmann macht, kündigt sich in der Fassung von 1773 bereits an.

GEORG. Da müßts viel anders werden.
GÖTZ. So viel nicht als es scheinen mögte. Hab ich nicht unter den Fürsten trefliche Menschen gekannt, und sollte das Geschlecht ausgestorben seyn! Gute Menschen, die in sich und ihren Unterthanen glücklich waren [...]

Es folgen noch zwei weitere Relativsätze, die das Gesagte intensivieren sollen. Rhetorik auch hier. Aber schon ein stärkerer Zug zum Konkreten, Abbau der utopischen Freiheitshoffnung.

Ich verfolge den Text noch ein wenig weiter über das hinaus, was auf Ihren Blättern steht <Baechtold, S. 128f.>.

Georg unterbricht in der zweiten Fassung die Rede des Götz und fragt: "Habt ihr solche Herrn gekannt?" Sie sehen: Der Einzelne interessiert jetzt mehr als die vage Utopie; denn auf die *Realisierung* der Idee kommt es schon dem jungen Goethe an. Götz antwortet mit dem Hinweis auf den Landgrafen von Hanau, der anläßlich einer Jagd unter freiem Himmel umgeben von seinem Landvolk speiste. Diese erzählte Genreszene spricht für sich. Das Bild der patriarchalischen Führungsschicht ist schon im zweiten *Götz* vorgeformt. Die Fassung von 1804 brauchte diese Ansätze nur zu steigern und didaktisch auszubauen. Dann war der *Götz* ein Lehrstück über das vorbildliche Zusammenleben von Herren und Untertanen. Übrigens geschieht dies, wie wir schon sahen, in einer ziemlich monumentalen und knappen Form. Der chorische Höhepunkt ("Es lebe der Kayser") wird in der Bühnenfassung nur noch durch ein paar würdige Lehren von Götz unterstrichen. Die Geschichte von dem patriarchalischen Landgrafen von Hanau wird *nicht* erzählt. Denn die klassische Tragödie vermeidet die sogenannte Episode und damit auch das Genrehafte weitgehend.

Der junge Georg hat im Fall einer solchen Idylle Befürchtungen für den Reiterstand. Wird er nicht überflüssig und arbeitslos, wenn der Friede einzieht? In der ersten Fassung tröstet Gottfried noch den jungen Mann: "Der unruhigste Kopf wird zu thun genug finden. [...] Wir wollten die Gebirge von den Wölfen säubern [...]". Das ist ganz im Geiste der Aufklärung, des Josephinismus gedacht. Die Mönche und Soldaten werden nützlicheren Aufgaben zugeführt.

In der gedruckten *Götz*-Fassung von 1773 heißt es schon recht unwirsch: "Wollte Gott, es gäbe keine unruhige Köpfe in ganz Deutschland". Diese Fassung kann ohne weiteres im Hoftheater verwendet werden. Im übrigen wird, wie schon in den früheren Fassungen, an die schwierige militärische Lage des Reichs erinnert. Nur wird jetzt aus einem Kampf für "die allgemeine Glückseligkeit" ein Kampf für "das allgemeine Wohl". Das hedonistische Wort Glückseligkeit ist seit Kant in Mißkredit geraten.

Der Vergleich der *drei* Fassungen ist lehrreich, weil die beiden Jugendfassungen nicht immer übereinstimmen. "Es lebe die Freiheit!" heißt es zwar in beiden Jugendfassungen. In anderer Hinsicht jedoch ist die zweite Fassung schon eine Vorform der Weimarer Bühnenfassung. Ich erinnere an die Beseitigung eines überlangen, empfindsamen Satzes, in dem *utopisch* von der Freiheit und von einer idyllischen Zukunft geschwärmt wurde.

Nun hat die konkrete Vorstellung vom guten Fürsten auch einen konkreteren Stil zur Folge. Die Antwort auf Georgs Einwurf ("Da muß viel anders werden") kann man auch stilistisch interpretieren. In der ersten Fassung reagiert Götz anaphorisch und schon für den Geschmack des Goethe von 1773 zu eifrig, zu jünglingshaft: "Es wird! Es wird! Vielleicht daß Gott" usw. Die Antwort: "So viel nicht als es scheinen mögte" ist konservativer; aber sie ist auch kühler, männlicher, objektiver.

Es ist klar, daß gerade eine historische Tragödie geeignet war, den jungen Goethe zur Objektivität zu erziehen. Gewiß, der Ritter mit der eisernen Hand, der tapfere Krüppel, ist ein Symbol für das eigene Freiheitsbedürfnis und für die *eigene* Hilflosigkeit gegenüber dem, was Goethe das Ganze nennt. Aber er kann den Ritter des 16. Jahrhunderts nicht weltschmerzlich reden lassen wie *Clavigo* oder *Stella* oder *Werther*. Der Stil des Geschichtsdramas, das er im Anschluß an Shakespeare für die Deutschen eigentlich erst erfunden hat, erfordert eine gewisse Würde und Männlichkeit. Er bewirkt, ähnlich wie der Volksliedton, eine gewisse Verhaltenheit.

Wie sich Goethe im *Heidenröslein* hinter den wilden Knaben zurückzieht, so führt auch die symbolische Gestalt des *Götz von Berlichingen* zu einer indirekteren Art der Darstellung. Das ist es, was Staiger meint, wenn er sagt, die Innigkeit fehle; aber diese *Sprödigkeit* - sie hält sich ja, wie wir sahen, in Grenzen - ergibt sich aus der Aufgabe, eine *historische* Tragödie zu schreiben, von selbst. Der Wille, gedrungener, einheitlicher auf einer mittleren Stilebene zu schreiben, führt, wie wir sahen, in der Fassung von 1773 zum Abbau von Rhetorik; er kann aber auch zum Abbau einer unguten oder allzu naiven Komik und Drastik führen.

Wenn Sie jetzt noch einmal Ihren Text ansehen, so werden Sie bemerken, daß die größte Änderung, die der Goethe von 1773 vorgenommen hat, eine Streichung dieser Art ist. Vergleichen Sie die erste und zweite Fassung. Daß der Kaiser des Heiligen Römischen Reiches die Seele eines krüppligen Körpers ist, wird in der ersten Fassung mit etwas kindischer Drastik und Hyperbolik dargetan.

> Ruft er zum Fuße: marsch! der ist eingeschlafen; zum Arm: heb dich! der ist verrenkt. Und wenn ein Gott im Gehirn säß, er könnt nicht mehr thun als ein unmündig Kind; die Speculationen und Wünsche ausgenommen um die er nur noch schlimmer dran ist.

Diese etwas mißratene komische Veranschaulichung der kaiserlichen Ohnmacht verschwindet ebenso wie die empfindsame Periode: wenn wenn wenn wenn dann dann. Diese ganze *Aufmachung* - man kann sie noch zum rhetorischen ornatus rechnen - diese lehrbuchmäßige "Versinnlichung" oder Anaphorik zum Zweck der stilistischen *Intensivierung* empfindet der Goethe von 1773 *schon* als überflüssig. Es sind stilistische Mätzchen.

Ich beende damit meinen Exkurs in die *Götz*-Philologie. Goethe hat an die Umarbeitung nicht allzuviel Mühe verwandt. Er war noch alles andere als ein Pedant und ein Perfektionist. Aber für den *jungen* Goethe ist schon diese gründliche Umarbeitung *viel*, ein Beweis dafür, daß er das Werk geliebt oder jedenfalls ernstgenommen hat.

Es gibt bei Goethe viele Nebenwerke. Der Kern seiner Werke ist von einer großen Anzahl von Gelegenheitsdichtungen oder flüchtig gearbeiteten Stücken umgeben. Dies gilt besonders für seine dramatischen Dichtungen. Der *Götz* gehört nicht an die Peripherie, sondern in den Kern seines Werks. Diesen Nachweis wollte ich führen. Ich meine nicht, der Götz sei *vollkommmen*. Die Theaterbearbeitung hatte ihren guten Sinn, auch abgesehen von der veränderten politischen Situation.

Götz ist, so scheint mir, ein Drama, das lebt und immer leben wird, auch wenn inzwischen der Reiz des Altdeutschen nicht mehr so wirkt wie im 18. und 19. Jahrhundert.

Goethe selbst schreibt zum Abschluß der zweiten Fassung an Kestner (Mitte August 1773):

> Und nun meinen lieben Götz! Auf seine gute Natur verlss ich mich, er wird fortkommen und dauern. Er ist ein Menschen-Kind mit viel Gebrechen und doch immer der besten einer.

Diese Äußerung trifft den Nagel auf den Kopf. Zusammenfassend läßt sich zum *Götz* etwa so viel sagen: Es ist schwer, eine Tragödie Goethes zu nennen, die gegenständlicher, welthafter, farbiger und in diesem Sinn theatralischer ist als der *Götz von Berlichingen*. Entsprechend hat er sich längst auf dem modernen Theater durchgesetzt. Er ist auch *tragisch* im Sinne Goethes: durch den Zusammenstoß eines Einzelnen mit dem Ganzen. Goethe hat sich in diesem Werk nicht nur persönlich ausgedrückt, er hat auch nicht nur ein Stück *Geschichte* dramatisiert, sondern er hat an diesem Beispiel ein *tragisches Bild der Welt gegeben*. Das war, wie wir schon wissen, nicht selbstverständlich für den aus dem Rokoko herauskommenden, mehr anmutigen als wuchtigen Dichter. Dazu bedurfte der junge Goethe einer gewissen *Selbst*verleugnung, eines ganz bewußten Strebens nach *objektiver Darstellung*; aber dieses Objektiverwerden war ihm keineswegs wesensfremd, wenn es auch damals noch nicht im Vordergrund seines Strebens stand.

Goethe ließ den *Götz* mit Merck zusammen auf eigene Kosten drucken; er war ja noch unbekannt. Aber das Stück hatte sofort einen *großen Erfolg*. In *Dichtung und Wahrheit* erzählt Goethe, daß infolgedessen ein Buchhändler zu ihm kam, der gleich eine Serie von historischen Dramen bei ihm bestellte.

Das braucht kein *un*gebildeter Mann gewesen zu sein. Er hat vielleicht an Shakespeares Historien gedacht. Und Goethe selbst spricht von einem Plan, sich in der Geschichte vor- und rückwärts zu bewegen, um auf diese Weise für Deutschland *das* zu leisten, was Shakespeare für England geleistet hat. Mit diesem Ziel hat sich das deutsche Drama noch lange beschäftigt!

Aber natürlich war das kein Weg für *Goethe*. Shakespeare hatte, wie alle älteren Dichter, seine Stücke *gemacht*, mit Hilfe von älteren Vorlagen, technisch. Goethe mußte dagegen seine Stücke wachsen lassen, und *das erforderte viel Zeit*! Das machte Serienarbeit unmöglich.

Pläne hatte er *mehr als genug*. Es war seine Art, alles Mögliche zu bedenken; vielleicht auch anzufangen und dann liegen zu lassen. Zum Irrationalismus gehört eine Erscheinung, die ich Fragmentarismus genannt habe. Schon im Rokoko ist dieser Fragmentarismus deutlich zu beobachten, in dem Augenblick, da der naive Vernunftglaube der älteren Zeit überwunden wird und das *Gefühl* bzw. die Skepsis neben den Verstand treten. Bei Wieland findet man Epenfragmente, bei Lessing viele Dramenfragmente. Der größte Fragmentarist des Rokoko - ein heimlicher - ist *Lichtenberg*. Seinen Höhepunkt erreicht der Fragmentarismus in der Frühromantik bei Novalis und bei den Brüdern Schlegel.

Dazwischen liegt Goethe, der einerseits Pläne rasch vollendet, andererseits aber auch lange liegen lassen kann, in der Hoffnung, daß ihm noch die Stimmung kommen wird, sie zu vollenden.

Mahomet-Plan

Dazu gehört jetzt der *Mahomet*-Plan. Erhalten ist nur die Hymne bzw. der Monolog *Mahomets-Gesang*, aber wir kennen den Plan aus *Dichtung und Wahrheit* genau.

(— Die Anregung dazu scheinen ihm zwei Zeitgenossen gegeben zu haben, die wie Propheten auftraten und damit eine Wirkung hervorbrachten, auf die ein musischer Charakter wie Goethe kaum rechnen konnte. Dabei fühlte er sich doch als *Titan*, wenigstens ab und zu. Er wollte ja damals kein Künstler, sondern ein *Naturgenie* sein, und die *Macht* ist eine Erscheinungsform der *Natur*. Daher interessierte sich Goethe für diese *mächtigen* Geister, er studierte sie mit der Neugierde eines jungen Mannes, der noch nicht recht weiß, ob es sich nicht empfiehlt, auch so mächtig zu werden, - durch den Geist natürlich; denn die geistlose Macht interessierte ihn nicht, nur die innere Erneuerung der Welt.

Die beiden Propheten waren gegensätzlicher Natur. Der eine, *Lavater*, war ein Theologe, ein Pietist. Er glaubte kindlich an die biblische Offenbarung und war überhaupt eine einfache, freundliche Natur. Aber er hatte eine merkwürdige Leidenschaft, die damals viel Staub aufwirbelte. Er betrieb physiognomische Studien, d.h. er glaubte aus dem Äußeren, besonders aus dem Gesicht, den Charakter zu erkennen [!]. Später veröffentlichte er ein großes Werk über die Physiognomie. Vorläufig aber verwendete er seine Methode zu seelsorgerlichen Zwecken, und alles lief ihm zu, um sich von ihm beraten zu lassen.

Der zweite Prophet war der pädagogische Reformer *Basedow*. Man nennt ihn einen Aufklärer, und das ist natürlich richtig. Aber Goethe erkannte in ihm wie in Herder den Anti-Theologen, der im Grund so dogmatisch ist wie die Theologen selbst. Er reiste herum und sammelte für sein Pädagogium Geld. Aber er begnügte sich nicht damit, pädagogische Vorträge zu halten, sondern er wetterte fortwährend gegen die Dreieinigkeit.

Goethe behandelte beide Propheten, so sehr sie ihn interessierten, ironisch, Basedow noch ironischer als Lavater.

> Prophete rechts, Prophete links,
> Das Weltkind in der Mitten. (HA X,30)

Mit diesen Worten hat er seine eigene Stellung bezeichnet. Er ist weder Theologe noch Anti-Theologe. Aber insgeheim interessierte ihn der Kern der Sache. War es möglich, in der Welt zu *wirken*, eine neue Gemeinschaft zu schaffen, ohne sich selbst untreu zu werden? Konnte man mächtig werden und doch rein bleiben, d.h. auf dem ursprünglichen *inneren* Ansatz *beharren*? Sinn des Wortes "rein"...

Er bemerkte bei Basedow und Lavater, daß es unmöglich war; sie waren im Grunde tragische Gestalten. Und *diese* Erfahrung wollte er im *Mahomet* darstellen.

— Mahomet lebt zunächst aus seiner inneren Berufung, aber indem er mächtig wird, wird er abhängig von den Menschen, die er beherrschen will. Und so wird aus dem Frommen ein Tyrann, der rücksichtslos das Leben des einzelnen und ganzer Völker verdirbt. Auf die Peripetie des Dramas gehört *Mahomets-Gesang*. Hier kann er noch davon träumen, daß er alle seine Brüder an das Herz des Vaters trägt.

Es ist natürlich kein Zufall, daß Goethe *Mahomets-Gesang* zuerst ausgeführt hat. Er hatte noch ein wenig Hoffnung, durch ein starkes Weltleben die Welt zu *erneuern* (Weimar!). Der in *Dichtung und Wahrheit* berichtete Plan ist ein wenig schillerisch gefärbt, d.h. barock-christlich. Aber daß ihm die katastrophalen Folgen, die das innigste, aufrichtigste persönliche Streben haben *kann*, schon damals zum Bewußtsein kamen, das dürfen wir ihm glauben. Daß es ihm schwer fiel, die Katastrophe eines solchen Strebens darzustellen, ist ebenso verständlich. Es blieb also bei der Vergegenwärtigung von Mahomets *Hoffnung*.

(Nebenbei: Auch der *Egmont* gehört schon in die Sturm und Drang-Zeit. Darauf würde, auch wenn wir es nicht bezeugt fänden, die Verwandtschaft mit dem Ritterdrama *Götz* und die Prosa deuten. Die erste Spur findet sich im Jahr 1774. Natürlich wäre er damals dem *Götz* noch ähnlicher geworden, und Goethe wollte sich nicht *wiederholen*. Wir behandeln *Egmont* also erst im Zusammenhang mit den Weimarer Dramen.)

Man mag es als symbolisch betrachten, daß Goethe auf der Rückreise von Straßburg nach Frankfurt den Antikensaal in Mannheim besuchte und dort die griechischen Bildwerke bestaunte, genau so enthusiastisch *wie* das Münster.

Man sieht hier wieder: *Alles hatte in ihm Platz*! Und so trat nun auch gleich *Homer* neben *Shakespeare* und der *mythische* Stoff neben den *geschichtlichen.*

Der mythische Stoff scheint *ferner* zu sein als der geschichtliche; er ist aber auch unbestimmter und läßt sich dadurch leichter aneignen. Jedenfalls hatte er für Goethe stets *Anziehungskraft*. Das dürfte mit seiner ganz persönlichen, dem Lyrischen zuneigenden und wenig politischen Art zusammenhängen. Auch mit seiner mystisch-pietistischen Lehrzeit! Die Mystik interpretiert den Mythos gerne.)

Prometheus

Schon im *Mahomet* erschien das Phänomen der Politik, der Macht im Zusammenhang mit der *Religion*. Die mythischen Stoffe eigneten sich aber ganz *besonders* für *Weltanschauungsdramen*. Und es ist kein Wunder, daß Goethe zunächst an den *Prometheus* geriet. Sie dürfen dabei nicht ohne weiteres an das bekannte Gedicht *Prometheus* denken [!]. Dies *Gedicht* ist 1774 geschrieben, zu einer Zeit, da Goethe den Dramenplan vielleicht schon aufgegeben hatte. Wir haben aber ein ganzes Dramen-Fragment, und es ist ab 1773 geschrieben.

(Der elsässische Goetheforscher Albert Fuchs ist sogar der Meinung, man könne diese Skizze als etwas Abgeschlossenes betrachten.

Goethe ist wieder einmal ohne jeden Plan an das Drama herangegangen. Auf Planmäßigkeit kam es ihm *nicht* an. Wir können auch nicht recht sagen, in welcher Weise Goethe das Stück hätte vollenden sollen. Aber es *ist* doch wohl so, daß ein größeres Drama entstehen *sollte* und daß Goethe die Lust daran verlor. Dafür spricht auch ein sehr bezeichnender Satz in *Dichtung und Wahrheit*:

> Der titanisch-gigantische, himmelstürmende Sinn jedoch verlieh meiner Dichtungsart keinen Stoff. Eher ziemte sich mir, darzustellen jenes friedliche, plastische, allenfalls duldende Widerstreben, das die Obergewalt anerkennt, aber sich ihr gleichsetzen möchte. (HA X,49) (→ *Faust*)

Goethe hat sich später gegen den *Mißbrauch* gewandt, der mit seinem Gedicht *Prometheus* getrieben wurde. Friedrich <Heinrich> Jacobi veröffentlichte es in seinem Spinoza-Buch 1785, zum Verdruß Goethes. Was bei Goethe eine augenblickliche Stimmung war, wurde bei den Philosophen Programm und System. Noch 1820, als sich schon das jungdeutsche Wesen zu regen beginnt, schreibt Goethe an Zelter:

> Lasset ja das Ms nicht zu offenbar werden [...] Es käme unserer revolutionären Jugend als Evangelium recht willkommen, und die hohen Kommissionen zu Berlin und Mainz möchten zu meinen Jünglingsgrillen ein sträflich Gesicht machen. (11. Mai)

Das hört sich ängstlich an, im üblen Sinn biedermeierlich. Aber wenn wir das *Fragment Prometheus* sehen, so beobachten wir, daß Goethe *niemals* radikal war, daß bei ihm nichts so ausgeprägt ist wie das Bedürfnis, alles ins Gleichgewicht zu setzen. Das wird im Dramenfragment deutlicher als im isolierten Gedicht. Wir wollen es daher noch etwas näher betrachten.

Prometheus bekommt von den Göttern das Angebot, die Spitze des Olympus einzunehmen und von dort aus die Erde zu beherrschen. Aber Prometheus will gar kein Gott sein, denn auch Götter sind dem Schicksal untertan. Er will nur den

> Kreis, den meine Wirksamkeit erfüllt!
> Nichts drunter und nichts drüber! - (HA IV,178)

Epimetheus nennt das Eigensinn, aber Prometheus bleibt fest. Nun erscheint Minerva, die er liebt. Der in sich verhärtete Prometheus öffnet sich schon. Und nun bringt sie ihm noch ein verlockendes Angebot Jupiters. Prometheus hat bisher Statuen gebildet, aber sie waren *tot*. Minerva will ihn nun mit Einwilligung von Jupiter zum "Quell des Lebens" führen. Wir kennen schon das Zauberwort "Leben". Ihm kann Prometheus nicht widerstehen:

> Leben, frei sich fühlen,
> Leben! (S. 181)

So viel ist vom ersten Akt erhalten.

Zu Beginn des zweiten Akts sind die Geschöpfe des Prometheus, d.h. die Menschen, *lebendig*. Merkur regt sich darüber auf. Aber Jupiter beruhigt ihn. Eine humoristische Szene also im Stil des Sturm und Drang (= *Faust*). Nun erscheint Prometheus am Fuß des Olympus, er ist wieder ganz trotzig. Er spricht eine Stelle, die später im *Prometheus*-Gedicht erscheint. Nun entfaltet sich das Gewimmel der Menschen, und sogleich auch der Streit der Menschen. Aber Prometheus findet sie nicht nur den Tieren, sondern auch den Göttern ähnlich. *Alle*: Götter, Menschen, Tiere sind "Schicksalsbrüder". *Das Schicksal ist die einzig wahre Macht*. Gegen diese Macht aber lehnt sich Prometheus *nicht* auf, ja er wird weich und enthusiastisch, als er ihr begegnet. Das zeigt sich am Ende des Fragments, als ihm seine Tochter Pandora Nachricht vom ersten Sterben eines Menschen bringt. Der *Tod* ist *Schicksal* für die Menschen, *er* ist Natur. Und das kann für Prometheus nur sinnvoll sein:

> Und alles löst sich endlich auf in Schlaf,
> So Freud als Schmerz. (S. 186)

Ob Goethe hier zugleich an die Motive des Göttertodes oder der Absetzung der Götter denkt, ist ungewiß. In der Aufklärung findet man sie, z.B. bei Wieland, der Goethe zum Fragment die erste Anregung gab. Jedenfalls steht fest, daß für den damaligen Goethe der Begriff Götter eine vordergründige Macht bedeutet, eine zweitrangige, temporäre und konventionelle. Man darf sie vielleicht mit Dogmen, kirchlichen Institutionen, mit dem monarchischen Gottesgnadentum etc. gleichsetzen.

Ihnen gegenüber wahrt er den "Kreis, den [s]eine Wirksamkeit erfüllt", also das Individuelle und Menschliche. Aber daß dieser Kreis *begrenzt* ist, weiß er sehr wohl. Deshalb sagt man mit Recht, zum Gedicht *Prometheus* gehöre der *Ganymed* (Preis des alliebenden Vaters). Darüber später.

Alles in allem wieder ein Goethesches *Experiment.* Ein mißlungenes, wenn man es als Drama betrachtet. Dazu trug zweifellos auch das Versmaß bei. Es ist nämlich in freien Rhythmen abgefaßt. Vielleicht wurde Goethe dazu durch Lessing veranlaßt, der Dramen in freien Rhythmen vorgeschlagen hatte. Aber wir sind uns heute wohl darin einig, daß freie Rhythmen zu kurzatmig, zu expressiv sind, als daß sie einem Drama die nötige Kontinuität geben könnten. In einem Monolog für das *Mahomet*-Drama sogar horazische Strophen. Völlige Unsicherheit.

Immerhin ist dieses Suchen nach der Form charakteristisch für Goethe, auch für den jungen. *Die Prosa befriedigte ihn bei der höheren Dichtung schon jetzt nicht mehr.*)

Wieland schrieb eben damals ein berühmtes Stück in Blankversen, die *Alceste.* Aber *diesen* Dichter verachtet Goethe jetzt wie so ziemlich alles in der zeitgenössischen Literatur. *Der Blankvers kommt also nicht in Betracht.* Gibt es eigentlich, so etwa muß er gedacht haben, keinen eigenen, keinen *deutschen* Vers? — Bei dieser Gelegenheit stößt er auf das Vorbild von *Hans Sachs* und auf den deutschen Knittelvers. Nun gibt es dabei allerdings eine Schwierigkeit, nämlich das im 16. Jahrhundert übliche Silbenzählen. Aber rein metrisch gesehen kann er sich den Knittelvers anverwandeln, indem er nicht die Silben zählt, sondern ihn frei behandelt. Dafür ist er ein Vorbild geworden.

Goethe schreibt nun sehr viel in Knittelversen, allerlei Gelegenheitsdichtungen und Gelegenheitsdramen. Aber kann man ihn auch für einen ernsten und, wie es jetzt sein Wille ist, für einen mythischen Gegenstand gebrauchen? Er *wagt* es, denn der Stoff, an den er jetzt denkt, ist *deutsch.* Ich meine natürlich den Fauststoff.

Urfaust

Wann Goethe mit der Niederschrift des *Urfaust* begonnen hat, ist unsicher, wahrscheinlich 1773, ganz sicher 1774, denn da liest Goethe schon seinen

Freunden daraus vor. Wie alle seine damaligen Werke ist es ein planloses Werk. Es wurde damit auch noch kein besonderer Anspruch erhoben. Es ist ein Werk unter anderen. Auf den Fauststoff hatte schon *Lessing* hingewiesen, er hatte ja sogar das Fragment eines Faustdramas mitgeteilt, und das Kindsmörderinnenthema war an der Tagesordnung (wie wir aus der Betrachtung des Sturm und Drang wissen).

Es war allerdings ein originelles, auch gewagtes Experiment, den Fauststoff, einen alten Sagenstoff also, dadurch näher zu bringen, zu *verbürgern*, daß man eine Liebesgeschichte Fausts so stark betonte. Das Faustspiel ist ja eigentlich kein Liebesdrama, sondern ein barockes Teufels- und Abschreckdrama. Faust fährt wie alle Bösewichter zur Hölle, nachdem er sein geiles und gefräßiges Leben genossen. Da gibt es weder eine ernstzunehmende Liebe, noch eine ernstzunehmende Wissenschaft oder Philosophie, nicht die geringste Problematik.

Was etwa Marlowe als Heldenverehrung hineingetragen hatte - es ist nicht allzuviel - das war im deutschen Volksschauspiel wieder verschwunden, und im deutschen Puppenspiel wurde fast ein Jux daraus.

Nur an *einer* Stelle hatte das Theater, vielleicht unter dem Einfluß der Jesuiten, gemildert. Der Teufel, Mephistopheles, erschien nicht als bocksfüßiges, schwefelspeiendes Wesen, sondern als ein gewandter, kluger und verführerischer Kavalier, vgl. *Cenodoxus*. Aber der *Sinn* der Sache war natürlich, daß er deshalb nur um so schlimmer sei. Immerhin ergab sich damit eine Beziehung zur eleganten Welt, zur Rokokogesellschaft und zu Goethe selbst. Auch *er* fühlte ja immer wieder den Drang, Weltmann zu sein, zu genießen und zu wirken in der großen Welt. Und dazu gibt Mephistopheles dem wissenschaftsüberdrüssigen Faust Goethes Gelegenheit. Was im *Götz* Weislingen oder Adelheid waren, ist jetzt Mephistopheles. Auch die Beziehung zu Mahomet liegt auf der Hand, natürlich durch die Gestalt des Faust. Und hierin war sicher Lessings Hinweis wichtig.

Es ist ja eigentlich das *Ungenügen* am niederen Treiben, der Drang nach dem Innersten der Welt, was ihn bei Goethe treibt und zu seiner Verzweiflung führt. Er will keine bürgerliche Rolle spielen: als Professor, als Redner, wir dürfen ruhig auch sagen als Dichter:

> Und all die Reden, die so blinkend sind,
> In denen Ihr der Menschheit Schnitzel kräuselt,
> Sind unerquicklich wie der Nebelwind,
> Der herbstlich durch die dürren Blätter säuselt. (HA III, V. 201ff.)

Das paßt sehr gut auf die Rokokopoesie (bejahrt, herbstlich). Faust will viel tiefer dringen als alle anderen. Faust hat, als er diese Worte spricht, mit dem Erdgeist Verbindung aufgenommen und der flache gelehrtenhafte Wagner ist ihm ein Greuel. *Aber eben die Tiefe, das grenzenlose Streben führen Faust dem Teufel in die Arme.*

Daß Goethe damals schon die schließliche Errettung Fausts ins Auge faßte, ist unwahrscheinlich. Am Ende des Fragments finden wir das Wort: "Sie ist gerichtet", und das kann auch für Faust gelten. Die *Tradition* des Stoffes war vorläufig zu stark. Aber das Widerstreben gegen diese Tradition, die Abneigung gegen einen verdammten Faust, war gewiß *ein* Grund für das Liegenlassen des Dramas. — Ein anderer Grund ist die Konzentration auf die Gretchentragödie, die ja *geschlossen* ist. Das meiste Interesse für den jungen Goethe war damit erschöpft. - Man stellt daneben die Gelehrtentragödie, aber die interessierte den jungen Goethe *wenig*. Und auch der *mächtige* Faust, der Faust am Kaiserhof, war noch kein Thema, das Goethe *vor* seiner Weimarer Zeit ernstlich locken konnte. Statt Gelehrten*tragödie* würde man übrigens besser von Gelehrten*komödie* sprechen oder von Universitätskomödie. Denn die komische Darstellung Wagners und des Schülers sind ja Glanzpunkte im *Urfaust*.

— Die Mischung des Komischen und des Tragischen, die uns im Urfaust auffallend erscheinen mag, entstammt natürlich dem Shakespeareschen Drama, und man wird wohl behaupten dürfen, *daß die Verwirklichung dieses Mischstils dem Dichter nie so gut gelungen ist wie in diesem Jugendfragment.* Zu der komischen Sphäre gehört auch die Szene in Auerbachs Keller und manches in Marthes Garten.

Eine ganz zwanglose Verbindung zwischen komischer und tragischer Handlung wird durch *Mephistopheles* und durch die Zaubermotive hergestellt. Die Zaubermotive sind natürlich ursprünglich *nicht komisch, waren es aber durch die Aufklärung geworden.* Und Teufel wurden schon lange komisch dargestellt. Hier war eine alte Einbruchstelle des sogenannten niederen Stils innerhalb christlicher Kunst.

Der *Stürmer und Dränger* zeigt sich vor allem in den Monologen Fausts, überhaupt in der ausgeprägten Gefühlssprache Fausts, ja in der programmatischen Verherrlichung des Gefühls.

> [...] Gefühl ist alles,
> Name Schall und Rauch. (V. 1148f.)

Auch die lyrischen Monologe *Gretchens*, überhaupt die atmosphärische Vergegenwärtigung des kleinen Mädchens in seinem kleinbürgerlichen Milieu und die ungeheuer bewegte Kerkerszene sind *vor* dem Sturm und Drang undenkbar.

Trotzdem scheint mir der Rückgriff auf einen barocken Stoff kein bloßer Zufall zu sein. Der vielgerühmte titanische Ansatz Goethes (Gundolf!) war im Grunde *schwach*, das Freiheitsbewußtsein Goethes war von vornherein *tragisch* getönt. Goethe bewegt sich wieder der Form, dem Gesetz, der Bindung, ja der Tradition entgegen, und die Frage ist nur, *wie* diese Bindung neu erstehen soll. Nur soviel vorläufig zu diesem genialen und gelungenen Experiment!

Der *Urfaust* hat eine unverwüstliche Frische und Kraft und wird daher trotz seines fragmentarischen Charakters oft aufgeführt. Er ist aus *einem* Guß, wenn man darunter die jugendliche Frische der Darstellung, nicht die Einheit der Handlung versteht.

Goethe nahm den *Urfaust* mit nach Weimar, aber mit dem Verebben des Sturm und Drang verlor er die Lust an der Arbeit. Mit *Iphigenie* vertrug *Faust* sich *nicht*! Und in Italien schienen ihm die nordischen Nebelgeister endgültig abgetan zu sein. 1790 gab er stark verändert *Faust, ein Fragment* heraus [!]. Der *Urfaust* war verschollen. Erst 1887 fand er sich im Nachlaß der Hofdame Luise von Göchhausen. Und nun gefiel gerade das Derbe und Realistische an dem Fragment (Naturalismus!). Es wird später davon zu sprechen sein wie es kam, daß Goethe die Arbeit am *Faust* wieder aufnahm.

(Wir haben bisher nur *ein* vollendetes Drama und drei Fragmente des Sturm und Drang-Goethe beschrieben. Aber wir haben damit die wesentlichen dramatischen Ansätze von Goethes Sturm und Drang-Stufe genannt.)

Dramatische Gelegenheitsdichtungen

Über die *dramatischen Gelegenheitsdichtungen* können wir rasch hinweggehen, *denn was die zentralen Werke Goethes an Gewicht gewinnen, das verlieren die peripheren.* Goethe bewegt sich in zwei Werksphären, in der einen werden die Werke nicht oder kaum fertig, aber es sind die größten Ansätze, in der anderen sind sie schnell fertig, ganz unglaublich schnell manchmal; aber sie sind nicht *gewachsen*, und das gehört zu einem Meisterwerk Goethes (vgl. meinen Aufsatz *Konvention und Ursprünglichkeit in Goethes Dichtung*. In: *Studium generale*. 1949). Dieser Gesichtspunkt ist auch für Ihre Lektüre wichtig. Dieser Dualismus erscheint mir unbestreitbar; er ist auch später in Weimar zu beobachten. Aber natürlich gibt es Grenzerscheinungen.

Lange nicht so bekannt, wie sie es verdient, ist die Farce *Satyros oder der vergötterte Waldteufel* (1773). Man kann ein Genie, einen Propheten tragisch sehen, wie es bei Mahomet und Prometheus der Fall ist. Man kann ihn aber auch komisch sehen, nämlich dann, wenn er von vornherein ein *falscher* Prophet ist. Satyros ist ein falscher Prophet und wird *komisch* entlarvt. Aus einer Stelle in *Dichtung und Wahrheit* will man schließen, daß Goethe einen ganz bestimmten Propheten meinte. Klinger, Herder, besonders Hamann, aber auch andere, kleinere Schwärmer und Genies werden genannt. Es ist fraglich, ob man überhaupt einig wird. - Und daran erkennt man, daß Goethe im Allgemeinen bleibt. *Er meint ganz allgemein den Schwärmer, das egoistische, anmaßende Genie*. Bedenken Sie, was das heißt: Im Jahr 1773, als der Sturm und Drang kaum *begonnen* hat, parodiert ihn Goethe, und zwar mit drastischen Mitteln, mit scharfer Satire.

Wenn man sagen würde, Satyros ist nur ein scheinbarer Stürmer und Dränger, ein ärmlicher, so wäre man im Irrtum. Satyros redet mit größtem Enthusiasmus von der Männlichkeit, vom Übermenschentum, von der Natur, vom einfachen Leben im Freien, er ist wirklich ein Jünger Rousseaus, ein ehrlicher und ganz radikaler. *Aber eben das erscheint jetzt lächerlich.* Oder richtiger gesagt: Nicht so sehr der Prophet erscheint lächerlich als das *Volk*, bei dem er Erfolg hat. Das Volk fällt auf *alles* herein, und so auch auf das Naturevangelium.

Satyros sagt ähnlich wie Götz von Berlichingen, früher seien die Menschen freier und stärker gewesen.

> [...]
> Und ihr - wo ist sie hin, die Lust
> An sich selbst? Siechlinge, verbannet nur!
> DAS VOLK. Weh! Weh!
> SATYROS. Selig, wer fühlen kann,
> Was sei: Gott sein! Mann!
> Seinem Busen vertraut,
> Entäußert bis auf die Haut
> Sich alles fremden Schmucks,
> Und nun ledig des Drucks
> Gehäufter Kleinigkeiten, frei
> Wie Wolken, fühlt, was Leben sei!
> Stehn auf seinen Füßen,
> Der Erde genießen,
> Nicht kränklich erwählen,
> Mit Bereiten sich quälen;
> Der Baum wird zum Zelte,
> Zum Teppich das Gras,
> Und rohe Kastanien
> Ein herrlicher Fraß!
> DAS VOLK. Rohe Kastanien! O hätten wir's schon!
> SATYROS: Was hält euch zurücke
> Vom himmlischen Glücke?
> Was hält euch davon?
> DAS VOLK. Rohe Kastanien! Jupiters Sohn!
> SATYROS. Folgt mir, ihr Werten!
> Herren der Erden!
> Alle gesellt!
> DAS VOLK. Rohe Kastanien! Unser die Welt!
> (Ende des III. Akts; HA IV, 195f.)

Damit ist im Grunde schon alles Nötige über die Geniebewegung gesagt bis zum Jahre *1945*.

Wenn Satyros irgendein Heuchler und Bösewicht wäre, ein Tartuffe, so wäre kein Witz dabei. Er spricht aber ehrlich die Sprache des Sturm und

Drang. Dieser selbst wird parodiert bis in die Sprache hinein. Satyros tut nur das, was seinem Evangelium entspricht, d.h. er kennt keine Rücksicht auf Sitte und Kultur. Er ist ein Barbar. Wie alle Satyre. Trotzdem merken das Volk und seine Priester erst hinterher, als er handgreiflich wird, was diese Lehre und dieser Prophet zu bedeuten haben. "Ein Tier! Ein Tier!" heißt es *jetzt*. Doch fehlt es nicht an einer bissigen Schlußpointe: "Es geht doch wohl eine Jungfrau mit."

Für einen naiven Betrachter muß der Satyros befremdend sein; oder er muß wenigstens seinen Sinn mißverstehen. Wie kann ein Stürmer und Dränger so ironisch sein? Wie kann er nicht nur die andern, (W<ieland>) sondern sich *selbst* parodieren? Die Anwort auf diese Frage heißt: Der gleiche Wahrheitsdrang, der zum Sturm und Drang führte, führt gleich weiter zur Sturm und Drang-*Parodie*; denn: Nichts verfälscht sich so leicht wie der Ausdruck absoluter *Natürlichkeit*. Eben die Gefühlskultur braucht zu ihrer Ergänzung die *Ironie*. Diesen Sinn haben die Farcen der Stürmer und Dränger auf ihrer *höchsten* Stufe: *Selbstironie*.

(Harmloser als der *Satyros* ist das sogenannte Schönbartspiel: *Das Jahrmarktsfest zu Plundersweilern*. Den Kern bildet die Parodie eines barocken Alexandrinerdramas, das auf dem Marktplatz aufgeführt wird. Es handelt sich um ein Estherdrama, wie es dann Grillparzer in allem Ernst erneuern wollte. Der Stoff des Stücks wird hier bei Goethe nicht ernstgenommen. *Der Hanswurst ist wichtiger*, überhaupt geht das ganze Theater im Lärm des Markts unter, der ein Symbol für das Leben selber ist.

Die Satire auf eine abgestandene Theaterform verwandelt sich insgeheim in Sympathie für sie. Goethe verspottet die Barocktradition, indem er sie so als gesunkenes Kulturgut zeigt. Aber sie ist doch schon ehrwürdig als etwas *Altes*, sie fließt zusammen mit dem guten H. Sachs, der auch nur durch die Patina sympathisch ist, durch das Drollig-Altmodische.

Man versteht beim Studium dieses Stücks, wie Goethe darauf kommen konnte, das barocke Faustdrama mit Hilfe des Knittelverses zu erneuern und gemütlich, gemütvoll zu machen. Er hat schon viel Abstand gegenüber der frühen Neuzeit und kann sie verklären. Ein verwandter Ansatz, aber unerhört derb, war *Hanswursts Hochzeit*. Hier versucht sich Goethe zur Abwechslung in der obszönen Sprache des 16. Jahrhunderts (Fischart, Murner).)

Ein schwächeres Gegenstück zum Satyros ist *Ein Fastnachtsspiel vom Pater Brey*, dem falschen Propheten. Goethe sagt, das Stück richte sich gegen Leuchsenring. Leuchsenring war ein literarischer Schmarotzer, der mit allen möglichen Größen in Briefwechsel trat und dann die Briefe in der Gesellschaft vorlas [!]. Er stutzte sich also mit fremden Federn auf und hatte dadurch großen Einfluß in gewissen Kreisen. Offenbar mißbrauchte er ihn zu erotischen Zwecken. Im Stück geht der Pater Brey mit der Braut eines abwesenden Hauptmanns spazieren und tut ihr schön. Er säuselt. Gewisser Erfolg. Aber der Hauptmann kommt rechtzeitig zurück, um seine Braut zu heiraten. Der Pater wird damit von selbst uninteressant. Er war nichts als ein *Ersatz* für einen richtigen Mann.

Das Stück richtet sich also gegen die empfindsame Liebe, die *platonisch* und damit nach der Meinung des Stürmers und Drängers *künstlich* ist. Die Moral des Spiels geben zum Schluß folgende derbe Knittelverse:

> Ihr Jungfrauen, laßt euch nimmer küssen
> Von Pfaffen, die sonst nichts wollen noch wissen;
> Denn wer möcht' einen zu Tische laden
> Auf den bloßen Geruch von einem Braten?
> Es gehört zu jedem Sacrament
> Geistlicher Anfang, leiblich Mittel, fleischlich End'. (WA I.16,73)

Sie haben hier eine Erscheinung, auf die ich immer wieder hinweisen muß, daß nämlich der *neue* Naturalismus in eine seltsame Verbindung mit dem alten *christlichen* tritt.

Goethe greift hier auf die alte unkomplizierte Form der ehelichen Gemeinschaft zurück. Ob aber dabei der Begriff "Sacrament" noch ernstgemeint ist, ist zweifelhaft. Meint er, trotz des Wortes geistlich, nicht das Sakrament der *natürlichen* Liebe? (Auch in diesem Punkt in Weimar: andere Gesinnung.)

Noch harmloser als diese Stücke ist die Farce *Götter, Helden und Wieland.* Wieland war ein Dichter, der sich durch Herders Historismus, durch seine Anbetung der Vergangenheit, *nicht* täuschen ließ. Er kannte die Antike *genauer* als Herder, und wenn er nun sah, daß in der *Alceste* des Euripides das Motiv der verletzten Gastfreundschaft stärker hervortrat als das der ehelichen Liebe, so war er davon überzeugt, daß das Motiv bei einer modernen *Alceste* unbrauchbar sei, daß also *eine moderne Alceste ganz anders aussehen mußte als eine antike.* Nach genau demselben Prinzip einer bewußten Adaption ist *Goethe* später in der *Iphigenie* verfahren. Er veränderte rücksichtslos ihren antik-archaischen Charakter. Er hatte nicht die geringste Scheu vor einer Modernisierung. Damals aber schwärmte er mit Herder für das Archaische, Reckenmäßige, Robuste und Obszöne in der Antike und spielte es gegen die Zivilisation das 18. Jahrhunderts aus. Und *ihr* Repräsentant war Wieland.

Er stellt also zunächst Euripides dem Wieland gegenüber und läßt ihn wegen der Verhunzung seines Werks Beschwerde führen. Achmet und Alceste helfen dabei. Der Knalleffekt besteht aber darin, daß der ungeheure Herkules auftritt und dem Hofrat Wieland seine Meinung sagt.

Wieland war damals sehr einflußreich im literarischen Leben! Trotzdem empfahl er in seiner Zeitschrift *Der Teutsche Merkur Götter, Helden und Wieland* als "ein Meisterstück von Persiflage" [!]. Auch den *Götz* rühmte er, und den *Clavigo* ließ er gelten. So ironisch er bei Lenz sein konnte, so tolerant war er bei *Goethe.* Er spürte in ihm den Künstler, das Genie, und davor hatte

Wieland immer Respekt (Kleist). Im übrigen wußte er aus eigener Erfahrung nur allzu gut, was für Sprünge junge Menschen machen.

Goethe war, wie uns ausdrücklich bezeugt ist, durch diese überlegene Haltung Wielands tief beschämt. Die Achtung vor dem früheren Lehrer bestand immer noch. Überdies beobachtete Goethe genau, was in Weimar vorging (*Dichtung und Wahrheit*). Die Gründung des Musenhofs imponierte ihm mächtig. Auch Wielands großer Erfolg bei der Aufführung des Singspiels *Alceste* ließ ihn keineswegs unberührt. Eben damals beginnt Goethes Singspielproduktion (später).

Vorläufig bleiben wir noch bei seinen Versuchen, vergangene Kulturstufen zu restaurieren. *Daß* Goethe in seiner Sturm und Drang-Periode immer noch *versuchte*, zur Übereinstimmung mit dem alten Bibelglauben zu kommen, daß er also die Anknüpfung an das Jahrhundert der Reformation sehr *ernst* nahm, das zeigt u.a. folgende Knittelvers-Szene: *Prolog zu den neusten Offenbarungen Gottes, verdeutscht durch Dr. Carl Friedrich Bahrdt, Gießen 1774.* Bahrdt war ein aufgeklärter Theologiedozent in Gießen, d.h. er interpretierte die Evangelien höchst modern, im Unterschied zu seinem modernen Kollegen Karl Barth, aber ähnlich wie die Bultmann-Schule.

Goethe nimmt für die *alten* Evangelien Partei, genau so wie er für den ursprünglichen Euripides Partei genommen hatte; denn das Alte war ja nach der Lehre der Irrationalisten das *Gute und Wahre*. Auch in der szenischen Technik verfährt Goethe ganz ähnlich wie in *Götter, Helden und Wieland.*

Die Evangelisten trappeln die Treppe herauf, und Dr. Bahrdt erschrickt: "s'ist ärger als ein Studentenhauf", jammert er. Auch *Frau* Bahrdt ist böse, weil im Garten eine feine Kaffeegesellschaft wartet. Dr. Bahrdt erklärt also den Evangelisten, er könne die Herren im Augenblick nicht brauchen, er würde sich mit ihnen in der Gesellschaft nur blamieren:

> [...] wollt ihr ruliren,
> Und in Gesellschaft euch produciren,
> So müßt ihr werden wie unser einer,
> Geputzt, gestutzt, glatt - s'gilt sonst keiner. (WA I.16,109)

Beachten Sie im letzten Vers die einsilbigen Takte. Das war für die damalige Verskunst ebenso unerhört, wie der Inhalt für die aufgeklärte Gesellschaft. Goethe demonstriert auch rhythmisch seine Abneigung gegen die glatte und flüssige Gesellschaftsliteratur (W<ieland>). Ohne es zu wissen, restauriert er hier eine Metrik, die schon im Spätmittelalter abkam. Er schöpfte hier wirklich aus dem Geiste des Nordischen, den Herder so sehr verherrlichte!

Aber auch das war nur ein *Experiment*. Schon in den höheren Dichtungen dieser Zeit, z.B. im *Urfaust*, ist er vorsichtiger mit der Metrik. Und später wird die Freiheit noch mehr eingeschränkt. War er wirklich der robuste Freiheitskämpfer?

Goethes Verhältnis zur Gesellschaft ist damals sehr kompliziert. (Um seine literarische Weiterentwicklung besser zu verstehen, brauchen wir wieder einen biographischen Eskurs.) Er war auf der einen Seite der "Unbehauste", wie man heute sagen würde, der Ungeborgene. Goethe begriff diesen Zustand selbst mit dem Wort "Wanderer". Es war zunächst *wörtlich* zu verstehen: Goethe wanderte nach seiner Rückkehr von Straßburg sehr viel, zuerst zu Fuß, dann wieder mehr zu Pferd. Er erzählt in *Dichtung und Wahrheit*, daß er manchmal zum *einen* Tor in Frankfurt hineinging, dann wie ein Fremder in irgendeinem Gasthof aß und anschließend wieder zum anderen Tor hinausging. Sie haben hier einen ganz konkreten Ausdruck für die Ungebundenheit und Heimatlosigkeit des modernen Menschen. Er ist *freier*, aber auch einsamer. Goethe eröffnet die Wanderbewegung, die über die Romantik und die Neuromantik bis tief ins 20. Jahrhundert reicht und wohl kaum zum Abschluß gekommen ist [!]. Denn wenn die Wanderbewegung auch ein *machtloser* Protest gegen die wachsende Verflechtung und Kompliziertheit der rationalisierten Gesellschaft ist, so birgt sie doch zugleich ausgleichende Heilkräfte in sich. Sie ist ein Ventil für die Zivilisation, die immer abstrakter wird, immer weiter von der Natur wegführt. Draußen in der freien Natur entstanden zum Teil die leidenschaftlichen Hymnen in freien Rhythmen. Eine davon heißt bekanntlich *Wanderers Sturmlied* [!].

Das ist die *eine* Seite des damaligen Goethe. Wenn wir uns aber fragen, *wohin* der junge Dichter wanderte, so sehen wir gleich die andere Seite. Er wanderte im Norden gerne nach Homburg, im Süden, und das wurde besonders wichtig, nach Darmstadt. Darmstadt und Homburg waren aber keine Ausflugsorte oder Sommerfrischen, sondern Residenzen, Höfe.

Es zieht also den Bürgersohn bereits an die Höfe! Er hat gesellschaftlichen Ehrgeiz. In Darmstadt regierte die empfindsame Landgräfin Caroline, die für die Dichtung aufgeschlossen war und damit auch für die Bürger, die sich ihr widmeten. Dort in Darmstadt war Caroline Flachsland, Herders Braut und manche andere empfindsame Dame. Und da die Empfindsamkeit weniger empfindsame Leute immer zur *Ironie* reizt, so war dort auch ein bekannter Ironiker, Kritiker und Humorist, der Kriegszahlmeister *Merck*. Goethe nennt ihn wiederholt und nicht immer zustimmend mephistophelisch. Er war "vorsätzlich ein Schalk, ja ein Schelm", so heißt es in *Dichtung und Wahrheit*. Er hatte "etwas Tigerartiges". Aber Merck war gerade das, was Goethe damals zur Ergänzung brauchte. Denn "treffend und scharf zu urteilen war ihm gegeben" (HA IX,505f.). Merck war nicht nur ein Schöngeist und Erzähler, sondern auch ein Naturforscher, ein bewährter Beamter und auf seine Art ein Weltmann, eine merkwürdige Grenzerscheinung zwischen Rokoko und Sturm und Drang.

Merck riß Goethe aus seinem allzu einsamen Dichten und Planen, er veranlaßte die Veröffentlichung von *Götz* und *Werthers Leiden*. Merck war auch die Seele der *Frankfurter Gelehrten Anzeigen*. Die Mitarbeiter dieses Organs waren meist Akademiker aus Gießen und Darmstadt. Unter sie trat nun bekanntlich auch Goethe.

Die Zeitschrift stand im Gegensatz zu Wielands *Teutschem Merkur*, oder wenigstens im Gegensatz zum Literaturkritiker des *Merkur*, dem Professor Christian Heinrich Schmid aus Gießen. Professor, sonst keine Verdienste. Wegen dieses Gegensatzes nennt man die *Frankfurter Gelehrten Anzeigen* oft das *Organ des Sturm und Drang*. Aber 1) distanzierte sich Wieland oft selbst von den Kritiken Schmids, 2) ist die Literaturkritik der *Frankfurter Gelehrten Anzeigen* gar nicht so radikal, wie man erwarten sollte. Dafür sorgte schon die nüchterne Art von Merck. In den Redaktionsbesprechungen war er der ausschlaggebende Geist. Goethe wuchs durch diesen Literatenkreis wieder in die literarische Gesellschaft *hinein*.

Man darf also den damaligen Goethe nicht nur von Lenz und Klinger und Wagner her sehen. Auch mit *ihnen* war Goethe *befreundet*; aber Merck, der schon älter und reifer war, hatte mehr *Einfluß*. Mit *Herder* bestand noch Verbindung, schon durch seine *Braut* in Darmstadt, ja man machte sogar den Versuch, *Hamann* eine Stelle in Darmstadt zu verschaffen. Tatsächlich erschien Hamann auf Einladung der Freunde in Darmstadt; aber er reiste rasch wieder ab, ehe die Stellenfrage geklärt war. Offenbar fühlte er sich in diesem Kreis nicht *wohl*. Und das ist auch kein *Wunder*; denn wenn Hamann schon bei Herder zu viele Zugeständnisse an die weltliche Kultur fand, so mußte ihn die Sturm und Drang-Jugend *noch* mehr enttäuschen. Hamann war wohl entsetzt über die Küken, die sein Irrationalismus hier ausgebrütet hatte.

Goethe hat ihn übrigens persönlich nicht gesehen, ja er gesteht, bei aller Hochachtung, kein Verlangen danach gehabt zu haben. Der Grund, den er dafür angibt, ist Hamanns Ironie. Hamann darf nicht absolut von Wieland getrennt werden. Er hat teil an der Rokoko-Ironie.

Es ist ein Wesenszug von Goethe, daß er immer dazu neigt, sich einzufühlen und womöglich *alles zu bejahen*. Was man seine Charakterlosigkeit oder sein höfisches Wesen oder seinen undemokratischen Konservatismus genannt hat, beruht auf dieser Neigung zum Jasagen. Wer eine *Revolution* vorbereitet, muß immer *Nein* sagen, und das kann Goethe nicht. Eine so negative Haltung war ihm als *Lebens*haltung unerträglich. Da Deutschland nun im ganzen alles andere als revolutionär *war*, bejahte er den Zustand, der gegeben war, d.h. er machte wieder Frieden mit der damaligen Gesellschaft.

Schon *Werthers Leiden* [!] sind in einem gewissen Sinn eine Rückkehr zur Gesellschaft, in der der Briefroman Mode war. Anders wäre der unerhörte Erfolg nicht zu verstehen. Vor allem aber verband ihn dann, ob er wollte oder nicht, *sein junger Ruhm mit der zeitgenössischen Gesellschaft*. Goethe wurde so etwas wie ein Star, und *das* ist für einen jungen Dichter höchst gefährlich.

Im Grunde ist der *Werther*-Erfolg der Beginn des zerstreuten Lebens, das Goethe bis zur Italienreise führte. Es erschien nun 1 1/2 Jahrzehnte lang kein größeres Werk, das mehr als eine Gelegenheitsarbeit war. Goethe hat diese Bedrohung durch den Ruhm klar ausgesprochen in *Dichtung und Wahrheit*:

> Man verlangte ihn zu sehen, zu sprechen, auch in der Ferne etwas von ihm zu vernehmen, und so hatte er einen höchst bedeutenden, bald erfreulichen, bald unerquicklichen, immer aber zerstreuenden Zudrang zu erfahren. Denn es lagen angefangene Arbeiten genug vor ihm, ja es wäre für einige Jahre hinreichend zu tun gewesen, wenn er mit hergebrachter Liebe sich daran hätte halten können; aber er war aus der Stille, der Dämmerung, der Dunkelheit, welche ganz allein die reinen Produktionen begünstigen kann, in den Lärmen des Tageslichts hervorgezogen, wo man sich in anderen verliert (HA IX, 594).

Literarischer Erfolg bedeutete unter den damaligen deutschen Verhältnissen immer zugleich eine Orientierung nach Nord-Deutschland oder Mittel-Deutschland; denn der unverbrauchte Südwesten, der noch so viele deutsche Dichter stellen sollte, hatte keine literarische Gesellschaft. Darmstadt war in diesem Punkt eine Ausnahme und selbst nach Norden orientiert (Beziehung zu Herder).

Reisen nach Norden

Wieland war soeben von Oberschwaben nach Erfurt und weiterhin nach Weimar berufen worden. Dieselbe Richtung deutet sich beim *Werther*-Dichter an, lange ehe er nach Weimar berufen wird. Zunächst sind es *Reisen* nach Norden. Berühmt ist sein Besuch bei Sophie von La Roche, die mit ihrem Roman *Geschichte des Fräuleins von Sternheim* großen Erfolg hatte und bei der viele gesellschaftliche Fäden zusammenliefen. Sie war ja eine alte Freundin Wielands und hatte in den Adel geheiratet. Noch ist es mehr eine Wanderung als eine Reise. Goethe wanderte das Lahntal hinunter bis Bad Ems, dann fuhr er mit einem Kahn nach Koblenz, wo der Gatte der La Roche eine angesehene Stellung hatte als Beamter des Kurfürsten von Trier [!]: Hof eines geistlichen Landesfürsten! Goethe spricht von einem “Kongreß, der hier teils im artistischen, teils im empfindsamen Sinne gehalten werden sollte”. - Natürlich war der schon genannte Leuchsenring da, aus Düsseldorf. Er führte mehrere Schatullen mit Briefen bei sich, und aus denen las er vor. Natürlich war auch Merck da, um seine sarkastischen Witze zu machen. Die Frau La Roche hatte immer auszugleichen.

Goethe interessierte sich mehr für die *Töchter* der Frau von La Roche. “Die Töchter fielen mir zu, von denen die älteste mich gar bald besonders anzog”. -

Goethe war nach dem Abschied von Friederike zurückhaltend und offenbar etwas bedrückt gewesen. Man nannte ihn nicht nur den Wanderer, sondern auch den "Vertrauten", weil er an vielen Verhältnissen teilnahm, ohne sich selbst zu verwickeln. Jetzt aber war er wieder stark beeindruckt. Es handelte sich um Maximiliane von La Roche, die Mutter von Clemens und Bettina Brentano. Sie heiratete den Kaufmann Brentano in Frankfurt, wodurch Goethe noch länger mit ihr in Verbindung blieb. Eine biographische Voraussetzung zum *Werther*.

Noch wichtiger als die Reise nach Koblenz war Goethes sogenannte Rheinreise nach *Köln und Düsseldorf*; er machte sie teilweise zu Schiff mit Lavater und Basedow. Alle drei waren berühmt und wurden wacker gefeiert, besonders durch die Brüder Jacobi, die ihrerseits wieder einen großen, wenn auch wenig beständigen Ruhm hatten. Es ist merkwürdig, Goethe in der Mitte dieser Männer zu sehen, die doch eigentlich *alle* Modegrößen waren. Später war er viel vorsichtiger, wenn man ihn feiern wollte. Er reiste dann gern inkognito. Vorläufig war er stolz, zu diesen Größen zu gehören.

In *Dichtung und Wahrheit* betont Goethe stark die *bildenden* Werte der Rheinreise. Es handelt sich dabei vor allem um zwei Bereiche:

1) *Malerei*. Er liebte schon seit einiger Zeit, offenbar unter dem Einfluß von Merck, die *Niederländer*. Sie gaben ihm das Vorbild für seine literarische Genremalerei. — Die Niederländer haben bekanntlich eine Sonderstellung in der Kunst des 17. Jahrhunderts: bürgerlicher, realistischer. Hier fand Goethe für seinen Stilwillen *Bestätigung*. Und gerade in der Düsseldorfer Galerie fand er viele Vertreter der Niederländischen Schule. Er bewunderte die "tüchtigen, derben, von Naturfülle glänzenden Bilder" (*Dichtung und Wahrheit*, 14. Buch). Stilistisch und stofflich rückt Goethe der Welt seines *Egmont* näher, der nicht nur im Stil, sondern auch im Stoff ein niederländisches Drama sein wird.

2) *Philosophie*. Friedrich Heinrich Jacobi hat zwar auch gedichtet, und zwar gerade in der Nachfolge des *Werther*. Er ist so gesehen Goethes Epigone. Aber umgekehrt führte er Goethe in sein Weltbild ein, und er war Goethe *deshalb* so sympathisch, weil er nicht so rationalistisch wie Basedow und nicht so christlich wie Lavater war. Die sogenannte *Gefühlsphilosophie* oder -theologie Jacobis kam Goethe entgegen, wie sie überhaupt ungeheuren Einfluß hatte, bis in die Biedermeierzeit hinein.

Vorangegangen war die Lektüre *Spinozas*. Goethe gibt zu, daß er ihn damals kaum verstand. Trotzdem empfand er *Beruhigung* durch ihn. Spinoza war geeignet, ihn wieder zur Entselbstung zu drängen, zu einem uneigennützigen und nicht nur leidenschaftlichen Tun. Das heißt also: *Das stoische und asketische Element der Barockkultur* (= Spinoza) *trat schon wieder in Gegenwirkung zum Individualitätsprinzip und zum organischen Lebensbegriff des Sturm und Drang*. Goethe betont, daß ihm die *mathematische* Methode Spinozas *wohl* tat. Eben das Kühle, Unpersönliche und damit auch Unchristliche an Spinozas Gottesbegriff *wirkte.* Am meisten beschäftigte ihn, wie er schreibt, das merkwürdige Wort: "Wer Gott recht liebt, muß nicht verlangen, daß Gott ihn wieder liebe". Das ist natürlich pantheistisch gemeint: Gott ist keine Person, die wie Menschen lieben kann.

Mit den mathematischen Formen der *Ethik* kommt auch wieder das Verständnis für die mathematischen Formen der *Kunst,* die das 16. und 17. Jahrhundert entwickelt hatten. Anläßlich des *Mahomet*-Plans, den Goethe in einen Zusammenhang mit seinen Spinozastudien bringt, macht Goethe eine Bemerkung, die in dieser Beziehung verräterisch ist. "Das Ganze näherte sich mehr der regelmäßigen Form, zu der ich mich schon wieder hinneigte [...]".

Die regelmäßige Form ist natürlich die vom Sturm und Drang verworfene französische. Goethe wird zwar nicht zum Gottschedianismus zurückkehren, auch nicht ganz zum Wielandianismus. Aber es geht jetzt wieder in eine Richtung, die mit den Stichworten Beruhigung, Regelmäßigkeit, Vernünftigkeit, ja sogar Franzosentum umschrieben werden muß. Diese Rückkehr entsprach einem Gesetz, das nach *jedem* revolutionären Versuch zu beobachten ist. Aber die Frage ist in solchen Fällen immer, *wie* man zurückkehrt, wie man die Kontinuität der Entwicklung herstellt, denn eine Rückkehr im strengen Sinn ist historisch unmöglich.

Für den, der nicht wußte, daß Goethe am *Urfaust* schrieb, mußte es so aussehen, als ob der Dichter seine große Aufgabe *verrate* und billige Allerweltslorbeeren einsammle. Viele Verehrer Goethes waren tief enttäuscht. Sie erwarteten etwas Außergewöhnliches und fanden etwas Gewöhnliches. Auch in der Literaturgeschichte hat es sich allmählich herumgesprochen, daß Goethe ab und zu etwas Gewöhnliches gemacht hat. Nur die Theaterintendanten - ich denke an Sellner - setzen noch fleißig zwei Stücke auf den Spielplan, die niemand mehr kennen würde, wenn es Goethe nicht gefallen hätte zu zeigen, daß er, wenn es sein muß, auch nach der Mode gehen kann. Ich meine *Clavigo* und *Stella.* Natürlich haben sie ihren Sinn als handwerkliche Übungen, als psychologische Darstellungen, als gesellschaftliche und theatralische Experimente. Goethe gewöhnt sich wieder daran, *Rücksicht zu nehmen*: Rücksicht auf die regelmäßige Form, auf die französische Form, die damals mit theatralisch gleichbedeutend war, Rücksicht auf den Geist der großen Welt. *Aber es geschieht vorläufig nur so obenhin*; wir wissen das von Goethe *selbst.*

Clavigo

In einer Gesellschaft hatte man den vierten Band der Erinnerungen von Beaumarchais gelesen. Beaumarchais klagte darin einen gewissen Clavigo an, der mit seiner Schwester Marie leichtfertig umgegangen war. Ein Mädchen forderte Goethe auf, in acht Tagen ein Theaterstück über Clavigo vorzulesen.

Goethe *war*, wie wir schon wissen, eine Art *Virtuose*. Er erfüllte also leicht die Bitte dieser Dame. Er dachte dabei vielleicht an das Verfahren Shakespeares, der ähnlich irgendwelche Quellen rasch dramatisiert hatte. Er hat auch später sein Verfahren verteidigt, aber eigentlich nur deshalb, weil ihm die Bühne später *wieder* eine Sache zweiter Ordnung war [!]. Wir wissen heute, daß Merck recht hatte, wenn er ihm schrieb: "Solch einen Quark mußt du mir künftig nicht mehr schreiben; das können die andern auch". Wieland sagte mit etwas höflicheren Worten genau dasselbe, wenn er meinte, man könnte das Stück ohne Einschränkung loben, wenn es nicht von Goethe wäre.

Clavigo und *Stella* sind also solche Stücke, wie sie zu jeder Zeit geschrieben werden. Sie behandeln ein Thema, das aktuell war, in einer Technik und in einer Sprache, die für das Publikum nichts Überraschendes hatten. Sie sind für Goethe das, was *Miß Sara Sampson* für Lessing war, nämlich der *Versuch, das Theater zu erobern.*

Das aktuelle Thema, das behandelt wurde, war die *Untreue*. Wir befinden uns in einer Zeit, die, wie wir schon wissen, sich nicht mehr damit begnügte, Ehe und Liebe dualistisch nebeneinander zu stellen als zwei Sphären, die sich kaum berührten. Nicht nur die Liebe, auch die Ehe sollte jetzt *natürlich* begründet sein - nicht etwa sakramental. Die Brautschaft und die Ehe wurden [!] *erotisiert*. Und eben dadurch wurde die Untreue zum *Problem*. In *Clavigo* verbindet sich das Problem mit einem sozialen Aspekt. Clavigo hat sich in ein einfaches Mädchen verliebt. Er fühlt sich aber zu einer großen Rolle in der Welt berufen. Und sein Freund Carlos sagt ihm, daß er das Recht dazu hat. Ein aufstrebender Mann hat eine höhere Aufgabe, als ein kleines Mädchen glücklich zu machen.

Es stehen sozusagen zwei natürliche Rechte gegeneinander: Maries Recht auf Clavigo und Clavigos Recht auf Aufstieg und Größe. Der Konflikt wird in diesem Fall tragisch gelöst. Die Liebesvereinigung, die im Leben versäumt wurde, wird nach dem Tod Maries nachgeholt. Der Toten erst gibt Clavigo den "Bräutigamskuß". — Die Tragödie ist ein zeitgemäßes Rühr- und Schauerstück. Es fehlt ihr das, was Goethe selbst den notwendigen Gang des Ganzen nannte.

— Warum sollen eigentlich Liebe und Untreue so verheerende Folgen haben, wenn alle Konventionen falsch sind? *Wenn* man schon der Empfindsamkeit, dem Gefühl jedes Recht einräumt, dann muß auch *jedes Gefühl* geheiligt, sozusagen in Ordnung sein, die erste Liebe so gut wie die zweite und dritte. Die Empfindsamkeit ist genau so wie die Aufklärung harmonistisch und kennt keine echte Tragödie. Sie können das heute noch bei empfindsamen und romantischen Menschen beobachten. Sie können es einfach nicht glauben, daß ihr *Gefühl* katastrophale Folgen haben könnte. Und nun stellen Sie sich die damaligen Mädchen und Jünglinge in Darmstadt oder in Düsseldorf vor, die, wie wir wissen, sich en bloc küßten und unaussprechlich liebten, und vor lauter Wonne miteinander weinten, ineinander verschmolzen. So böse konnte es das Schicksal oder der liebe Gott mit keinem Menschen gemeint haben, daß sie ihn für seine Liebe straften.

Stella

Für diese knochenlose Jugend ist Goethes *Stella* geschrieben. Untertitel: *Ein Schauspiel für Liebende.* Wieder ein empfindsamer Held und wieder das Ungenügen an der einfachen, unkomplizierten Liebe. Diesmal wird der Mann ohne jede Schonung zwischen zwei Frauen gestellt, die er beide liebt. Die Lage spitzt sich zu, wird höchst kritisch. Aber im richtigen Moment fällt der klügeren Dame die Erzählung von dem Grafen Gleichen ein, der aus dem Morgenland eine zweite Frau mitbrachte und mit Einwilligung des Papstes eine Doppelehe führen durfte. Als sich der Vorhang schließt, hängen beide Damen glückselig am Halse Fernandos.

> STELLA. O du! - -
> FERNANDO. Mein! Mein!
> STELLA. Ich bin dein!
> CÄCILIE. Wir sind dein!

So die erste Fassung, und auf *die* kommt es an; der tragische Schluß, den Goethe 1816 anflickte (Jahreszahl!), ist völlig unorganisch. Man spürt den Stilbruch deutlich bei der Aufführung, denn das Stück ist von vornherein auf *Versöhnung* angelegt.

So weit war man also mit dem Gefühlskult gekommen. In aller Form wurde die Bigamie gefeiert und gesegnet. Ob es Goethe so *ernst* damit war, wissen wir nicht. Die erste Fassung liest sich heute eher wie eine Parodie der Empfindsamkeit. — Eben dadurch, daß Goethe die letzten Konsequenzen des Gefühlskults zog, führte er ihn ad absurdum. Auch die Polizei schaltete sich natürlich ein, z.B. bei einer geplanten Aufführung in Hamburg. Ich habe Aufführungen von *Stella* und *Clavigo* erlebt, in denen die akademische Jugend einen heroischen Kampf gegen das Lachen kämpfte, einen wirklich bewundernswerten Kampf. Ich habe etwas Ähnliches nie beim *Götz* oder *Tasso* oder *Faust* beobachtet. *Woran liegt das?* Es liegt, glaube ich, an der zentralsten Stelle jeder Dichtung, an der *Sprache.* Während Goethes Sprache in anderen Werken urwüchsig oder gefaßt, jedenfalls aber treffend, unverwechselbar, wahr ist, haben wir in *Clavigo* und *Stella* die Sprache der Empfindsamkeit, die innerlich bereits zum Klischee ausgehöhlt ist. Man kann nicht in Farcen die Empfindsamkeit verspotten und sie dann wieder ernsthaft darstellen. *Hier gelangt jede Virtuosität an eine Grenze.*

Zwar hat Goethe versucht, die Empfindamkeit noch intensiver zu machen, aber das ist *quantitative* Steigerung. Eben die Überhitzung der Gefühlssprache führt dazu, daß sie kalt, gemacht und unglaubhaft erscheint. Nehmen Sie etwa folgenden Ausbruch Stellas:

> (STELLA zu den Wänden.) Er ist wieder da! Seht ihr ihn? Er ist wieder da! (Vor das Gemälde einer Venus tretend.) Siehst du ihn, Göttin? Er ist wieder da! Wie oft bin ich Törin auf und ab gelaufen, hier, und habe geweint, geklagt vor dir. Er ist wieder da! Ich traute meinen Sinnen nicht. Göttin! ich habe dich so oft gesehen, und er war nicht da - Nun bist du da, und er ist da! - Lieber! Lieber! Du warst lange weg! - Aber du bist da! (Ihm um den Hals fallend.) Du bist da! Ich will nichts fühlen, nichts hören, nichts wissen, als daß du da bist! (HA IV, 324)

Der Dichter hat ein gutes Recht, Sätze zu wiederholen: Du bist da und dann noch einmal und vielleicht ein drittes Mal. Aber hier wird das Stilmittel zu Tode geritten; Goethe *jagt den Worten nach*, was er im *Urfaust* als unernst *verwirft*. *Clavigo* wurde 1774 in Leipzig, *Stella* 1776 in Berlin gedruckt, gegen Honorare, die für damalige Verhältnisse sehr hoch waren, zum mindesten bei *Stella*. (Der *Götz von Berlichingen* hatte ihm umgekehrt *Kosten* verursacht!) Goethe stellte sich neben die Berühmtesten, er suchte den *Erfolg*, - während er *Mahomet* und *Urfaust* liegen ließ.

Einer der erfolgreichsten Theaterdichter war damals Chr. F. Weiße. Schon für *Stella* hat er wohl die Anregung gegeben und zwar durch seine *Amalia*, die ihrerseits wieder von *Miß Sara Sampson* abhängig war, aber bereits einen *guten* Ausgang gewählt hatte. Noch erfolgreicher als durch Dramen war Weiße durch *Singspiele*. Auch Wielands berühmte *Alceste* war ein Singspiel. Einen gewissen Singspieldichter André kannte Goethe persönlich.

Der Lili-Kreis

Das Singspiel ist die große Mode und kommt dem Goethe, der zur Gesellschaft zurückkehrt, *gerade recht*. Seit 1773 arbeitete er an *Erwin und Elmire*, seit 1774 an *Claudine von Villa Bella*.

Claudine von Villa Bella wurde 1775 vollendet, 1776 gedruckt. Wir wollen auf dieses Schauspiel mit Gesang noch eingehen, denn es gehört zu Goethes besten Lustspielen. Wielands *Alceste* war in Blankversen geschrieben und wurde *durch*komponiert, war also eine kleine ernste Oper. Bei Weiße haben wir einen leichten, meist komischen Prosadialog, der *gesprochen aber von Gesangseinlagen unterbrochen* wird. Eben diese Mischung von gesprochenen und gesungenen Partien machte Weißes Singspiele so beliebt. Operette. (Der Typ hat sich im heutigen Kino erhalten.)

Goethe folgte dem Vorbild von Weiße, nicht von Wieland. *Claudine von Villa Bella* ist also ein *heiteres, gesprochenes* Schauspiel mit Gesang. Auch empfindsame und schaurige Motive kommen herein, Goethe macht dem Publikum manches Zugeständnis. Es gibt die bekannten feindlichen Brüder, die wir von Klinger und Leisewitz her kennen. Es gibt nicht nur Liebeslieder, sondern auch eine Geisterballade und Vagabundenlieder. Auch das Räubermotiv entsprach genau dem Geschmack einer Zeit, die mit dem Unsittlichen, Gesetzlosen und Anarchischen kokettierte. Es ist natürlich ein edler Räuber (Crugantino). Aber alles das war durch einen humoristischen Gesamtton erträglich gemacht. Wenn das Werk weniger bekannt ist, als es verdient, so liegt das vielleicht an der Humorlosigkeit des deutschen Publikums, das den Schmalz lieber hatte als ein flottes Lustspielchen, vielleicht auch an der zweiten *verschlechterten* Fassung. Goethe hat nämlich die *Claudine* (wie auch *Erwin und Elmire*) später in Verse umgesetzt und in enger Verbindung mit dem Komponisten Kayser zum bloßen *Libretto* umgestaltet. Er hat später, wie er ausdrücklich sagt, die Poesie der Musik subordinieren wollen; und das ist gelungen. Das literarisch bessere Drama ist eindeutig die erste Fassung. Diese Urfassung steht auch höher als *Clavigo* und *Stella*, obwohl kein besonderer Anspruch erhoben wird. Ich möchte sie ausdrücklich empfehlen.

Übrigens war diesem Stück eine bedeutende Nachfolge beschieden, nicht zum Vergnügen Goethes. Zehn Jahre nach der Veröffentlichung der Urfassung schrieb er, man habe das Stück "durch Nachahmung so ekelhaft gemacht" (23. Januar 1786). Er meinte damit wohl die *Räuber* von Schiller. Aber auch andere Räuberdramen folgten. Räuber- und Ritterdramen werden die große Mode bis hin zu Grillparzers *Ahnfrau* und Hebbels *Agnes Bernauer*.

Erzählende Dichtung

Wir kommen nun zur *erzählenden Dichtung* der Frankfurter Zeit und wir fügen auch hier die allgemeingeschichtlichen und biographischen Züge hinzu, soweit sie zum Verständnis der Werke nötig sind.

Aus der Rede *Zum Shakespeares-Tag* haben wir entnommen, daß der unter Herders Einfluß stehende Goethe den Roman wenig schätzte. Er galt ihm wohl als Inbegriff des prosaischen Aufklärungsgeistes, den man durch alt-neue *Poesie* überwinden mußte. Auf dem Gebiet der erzählenden Kunst konnte das nur die Rückkehr zum Epos bedeuten. Die Frage war aber wieder, *wie* kehrt man zum Epos zurück? Unter diesem Gesichtspunkt gewinnt der epische Plan vom *Ewigen Juden* eine neue Bedeutung.

Der ewige Jude

Daß dieser Plan geistes- und religionsgeschichtlich wichtig ist, weiß man schon lange, und neuerdings hat der Theologe Ernst Benz uns in dieser Erkenntnis bestärkt (Aufsatz *Der wiederkehrende Christus*. -In: *Zeitschrift für*

Religions- und Geistesgeschichte. Jg. VI, 1954, H. 4, z.Teil Bericht über die Goetheforschungen von *Peter Meinhold*, der in *Saeculum* 1950 und 1951 über Goethes Verhältnis zum Christentum geschrieben hat). Goethe hat sich mit dem Stoff vom Ewigen Juden immer wieder abgegeben, z.B. in der fruchtbaren italienischen Zeit, wo man es nicht vermutet. *Der Stoff hat das mit dem Fauststoff gemein!* Wenn nun also auch noch der *gattungs*geschichtliche Gesichtspunkt für die große Bedeutung des Werkes spricht, wenn hier so etwas wie Goethes *Messias* entstehen sollte, so lohnt es sich auf die Voraussetzungen und Ziele dieses Plans kurz einzugehen.

Es sind nur kleine Fragmente erhalten, aber wir wissen ja, was bei Goethe Fragmente *bedeuten* können, - unter Umständen mehr als ganze fertige Werke. Wir kennen schon Goethes Neigung, sich über die Dinge, die ihn beschäftigen, theoretisch Rechenschaft zu geben. Dies gilt auch für das Problem der Religion. Es gibt einen wenig bekannten und wohlgetarnten Aufsatz Goethes, der als Vorbereitung zum *Ewigen Juden* gelten kann. *Brief des Pastors zu *** an den neuen Pastor zu ****. Untertitel: *Aus dem Französischen*, bloße Tarnung. Goethe wendet sich mit aller Entschiedenheit gegen den theologischen Zank, der damals einen Höhepunkt erreicht hatte (Lessing). Was ist es für ein sonderbares und unwürdiges Vergnügen, den Andersdenkenden als dumm oder gottlos zu denunzieren? Was hat dieser ganze Streit um Dogmen und Worte für einen Sinn? Der Pfarrer mahnt mit Leidenschaft zur *Liebe*, als der höchsten Tugend des Christen. Soweit könnte Goethes Aufsatz als pietistisches Dokument gelten. Er hatte nach seiner Rückkehr von Straßburg immer noch Beziehungen zu Fräulein von Klettenberg und zu andern Pietisten. Von seiner Freundschaft mit Lavater habe ich schon gesprochen. Die pietistische *Basis* des Aufsatzes ist unverkennbar.

Sieht man aber genauer zu, so bemerkt man zugleich eine Loslösung von allem, was im bestimmten Sinn christlich sein will. Der überpersönliche Anspruch der Religion wird klar geleugnet: "wenn man's beim Lichte besieht, so hat jeder seine eigene Religion" (HA XII,234). Das bedeutet im Grunde die Leugnung jeder Art von Kirche oder Gemeinde als einer legitimen *religiösen* Einrichtung. Konsequenter Weise behauptet Goethe: "es war nie eine sichtbare Kirche auf Erden" (ebd.). Ja er behauptet, "daß die Lehre von Christo nirgends gedruckter war als in der christlichen Kirche" (S. 237) Denn nach seiner Interpretation ist eben Christentum nichts anderes als Liebe, und die Kirchengeschichte zeigt ja ewigen Haß und Zank.

An dieser Stelle deutet der Aufsatz auf das geplante Epos: *Vom ewigen Juden und vom wiederkehrenden Heiland*. Der Heiland bricht vor dem Haus des Juden Ahasver zusammen, dieser, statt ihn zu trösten, statt Liebe zu üben, beschimpft ihn und jagt ihn von seinem Hause weg. Dafür muß er immer und überallhin wandern als ewiger Jude.

Wichtiger war für Goethe eine zweite Quelle, nämlich die alte Legende von dem wiederkehrenden Heiland. Der Heiland kommt zurück in eine angeblich christliche Welt, aber niemand erkennt ihn oder will ihn erkennen. Er wird zum zweitenmal gekreuzigt. Nach einer Version der Legende verzeiht der wiederkehrende Heiland dem Juden. Das erklärt die Verbindung der beiden Quellen. Aber offenbar war sich Goethe nicht klar, wie das Ganze aussehen sollte. Deutlich ist nur, daß es sich um einen *großen* Plan handelte. Die Geschichte vom ewigen Juden sollte, wie er in *Dichtung und Wahrheit* sagt, nur der Leitfaden sein, um "die hervorstehenden Punkte der Religions- und Kirchengeschichte nach Belieben darzustellen". Ein historisches Epos also und zugleich ein satirisches. Denn nur satirisch kann Goethe die Kirchengeschichte gesehen haben. Das schließt nicht aus, daß der Gesamtgehalt *ernst* und in einem modernen Sinne religiös sein sollte. Man braucht auch hier nur an den *Faust* zu denken, um sich den geplanten Mischstil vorstellen zu können. Das Versmaß sollte auch hier der Knittelvers sein.

Alles in allem also ein Werk, das vom *Messias* so weit entfernt gewesen wäre wie der *Urfaust* vom *Tod Adams*. Selbst Wieland, der in Weimar Proben davon zu hören bekam, nannte das Werk erschrocken ein "Bänkelsängerstück". Erhalten ist nur das Proömium, dann die Beschreibung des Ahasver und dann die Wiederkunft Christi. Aber schon diese Proben machen verständlich, daß die kräftige Behandlung des religiösen Stoffes erschreckend war. Nur ein paar Verse:

> Der Vater sas auf seinem Trohn,
> Da rief er seinem lieben Sohn,
> Musst zwey- biss drey mal schreien.
> Da kam der Sohn ganz überquer
> Gestolpert über Sterne her
> Und fragt, was zu Befehlen. (WA I.38,58)

Das soll nicht ehrfurchtlos, sondern *naiv* sein, naiv wie Hans Sachs und die alte religiöse Kunst. Goethe versucht sich wieder mal einen historischen Stil anzueignen, und zwar extra einen solchen, der der sogenannten "heiligen Poesie", Seraphik, *ins Gesicht schlägt*. Aber er mußte doch an der Reaktion seiner Hörer empfinden, daß hier seine Virtuosität an eine Grenze kam. Sie verletzte das Gefühl der Ehrfurcht. Denn: Wir *haben* kein so naives Verhältnis mehr zu Gott. Überdies war es nie Goethes Sache, einen humoristischen oder gar satirischen Ton auf großen Strecken *durch*zuhalten, ja man kann sagen, daß schon der Plan zu einem großen Epos eine Epigonenidee war. Eben im Liegenlassen des Fragments zeigt sich Goethes *Größe*, sein religiöser *und* sein künstlerischer Takt. Daran hatte es ja Klopstock gefehlt.

Er stieg vom Epos hinab zu der Dichtungsart, die er im ersten Genierausch verachtet hatte, zum *Roman*, und zwar zu einer ganz gewöhnlichen Art des Romans, zum Briefroman. Die Rückkehr zu dem gesellschaftlichen Geist von Leipzig bahnt sich an; denn es war ja vor allem *Gellert* gewesen, der den Briefroman in Deutschland eingebürgert hatte mit dem *Leben der schwedischen Gräfin von G..*. Daneben stand allerdings immer noch das ursprüngliche Vorbild Richardsons und ein neues französisches Vorbild, Rousseaus *Nouvelle Héloise*. Ich spreche von *Werthers Leiden* (1774).

Man kann in diesem Fall genau so wie bei der Liebe zu Friederike Brion fragen, ob Rousseaus *Roman* das primäre war oder Goethes Liebe, zu solchen Frauen nämlich, die ihm in der Realität des Lebens unzugänglich waren. Von der Liebe zu *Maxe La Roche*, der späteren Frau Brentano, habe ich schon gesprochen. Chronologisch früher ist die Liebe zu *Lotte Buff*, der Braut Kestners. Goethe war mit diesem Brautpaar in *Wetzlar* befreundet, wo er einige Zeit am Reichskammergericht arbeitete. — Schon die Duplizität dieser unglücklichen Liebe ist verdächtig. Sie widerspricht einem Ausgeliefertsein an die Liebe.

Friedenthals Interpretation, daß nämlich Goethe ganz bewußt die Liebe par distance *bevorzugte*, leuchtet ein, zumal sich diese Art von Liebe in Weimar wiederholt, bei Charlotte von Stein. *So* viel unglückliche Liebe ist zu *viel* für einen anziehenden und erfolgreichen jungen Mann! Der *Künstler* Goethe war es, der das Unglück *schuf*, um seinen Eros ganz dem Werk zuwenden zu können. Trotzdem muß auch hier vor der Übertreibung Friedenthals gewarnt werden. Goethe *war* geborgen in seiner Kunst; aber er *empfand die Möglichkeiten einer unglücklichen Liebe und des Selbstmordes sehr wohl*. Das Wichtigere dabei ist zweifellos der Selbstmord. Das zeigt Goethes Bericht in *Dichtung und Wahrheit*, wo er wenig über unglückliche Liebe spricht, aber sehr viel von den Selbstmordgedanken, die seine Zeitgenossen, aber auch ihn selbst plagten. Jerusalems Selbstmord, der das sogenannte Erlebnis gegeben haben soll, war nur ein auslösendes Moment. Wichtig ist, daß diese irrationalistische Generation überhaupt zum Selbstmord neigte. Der *Werther* ist also nur bei vordergründiger Betrachtung ein Liebesroman. *Der beste Liebesroman hätte nie diesen Erfolg gehabt!* Der *Werther* ist kein erotisch-literarisches, sondern ein weltgeschichtliches Ereignis, ein Vorklang der Französischen Revolution und der gesamten Moderne, - wenn man den universalgeschichtlichen Charakter der modernen Revolution kennt. Es ist kein Zufall, daß sich Napoleon mit Goethe über *Werther* unterhält, daß Goethe, wenn es irgend geht, Unterhaltungen über *Werther* vermeidet, daß man zur Zeit der Juli-Revolution den *Werther* mit neuer Begierde liest, viel eifriger als die *Iphigenie*.

Goethe riß hier ein Loch in das Gefüge der alten europäischen Kultur, das er selbst bereute, das er mit vielen anderen zusammen wieder zu stopfen versuchte, *das aber nicht zu stopfen war*. Immer wieder tauchte Werthers Schatten vor ihm auf, und vor dem Geist der späteren Generationen erst recht.

Worum geht es eigentlich? Es geht darum, daß dem jungen Werther die Welt völlig sinnlos erscheint und zwar in den verschiedensten Gestalten, daß die verschiedenen Ersatzgötter, die sich die Aufklärung und Empfindsamkeit geschaffen hatten, *zerplatzen* und am Ende nichts übrig bleibt als der *Tod*, der ja wiederum nur das Nichts ist.

Es geht hier also um eine Götterdämmerung, um die Heraufkunft des *Nihilismus*, und was man später bei Heine, Grabbe, Büchner usw. findet, liegt hier in nuce vor, noch ein wenig mit Empfindsamkeit verhüllt; aber das kann uns nicht mehr täuschen.

Neuere Versuche, den *Werther* durch Hervorhebung *katholischer* Aspekte mit Maß zu christianisieren, halte ich für absurd (Johanna Graefe: *Die Religion in den Leiden des jungen Werther*. In: *GoetheJb*. 20 (1958). Das ist ein Werther der Adenauerschen Restaurationsepoche!)

Denn Werther kennzeichnet ja ganz *eindeutig* seine Situation. Man kann ihm keineswegs vorwerfen, daß er die Hilfe der Religion leichtfertig verwirft: er stellt sich ganz klar *dem* Gott, der jeden zu trösten und zu retten verheißt. Er wünscht sich durchaus den christlichen Vatergott. Es herrscht hier ein Ernst in religiösen Dingen, eine Aufrichtigkeit, die jeden überzeugen mußte. Kein Hauch von dem leichtfertigen Ton des *Ewigen Juden*, von der geflissentlichen Ironie des Rokoko oder von den hochtrabenden Phrasen Klopstocks. Aber mit dem gleichen Ernst wird gesagt, daß *ihn*, Werther, die Religion *nicht* tröstet.

> Ich ehre die Religion, das weißt du, ich fühle, daß sie manchem Ermatteten Stab, manchem Verschmachtenden Erquickung ist. Nur - kann sie denn, muß sie denn das einem jeden sein? Wenn du die große Welt ansiehst, so siehst du Tausende, denen sie es nicht war, Tausende, denen sie es nicht sein wird [...] und muß sie mir es denn sein? (HA VI, 85f.)

Werther verneint diese Frage, und er hat keineswegs eine eigene neue Religion, die er an die Stelle der alten setzen könnte.

Wie steht es mit der "Natur", für welche die Empfindsamen in lauen Mondscheinnächten schwärmten? Werther weiß, daß sie ein grausames Ungeheuer ist, das ohne Empfindung über die menschlichen Leiden hinwegschreitet.

Wie steht es mit der Tätigkeit für die Gesellschaft, mit der sittlichen und beruflichen Leistung, auf die die Aufklärung so großen Wert legte, *weil man die Welt verbessern kann*? Auch zu dieser Sphäre gewinnt Werther *keine* Beziehung, obwohl er es voller Hoffnung versucht.

Und wie steht es mit der *Kunst*, die den Menschen angeblich zum Schöpfer macht? Werther zeichnet, aber das Zeichnen kann ihn nicht über den fundamentalen Mangel hinwegtäuschen, an dem er leidet. Zwar bietet die Welt da und dort heile Stellen, bei Knechten und Mägden, im Dorf, im Garten und ganz besonders in der Welt der *Kinder*. Sie liebt Werther. Aber wirkliche Zuflucht bietet die Idylle *nicht*, denn Werther *fragt ja nach dem Sinn des Ganzen*! und idyllisch ist immer nur eine Teilwelt, ein Fluchtraum.

Nur *eine* Sphäre scheint es zu geben, die den Menschen mit dem Ganzen verbinden und von Grund auf trösten kann. Wenn Werther von Lotte geliebt würde, ganz geliebt würde, ja dann wäre er selig, so meint er. Aber die einzige Erlöserin hat einen Bräutigam.

Wir können vom *Werther* aus erst ganz ermessen, wie leichtfertig Goethe in der *Stella* verfahren ist. *Wenn* die Liebe solche Bedeutung gewonnen hat, dann muß auch die Ehe neue Bedeutung gewinnen, als Liebesehe, als ein neues *natürliches* Sakrament.

Für Werther gibt es weder den Rückzug in die empfindsam-platonische Liebe, die Goethe persönlich gewählt hat, *noch* die Möglichkeit, die Frau mit dem andern zu teilen (= *Stella*). Seine Liebe ist so *total*, so alles beherrschend, daß beide Möglichkeiten ganz ausgeschlossen sind. Alles spitzt sich also auf die Entscheidung zu, ob er Lotte und damit das *Heil* gewinnt oder *nicht*. Und Goethe hat in diesem Fall die Kraft zu einer tragischen Lösung. Sie folgt *notwendig* aus der Tatsache, *daß* Werther Lotte mit seinem *Heil* identifiziert, daß er die Liebe mit der Religion verwechselt. Das ist seine Hybris.

Wenn Goethe später moralisierend sagte, “Sei ein Mann und folge mir nicht nach”, so war das zweifellos seine Meinung; denn er selbst ist ja nicht den Weg Werthers gegangen. Er hätte aber das Wertherleiden nie so tief gezeigt, wenn er es von vornherein lehrhaft, also von außen behandelt hätte.

Er zeigte die Empfindsamkeit, die Heiligsprechung des Gefühls in *letzter* Konsequenz, in einem Stil, der selbst noch weithin empfindsam war, überschwenglich, enthusiastisch. Er steigerte die Empfindsamkeit, insofern Werther *keine* Briefpartner hat. Das veränderte den Briefroman sehr! Er fühlte sich ein in Werther, mit derselben Virtuosität, die wir immer beobachtet haben. Daher ist die Suggestivwirkung so ungeheuer, bei einem Teil der Jugend bis zum heutigen Tag. Ich brauche Sie ja nur an Plenzdorfs Stück zu erinnern: *Die neuen Leiden des jungen W.*

Die Empfindsamkeit *gipfelt* in diesem Werk, *und* sie wird zugleich durch das Werk *überwunden*, durch den Mut zur tragischen Konsequenz, d.h. durch die völlige Objektivierung des Gefühlskults. Diese Objektivität Goethes bleibt dem *selbst* gefühlvollen Leser verborgen. Sie tritt aber bei näherer Beobachtung eindeutig hervor. Je häufiger Sie *Werthers Leiden* lesen, um so klarer erkennen Sie diese Objektivität. Einen ersten Hinweis gibt der sachliche Schlußbericht. Da ist kein Hauch mehr von der Sentimentalität, die Werther selbst beherrschte. Der Erzähler legt plötzlich die Maske ab und gibt nur noch Tatsachen in kurzen und unübertrefflich dichten Sätzen. Hören Sie zur Illustration die allerletzten Sätze:

> Um zwölfe mittags starb er. Die Gegenwart des Amtmannes und seine Anstalten tuschten einen Auflauf. Nachts gegen eilfe ließ er ihn an der Stätte begraben, die er sich erwählt hatte. Der Alte folgte der Leiche und die Söhne, Albert vermocht's nicht. Man fürchtete für Lottens Leben. Handwerker trugen ihn. Kein Geistlicher hat ihn begleitet. (HA VI,124)

Es ist nicht anzunehmen, daß ein Dichter, der so erzählen kann, völlig im Rausch geschrieben hat. Tatsächlich zeigt sich überall die Überlegenheit des *Gestalters*, deutlicher noch als im *Götz von Berlichingen*, der ja beim ersten Lesen objektiver anmutet. Schon der Ablauf des Ganzen zwischen Mai und Weihnachten mit genau datierten Briefen verrät eine ordnende Hand.

Natürlich haben wie im *Götz* und im *Urfaust* das *einzelne* Bild, der *einzelne* Vorfall großes Gewicht. Die Neigung zum Genrebild zeigt sich auch hier. Denken Sie etwa an den Wirtshausgarten in Walheim oder an das Obstpflükken. Man merkt, daß nicht nur Werther, sondern auch Goethe *Homer* gelesen hat. Man *sieht* etwas. Man erkennt schon den Augenmenschen, der Goethe war.

Auch die Reflexionen bzw. Gefühlsergüsse *verselbständigen* sich und geben dem Werk etwas Lyrisches bzw. Abstraktes. Diese beiden Haltungen widersprechen sich *nicht*, insofern sie eben Werthers Einsamkeit, seine letztliche Weltlosigkeit ausdrücken.

Aber das Einzelne ist doch in einen rhythmischen Zusammenhang gebracht, zum Teil sicher bewußt. Es geht auf und ab, nach außen und dann wieder nach innen, dabei erhitzt sich Werthers Stimmung immer mehr bis zur Entladung. Und nun folgt plötzlich der kühle Epilog. Man *merkt*, daß Goethe damals meistens Dramen geschrieben hat. Er kriecht in Werther hinein wie in eine Person des Dramas. Er spielt mit ihm die *Rolle* und läßt ihn doch nie aus den Augen. Das ist Goethes besondere Kunst, daß er *darin* und zugleich *darüber* ist. — Die Psychologie war im Briefroman längst entwickelt worden, besonders in Frankreich und England. Aber sie hatte doch noch nicht *diese* Intensität und Schonungslosigkeit. Daher der *internationale* Erfolg!

Schon der kleine Umfang des *Werther* zeigt, daß etwas von der Härte des Dramas in das Werk eingezogen ist, daß wir uns auf dem Weg zu *Kleist* und zur tragischen Novelle des 19. Jahrhunderts befinden. Noch hängen empfindsame Modefetzen an dem Werk. Das würde vor allem eine Analyse der Sprache zeigen, die ähnlich wie in *Clavigo* und *Stella* ab und zu unoriginell, ungoethisch ist. Zweifellos wäre das Werk nicht so erfolgreich gewesen ohne diese Anpassung an den Zeitgeschmack. Ich denke dabei vor allem an die erste Fassung. Sie wurde später klassisch überformt. Die erste Fassung hat etwas von *Clavigo*. Aber im ganzen kann man auch hier sagen, daß Goethe einer neuen Form die Bahn gebrochen hat, nämlich eben der tragischen Novelle bzw. dem tragischen Kleinroman. Die Grenzen zwischen Novelle und Kleinroman verschwimmen ja auch im 19. Jahrhundert!

Nehmen wir einmal an, Goethe hätte den Werther auf tausend Seiten zum Selbstmord geführt. Das wäre ein quälender roman experimental geworden. Oder nehmen wir an, Goethe hätte Werthers Schicksal auf den fünf Seiten einer Boccaccio-Novelle erledigt. Das wäre eine amerikanische Kurzgeschichte geworden. *Er mußte eine mittlere Lösung wählen.* Als er später die Novelle *Wahlverwandtschaften* schreiben wollte, landete er wieder beim Kleinroman. Sie sehen hier, wie gesetzmäßig neue Gattungsformen entstehen und wie wichtig der Umfang dabei ist.

Lyrik nach Straßburg

Wir kehren nun zur *Lyrik des jungen Goethe* zurück und fragen uns, ob auf diesem Gebiet eine ähnliche Zurückwendung zur Empfindsamkeit festzustellen ist wie auf dem Gebiet des Dramas und der Erzähldichtung. Da Klopstock das große Beispiel der empfindsamen Lyrik gab, ist die Frage beinahe gleichbedeutend mit der nach dem Einfluß Klopstocks.

Die Frage liegt um so näher, als wir wissen, daß der sogenannte Göttinger Hain die norddeutsche Variante des Sturm und Drang gewesen ist, daß diese Dichtergruppe vorwiegend *lyrisch* dichtete, daß sie Klopstock überschwenglich verherrlichte und daß die Grafen Stolberg, die gesellschaftlich führend waren, direkte Beziehung zu Goethe aufnahmen und ihn in Frankfurt besuchten.

Man muß bedenken, daß Goethe nur ein starkes Jahr in Straßburg war, von April 1770 bis August 1771. Die Rückkehr nach Frankfurt bedeutete tatsächlich ein gewisses Abrücken von den Volksliedidealen Herders und ein nicht nur geographisches, sondern auch geistiges Heranrücken an Klopstock und den Göttinger Hain. Goethe nimmt briefliche Verbindung mit Klopstock auf, ja er lernt ihn sogar persönlich kennen, als Klopstock nach Karlsruhe reiste.

Staiger behauptet, Goethes Jugendlyrik könne, “streng genommen, überhaupt nicht beurteilt werden”. Eine “sachliche” Kritik sei unmöglich, da seine Jugendlyrik keine Regeln und Maßstäbe kenne (I,81). Der Literarhistoriker hat im Unterschied zum bloßen Interpreten die Möglichkeit, sachliche Argumente in die Goethekritik einzuführen. Er wird zunächst feststellen, daß es vom *Heidenröslein* und von *Willkommen und Abschied* ein beträchtlicher Weg zu den Frankfurter Hymnen war.

Die Hymnen

“Die großen Hymnen” nennt Trunz diese Gruppe von Gedichten. Das ist ein etwas mißverständlicher Ausdruck; denn die Hymnen sind innerlich und äußerlich sehr verschieden groß. Es könnte sein, daß die äußerlich *kleinen* Hymnen besser, reiner, d.h. Goethescher sind als die äußerlich großen. Läßt sich vorstellen, daß der Dichter des *Heidenrösleins* ernsthaft mit Klopstocks großen Hymnen wetteiferte, ohne unrein im Sinn Goethes, d.h. ohne sich selbst untreu zu werden?

Die größte Beachtung dürfte in letzter Zeit *Wandrers Sturmlied* gefunden haben. Es gibt eine Interpretation von Arthur Henkel, Untertitel: *Versuch, das dunkle Gedicht des jungen Goethe zu verstehen*. Auch Gerhard Kaiser hat einen Deutungsversuch unternommen unter dem Titel *Das Genie und seine Götter*. In: *Euphorion*. 58 (1964). — Wenn man sich fragt: Warum jetzt gerade *Wandrers Sturmlied*?, so kommt man zu der Vermutung, daß dies mit dem modisch gewordenen Expressionismus zusammenhängt, mit der Abwendung von der Volksliedtradition, die *heute* so gut wie vollständig ist. *Ich* begnüge mich damit, Sie auf diese Neuinterpretationen hinzuweisen. Denn 1) kann ich Goethes Lyrik in dieser Vorlesung nur in Auswahl behandeln, 2) hat Goethe dies Gedicht *nicht* veröffentlicht; und als es ohne sein Wissen in den *Nordischen Miszellen* erschien, entschuldigend einen "Halbunsinn" genannt. In dieser Hymne wird gestammelt und geschrien, es ist ein unausgegorenes Experiment. Das mag *uns* interessieren! Aber das war nicht Goethes Weg, sondern eine Sackgasse, in die ihn Klopstock geführt hatte, eine Übertreibung des Vorbilds. Übrigens scheint es auch die erste der großen Hymnen gewesen zu sein, ein erstes Tasten. Henkel hat eindeutig nachgewiesen, daß in diesem Gedicht merkwürdig viel altes Sprachgut steckt. Die Dunkelheit erklärt sich zu einem guten Teil aus Anleihen bei der alten Emblematik und Hieroglyphik. Auch *dieses* Zurückgreifen, mitten im Sturm und Drang, ist hochinteressant. Aber alles das macht noch kein besonders *gutes* Gedicht. Besonders gute Gedichte sind unbestritten die Hymnen oder eigentlich Monologe *Prometheus* und *Mahomets Gesang* und die kurze Hymne *Ganymed*.

Wir wollen den *Ganymed* kurz betrachten und dabei seine Stellung zwischen der Sesenheimer Lyrik und Klopstock näher bestimmen. Goethe hat ihn kurz nach der Entstehung im Göttinger Musenalmanach von 1774 herausgegeben, zusammen mit *Mahomets Gesang*, der allerdings schon im Winter 1772/73 entstand. Das ist ein Hinweis darauf, daß Goethe *selbst diese* Gedichte für besonders gut hielt. — Ich halte es nach meinen Erfahrungen für nötig, den *Ganymed* vorzulesen, obwohl das Gedicht ja allen bekannt sein *sollte*.

Ganymed
Wie im Morgenrot
Du rings mich anglühst,
Frühling, Geliebter!
Mit tausendfacher Liebeswonne
Sich an mein Herz drängt

Deiner ewigen Wärme
Heilig Gefühl,
Unendliche Schöne!

Daß ich dich fassen möcht'
In diesen Arm!

Ach, an deinem Busen
Lieg' ich, schmachte,
Und deine Blumen, dein Gras
Drängen sich an mein Herz.
Du kühlst den brennenden
Durst meines Busens,
Lieblicher Morgenwind,
Ruft drein die Nachtigall
Liebend nach mir aus dem Nebeltal.

Ich komme! Ich komme!
Wohin? Ach, wohin?

Hinauf, hinauf strebt's,
Es schweben die Wolken
Abwärts, die Wolken
Neigen sich der sehnenden Liebe,
Mir, mir!

In eurem Schoße
Aufwärts,
Umfangend umfangen!
Aufwärts
An deinem Busen,
Alliebender Vater! (HA I,46f.)

Wir können das Gedicht an das *Mailied* anschließen, das ja auch schon den Frühling feiert und hymnische Züge aufweist. Worin besteht der Unterschied?

Goethe bedient sich, wie er es in dieser Zeit so oft tut, des *Mythos*. Daß es ein griechischer Mythos ist, fällt kaum ins Gewicht. Von dem schönen Knaben Ganymed, den Zeus liebte und in den Olympos zu sich heraufholte, ist kaum etwas übriggeblieben. Der griechische Zeus liebte alle möglichen Wesen. Sein Name darf in dem Gedicht *nicht* vorkommen, weil er falsche Vorstellungen erweckte. In Goethes Gedicht ist seine Liebe universal geworden: "Alliebender Vater". Trunz stellt in seinen Anmerkungen zur Hamburger Ausgabe das Gedicht in einen Gegensatz zur christlichen Tradition. Wichtiger ist zunächst der *Anschluß* an die christliche Tradition, im Gegensatz zum *Mailied*, wo es bekanntlich hieß

Wie herrlich leuchtet
Mir die Natur!

Natur, ganz einfach Natur. Kein Mythos! - - - Ebenso *Auf dem See*: "Wie ist Natur so hold und gut". Schon Zeus hat die Eigenschaft des Vaters; aber diese väterliche Liebe wurde durch das Christentum gewaltig gesteigert, und so ist der "alliebende Vater" zunächst von der christlichen Empfindsamkeit abzugrenzen.

Das Gedicht, das sich bei *Klopstock* zum Vergleich anbietet, ist wieder ein Frühlingsgedicht: *Die Frühlingsfeier*. Schon in diesem Gedicht ist Gott tief in die Natur eingelassen. Er wird im Gewitter erlebt. Er donnert und blitzt nicht nur, er segnet auch. Aber er bleibt der Allmächtige:

> [...] der Tropfen am Eimer
> Rann aus der Hand des Allmächtigen auch!

Er ist für alles zuständig; aber er ist *nicht* alliebend.

In Goethes Gedicht ist das Wort Allmächtiger, sogar allmächtiger *Vater*, unmöglich.

> An deinem Busen
> Allmächtiger Vater.

Das geht nicht. Dafür ist "Busen" zu konkret, zu sinnlich. Es wurde schon einmal gebraucht.

> [...] an deinem Busen
> Lieg' ich, schmachte,

Das Wort wird durch ein noch sinnlicheres ergänzt:

> In eurem Schoße
> Aufwärts,
> Umfangend umfangen!

Mensch und Gott werden zu einer vollkommenen Einheit; der Abstand scheint zu verschwinden. Das ist deshalb möglich, weil der Gott wie ein Mensch vor allem Natur ist:

> Und deine Blumen, dein Gras
> Drängen sich an mein Herz.

Es folgen der Morgenwind, die Nachtigall, das Nebeltal, die Wolken.

Trunz scheint also doch recht zu haben mit seiner pantheistischen Interpretation. Ich bin anderer Meinung. Wir hörten schon, daß der Gott Spinozas *nicht* liebt, jedenfalls so, wie ihn Goethe verstand. *Die Natur, das All kann nicht lieben*. Indem Goethe die Vertikale so stark betont: hinauf, hinauf, aufwärts, aufwärts und indem ihm der Frühling zuerst zum "Geliebten" und dann zum "alliebenden Vater" wird, bleibt er in einem unbestimmten *mythischen* Raum.

Gewiß, der alliebende Vater ist nicht so wörtlich zu nehmen, er ist ein Symbol, nicht anders als der Knabe Ganymed, der so geliebt wird. Aber zum Symbol gehört, wie wir schon wissen, eine gewisse *Viel*deutigkeit. Eine bestimmte Fixierung antichristlicher Art in der Interpretation wäre verfehlt, wie mir scheint. Ja es ist sogar richtig, wenn man im Ganymed eine gewisse Ergänzung und Korrektur des Gedichtes *Prometheus* sieht. Beide Gedichte scheinen 1774 entstanden zu sein und repräsentieren die Polarität von Verselbstigung und Entselbstigung, die wir schon als Goethisch kennen.

Zu dem *mythischen* Raum, in dem sich das Gedicht *Ganymed* von Anfang bis Ende bewegt, passen die Gattung und der Stil. Niemand wird bestreiten, daß wir eine Hymne vor uns haben. Beim *Mailied* fanden wir hymnische *Züge*, aber es blieb letzten Endes ein Lied mit Strophen und Reimen. Wir sprachen sogar von der Anmut dieses Lieds. Hier haben wir eine Hymne nach allen Regeln der Kunst, so wie sie Klopstock geschaffen und durchgesetzt hatte. Freie Rhythmen statt der Reime, statt der Strophen Abschnitte von verschiedener Größe.

So scheint es jedenfalls *zunächst*. Sehen wir genauer zu, so erkennen wir doch einen verhältnismäßig klaren Aufbau. Zuerst acht Verse, dann ein Innehalten, eine Pause oder vielmehr zwei Pausen vor und nach dem Ausruf:

> Daß ich dich fassen möcht'
> In diesen Arm!

Es folgt ein Abschnitt von neun Versen; also ein etwas größerer Abschnitt, der verhältnismäßig verhalten und fast liedhaft ist, besonders gegen Ende. Die Nachtigall und der *liebliche* Morgenwind, ja schon die bluomen und das Gras gehören normalerweise in das Liebeslied. Dazu paßt, daß die zweite Pause nicht nur einen Ausruf, sondern eine Frage enthält:

> Ich komme! Ich komme!
> Wohin? Ach, wohin?

Diese *elegische* Frage bringt die Bewegung der Hymne fast zum Stillstand, sie *dämpft den Aufschwung*, der zur Hymne gehört, stärker, als man, von Klopstock herkommend, erwarten konnte. Und auch das endgültige Aufgenommenwerden im Schoß des alliebenden Vaters ist für eine Himmelfahrt relativ ruhig. Immerhin steigert sich im letzten Abschnitt die Anaphorik und damit auch die Zahl der Verse - es sind elf -, so daß ein deutlicher Höhe- und Schlußpunkt entsteht. Das Hymnische behält die Oberhand, - trotz einiger Widerstände elegischer Art. Es ist aber keine *große* Hymne, wie Trunz durch seine Gruppeneinteilung zu verstehen gibt, sondern eine *kleine*. Man kann sich Klopstocks *Frühlingsfeier* unmöglich so kurz wie den *Ganymed* vorstellen, und umgekehrt kann man sich den *Ganymed* unmöglich so umfangreich wie die *Frühlingsfeier* denken. Das hängt mit der schon nachgewiesenen Dämpfung des erhabenen Inhalts *und* des erhabenen Stils zusammen.

Der *Ganymed* ist, wenn ich ein Oxymoron verwenden darf, eine sehr persönliche, ja geradezu eine intime Hymne, und eben damit ist sie im Sinn Goethes rein, *ein ganz eigenes Werk*.

Goethe hat sich die empfindsame Hymne in ähnlicher Weise *angeeignet* wie den empfindsamen *Roman*. In beiden Fällen wird die Gattung kleiner und intimer, individueller und in diesem Sinn intensiver. Dafür weniger rhetorisch und vielleicht auch weniger allgemeingültig.

Von Klopstock entfernen sich auch die *freien Rhythmen*, so wie sie hier Goethe, im Gegensatz zu *Mahomets Gesang*, verwendet. Der Reiz der freien Rhythmen beruhte ja zunächst vor allem darauf, daß die Verse sehr verschieden lang sein können und daß dadurch die stärksten rhythmischen Spannungen entstehen. Bei Klopstock heißt es z.B.:

> Mit tiefer Ehrfurcht schau ich die Schöpfung an,
> Denn Du!
> Namenloser, Du!
> Schufest sie!

Das sind vier Verse. Sie schwanken zwischen einer Hebung und fünf Hebungen. Im *Ganymed* hat sich die Spannung zwischen langen und kurzen Versen ebenso vermindert wie die zwischen Gott und Mensch.

> Daß ich dich fassen möcht'
> In diesen Arm

schwankt nur zwischen zwei und drei Hebungen und so ist es fast überall. Wir werden auf diese Neigung zu *entspannten* freien Rhythmen beim frühen Weimarer Goethe zurückkommen. Der Ganymed ist noch dynamisch *genug*; aber das Abrücken von Klopstock, die Neigung zur Stildämpfung, zur Stilberuhigung ist schon zu spüren. Und damit ist die Hymne ganz und gar Goethes Eigentum, ganz und gar repräsentativ für ihn.

Goethe hat freilich zu dieser Zeit in ganz verschiedenen Tönen gedichtet. So entstand z.B. *Der König von Thule* im gleichen Jahr wie der *Ganymed* (1774):

> Es war ein König in Thule,
> Ein' goldnen Becher er hätt
> Empfangen von seiner Buhle
> Auf ihrem Todesbett. (HA I,79)

So beginnt die Ballade in der frühen Fassung. Die Wörter werden rücksichtslos verkürzt, um den herben Ton der Volksballade zu treffen.

Gelegenheitsgedichte

Vor allem aber gibt es in dieser Zeit eine Menge *Gelegenheitsgedichte*. Sie bilden um den Kern der guten Gedichte eine Peripherie von sehr *verschiedenem* Wert. Vieles ist unausgefeilt, hingehauen. Manches ist bekenntnishaft, manches didaktisch und sehr vieles satirisch. Diese Gelegenheitslyrik ist demnach neben die Gelegenheits*dramatik* zu stellen. Trunz stellt neben die Gelegenheitsgedichte eine Gruppe, die er *Künstlergedichte* nennt. Aber der Begriff Künstlergedicht ist ein wenig irreführend. Man darf *ja* nicht an das Künstlerdrama *Tasso* denken; denn auch diese sogenannten Künstlergedichte sind gelegenheitlich, didaktisch, oder wenigstens reflektiert und satirisch. "Schlagt ihn tot, den Hund! Es ist ein Rezensent" (HA I,62). Dieses berühmte und verständliche Wort stammt aus diesen sogenannten Künstlergedichten. Einer ist beim Dichter zu Gast und dann geht er zum Nachbarn, um über das Essen und Trinken zu räsonieren. Es geht also hier, wie in den Farcen oft sehr derb zu. Das Gedicht erschien im *Wandsbecker Boten* des Matthias Claudius, 1774. Anfang: "Da hatt' ich einen Kerl zu Gast". Der Kerl ist ganz und gar kein großer Kerl. Der Geniebegriff kommt da und dort zum Ausdruck; aber er herrscht nicht so klar und ausschließlich, wie es die herrschende Vorstellung vom jungen Goethe erwarten läßt.

Die Nähe zur Gelegenheitsdramatik zeigt sich schon darin, daß diese Gedichte öfters eine szenische Form haben, z.B. *Des Künstlers Erdewallen*. Goethe schrieb die Szene auf seiner Rheinreise 1774 ins Stammbuch eines Malers, woran man wieder die Nähe zur Gelegenheitsdichtung erkennen kann. *Des Künstlers Erdewallen* heißt der Titel. Der Künstler wird in seiner häuslichen Misere gezeigt, in seiner Armut und Abhängigkeit von den feinen Leuten, die sich als Kenner aufspielen, ohne es zu sein.

Alles in allem ist klar zu erkennen, daß sich auch in diesen Künstlergedichten Goethes Rückkehr in die Gesellschaft widerspiegelt. Bei der Benützung der Hamburger Ausgabe ist übrigens in diesem Fall Vorsicht geboten. Trunz fügt eine Szene bei, die vom klassischen Goethe stammt und die Meisterschaft geradezu *gegen* den Geniebegriff ausspielt. Der Titel heißt *Künstlers Apotheose* (1788). Übrigens beschäftigt sich auch dieses Gedicht noch mit der Armut und Abhängigkeit des Künstlers. In *dieser* Frage, Künstler und *Gesellschaft*, inhaltlich also, wird der *Tasso* durchaus schon präludiert, aber der Ton ist noch nicht so würdig wie im Drama.

Goethe selbst wollte um keinen Preis abhängig werden. Das ist einer der wichtigsten Gründe für seine Flucht nach Weimar. Denn der Hof bot dem Künstler einen verhältnismäßig großen Spielraum. Auch von dort wird Goethe nach einiger Zeit fliehen, nach Italien bekanntlich; aber er kehrte zurück und *blieb* in Weimar, obwohl er sich die Rückkehr nach Frankfurt ab und zu überlegte.

Lili-Lyrik

Eine Zeitlang sah es so aus, als ob Goethe schon in Frankfurt gebunden und in die bürgerliche Gesellschaft zurückgeführt werden würde: durch eine konventionelle Ehe und durch den ebenso konventionellen Anwaltsberuf. Er lernte um die Jahreswende 1774/75 Lili Schönemann kennen und verlobte sich dann mit ihr. — Es ist keine Frage, daß Goethe Lili sehr geliebt hat, daß er immer wieder an sie gedacht hat und daß er sich bis ins Alter gefragt hat, ob *diese* Frau nicht doch die richtige für ihn gewesen wäre. Noch aus der Darstellung in *Dichtung und Wahrheit* spricht sein Entzücken und eine gewisse Trauer.

Das Bild von einer leichtsinnigen Rokokodame, die Goethes nicht *wert* war, ist längst verflogen. Lili entsprach seiner innersten Neigung ebenso wie seinem Bedürfnis nach Aufstieg und Glanz. Denn Lili war ihm gesellschaftlich überlegen, sofern man darunter die Vermögenslage versteht. Aber eben deshalb hätte auch die Ehe mit Lili ein *arbeitsreiches, bürgerliches Leben bedeutet*. Lilis Eltern waren keineswegs gewillt, ihre Tochter einem ungesicherten Poeten zu geben. Goethe bemühte sich also, eine tragfähige Anwaltspraxis aufzubauen, die diesen Anforderungen entsprach. Aber man spürt gleich ein Widerstreben gegen so viel Solidität. Man kann sich nicht vorstellen, daß *der* Goethe, der nachts von Offenbach nach Frankfurt wanderte und in einem Weinberg schlief, tagsüber mit verbissenem Eifer am Aufbau seiner Existenz arbeitete. Er war keineswegs gewillt, seine Freiheit oder gar seine Bildung und Poesie zu opfern. Und in solchen Fällen verstand es Goethe immer, zu *fliehen*. Den Anfang dazu machte 1775 seine erste Schweizreise. — Sein Berufungsbewußtsein, *nicht* die fehlende Liebe war es, was ihn dazu brachte, Lili aufzugeben. Auch die Familie hat manches dazu getan.

Das Bild von der Rokokodame Lili entstand vor allem durch gewisse Gedichte der Lili-Zeit. So schildert er z.B. in dem Gelegenheitsgedicht *Lilis Park* sich selbst als ungezogenen Bären, den Lili wie die anderen Verehrer zähmen wollte. Das *trifft* natürlich die Freiheitsgefühle des Stürmers und Drängers. Aber 1) zeigt dies Gedicht durch seinen ganzen Ton, daß Goethe selbst in dieser Zeit gar nicht so gesellschaftsfern und antirokokomäßig war, wie er vorgibt (sogenanntes Scherz-Gedicht), 2) hat er sich in Weimar durch Charlotte von Stein noch viel gründlicher zähmen lassen, als das in einer freien Reichsstadt notwendig war.

Die Hauptsache ist wohl die Abneigung, sich *überhaupt zu binden* an Ehe *und* Beruf. Seine Tätigkeit in Weimar war dann doch etwas anderes, Anspruchsvolleres als ein bürgerlicher Beruf.

Wie sehr ihn Lili fesselte, bei allem Widerstreben, wie ihn ihr Bild immer begleitete, das zeigt die *Lili-Lyrik* allenthalben. Sogar in dem schönsten dieser Gedichte, das auf dem Zürcher See gedichtet wurde und eine Befreiung bedeutete, spukt immer noch die Erinnerung an Lili. Später hieß das Gedicht *Auf dem See*. Dies Gedicht hat früher jeder Germanist gekannt, und das war richtig [!]. Die erste Fassung ist noch nicht so vollendet wie die zweite. Der Anfang ist noch reichlich drastisch, sturm- und drangmäßig:

> Ich saug' an meiner Nabelschnur
> Nun Nahrung aus der Welt. (HA I,102)

Sowohl das allzu kühne Bild wie auch das Flickwort "nun" zeigen die fehlende Feile. Aber der Gesamtcharakter des Gedichts ist schon fertig. Und dazu gehört: 1) der Wechsel der Stimmungen, der vom wechselnden Rhythmus wunderbar dargestellt wird. Dieser jede wechselnde Stimmung wiedergebende Rhythmus war neu. 2) die völlige Verschmelzung von Natur und Stimmung, von Eindruck und Ausdruck. Nehmen Sie etwa die Verse, die die neue Lebensfreude andeuten:

> Auf der Welle blinken
> Tausend schwebende Sterne,

Schließlich dann 3) die unerhörte Ausdruckskraft (Glitzern des Sees, noch nie so ausgedrückt) *und* zugleich die Plastizität des Schlußsymbols

> Und im See bespiegelt
> Sich die reifende Frucht.

Wie Goethe hier seine Liebe *ausdrückt* und sich zugleich von ihr *löst*, indem er die reifende Dichtung als Heilmittel in seiner Krise einsetzt und zugleich die reifende Kraft der Natur beschwört, das ist im höchsten Sinne schon klassisch.

Eine gewisse *Kühle* gehört zweifellos *dazu*, aber sie hat hier noch nichts von der Marmorkälte, zu der sich der spätere Goethe oft durch das Vorbild der Antike verleiten ließ (Heines Kritik). Das Innere und das Äußere sind *völlig* konform. Das Seelische ist noch keineswegs aufgeopfert, aber es ist schon ganz in die *Anschauung* eingegangen. — Man braucht nur andere Gedichte der Lili-Zeit danaben zu stellen, um die einmalige Leistung zu empfinden, z.B. das bekannte Lied:

> *Neue Liebe, neues Leben*
> Herz, mein Herz, was soll das geben,

Was bedränget dich so sehr?
Welch ein fremdes neues Leben -
Ich erkenne dich nicht mehr. (HA I,96)

Das kann ein anderer auch! sagt man da wie Merck über den *Clavigo*. Oder nehmen Sie das Gedicht *Wonne der Wehmut*:

Trocknet nicht, trocknet nicht,
Tränen der heiligen Liebe!
Ach, den halbtrocknen Augen schon
Wie öde, tot ist die Welt!
Trocknet nicht, trocknet nicht,
Tränen der ewigen Liebe! (HA I,104)

Meine früheren Hörer erinnern sich wohl noch daran, daß die Empfindsamen den Menschen nach seinen Tränen beurteilen. Wer nicht weint, ist ein Barbar. Die Tränen werden in Goethes Gedicht eng mit der "*heiligen* Liebe", mit der "*ewigen* Liebe" verbunden. Auch diese Sakralisierung der Liebe ist typisch empfindsam. Fragt man sich, wodurch das Gedicht ein Goethesches wird, so stößt man wieder auf seine Kürze. Trunz hat nachgewiesen, daß Goethe die einstrophigen Gedichte in seiner Jugend *und* in seinem Alter besonders geliebt hat (Erich Trunz: *Goethes lyrische Kurzgedichte 1771-1832.* In: *GoetheJb.* 26 (1964)). Das einstrophige Gedicht stammt aus der Rokokodichtung, die ja überhaupt zur Kleinform neigte. Goethe hat sich diese Form angeeignet, nicht nur durch Beseelung, sondern auch durch eine besondere Kunst der Abrundung. Am Anfang und Ende unseres Gedichts stehen die Verse:

Trocknet nicht, trocknet nicht,
Tränen der [...] Liebe!

Nur die Adjektiva werden variiert: Zuerst heißt es der "heiligen", dann der "ewigen" Liebe. Diese variatio ist noch ein wenig traditionell, d.h. rhetorisch. Aber vom pointierten Kurzgedicht des Rokoko *und* vom verfließenden langatmigen Gedicht der Empfindsamkeit ist schon ein weiter Abstand gewonnen. An die Stelle der Pointe oder des Ergusses tritt die *Rundung*, und das ist schon ein Hinweis auf die spätere Hinwendung zum Klassischen.

II. Kapitel

Goethes frühe Weimarer Zeit (1775-1786)

Der voritalienische Goethe ist von seiner Jugend nicht *so* weit entfernt, wie man sich dies vorzustellen pflegt. Es ist eine Übergangszeit, deren Hauptkennzeichen die stilistische Unsicherheit und die menschliche Zwiespältigkeit ist.

Iphigenie, aber *Iphigenie* in *Prosa*.

Freie Rhythmen, aber was für freie Rhythmen?

Höfling, der Vertraute des derben Karl August, gewiß, und zugleich Asket und Mystiker, - um eine Autorität zu sein.

Der Unterschied zwischen dem voritalienischen und dem nachitalienischen Goethe ist groß, größer wahrscheinlich als der Abstand, der den späten Frankfurter Goethe von dem frühen Weimarer Goethe trennt. Die eigentliche Revolution im Leben Goethes bringt erst die italienische Reise, fast gleichzeitig übrigens mit der Französischen Revolution.

Die frühe Weimarer Zeit Goethes ist ihrer Struktur nach ausgesprochen *vor*revolutionär. Man muß, wenn man den Goethe der frühen *Weimarer* Zeit wirklich verstehen will, zunächst sich darüber klar sein, daß er in Weimar *die Sphäre der Empfindsamkeit keineswegs ganz verläßt*. Die Herrin des Musenhofes, Herzogin Anna Amalia, war recht empfindsam und, was damit zusammenhängt, sehr ernst, sehr idealistisch, sehr platonisch, in der Frage der Kunst sowohl wie in der Moral. Und die Frau, die Goethe in diesen Jahren liebte, die ihn in einem gewissen Sinn *beherrschte*, Charlotte von Stein, war noch ernster.

Das Studium von Winckelmann wirkte in der gleichen Richtung. Er vertrat einen empfindsamen Klassizismus. Zwar versuchte Goethe eine Zeitlang so etwas wie einen Weimarer Sturm und Drang durchzusetzen, zusammen mit dem jungen Herzog. Es war zunächst ein ewiges Jagen und Tollen am Hof, eine richtige Jugendbewegung. Alles was über dreißig war, wurde an die Wand gedrückt und als vergreist behandelt. Dazu gehört z.B. der 42jährige Wieland. Aber bald hagelte es von allen Seiten Beschwerden. Goethe erschien als unverantwortlicher Verführer, als skrupelloser Günstling. Und auch er selbst hatte bald genug von der Hetze. Er schickte Reinhold Lenz, der, wie immer, Goethe nachgeschlichen kam, *weg*, in ein trauriges Schicksal übrigens.

Dem wackeren *Klinger* ging es in Weimar um kein Haar *besser*. Und als das Jahr 1776 vorüber war, waren Goethe und Wieland eng befreundet, die Ordnung wiederhergestellt. Herder war zwar da, aber auch er änderte sich und versuchte, sich der Hoftradition anzupassen. Schon als Theologe war er keineswegs zum entschiedenen Revolutionär berufen.

Von "*Deutscher* Art und Kunst" war vorderhand *keine* Rede mehr - *bis* zur Romantik. - Wir haben es also hier mit einer Art *Restauration* zu tun, mit einer Rückkehr zu dem in ganz Europa vorhandenen Ideal des Klassizismus. Nur war er eben, nach Winckelmanns Vorbild, in Deutschland betont griechenfreundlich. Aber das hinderte nicht, daß sehr viel von der europäischen Empfindsamkeit in diesen Klassizismus einströmte. Man kann von einer organischen, zeitgemäßen Fortentwicklung des europäischen Klassizismus sprechen, wie sie schon Wieland der Herzogin zuliebe in seiner *Alceste* versucht hatte. Sie war eine Vorstufe der *Iphigenie*.

Lyrik

Wir bleiben vorläufig noch bei der Lyrik, denn hier ist die Kontinuität deutlicher als im Drama. Ihre *Peripherie* zeigt wenig Veränderung gegenüber Frankfurt, wie ja auch der Name Charlottes an den Namen Lili anklingt. Goethe nennt sie Lida. Die unmittelbar an sie gerichteten Verse ähneln denen an Lili oft ganz merkwürdig. Da heißt es z.B. in einem Brief an sie:

> Woher sind wir geboren?
> Aus Lieb'.
> Wie wären wir verloren?
> Ohn' Lieb.
> Was hilft uns überwinden?
> Die Lieb'.
> Kann man auch Liebe finden?
> Durch Lieb'.
> Was läßt nicht lange weinen?
> Die Lieb'.
> Was soll uns stets vereinen?
> Die Lieb'. (HA I,128)

Das ist das typische empfindsame Gedicht, sogar mit einem Schuß Rokoko. Daran erinnert die kunstvolle Wiederholung des Wörtchens Liebe, die sinnige Variation der Bedeutung. Die Apokope des e, d.h. der naivere Ausdruck Lieb', ändert daran nicht viel. So etwas konnten die Hofdamen auch! Alles dichtete nämlich am Hof von Weimar [Tiefurter Journal], und Goethe fügt sich gutmütig in die Rolle des primus *inter pares*. Vieles also bleibt *peripher*, Gelegenheitslyrik, vgl. das Kapitel bei Friedenthal: “Der Hofpoet und der Dichter”. Tiefer geht schon das Gedicht: "Warum gabst du uns die tiefen

Blicke" (1776). Es hat keinen Titel. Goethe versucht hier, sein Verhältnis zu Frau von Stein wahrheitsgemäß zu bestimmen, zu objektivieren. Dazu ist zunächst einmal die Distanzierung von den naiv und blind Liebenden notwendig. Goethe schaut jetzt mit einem gewissen Neid auf diejenigen, die traumhaft lieben (= früher). Eine solche blinde Leidenschaftlichkeit gibt es nicht mehr für ihn:

> Nur uns armen liebevollen beiden
> Ist das wechselseit'ge Glück versagt,
> Uns zu lieben, ohn' uns zu verstehen,
> In dem andern sehn, was er nie war,

Die Liebe zu Frau von Stein wird als eine ganz menschliche und sittliche bestimmt:

> Ach, du warst in abgelebten Zeiten
> Meine Schwester oder meine Frau;

Der Mythos der Seelenwanderung wird also bemüht, um die tiefe und doch leidenschaftliche Bindung zu bezeichnen.

Verständnis schenkt ihm Frau von Stein, nicht eigentlich Liebe im landläufigen Sinn. Sie "mäßigt", sie "erhellt", sie "beruhigt" sein Blut [!]. Aber dieser Zustand ist doch nicht schmerzlos. Die Ruhe ist mit einer gewissen *Ent*seelung, mit einem gewissen Absterben bezahlt. In der letzten Strophe finden wir die Worte

> Und wir scheinen uns nur halb beseelet,
> Dämmernd ist um uns der hellste Tag. (HA I, 122f.)

Das wird von den Schlußworten zugedeckt. Aber die Klage hallt doch spürbar nach und gibt dem Gedicht die Schicksalstiefe, die ein rein platonisches, rein empfindsames Gedicht *nicht* zu haben pflegt.

Die erste Strophe hat acht Zeilen, die zweite zwölf. Dann erst faßt der Dichter das Gedicht entschlossen in Achtzeiler *zusammen*. Das Streben nach *klarer Form* ist unverkennbar. Es begleitet die *sittliche* Entsagung, um die Goethe sich bemüht. Aber ein Rest *formsprengender* Kräfte bleibt auch hier, und eben das gibt dem Gedicht die *Fülle*, dasselbe geheimnisvolle Drängen und Erschauern, das schon beim jungen Goethe in seinen besten Werken zu finden war.

Goethe war sich damals noch nicht der Tatsache bewußt, daß die übernommene empfindsame Rolle *zu streng für ihn war*. Charlotte von Stein war eine Frau, die dem Fräulein von Klettenberg gar nicht so unähnlich war, wie man es etwa aus ihrer Stellung als Hofdame vermuten könnte. Wir müssen hier alle bürgerlich-klassenkämpferischen Vorstellungen vom Hof über Bord werfen, um die *Wahrheit* zu erfassen. Sie war eine überaus tugendhafte Hofdame. Sie lebte zwar in einer gleichgültigen konventionellen Ehe mit dem Stallmeister von Stein, dem besten Reiter am Hofe; aber sie leitete daraus kein Recht ab, sich schadlos zu halten. Als Goethe sie kennenlernte, war sie fast nonnenhaft. Aber er unterwarf sich der gleichen Selbstlosigkeit. Der Altersunterschied war nicht so groß wie beim Fräulein von Klettenberg. Immerhin stand er als junger Mann einer ausgereiften Frau gegenüber, die ihn in eine unerhört strenge Schule nahm. Goethe ist wieder einmal der große Lehrling.

Wie sehr sich Goethe bemühte, alles Rauschhafte abzulegen und völlig *rein*, völlig *besonnen* zu werden, das kann man etwa daran sehen, daß er auf den Wein verzichtete, der damals eine Selbstverständlichkeit war. Sein einziges Vergnügen war die Arbeit im Garten. Er bezog ein Gartenhäuschen an der Ilm und er gestaltete die dortige Gegend allmählich zum Park. Es war eine Art asketischer *Einsiedelei.*

Es ist sehr charakteristisch für Goethe, daß er sozusagen mit einer Freundin ins Kloster geht. *Ganz* konnte er den Freuden eines vertrauten weiblichen Umgangs *nicht* entsagen, denn er war zutiefst erotisch. Aber diese Freundschaft sollte ihm geradezu die Ehe *ersetzen*, sie war als *endgültig gedacht*. Man hat die spätere Bitterkeit Charlottes von Stein nicht verstanden, so als ob sie tyrannisch gewesen sei. Ihr Anspruch konnte sich aber auf sehr entschiedene Versprechungen Goethes stützen. — Man würde nun allerdings diesen seltsamen Herzensbund nicht ganz verstehen, wenn man ihn isoliert betrachten würde. Er hängt zusammen mit der gewaltigen *Sendung*, von der Goethe damals noch immer träumte.

Sie erinnern sich an den *Mahomet*-Plan. Die Frage war hier, ob man ganz rein bleiben und doch in der Welt eine mächtige Rolle spielen, ja geradezu eine neue Welt schaffen könne. Goethe *wollte* in Weimar eine neue Welt erschaffen, nicht mehr als trotziger Einzelgänger und Dichter, *sondern im engsten Bezug zur Gesellschaft.*

Alles war ihm als dem Günstling zugefallen, er hatte durch das Vertrauen des Herzogs einen Einfluß, der seinen Plan keineswegs als größenwahnsinnig erscheinen läßt. Sein Plan war auch insofern vollkommen *richtig*, als man eine neue Welt nicht in der Idylle, sondern nur in der Gesellschaft schaffen kann. Wenn er später Napoleon so bewunderte, so deshalb, weil dieser Mann eine neue Welt geschaffen zu haben schien.

Wir sehen aber auch, warum sie Goethe *nicht* geschaffen hat: Er glaubte sie ohne Machtpolitik im engeren Sinn des Wortes schaffen zu können: durch das Theater, durch humane Maßnahmen des Staates und durch einen religiösen Weltbund der edlen Menschen. Davon soll später die Rede sein. Hier soll nur noch gezeigt werden, daß sich Goethe um die Realität keineswegs *ganz* herumdrückte, wenn er auch brutalen Mitteln, z.B. dem Heer, abgeneigt war. Natürlich kostete sein Einfluß, sein Kunstprogramm, sein ganzes Vorhaben den Herzog einiges Geld. Weimar war ein außerordentlich armes Städtchen und Sachsen-Weimar ein armer Kleinstaat.

Zunächst suchte Goethe durch die Belebung des Bergwerkwesens und der Landwirtschaft der herzoglichen Kasse aufzuhelfen. Bei dieser Gelegenheit hat er viel Geologie gelernt, aber den praktischen Zweck hat er nicht erreicht. Der Staat erlitt bei diesem Unternehmen sogar erhebliche Verluste. *Geldmangel*! Daher übernahm er die Stelle des Kammerpräsidenten, d.h. des Finanzministers von Sachsen-Weimar. Wieland spottete darüber und fragte, ob etwa Homer eine solche Stelle übernommen hätte. Aber das war ein Mißverständnis: Goethe wollte damals viel eher Perikles als Homer sein. Er wollte kein Eroberer wie Mahomet sein. Aber in Weimar wollte er herrschen, - mindestens. *Um dieser Aufgabe gewachsen zu sein, verzichtete Goethe weithin auf die sinnlichen Freuden des Lebens*. Um zu herrschen, rein zu herrschen, wollte er entsagen, so gut er konnte. *Und in diesem Bestreben sollte ihm Frau von Stein helfen*. Er glaubte durch sie zu einem Menschen zu werden, der der Herrschaft würdig ist. Ich lese Ihnen ein programmatisches Bekenntnis Goethes vor, das zeigt, wie *ernst* ihm das alles war:

> Ich übe mich und bereite das möglichste. [!] In meinem jetzigen Kreis hab ich wenig, fast gar keine Hinderung außer mir. In mir noch viele. Die menschlichen Gebrechen sind rechte Bandwürmer, man reißt wohl einmal ein Stück los und der Stock bleibt immer sitzen. Ich will doch Herr werden. Niemand als wer sich ganz verleugnet ist wert zu herrschen, und kann herrschen.

Sie sehen: Die Selbstbeherrschung als Weg zur Herrschaft. *Goethe fängt bei sich selbst an. Wenn* es eine heroische Epoche Goethes gibt, so ist es diese frühe Weimarer Zeit. Das frühere *subjektive* Titanentum mutet demgegenüber literarisch, geschwätzig und knabenhaft an.

Größe heißt nicht mehr Entfesselung der Natur, sondern Herrschaft des Geistes über das, was in uns und außer uns chaotisch ist. Erinnern wir uns unter diesem Gesichtspunkt an das Gedicht *Seefahrt* aus dem Jahre 1776. Trunz stellt das Gedicht merkwürdigerweise zu den Hymnen. Eher ist es eine Parabel. Goethe greift zu der alten Allegorie der Seefahrt zurück, um das Menschenleben darzustellen. Aber 1) ist die *Seefahrt* keineswegs Ausdruck für ein bloßes Geworfensein vom Schicksal wie im Barock. 2) drückt er damit die ganz bestimmte Lage, in der er sich persönlich fühlte, aus. Er hat die stürmische Fahrt *begonnen*, wie sie *enden* wird, weiß er nicht; aber wie er sich *verhält*, das weiß er:

> Doch er stehet männlich an dem Steuer.
> Mit dem Schiffe spielen Wind und Wellen,
> Wind und Wellen nicht mit seinem Herzen.
> Herrschend blickt er auf die grimme Tiefe
> Und vertrauet, scheiternd oder landend,

Seinen Göttern. (HA I,49f.)

Da ist wieder das Wort "herrschen"! Aber er weiß, daß Herrschaft gefährlich ist.

So müssen wir uns den frühen Weimarer Goethe vorstellen. Er hat etwas Ungeheures unternommen, er will, wie er in einem Zeugnis sagt, *die Pyramide seines Daseins auftürmen*. Es ist klar, daß Goethe damals etwas ganz anderes darunter verstand als das, was herausgekommen ist: er will nämlich eine Pyramide auf breitester Grundlage.

Das Ziel liegt näher bei Perikles oder Augustus oder Kaiser Joseph II. als bei dem sogenannten Klassiker Goethe, der sich mit Schiller zusammen begnügt, in den *Xenien* ein paar Literaten zu köpfen, den Hoftheaterdirektor schlecht und recht zu spielen, die Professoren in Jena zu betreuen usw. Wenn dieser Goethe noch wenig bekannt ist, so liegt es darin, daß Goethe seine letzten Ziele in ein Geheimnis zu hüllen pflegte. Kein Volksführertum, keine Militärdiktatur wie später bei Robespierre und Napoleon, sondern eine durch und durch aristokratische Laufbahn war beabsichtigt, z.B. durch Führung Karl Augusts, seines Herzogs.

In diesen Bereich gibt das lange Gedicht *Ilmenau* einen, freilich schwer verständlichen, Einblick. Es ist 1783 entstanden, war aber *nicht* für die Öffentlichkeit bestimmt. Es ist eine durchaus esoterische Dichtung: ein ganz persönliches Geburtstagsgedicht für den 26jährigen Herzog. Goethe erinnert *sich* und den Herzog an das wilde Treiben, das sich vor Jahren hier abspielte, als man noch jung und freiheitslüstern war. Goethe verschweigt nicht, daß damals Unreines geschehen ist:

Ich brachte reines Feuer vom Altar -
Was ich entzündet, ist nicht reine Flamme.

Sie sehen hier wieder das Mahomet-Problem. Freilich hat Goethe, gemessen an christlichen Bußgedichten, eine Entschuldigung und zugleich eine Hoffnung. Man *kennt* die Norm, das Ziel der Entwicklung *nicht*. Man ist auf der Suche, und da sind Irrtümer unvermeidlich. Zum Schluß eröffnet sich eine freundliche Aussicht auf das bisher Geleistete und noch zu Leistende. Das Ethos, das wir bei Goethe kennengelernt haben, wird auch dem jungen Herzog zur Verpflichtung gemacht. Die Fürstenerziehung ist also für Goethe wie für Barock und Aufklärung die *erste* Bedingung für eine gute Welt:

So mög', o Fürst, der Winkel deines Landes
Ein Vorbild deiner Tage sein! [Weimar als Vorbild der ganzen Gegenwart]
Du kennest lang' die Pflichten deines Standes
Und schränktest nach und nach die freie Seele ein.
Der kann sich manchen Wunsch gewähren,
Der kalt sich selbst und seinem Willen lebt;

Allein wer andre wohl zu leiten strebt,
Muß fähig sein, viel zu entbehren. (HA I,107ff.)

Halten Sie neben diese Verse *Ganymed* oder *Auf dem See*, so spüren Sie schon rein sprachlich und rhythmisch, daß Goethe zu der gebundenen und *etwas abstrakten* Form der Dichtung zurückkehrt, die *vor* dem Sturm und Drang herrschte.

Er übernimmt sich auch in dichterischer Hinsicht, insofern er oft auf die originale Selbstaussprache verzichtet und sich wieder *über*persönlichen Formen und Ideen verschreibt. Das wird in der *Iphigenie* noch deutlicher sein.

Die Vielgestaltigkeit von Goethes Lyrik zeigt sich auch in der Weimarer Zeit. Wir hörten schon, daß Staiger jede Bewertung von Goethes Werken ablehnt, da es für sie keinen Maßstab gäbe. Entsprechend behauptet er, Goethe spreche in allen Gedichten, so verschieden sie seien, *selbst*! Die Verschiedenheit beunruhigt ihn in keiner Weise:

> Darüber sind wir uns völlig klar: die Mannigfaltigkeit des Stils in Goethes früher Lyrik gefährdet die Einheit des Wesens nicht. Er mag sich äußern, wie er will; unverkennbar spricht er selbst, und jedes Gedicht unterscheidet sich von aller älteren Poesie. (I,75)

Ich muß gestehen, daß mich die *Un*einheitlichkeit des jungen Goethe beunruhigt. "Einheit seines Wesens" ist schnell gesagt; aber worin besteht sie?

Meines Erachtens muß man doch Schichten unterscheiden, die nicht nur verschieden*artig*, sondern auch verschieden*wertig* sind. Die autobiographisch bestimmten Gedichte, über die wir bisher sprachen, bilden noch nicht den Kern seiner frühen Weimarer Lyrik, so geistvoll und interessant sie sind.

Ob die Gedichte in freien Rhythmen den Kern seines Werks bilden? Man darf wohl antworten: eher als die autobiographischen oder gar didaktischen Gedichte. Den Ausklang der Sturm und Drang-Hymnen bildet die *Harzreise im Winter*, geschrieben Ende 1777 (HA I, 50). Auf den ersten Blick ähnelt sie *Wandrers Sturmlied*; sie ist auch ein Blick auf den *heroischen* Goethe der Zeit. Wieder ist der Dichter *unterwegs*, jetzt sogar im wilden Gebirge, wo die Winterströme vom Felsen stürzen und Geister hausen. Wieder weiß der Dichter um die Bedeutung seines Lieds, seines Genius. Aber wichtiger ist jetzt der Vater der Liebe, die Liebe selbst, die ihn auf grundlosen Wegen führt. Des Dichters Lied klingt zusammen mit dem "Psalter", mit dem der Vater der Liebe die Menschen erquickt. Das erinnert an *Ganymed*. Aber es ist doch anders.

Der Dichter denkt an einen, den die Liebe *nicht* erquickt, der seinen eigenen Wert in ungenügender Selbstsucht verzehrt. Wir wissen, daß es sich hier um einen gewissen Plessing handelt, bei dem Goethe die Aufgabe des Tröstens zu erfüllen hatte. Die Hauptsache ist aber, daß sich Goethe nun als *verantwortlich* fühlt, nicht in erster Linie als *freies Genie*. Goethe sieht zwar von oben auf die Welt hinunter, aber er gedenkt dabei der anderen, der Brüder.

Der objektive, gesetzmäßige oder gar sittliche Ton wird charakteristisch für die Hymnen in Weimar. Goethe gibt also die Form der Hymne in freien Rhythmen noch *nicht* auf, aber er modifiziert sie nach dem klassischen Stilprinzip. Nicht nur etwas Persönliches, sondern etwas Überpersönliches soll ausgesagt werden, *Allgemeingültiges*.

Wir haben im *Ganymed* die Harmonie von Aufwärtsbewegung und von Abwärtsbewegung kennengelernt, in *mythologischer* Form. Gott und Mensch vereinigen sich. Es ist nun sehr charakteristisch für Goethe, daß er das gleiche Prinzip an einem Symbol der *Natur* darstellt, am Wasser [!] *Gesang der Geister über den Wassern* (HA I,143f.):

> Des Menschen Seele
> Gleicht dem Wasser:
> Vom Himmel kommt es,
> Zum Himmel steigt es,
> Und wieder nieder
> Zur Erde muß es,
> Ewig wechselnd.

Der hymnische Anruf ist hier zur ruhigen *Feststellung* geworden! Nicht das *Gefühl* in seinen wechselnden Gestalten, sondern dieser Wechsel *selbst* ist zum Gegenstand geworden; das Gefühl ist nicht aufgehoben, aber objektiviert. - Und diesem gesetzmäßigen Denken entspricht der ruhige Gang der Verse, der etwas Unerbittliches hat. Immer breitet sich die Seele aus, wenn sie frei ist. Goethe zeigt das am Symbol des Wasserfalls (Anregung im Lauterbrunnen). Immer *schäumt* die Seele, wenn sie auf Widerstände stößt. Goethe zeigt es am Bild der Klippe. Auch das Wiesental, der See und der See mit *Wind* symbolisieren den ewigen Wechsel der Seele. Und dann kommt das Gedicht wieder auf den Anfang zurück, nicht wörtlich, sondern in *vertiefender* Variation.

> Seele des Menschen,
> Wie gleichst du dem Wasser!
> Schicksal des Menschen,
> Wie gleichst du dem Wind!

Man könnte nämlich zunächst an einen unbedeutenden, oberflächlichen Wechsel der Seele denken, - an die Laune, die im Rokoko eine so große Rolle gespielt hat. Der letzte Satz zeigt, daß die Seele zugleich das *Schicksal* ist, *daß sie über Leben und Tod entscheidet*. Und dieses Schicksal gleicht also dem Wind, der unberechenbaren Gewalt der Natur. Aus der Ruhe der Verse weht plötzlich ein Schauer, der in der gleichzeitigen *Iphigenie* erst der modernen Interpretation offenkundig geworden ist. Ich meine das *Parzenlied*. *Ist die*

Natur allmächtig oder gibt es eine Verantwortung des Menschen? Es gibt ein Gedicht in freien Rhythmen, das ein Humanitätsgedicht ist, ein lyrisches Gegenstück zur *Iphigenie* und zu dem epischen Fragment *Die Geheimnisse*. Der Titel heißt *Das Göttliche* (HA I,147ff.). Es zeigt die runde, kreisförmige Gestalt, die dem Gesetzesdenken des klassischen Goethe entspricht, schon voll entwickelt:

Edel sei der Mensch,
Hilfreich und gut!
Denn das allein
Unterscheidet ihn
Von allen Wesen,
Die wir kennen.

Was in der *Harzreise* der Kern war (die Verantwortung!), wird jetzt in einer Form *aus*gesprochen, die an die Lehrdichtung der Aufklärung erinnert. Aber der Goethe, der nun die Welt kennt, weiß, daß die Humanität keineswegs selbstverständlich ist. In der *Natur* ist davon *nichts* zu spüren, *sie* ist "unfühlend". Das ist ein erstaunliches Wort für den Dichter des *Ganymed*. Der Kausalitätsbegriff und der damit verwandte Fortunabegriff des 17. Jahrhunderts machen sich bei dem Spinozajünger erneut geltend. Die Kälte der Natur wird ohne Empfindsamkeit rücksichtslos beschrieben und das Ergebnis dieser Betrachtung ist:

Nach ewigen, ehrnen
Großen Gesetzen
Müssen wir alle
Unseres Daseins
Kreise vollenden.

Er mag an den Tod gedacht haben, aber wahrscheinlich ist nicht nur der Tod gemeint. Beachten Sie auch das Eherne der *Verse*: immer zwei Hebungen. Aber nun kommt der Umschwung, das humane Trotzdem:

Nur allein der Mensch
Vermag das Unmögliche
Er unterscheidet,
Wählet und richtet;
Er kann dem Augenblick
Dauer verleihen.

So denken wir uns auch die "Unsterblichen", die "höheren Wesen". Ob mit Recht, - diese Frage bleibt offen. Sicher ist aber, daß der Mensch *über*natürlich, verantwortlich sein muß. Der letzte Abschnitt variiert wieder den ersten; aber so, daß die Mahnung verstärkt wird:

Der edle Mensch
Sei hilfreich und gut!
Unermüdet schaff' er
Das Nützliche, Rechte,
Sei uns ein Vorbild
Jener geahneten Wesen!

Das Göttliche ist ein reichlich abstrakter Titel! Aber der mythische Charakter der Hymne wird *nicht* aufgegeben. Hier sind es jene geahneten Wesen, in der *Harzreise* war es der Vater der Liebe. In der Hymne *Grenzen der Menschheit* sind es die Götter. Grenzen der Menschheit (um 1780). Wieder also zwei Pole wie bei *Prometheus* und *Ganymed*: Auf der einen Seite die Autonomie, auf der andern die Heteronomie.

Denn mit Göttern
Soll sich nicht messen
Irgend ein Mensch. (HA I,146f.)

Die beiden Gedichte liegen nur wenige Jahre auseinander und lassen sich nicht als Entwicklung verstehen.

Goethe *schwankt*, wie schon früher, zwischen den beiden Polen des menschlichen *Freiheitsstolzes* und des Gefühls der menschlichen *Abhängigkeit.* Man darf aus den Gedichten keine Theologie machen. Aber deutlich ist wohl doch, daß Goethe nicht mehr so sehr an sich selbst und an seinen Genius als an die Menschheit, die Menschlichkeit und an sittliche oder religiöse Normen denkt.

Goethe wird sozialer und besonnener, so sehr, daß die Hymne vollkommen ihren leidenschaftlichen Charakter verliert und allmählich abstirbt. Was hier, in den Weimarer Hymnen gesagt wird, das ließe sich wohl auch in Reimversen sagen. Man kann diese sittlich-religiösen Hymnen verschieden bewerten und *hat* sie verschieden bewertet, je nach der Weltanschauung der jeweiligen Gegenwart. (Das haben sie mit der *Iphigenie* gemein. Über sie streitet man seit langer Zeit und Goethe selbst lieferte die Stichworte.)

Über *Lehrgedichte* kann man immer streiten, sie mögen so gut sein wie sie wollen! Dagegen kenne ich keinen Goetheforscher, der den innersten Kreis von Goethes früher Weimarer Lyrik *nicht* bewundert. Gültigeres gibt es in der ganzen deutschen Literatur nicht so leicht wieder. Die Gedichte sind *so* überzeugend, daß jede flüchtige Interpretation unangemessen und das Schweigen als die richtigere Haltung erscheint.

Dazu gehören zum *Teil* schon die Gedichte in freien Rhythmen wie *Gesang der Geister über den Wassern*. Dazu gehören aber vor allem kurze Gedichte wie *Wandrers Nachtlied* ("Der du von dem Himmel bist") und *Ein Gleiches* ("Über allen Gipfeln / Ist Ruh"). In den Werken hat Goethe diese beiden Gedichte immer zusammengestellt, und sie gehören ja auch zusammen.

Goethe ist immer noch der Wanderer, aber nun singt er keine Sturmlieder mehr, sondern Nachtlieder, Lieder des Friedens und der Entsagung. Im Sinn von Goethes Weltfrömmigkeit darf man ohne jeden ironischen Nebenton auch sagen: Es sind fromme Gedichte; sie haben in der nachchristlichen Religiosität schon jetzt eine große Rolle gespielt...

In den innersten Kreis von Goethes damaliger Lyrik gehört auch das berühmte Weimarer Mondlied mit dem Titel *An den Mond.*

> Füllest wieder Busch und Tal
> Still mit Nebelglanz,
> Lösest endlich auch einmal
> Meine Seele ganz (HA I,129f.)

Das Gedicht ist seinem Aufbau nach keineswegs klassisch. Der Aufbau ist eher ein wenig verworren. Nicht um sonst spricht der Dichter von dem "Labyrinth der Brust". Aber es ist doch eines der besten Gedichte, die es in deutscher Sprache gibt. Was diese stillen, ja ich möchte sagen, tröstlichen Gedichte auszeichnet, ist der einmalige, *unvergleichliche Rhythmus*. Und der einmalige Rhythmus ist immer das, was am schwersten zu interpretieren ist. In der Verlegenheit pflegt man von magischer Sprache und magischer Seelenlandschaft zu sprechen. Aber was ist das?

Leichter ist diese Magie in den *Balladen* der frühen Weimarer Zeit zu erfassen. Im *Heidenröslein* erscheint die Erneuerung der Volksballade noch ein wenig spielerisch, wenn nicht rokokohaft. Der frühe Weimarer Goethe, der schon ein handelnder *Mann* ist, erfährt die Mächte, die uns bedrohen, *tiefer*, ohne deshalb der Schauerballade zu verfallen. Ich denke vor allem an *Erlkönig* ("Wer reitet so spät durch Nacht und Wind") und an den *Fischer* ("Das Wasser rauscht', das Wasser schwoll, / Ein Fischer saß daran").

Den *Erlkönig* sollten Sie mit Bürgers *Lenore* vergleichen, der berühmten, aber etwas aufgedonnerten Geisterballade, welche am Eingang der erneuerten Volkspoesie steht. Die beiden Gedichte verhalten sich etwa wie Klopstocks *Frühlingsfeier* und *Ganymed* zu einander. Goethes Gedicht ist jeweils kürzer und "intensiver", und völlig unnachahmlich, weil es einen einmaligen, einzigartigen und daher tiefer bezaubernden Rhythmus hat. Bürgers *Lenore* setzt den Aberglauben voraus, den Geisterglauben. Den *Erlkönig* kann man auch symbolisch verstehen.

Den *Fischer* könnte man mit den späteren Lorelei-Gedichten von Brentano und Heine vergleichen, und wieder würde man bemerken, daß es vor allem der kaum zu interpretierende Rhythmus ist, der die Gedichte Goethes trägt und unnachahmlich macht. Ich lese nur die letzte Strophe der Ballade:

> Das Wasser rauscht', das Wasser schwoll,
> Netzt' ihm den nackten Fuß;
> Sein Herz wuchs ihm so sehnsuchtsvoll,

Wie bei der Liebsten Gruß.
Sie sprach zu ihm, sie sang zu ihm;
Da war's um ihn geschehn:
Halb zog sie ihn, halb sank er hin,
Und ward nicht mehr gesehn. (HA I,153f.)

Was hier Magie genannt wird, das ist das neue Erlebnis des Kosmischen, die Sehnsucht nach dem dunklen Element, nach Rausch und Liebe, ja nach dem Tod, der wie die Liebe ein kosmisches Geschehen ist.

Goethe sagte später einmal, er habe nur an das Baden gedacht. Wenn man auch bedenkt, daß das Baden noch eine Art heiliger Handlung war wie in Indien - Goethe badete allein, möglichst in der Nacht und bei seiner Einsiedelei -, so ist diese Aussage natürlich eine Abschwächung, mit der er der Rede vom sinnlichen und verführerischen Dichter Goethe *entgegentreten* wollte. In Wirklichkeit beweist dies Gedicht wie *Werthers Leiden* die verführerische und unwiderstehliche *Sprachgewalt*, über die Goethe verfügte, und durch die er die in der Tradition geborgenen Zeitgenossen bis tief ins 19. Jahrhundert hinein *erschreckte*. Natürlich war noch etwas anderes gemeint als Baden, nämlich jede Art von "kosmischer Ineinsfühlung" - bis hin zum Selbstmord: (Das Wort "kosmische Ineinsfühlung" stammt aus Max Schelers Buch über die Sympathiegefühle) Erfindung der frühen Goethezeit. Später, besonders im Biedermeier, wäre eher von einem "kosmischen Erschrecken" zu sprechen. Dies Wort wendet der Amerikaner Rey auf Stifter an.

Es gibt also für den Dichter der *Iphigenie* einen Bereich, der unmenschlich, unheimlich ist und sich jeder sittlichen Beherrschung *entzieht*. Später hat er es das Dämonische genannt. Aber Goethe ist immer noch idealistisch genug, um zu glauben, daß sich das Dämonische *verdrängen* läßt. *Nur unterirdisch, in einzelnen Gedichten, geistert es noch.* In der neuen klaren Welt, die Goethe handelnd, schauend, forschend und dichtend aufbauen will, darf es nicht herrschen.

Freimaurertum

Wie sehr er damals an die Aufklärung glaubte, zeigt sein positives Verhältnis zu den geheimen Orden. *1780 wurde er in die Loge Amalia aufgenommen.* Um die Bedeutung dieses Schritts zu verstehen, muß man bedenken, daß ein so aufgeklärter Mann wie Wieland damals die Geheimbündelei *ablehnte*. Er glaubte zwar an die sogenannten "Kosmopoliten", d.h. an einen unsichtbaren Orden der Weisen, denen überall in der Welt eine große Aufgabe zukommt. Aber Wieland glaubte damals nicht an Organisationen, mochten sie auch noch so edle Ziele haben. Damit war er keineswegs allein und der Orden der "Strikten Observanz", zu dem die Loge Amalia gehörte, zerfiel 1782. Aber wir kennen ja nun den Goethe dieser Zeit! So schnell resignierte er *nicht*. Schon

1783 trat er dem Illuminatenorden bei, der schon im Namen sein aufgeklärtes Ziel verkündet und sehr mächtig war.

Es ist ja auch ganz klar, warum. Sachsen-Weimar ist ein kleines Land. Wenn man eine neue Welt oder auch nur eine neue Teilwelt schaffen, mitschaffen will, so *muß* man nach überregionalen Beziehungen suchen.

Wie ernst es Goethe mit diesen Bestrebungen war, das zeigt die erstaunliche Tatsache, daß er bereit war, seine *Dichtung* in ihren Dienst zu stellen. Wenn Klopstock der protestantischen Kirche ihr Epos schenken wollte, so wollte es jetzt Goethe den Freimaurern schenken. Bedenken Sie, was das für einen Dichter heißt! Die Tätigkeit dieser Orden vollzog sich im Geheimen; also mußte Goethe bereit sein, für eine geheime, völlig esoterische Gemeinschaft zu dichten. Und das war er. Schon der Titel des Epos zeigt es: *Die Geheimnisse* (1784/85).

Die Geheimnisse

1780 hatte Wieland seinen *Oberon* vollendet. Das Werk genoß beim urteilsfähigen Publikum, besonders aber bei Goethe selbst, *höchste* Anerkennung. Daß Goethe mit Wieland wetteifern wollte, zeigt schon das Versmaß, die Ottaverima, also eine Stanzenart, die Wieland in Deutschland durchgesetzt hatte. Sie wird in den *Geheimnissen* mit großer Regelmäßigkeit durchgeführt. Goethe unterwirft sich also einer völlig künstlichen, objektiven *Form*, *wie* er sich auch einem objektiven *Auftrag* unterwirft. Er geht darin weit über Wieland *hinaus*, insofern kein humoristisch und subjektiv getöntes Kunstwerk, sondern sozusagen eine *Bibel für die Gemeinschaft der Humanitätsgläubigen gedichtet werden soll.*

Man verweist vor allem auf Gedanken Herders. Aber diese Gedanken waren Allgemeingut; man kann ebenso auf Lessing und Wieland und viele andere verweisen. *Herder* dürfte Goethes Ziele kaum gebilligt haben. Er war ja schließlich das Oberhaupt der Weimarer *Kirche*, und sehr böse darüber, daß Goethe und sein fürstlicher Schützling nicht in die Kirche gingen. Es handelte sich wirklich um "Geheimnisse". Innerhalb von *Goethes* Entwicklung sind *Die Geheimnisse* natürlich an den Plan zum *Ewigen Juden* anzuschließen. Sie beweisen, wie hartnäckig sein Ringen um das religiöse Epos, beziehungsweise um die Säkularisation des christlichen Epos war. *Noch konnte er sich von dem alten ungeheuren Anspruch, der mit dem Begriff "Epos" verbunden war, nicht lösen.* Im Ton bedeuten *Die Geheimnisse* sogar eine gewisse Rückkehr zum *heiligen* Epos, insofern sie ernst - ohne jede Ironie -, ja sogar enthusiastisch sind. Sie sind der nächste Verwandte der *Iphigenie.*

Erhalten sind 44 Stanzen, der Anfang des Epos. Die Gangart des Erzählens ist *sehr gemächlich*, was auf die Planung eines großen Umfangs schließen läßt. Goethe selbst spricht in der ersten Strophe von Pfaden, die in die Büsche gleiten, also sich verschlingen. Und er sagt, daß das ganze Lied nicht zu "enträtseln" ist. Er wird also bewußt dunkel, bewußt andeutend dichten.

Der Bruder Markus kommt in ein seltsames Kloster. Schon beim ersten Betreten der Kirche wird ihm wohl. Er sieht ein Kreuz, aber kein gewöhnliches Kreuz.

> Es steht das Kreuz mit Rosen dicht umschlungen. (HA II,273)

Es ist ein sogenanntes Rosenkreuz. - Seit den Tagen Johann Valentin Andreaes, d.h. seit dem großen Religionskrieg im 17. Jahrhundert, war das Rosenkreuz Symbol für die unsichtbare, *über*konfessionelle oder gar *über*christliche Kirche. Die Rosenkreuzer vertreten eine mystische Religion der Ehrfurcht, Ahnung und Liebe. Von dogmatischen Begriffen halten sie *nichts*. Auf diese Tradition greift hier Goethe zurück. Aber er deutet das Symbol nicht aus. Bruder Markus wird vorläufig nur von einem Geheimnis berührt und vorbereitet. Man soll sich fragen: Was bedeutet das Rosenkreuz?

Im Kloster empfangen ihn die Brüder freundlich. Es sind alles alte Leute, die der Welt entsagen dürfen. Sie erzählen von einem wunderbaren Mann, der über besondere Kräfte verfügte, ja der sich sogar selbst bezwang [!] und nun im Sterben liegt.

> Humanus heißt der Heilige, der Weise,
> Der beste Mann, den ich mit Augen sah (S. 278)

Die Brüder schreiben alle seine wunderbaren Taten und Lehren auf, um sie für immer zu bewahren: Das heißt: Sie schreiben das neue Evangelium auf! Markus wird schließlich in einen großen Saal geführt, in dem sich dreizehn Stühle befinden, darüber dreizehn Bilder. Auf dem mittelsten erblickt er wieder das Rosenkreuz. Wieder ist er tief berührt. Als Bruder Markus sich von dem Saal nicht losreißen kann, wird er aufgefordert, zu bleiben. Es sind noch viele Geheimnisse hier, die er erfahren wird. So weit das Fragment *Die Geheimnisse*.

Natürlich hat sich die Jugend um 1800 mit Feuereifer auf dieses Fragment gestürzt und Goethe wurde immer wieder gefragt, was es *bedeute*. 1816 ließ er sich zu einer Antwort herbei, in Cottas *Morgenblatt* (HA II,281ff.). Damals war Goethe schon der Statthalter des poetischen Geistes auf Erden - durch die Romantik. Der Aufsatz hat daher einen gewissen ex-cathedra-Ton. Er ist sich *sehr* seiner Verantwortung bewußt.

Das Kloster, so sagt er, bedeutet einen "ideellen Montserrat", also einen heiligen Berg, der nicht nur wie der Montserrat das katholische Zentrum, sondern das Zentrum *aller* Religionen bedeutet. Die zwölf Jünger des Humanus sind die Religionen; aber jeder Jünger erzählt vom Meister etwas *anderes*. Jede Religion hat ihre Blüte und ihre Entartung. Das hätte man anschaulich erfahren, indem man mit Bruder Markus durch alle Teile der Welt gewandert wäre. *Nach* dieser langen Wanderschaft über die Erde wäre Bruder Markus das Oberhaupt des Ordens geworden. Zum Schluß wünscht Goethe seinen Lesern, daß sie sich in dieser humanen Gesinnung befestigen und dadurch auf ihrem "eigenen Montserrat" Glück und Ruhe finden. Aber diese Wendung, diese biedermeierliche Entsagung gehört zweifellos dem alten Goethe an.

Ursprünglich ging es um etwas Aktiveres: um die Stiftung oder doch Darstellung einer Humanus-Religion. 1782, also kurz vor der Abfassung, schrieb er das berühmte Wort, er sei "kein Widerchrist, kein Unchrist, aber doch ein dezidierter Nichtchrist". Schon die Zwölfzahl der Jünger und das Symbol eines *neuen* Kreuzes zeigen, daß Humanus an die *Stelle von Christus* tritt. Nicht nur ein eigener "Montserrat", sondern ein neues religiöses Zentrum, genauer eine Religion der Religionen und neue allgemein-religiöse Ordensverbände sind gemeint. Die *Mahomet*-Idee ist also *noch keineswegs abgetan! Anders* lassen sich die Mitarbeit in den geheimen Gesellschaften und der große Epos-Plan kaum verstehen. Es war zum mindesten ein Spiel mit dem Feuer, ich meine, mit dem *Prophetentum.*

Aber auch jetzt, da Goethe ungleich mächtiger ist als in der Zeit des *Ewigen Juden*, verläßt ihn sein ästhetischer und religiöser Takt *nicht. Die Geheimnisse* bleibt Fragment, und seine Mitarbeit in den Orden eine Episode.

Was war auf dem Gebiet der erzählenden Dichtung *wirklich* zu tun - *ohne* diese überspannten Ansprüche? Wieland hatte ihm den Weg längst gewiesen! Aus der Zeit der besten Freundschaft mit ihm, nämlich aus dem Jahr 1777, stammt der Plan eines Romans, eines Entwicklungsromans nach dem Vorbild des *Agathon*. Goethe kam vom *Werther* her; es lag also nahe, den Roman in der eigenen Gegenwart anzusiedeln, wie es die Franzosen und Engländer schon lange taten. (W<ieland> = Griech<enland>) *Ganz* selbstverständlich war das für den Dichter der *Iphigenie* nicht; die *Dramen* der damaligen Zeit spielen in fernen Ländern und Zeiten. Aber die Gattung des *Romans* vertrug solchen Realismus; denn es wurde kein großer *dichterischer* Anspruch damit erhoben, um so mehr ein *praktischer*. Wir befinden uns auch hier im Bereich der Versuche, die auf eine Erneuerung der Welt abzielen. So erklärt sich der Titel: *Wilhelm Meisters theatralische Sendung*. Wieder ein Fragment, aber diesmal ein *großes*.

Theater

Wenn Sie sich vorstellen wollen, was das Theater damals bedeutete, so lesen Sie den *Anton Reiser* von K. Ph. Moritz. Er entstand gleichzeitig mit der *Theatralischen Sendung*. Wir *wundern* uns heute, daß die Kirche damals so erbittert das Theater bekämpfte, z.B. Goeze. Aber der *Anton Reiser* zeigt, welche überschwenglichen Erwartungen man hegte. Auch Lessing hatte ja nach dem Verbot der religiösen Streitschriften gesagt, die *Bühne* sei nun seine *Kanzel*. Das Theater *war* also ein Konkurrent der *Kirche*, so wurde es von vielen Humanitätsgläubigen erlebt. Die *Theatralische Sendung* steht also in innerem Zusammenhang mit den *Geheimnissen*, nicht nur mit der *Iphigenie*, die der *dramatische* Ausdruck von Goethes Sendungsbewußtsein war!

Nun weiß allerdings Goethe sehr viel mehr über die Praxis des Theaters als der geheimen Orden. Er braucht hier kein Idealbild aufzustellen, sondern kann aus der *Erfahrung* erzählen. Unter Erfahrung ist hier nicht nur die persönliche Erfahrung gemeint, sondern die Erfahrung ganzer Generationen. Man hat mit Recht gesagt, in dem Wege Wilhelms spiegle sich die ganze Theatergeschichte des 18. Jahrhunderts: der Zustand der Komödiantenbühne, die wiederholten vergeblichen Versuche, in Leipzig (Gottsched / Neuberin) oder Hamburg (Lessing / Ekhof) ein bürgerliches Nationaltheater zu gründen und schließlich das schwierige Verhältnis zwischen dem Theater und den Höfen, der Beginn des Hoftheaters.

Die *Theatralische Sendung* hat viele Mängel, vor allem stilistischer Art, sie ist bloßer *Entwurf*; aber sie ist etwas vom Lebendigsten, was Goethe je geschrieben hat. Sie ist keineswegs *durchdacht*, sie spiegelt die wechselnden Stimmungen Goethes, die Täuschungen und *Ent*täuschungen mit dem Theater und darüber hinaus mit dem ganzen deutschen Volk wider. Der Zweifel, zu dem Lessing am Ende der *Hamburgischen Dramaturgie* kommt, ob es nämlich überhaupt ein Nationaltheater geben kann bei einem Volk, das keine Nation *ist*, bricht immer wieder auf in Wilhelms Herz, aber auch der unbändige, jugendliche Wunsch Goethes, *dieses Theater zu schaffen*, ist immer wieder spürbar, deutlicher als in den späteren *Lehrjahren*. Und gemeint ist jetzt das Humanitätstheater, nicht bloß ein Theater in deutscher Sprache.

Das Theater ist noch keineswegs ein schöner Irrweg, ein Mittel der *Bildung* oder Lebenskunde für einen jungen Mann, sondern Gegenstand höchster Hoffnung und eben *daher* eine Sendung. Wenn wir öfters Ironie zu spüren glauben, so bezieht sich das 1) auf Wilhelms Liebesabenteuer, die ein wenig nach dem Muster Wielands gestaltet sind. Der junge Mensch muß viele Enttäuschungen der Liebe erleben. Nur auf diesem Weg wird er fähig, das Wirkliche zu sehen.

2) hat Goethe in der Sphäre des Romans das Bedürfnis, nach der Natur darzustellen, und das heißt jetzt möglichst ungeschönt zu schildern. Das verlangt gerade nach klassizistischen Vorstellungen die *Prosa*-Literatur. Diese Technik hat er sich besonders in der berühmten Darstellung der zweiten Schweizerreise von 1779 erworben. Die Darstellung ist hier *so* sachlich, daß sie geradezu als kalt und gefühllos erscheinen kann. (Das Stilprinzip des *Wertherschlusses* hat sich durchgesetzt.) Vor allem in den ersten Büchern der *Theatralischen Sendung*, in denen er den neuen Stil noch nicht beherrscht, ist er oft verletzend. Man kann hier von Anfängertum reden, aber es ist das geniale Anfängertum in einem Stil, der eigentlich mit Werthers *Briefen* nichts

mehr zu tun hat, sondern deutlich in die Zukunft weist, die den realistischen Roman bringen wird.

Wenn man so sachgemäß, erfahrungsgemäß schreiben will und doch noch ein wenig in der alten Empfindsamkeit steckt, dann ist die Ironie, ein bewußtes Absetzen vom Gefühl, unvermeidlich. Es kommt also zu einem Stil, der lange nicht so einheitlich, so rein ist wie der Stil der *Iphigenie. Oder anders ausgedrückt*: Die *Theatralische Sendung* ist wenig stilisiert, im Gegensatz zu den episch stilisierten *Lehrjahren*.- Aber für uns ist sie ganz unschätzbar, sie zeigt die tatsächlichen Spannungen, in denen Goethe steht, *und* sie zeigt, daß Goethe noch ganz andere Möglichkeiten hatte als diejenigen, die in der sogenannten Klassik fixiert wurden. Nach der einen Seite ist die *Sendung* abstrakter. Goethe schaltet hemmungslos Reflexionen ein, wie es Wieland und andere ältere Dichter getan hatten. Auf der anderen Seite aber ist der Stil auch *sinnlicher, farbiger, blühender, bewegter* als er dem hochklassischen Goethe möglich und erwünscht war [!]. Man muß also das Werk als *eigenen Ansatz* nehmen, nicht nur als Vorstufe, - stilistisch so gut wie ideell.

Die *Theatralische Sendung* versetzt uns auf den Standpunkt, von dem aus wir Goethes *dramatische Arbeiten* in dieser Zeit verstehen können. - *Stella* und *Clavigo* waren Versuche gewesen, das Theater zu überrumpeln und ein paar Lorbeeren zu erhaschen. Jetzt geht es darum, das Theater wirklich zu *erobern* mit der planmäßigen, gesammelten Kraft des jungen *Mannes*, der auf allen Gebieten an seine *Sendung* glaubt und für den das Theater ein zentrales Gebiet ist.

Wenn wir heute an diesen Sinn von Goethes klassischen Dramen nicht mehr denken, wenn wir sie ohne weiteres als theaterfern betrachten, so ist das gründlich unhistorisch und spiegelt nur den Theaterzustand, der *später*, besonders durch Schillers mächtiges Auftreten, entstanden ist.

Goethes Dramen der frühen Weimarer Zeit sind der Versuch, *das durch den Hof zu leisten, was den Bürgern Gottsched, Lessing und Schröder durch die Städte nicht gelungen war*. Das Bürgertum hatte vorläufig versagt! *Nur* von den Höfen war ein stehendes Theater zu erwarten, das hatte sich in den Experimenten des 18. Jahrhunderts gezeigt. Und: Zum Hof gehörte die klassizistische Form, überhaupt der Adel der Stücke: in Sprache und Gesinnung. Aber *gemeint* waren die Stücke als Grundlage eines deutschen *Nationaltheaters*.

Dieser Versuch ist gründlich mißlungen. Wir sagen: weil Goethe kein *Theatraliker* war. Er selbst hatte einen anderen Grund dafür, den gleichen, den Lessing hatte, daß nämlich die *Deutschen* kein Nationaltheater verdienten. Noch am 27. März 1825 sagt Goethe zu Eckermann folgendes:

> Ich hatte wirklich einmal den Wahn als sei es möglich ein deutsches Theater zu bilden. Ja ich hatte den Wahn als könne ich selber dazu beitragen und als könne ich zu

einem solchen Bau einige Grundsteine legen. Ich schrieb meine Iphigenie und meinen Tasso und dachte in kindischer Hoffnung so würde es gehen. - Allein es regte sich nicht und rührte sich nicht und blieb alles wie zuvor. - Hätte ich Wirkung gemacht und Beifall gefunden, so würde ich Euch ein ganzes Dutzend Stücke wie die Iphigenie und den Tasso geschrieben haben. An Stoff war kein Mangel. Allein, wie gesagt, es fehlten die Schauspieler um dergleichen mit Geist und Leben darzustellen und es fehlte das Publikum dergleichen mit Empfindung zu hören und aufzunehmen.

Wir wollen hier nicht fragen, ob Goethe Recht hatte oder nicht, sondern nur zwei historische Feststellungen machen, die wenig bekannt sind: 1) Goethe schrieb seine klassischen Dramen nicht für Schüler oder für sonst ein literaturbeflissenes Publikum, das seinen *Stil* bewunderte, sondern für das *lebendige Theater*. 2) Das Weimarer Hoftheater, das er später pflichtgemäß geleitet hat und aus dem man heute so viel Wesen macht, war offensichtlich *nicht* das deutsche Nationaltheater. Ein solches hat es bis zum Jahre 1825, da Goethe spricht, nach der eigenen Meinung Goethes *nicht* gegeben.

Ich glaube, daß Goethe besser wußte als ein heutiger Bildungsmensch, wie ein Nationaltheater, das klassische Theater eines Volks, aussehen muß. Er kennzeichnet unverblümt die *Tragödie* des sogenannten klassischen Dramas in Deutschland. Wir werden auf die Verspätung des deutschen Dramas hinweisen, auf allerlei soziale und konfessionelle Faktoren, *wir* können diese Tragödie besser *verstehen* als Goethe, aber *leugnen* sollten wir sie nicht; dieser Zwiespalt von Geist und Gesellschaft gehört zu unserer Geschichte und wir müssen ihn ganz unerschrocken *sehen*, wenn wir ihn jemals überwinden wollen.

Man kann keineswegs behaupten, daß Goethe besonders unverantwortlich oder wirklichkeitsscheu war. Die amerikanische Perspektive Heinrich Meyers führt hier völlig in die Irre. Goethe arbeitete nicht für College boys, sondern er arbeitete für die hochkultivierte Gesellschaft, die vor 1789 Europa beherrschte. Er tat es mit Umsicht und Hingebung, im Kampf mit den täglichen Schwierigkeiten des Theaters, nicht wie ein akademischer Utopist.

Das Theater von Weimar war eben abgebrannt, als Goethe nach Weimar kam. Die Mittel zum Neubau fehlten; überhaupt konnte sich Weimar kaum leisten, ein stehendes Theater zu halten. Es galt also zunächst, mit den bescheidensten Mitteln etwas auf die Beine zu stellen, womöglich etwas Gutes. Dies geschah auf dem Wege des sogenannten *Liebhabertheaters*.

Liebhabertheater

Das Liebhabertheater hatte an Höfen und in Städten schon eine alte, freilich wenig rühmliche Tradition. Die Weimarer Einrichtung jedoch darf man sich nicht gar so liebhabermäßig vorstellen, wie es der Name nahelegt. Zwar erschienen Goethe und sogar der Herzog auf den Brettern, aber neben ihnen standen oft bedeutende Schauspieler. Zu nennen ist hier besonders Corona Schröter; sowohl der Herzog wie Goethe selbst waren in diese Schauspielerin verliebt, aber sie war unnahbar, so recht geboren für die Rolle der *Iphigenie*. Auch in der Theaterwelt von Weimar herrscht also die sublimierte entsagungsvolle Atmosphäre, die uns von Charlotte von Stein bekannt ist. Die *Iphigenie*, die 1779 uraufgeführt wurde, war also kein *Fremdkörper*, wie so oft *heute*, sondern ein organischer Bestandteil des *Lebens*, das damals in Weimar gelebt wurde.

Allerdings stand neben dem Enthusiasmus, - das ist in jeder geselligen Kultur nicht anders zu denken - die Entspannung: die leichte Musik, die Komik und die Parodie. Zahlenmäßig überwiegen sogar diese Dinge. So hat z.B. Goethe in dieser Zeit eine ganze Reihe von *Singspielen* geschrieben, die eine Betrachtung verdienen würden. Fortsetzung der Frankfurter Übung, z.B. *Die Fischerin*, dann *Jery und Bätely*. Wir wollen sie, um Zeit zu sparen, *übergehen*, aber sie doch als Symptom für Goethes *praktischen* Theatersinn nicht vergessen.

— Das eigentliche *Lustspiel* verträgt sich schlecht mit dem humanen Enthusiasmus der *Iphigenie*. Erwähnen möchte ich aber Goethes Übersetzung der *Vögel* des Aristophanes. Aristophanes war schon das Vorbild des Sturm und Drang. Das ist immerhin ein Versuch, den Geist der Farcen nicht völlig aufzugeben und dem Enthusiasmus ein Gegengewicht zu geben. Allerdings wird die Übersetzung nicht vollendet.

— Aber Goethe hat noch einen direkteren Versuch gemacht, sich von der modischen Empfindsamkeit zu *befreien* und damit der *echten Empfindung* Bahn zu brechen: nämlich durch die Parodie. — Die Parodie zeigt, im Unterschied zum eigentlichen Lustspiel, daß man von dem Parodierten noch nicht *frei* ist, daß man sich erst von ihm befreien muß. Die Empfindsamkeitstradition war *sehr* stark. Noch Heine mußte sie parodieren! Die Parodie ist *heiter*, aber sie ist es nicht aus sich selbst, sondern im *Widerspruch* zu einem Ernst, der als lästig und vielleicht als unecht empfunden wird, aber immer noch seine Macht über einen großen Teil des Publikums ausübt, ja sogar im eigenen Gemüt noch ein gewisses Lebensrecht beansprucht. Wir haben öfters davon gesprochen, daß Goethe in Weimar zur Tradition des Barock ein neues Verhältnis gewinnt. Dazu gehört auch dieser Dualismus von enthusiastischem und parodistischem Theater. Das Merkwürdige ist jetzt nur, daß Goethe beides *zugleich* gibt: den Enthusiasmus *und* die Parodie.

Triumph der Empfindsamkeit

Ich spreche von dem *Triumph der Empfindsamkeit*. Gundolf sagt (S. 240) vielleicht mit Recht, daß hier zum erstenmal die romantische Ironie erscheint, eben durch die merkwürdige und ein wenig rücksichtslose Verquickung von

Enthusiasmus und Parodie des Enthusiasmus. Die Verquickung von Enthusiasmus und Parodie ist das Neue, nicht das Nebeneinander entgegengesetzter Stilebenen.

Wenn Goethe im *Urfaust* ironisch wird, so weiß man genau, was man davon zu halten hat. Mephistopheles z.B. kann das, was Faust sagt, mit seiner Ironie nicht völlig entwerten, denn er ist der Teufel. Und Satyros übersteigert den Sturm und Drang-Stil von vornherein so, daß er komisch vernichtet werden muß. Da gibt es keine Frage. Schwieriger ist die Sache im *Ewigen Juden*. Und in ähnlicher Lage befinden wir uns hier. Goethe legte nämlich in den *Triumph der Empfindsamkeit*, also in eine parodistische Stilsphäre, das Monodrama von *Proserpina* ein, das uns an die *Iphigenie* erinnert, das also wirklich *schön* ist. Wenn Goethe dieses Werk *nicht* in die Parodie eingelegt hätte, wäre niemand darauf gekommen, es zu beanstanden oder gar zu parodieren. Was sollen wir davon halten? Gundolf sagt, es sei "die größte und kaum faßliche Sünde, die Goethe jemals gegen irgendeine seiner ernsten Dichtungen begangen hat" (S. 242). Er wurde, so meint Gundolf, durch die Gesellschaft *verführt*, der er als Maître de plaisir dienen wollte. Nun, Gundolf ist ein Priester, der Goethe sozusagen wie eine Messe zelebriert und daher Experimente *nicht* ertragen kann. *Wir* sagen: Warum soll Goethe nicht auch einmal in der Richtung auf die Romantik hin experimentieren? Warum soll er nicht übermütig Ernst und Satire durcheinanderwerfen, so daß man verwirrt wird. Wenn nur er selbst dadurch allmählich zur Klarheit kommt. *Und das ist ja in den klassischen Dramen der Fall!*

Das Monodrama, also das von *einer* Person gesprochene Drama, war eine Modeerscheinung. Es entsprach vollkommen der Empfindsamkeit, die ja durchaus monoman, monologisch und daher zum echten *Dia*log unfähig war. Man braucht nur Klopstocks Dramen zu betrachten: eigentlich Monodramen. Auch Werther hat ja kein Gegenüber. Das Monodrama ist also eigentlich eine Entartung des Dramas. Derlei Ergüsse wurden schwelgend gesprochen, womöglich mit Musikbegleitung, es war ergreifend.

Goethe weiß, daß er das auch kann; und er macht also ein Monodrama, die erwähnte *Proserpina. Aber er opfert sogleich das Werk wieder, weil er aus dem Empfindsamen und Monologischen heraus will.* Das Opfer hat also, gattungsgeschichtlich betrachtet, genau den entgegengesetzten Sinn, den Gundolf sieht.

Goethe macht Schluß mit dem Modewesen, er erzieht sich und sein Publikum zum höchsten Anspruch. Er kämpft sich den Weg zum klassischen Drama *frei*, und wo Kampf ist, da gibt es Verluste und vielleicht literarische *Sünden*, die ein *Literarhistoriker* nicht begeht. Aber schließlich ist ein Mann mit *solchen* Plänen, wie es der damalige Goethe war, kein Literarhistoriker. Er *bewahrt* nicht, sondern er *verschwendet, wenn* es sich darum handelt *durchzubrechen*. Nicht um ein neues Rühmchen geht es, wie in der *Stella*, sondern um einen unwiderrufbaren Sieg. Wir wollen also gern den unreinen Misch-Stil in Kauf nehmen, ähnlich wie in der *Theatralischen Sendung*.

Die Geschwister

Daß das Ziel eines *großen klassischen Dramas* keineswegs selbstverständlich war, daß Goethe zunächst zur *Kleinform* neigte, das zeigt die Aufführung der *Mitschuldigen* im Liebhabertheater (Januar 1777), und das zeigt auch der an sich wertvolle Einakter *Die Geschwister* (1776). Oberflächlich gesehen, gehört er in die Reihe *Clavigo* und *Stella*. Er ist in ganz kurzer Zeit vollendet worden und hat einen sehr intimen psychologischen Charakter. Das bürgerliche Milieu und die Gegenwart sind in einem solchen Fall selbstverständlich, ebenso die *Prosa*.

Der Kaufmann Wilhelm hat unordentlich gelebt. Seit ihm aber die Freundin seines Herzens sterbend ihre Tochter Marianne anvertraut hat, ist er strebsam und verantwortungsvoll geworden. Er findet in Marianne das Ebenbild der Freundin, er liebt sie, behandelt sie aber völlig als Schwester. Marianne ist eine von den unvergeßlichen Mädchengestalten Goethes. Sie ist *naiv*, aber die Naivität ist mit großer Kunst gestaltet. Der eigentliche Reiz des Schauspiels besteht nämlich darin, daß Marianne ihren vermeintlichen Bruder *liebt*, daß sie ihre Liebe immer wieder *unbewußt* verrät, eben deshalb, weil sie ganz naiv, ganz Natur ist. Gestaltung des Unbewußten <ist> relativ neu. Wilhelm spielt die entsagungsvolle Rolle des Bruders. Erst als Marianne die Werbung seines Freundes *zurückweist* und immer bei ihm zu bleiben verspricht, läßt er die Maske fallen und verlobt sich ihr.

Es wäre leicht gewesen, daraus ein Schauspiel wie *Stella* und *Clavigo* zu machen, mit vielen empfindsamen Tiraden, Ausbrüchen, Tränen und Reflexionen. Aber Goethe wird jetzt auch in diesem Punkt *asketisch*. Er bemüht sich um reine *phrasenlose* Menschen. *Er geht jetzt sehr behutsam mit dem Wort um!* Oft schweigen sie überhaupt und nur eine Regiebemerkung, also eine Geste vertritt das Wort: "steht in Gedanken", "sieht sie eine Zeitlang an", "ihn stumm ansehend", "stumm in dem Umfang seiner Freuden", "versucht zu reden". So und ähnlich heißt es. *Aus dieser Behutsamkeit mit dem Wort* ergibt sich der knappe Umfang, und man kann natürlich sagen, daß das noch keine *Lösung* für das Drama ist. Aber es ist der Versuch zu einem reinen, wahrhaftigen Stil.

Auch die *Iphigenie* hatte noch nicht gleich den reinen Stil. An ihrem Anfang steht die sogenannte *Prosa-Iphigenie* (1779), die zwar schon stark jambisch, aber nicht *rein* jambisch ist, - dafür reizvoll in ihrer Seelenhaftigkeit. Dieser Reiz ist zu *betonen! Goethe möchte sich die Unmittelbarkeit bewahren, die er im Sturm und Drang entwickelt hat.* Wieland ermahnte ihn fortwährend, endlich ein ganzer Künstler zu sein und Versdramen zu schreiben, so wie dies die Griechen und die Franzosen in ihrer klassischen Zeit getan hatten. Aber eben *da*gegen wehrte sich Goethe und zwar mit einem Grund, der seinen Sinn hatte. Wieland *war* ein Künstler, allerdings, niemand wußte es so gut als gerade Goethe; aber er war Nur-Künstler. *Und der Sinn des Sturm und Drang war es doch gewesen, diesem Nur-Künstlertum zu entrinnen, ein volles, ganzes, natürliches Leben zu führen und darzustellen.* Inzwischen hatte sich Goethe stark geläutert, er hatte sich in die Gesellschaft eingefügt, er trug eine gewaltige Verantwortung. Aber immer noch dachte er sich den Bezug zum Leben unmittelbar, seelenhaft, frei, einmalig, ganz und gar schöpferisch. Daher das Widerstreben gegen eine *gegebene*, objektive und, wie ihm schien, kalte Form. Das Gleiche verriet uns schon sein Festhalten an den freien Rhythmen, wenn auch in einer abgeklärten Form.

Um die Erneuerung des Lebens und der Gesellschaft ging es, nicht einfach um eine selbstgenügsame Kunst oder um ein autonomes Theater. In diesem Punkt unterscheidet sich der *vor*italienische Goethe scharf vom *nach*italienischen. Wir wissen heute, daß Goethes großer Plan gescheitert ist, die Sendung in ihrem ursprünglichen Sinn. *Er wollte es lange nicht glauben*; aber die Flucht nach *Italien* war das Eingeständnis seines Scheiterns.

Wie kam es zu dieser Flucht? Goethe hat über diese Frage wenig gesprochen, denn die Wahrheit wäre eine Indiskretion gewesen. Aber wir können nachträglich erschließen, was ihn drückte. Man erwähnt immer wieder sein Wort, er habe die *Iphigenie* geschrieben, während die Strumpfwirker in Apolda hungerten und überhaupt viel Not war (Ilmenau). Man spielt diese Äußerungen gegen ihn aus [!]. Aber das Erstaunliche ist, daß es ihm überhaupt auffiel, daß er sich auch *da*für verantwortlich wußte. Was ging das einen Künstler und Maître de plaisir an ? Ich habe bei Wieland nie ein solches Wort gefunden. Und er folgte damit nur der Tradition von Jahrhunderten. Beim frühen Weimarer Goethe gibt es mehrere Äußerungen dieser Art, erstaunlich soziale Äußerungen. Goethe hatte das Ideal einer ganz *praktischen humanen* Regierung. Er opferte eine ganze Reihe von möglichen Kunstwerken, um die Zustände der Gesellschaft zu bessern. Statt schöner Dichtungen nützliche Reformen. Dazu gehörte auch die Verbesserung der Landwirtschaft und des Bergbaus. Dazu gehörte schließlich auch die Verbesserung der staatlichen Finanzlage.

Aber der Herzog freute sich nur, mehr Geld zu haben. Er reiste herum und trieb, wie es üblich war, *Politik*. Es handelte sich damals um den Plan des sogenannten Fürstenbundes. - Der Herzog entzog sich immer mehr der Führung Goethes und seinen überpolitischen Konzeptionen. Goethe mußte sich schließlich ganz dumm vorkommen, wenn er sich und seine Kunst einer Politik aufopferte, die im Grunde das Gewöhnliche war.

Mit der *theatralischen* Sendung war es nicht viel besser bestellt. Er hatte am Hof Erfolg, aber im Grunde war er doch der alte Maître de plaisir, der dem Hof die Zeit vertrieb. *Genau besehen blieb alles beim Alten.* Es entsteht also in Goethe allmählich eine Abneigung gegen diese ganze *mittelmäßige Umwelt*. Sein alter Widerwille gegen die *Gesellschaft* erwacht, und das Wort *Natur* wird wieder groß geschrieben. Sie ist, sagt er jetzt, das Bleibende und Notwendige, während das Gesellschaftliche, das Geschichtliche fortwährende und im Grund sinnlose Wechsel sind. *Man schreitet von einer Unvollkommenheit zur anderen, auch bei dem redlichsten Bemühen*. Das ist der Grund, weshalb der alte Goethe die *Geschichte* geschmäht und verachtet und entsprechend die hegelianische Verherrlichung der Geschichte und des Staates abgelehnt hat.

Naturwissenschaft

Die Natur wird nicht mehr schwärmerisch erfaßt, sondern mit ruhiger Beobachtung. Das heißt: Goethe wird Naturwissenschaftler, wenn auch auf seine eigene Weise. Den Anfang macht der Aufsatz über den Granit (1784). Warum gerade über den Granit? Hier bemerkt man schon die Mystik in Goethes Naturwissenschaft. Der Granit ist, so heißt es, "vor allem Leben und über alles Leben". Er verkörpert das Ewig-Tröstliche in der Welt. Er ist das Urgestein, aus dem sich die Gesteinsarten erst allmählich entwickelt haben. Goethes Naturwissenschaft begnügt sich also nicht mit der Analyse der Erscheinungen, es geht um die Urphänomene. Entsprechend sucht er in Italien die Urpflanze und schon vorher sucht er den Urtypus des *Tiers*. Er versucht die bunte Fülle der Welt auf die einfachsten Formen zurückzuführen.

Sie haben sicher einmal gehört, daß Goethe den Zwischenkieferknochen entdeckt hat, das os intermaxillare. Das ist, wie wir heute wissen, nicht ganz richtig. Denn es handelte sich um eine Streitfrage, die von anderen *ebenso* wie von Goethe beantwortet wurde. Wichtig ist nur der *Sinn* dieser Antwort. Theologen hatten sich auf die Behauptung, der Mensch habe *keinen* Zwischenkieferknochen, *gestützt*, um zu folgern, daß er nicht zur Klasse der Säugetiere gehöre. Dadurch wird Goethes Versuch, das Urphänomen Säugetier zu erfassen, gefährdet. Der Natur nach *mußte* der Mensch zu dieser Klasse gehören, *wenn es überhaupt Einheit und Gesetz in der Natur gab*. Und dieses Gesetz fand Goethe durch die Feststellung des os intermaxillare beim Menschen *bestätigt*. Der Sinn dieser Entdeckung ist natürlich nicht, den Menschen auf die Stufe des Tiers zu ziehen, sondern zu zeigen, daß die Natur ebensogut göttlichen Ursprungs ist wie der Mensch. Immerhin wird dadurch eine Schranke *zwischen dem Menschen und der Natur niedergelegt, und dadurch verändert sich das Menschenbild*.

Die Humanität im Sinn einer rein geistigen und sittlichen Interpretation des Menschen und damit die *Askese* werden *zweifelhaft*. Wir haben gehört, wie asketisch Goethe lebte. Der Sinn eines solchen Lebens wurde dem Naturwissenschaftler fraglich. Die Hinwendung zur Natur bedeutete also zugleich eine

Gefährdung seiner platonischen Ehe mit Frau von Stein. Goethe *erkannte plötzlich, daß er sich, ganz ähnlich wie in der Leipziger Zeit, in einer durchaus künstlichen Lage befand.* Er erkannte es nicht nur, er spürte es. Also zerbrach er die ganze Konstruktion, die er so mühsam aufgebaut hatte.

Und warum floh er gerade nach Italien? Es ist falsch, wenn man meint, der italienische Goethe sei nur ein Kunst- und Bildungsreisender gewesen. Er führte dort zugleich seine naturwissenschaftlichen Studien fort, er erlebte zugleich die italienische Landschaft und das Volksleben intensiv. Und vor allem lebte er, wie es die Südländer tun, mit allen *Sinnen.*

Die *Kunst* stand dazu in *keinem* Widerspruch, denn auch auf diesem Gebiet setzt sich das Prinzip der Natürlichkeit und Sinnlichkeit durch. Allerdings in ganz anderer Weise als im Sturm und Drang, wo, wie wir gesehen haben, das Seelenhafte dominierte. Die vordergründige Erklärung dafür ist die, daß er sich jetzt erst ganz entschlossen dem Vorbild der *Antike* zuwandte. Er erkannte, daß die antike Kunst und Dichtung keineswegs empfindsam und idealistisch, sondern sehr kühl und sinnlich ist, wie der Marmor. Er kam weiter als Winckelmann. — Er erkannte ferner, daß eine strenge *Form* der Sinnlichkeit keineswegs widerspricht, sondern im Grunde dasselbe ist, nämlich vollkommene Gegenwärtigkeit, vollkommene Leiblichkeit. So ist es zu verstehen, wenn er jetzt sagt: *"Ich habe mich wieder gefunden. Aber als was? Als Künstler"* (An Karl August).

Wie der menschliche Körper völlig konkret, völlig *geschlossen* ist, so auch das antike Kunstwerk. Es gibt da keine Nebelhaftigkeit, keine auflösende Seelenhaftigkeit, keine auflösende Geistigkeit. Alles ist beieinander, eine klare Einheit und Ganzheit. Das Ideal ist jetzt die plastische Gestalt. Goethe streifte die Empfindsamkeit *ab*, und mit ihr die *gesamte spiritualistische Tradition der christlich-humanistischen Welt.* Er glaubte allen Ernstes, sozusagen aus der zeitgenössischen christlichen Gesellschaft *austreten* und wieder ein Grieche, ein Heide werden zu können.

Das unglaubliche Entzücken und Jubeln, das aus seinen italienischen Zeugnissen spricht, beruht auf diesem ungeheuren Ansatz. Aber es war, wie wir heute wissen, *wieder* eine Illusion. Man kann nicht einfach aussteigen aus dem Schiff der Geschichte. Auch das Genie ist an eine bestimmte historische Lage gebunden. Der historische Prozeß ist irreversibel, vgl. Herder.

Italienische Reise: Voraussetzungen

Was war denn nun also in Wahrheit geschehen? Die christlich-mittelalterliche Gesellschaft war schon *lange* bedroht, durch die Renaissance, durch die Reformation, durch die Aufklärung, durch den Sturm und Drang. Aber immer wieder war dieses Bauwerk notdürftig geflickt worden, durch Restaurationen aller Art. Ein Beispiel dafür gibt Goethes erste Weimarer Zeit. Er griff zurück auf den Hof, auf Spinoza, auf den Spiritualismus und, wie wir später sehen werden, auf die französisch-klassische Form. Er fügte sich ein, *um da und dort zu erneuern*, aber die Gesellschaft im *ganzen* änderte sich *nicht*. Ihre alte Struktur behauptete sich genauso wie das Heilige Römische Reich und die ganze europäische Adelsgesellschaft sich behaupteten.

Aber *nun brach* er *rücksichtslos aus*. Wohin ging es? Ganz gewiß nicht ins alte Griechenland. Man konnte dort im Grunde nichts entlehnen als einzelne Stoffe, Ideen und vor allem *Formen*. Im übrigen war man auf sich selbst angewiesen und zwar nun ganz buchstäblich *auf sich selbst*. Man war wie Tasso ein ausgestoßener, einsamer Dichter. Man war kein stürmischer *Wanderer* mehr, man war ein sehr besonnener Reisender. *Aber das änderte nichts an der Einsamkeit*.

— In dem italienischen Goethe zeigt sich zum erstenmal eindeutig die Möglichkeit eines Künstlers, der der konkreten Tradition der Gesellschaft entlaufen ist, der eine Größe für sich selbst sein will, eine eigene Welt. Er hat die Natur und er hat sich selbst und er hat jede Form der Geschichte, der er sich bedienen will; jetzt ist es noch die antike, bald ist es die englische, spanische, mittelalterliche, persische. Er kann sich auch der Form entschlagen und realistisch oder naturalistisch dichten. Aber das alles hat etwas von Willkür. Eine klare überpersönliche Tradition gibt es *nicht* mehr.

Die italienische Reise ist ein Vorgang, der in seinen letzten Konsequenzen genau dem entspricht, was gleichzeitig die Französische Revolution für die Politik bedeutet, nämlich den Untergang des *alten Europa*. Wie sich Goethe in diesem Untergang wieder eine erträgliche Behausung zimmerte, werden wir später sehen. Vorläufig müssen wir noch die Werke betrachten, die am Ende der ersten Weimarer Zeit stehen: *Egmont*, *Iphigenie*, *Tasso*.

Goethe hatte eine Gesamtausgabe seiner Werke angekündigt, und Italien gab ihm die Möglichkeit, diese Werke für sie zu vollenden. Von dem *neuen* Erlebnis ging nur in den *Tasso* etwas ein. Bei *Egmont* und *Iphigenie* fühlte er sich nur als Redaktor. Immerhin kam *allen* Werken zugute, daß Goethe seinen großen Erneuerungsplänen entsagt hatte, *daß er sich nun in erster Linie als Künstler* fühlte. Vor der Reise unterhielt er sich mit Wieland, der sich in ähnlicher Weise, nur weniger auffallend, aus der Gesellschaft zurückgezogen hatte, *um seiner Kunst zu leben*. Wieland war dadurch, nach Goethes eigenem Zeugnis, noch einmal an die Spitze des deutschen Parnasses getreten: "Wenn ein deutscher Dichter ist, so ist er's", schreibt Goethe nach der Vollendung des *Oberon*, 1780. Als *Künstler* war Goethe ins Hintertreffen geraten; aber das holte er nun schnell auf, zumal da Wieland, der seine Grenzen kannte, als Versdichter verstummt war - unter ausdrücklichem Hinweis auf Goethe, den er als Erben betrachtete. (Wieland: *Briefe an einen jungen Dichter*, 1782/84)

Im *Egmont* merkt man wenig von der *alten* Schule und ihren Stilprinzipien. Das Stück war in Prosa schon zu weit fortgeschritten, als daß Goethe es Wielands strengem Formbegriff hätte unterwerfen können. Wir sagen Gott sei Dank! Denn der Reiz des *Egmont* besteht ja gerade darin, daß er noch viel von der Unmittelbarkeit des Sturm und Drang *bewahrt* hat und doch in dem weiteren Sinn, wie wir ihn fassen, ein klassisches Drama ist. Ich halte ihn gattungstheoretisch für Goethes bestes Drama [!].

An den *Götz* erinnert der politisch-historische Stoff, die Auseinandersetzung mit dem *Absolutismus*. Allerdings ist Egmont so wenig wie Götz ein Staatsmann. Er ist nichts als Egmont und erscheint fast willkürlich, leichtsinnig, juvenil. Schiller hat das in seiner *Egmont*-Besprechung bemängelt. Der historische Egmont [!] ist ein ernster Familienvater. Goethes Egmont ist bekanntlich ein feuriger Liebhaber. Klärchen - wieder eine der bezaubernden Mädchengestalten Goethes - verdanken wir also der historischen *Willkür* Goethes; aber eben daran erkennen wir, wie wichtig Klärchen für die *Dichtung* ist. Wie im *Faust* gehört es zu dem Helden Goethes, daß er liebt und in erster Linie Liebender ist. Wie dort Gretchen erfunden wird, so hier Klärchen. Wie wichtig dieses Thema noch immer ist, das zeigt die Einführung des unglücklich liebenden Brackenburg. Hier hören wir noch einmal die Sprache der Empfindsamkeit. Aber Brackenburg steht am *Rand* des Dramas. Und Egmont selbst ist nicht nur der Geliebte Klärchens, sondern der Geliebte eines ganzen Volks, das in Klärchen symbolisiert wird.

Die Volksszenen des *Egmont* übertreffen alles. was Goethe in dieser Art geschrieben hat. Zweifellos hängen sie zusammen mit Goethes Begeisterung für das holländische Genre (Bauerngenre, Handwerkergenre). Das alles ist wichtig. — Aber zur Tragödie kommt man mit all dem noch nicht. Und auf diesen Punkt hatte nun der klassisch werdende Goethe zu achten, wenn er etwas Mustergültiges, Ganzes geben wollte.

Es ist sehr bezeichnend, daß er sich 1778, als er mit dem Herzog nach Berlin, d.h. an den Hof Friedrichs des Großen reiste, wieder mit dem *Egmont* beschäftigte. - Goethe ist so etwas wie ein Staatsmann geworden, der unpolitische Held genügt ihm nicht mehr. Er hat das Bedürfnis, die Vorgänge in den Niederlanden aus höherer politischer Perspektive zu sehen, um ein Gegengewicht gegen das bloß Individuelle und Volkstümliche zu schaffen. Diesem Zweck dient vor allem die Szene Egmont - Oranien, in der sozusagen der ältere, Verantwortung tragende Goethe mit dem jüngeren genialischen spricht (= *Ilmenau*). Egmont ist frei, ein Held, er mag in den Tod rennen, und vielleicht hat das sogar einen bestimmten Sinn idealer Art für die Zukunft; aber die Verwirklichung und Befestigung der Freiheit kann nur das Werk einer besonnenen Führung sein. Goethe bewundert jetzt *Oranien*, den Führer im niederländischen Freiheitskampf. Ein Schauspiel "Oranien" wäre denkbar wie das Schauspiel *Iphigenie*. Das heißt, ein erfolgreiches Befreiungsdrama wie später Schillers *Tell*.

Selbst Alba ist von dem klassischen Goethe zweifellos ruhiger und gerechter gestaltet worden, als der Sturm und Drang-Alba gedacht war (Tyrann). Die historische Objektivität wird also hier zum Mittel der dramatischen Objektivität.

Friedrich der Große hatte in seiner Schrift über die deutsche Literatur den Götz kritisiert, und der Goethe von Weimar verstand sehr wohl, daß ein König "die Produktion eines freien und ungezogenen Knaben unerträglich" finden muß (wörtlich!); Goethe wußte nun, so heißt es an anderer Stelle, "wie die Großen mit den Menschen und die Götter mit den Großen spielen". Auch die Großen sind nicht frei. Es ist die alte Idee von "dem notwendigen Gang des Ganzen", die nun aber nicht nur erkannt, sondern künstlerisch realisiert wird.

Der grausame Alba wird vermenschlicht durch seinen Auftrag (Zusammenhang!) und durch die Liebe zu seinem Sohn. Indem dieser Sohn (Ferdinand) für Egmont Partei ergreift, rückt Albas Gestalt in ein tragisches Licht.

Was die Freiheit *äußerlich* verliert, gewinnt sie *innerlich*, und zwar nicht nur metaphysich, sondern ganz konkret als ein Weltzustand, der sich ohne jede Frage künftig durchsetzen wird. Am Ende erscheint die Freiheit persönlich, im himmlischen Gewande, mit den Zügen Klärchens. Bezeichnende Weiterbildung der alten Allegorie. Alles das mit Trommeln und Musik. Auch Egmonts Sprache gewinnt hymnischen Klang, visionären Ausdruck.

Schiller nennt das tadelnd "einen Salto mortale in die Opernwelt". Und Goethe gestattete ihm später eine Umarbeitung des *Egmont*. Aber er war mit diesem Schillerschen *Egmont* nicht zufrieden. Es war nicht sein *Egmont*. Zu diesem *Egmont* Goethes gehört eben das Weiche, Lyrische, Hymnische. Was in der *Proserpina* ein Zugeständnis an eine Mode gewesen wäre und daher der Parodie preisgegeben wurde, das hatte als Ausklang einer *Tragödie* seinen Sinn. - Es lag immer in Goethes Art, besonders in dieser Zeit, das Tragische *abzumildern durch einen versöhnlichen Ausgang*, In diesem Fall war es eine Versöhnung *nach* der Katastrophe, aber auch sie hat ihren guten Sinn. Der alte Goethe forderte sie sogar von *jeder* Tragödie und berief sich dabei nicht ganz zu Unrecht auf die Griechen (vgl. z.B. den Aufsatz *Nachlese zu Aristoteles' Poetik*: Nachwirkung im *Faust*). Hier liegt eine Übereinstimmung zwischen Goethe und Hegel. Auch in Hebbels Tragödientheorie spielt die Versöhnung *nach* der Katastrophe noch eine große Rolle.

In unserem Fall ergibt der Schluß eine Verbindung zur *Iphigenie*; denn auch hier siegt ja die Freiheit über den *angeblich* notwendigen Gang des Ganzen - und zwar im immanenten menschlichen Bereich. *Die Freiheit wird realisiert*, und in diesem Fall sogleich, ohne die vorläufige Katastrophe des *Egmont*.

In der *Iphigenie* des Euripides (Quelle) siegen nicht die *Freiheit* bzw. das Vertrauen, die Güte. Da siegen ganz einfach die *Griechen* mit Hilfe einer Göttin über die Barbaren. Diese *Iphigenie* ist kein Weihedrama zum Preise der Humanität, sondern ein derbes spannendes Theaterstück mit einer schon stark säkularisierten Göttermaschine. Trotzdem nimmt man heute öfters für die antike *Iphigenie* Partei und spielt gegen Goethes *Iphigenie* sein eigenes Wort aus, nämlich sie sei "verteufelt human". Aus diesem Wort spricht die Skepsis des enttäuschten, vereinsamten Künstlers, den wir kennengelernt haben. Und nachdem ein relativ humanes Jahrhundert, nämlich das 19. Jahrhundert, zu solchen Ergebnissen geführt hat, wie wir sie heute vor uns sehen, sind viele geneigt, sich die Meinung des skeptischen *alten* Goethe anzueignen. Ich meine aber, daß das sehr vorschnell ist; denn was sind die Erfahrungen von knapp zwei Jahrhunderten in der Geschichte der Menschheit.

Goethe schrieb die *Iphigenie* am Ende der Aufklärung, in einer Zeit, da unsere moderne Zivilisation entstand. Damals begann man z.B. zu fliegen (Ballone). Wenn die sittliche Zivilisation mit der technischen nicht Schritt hielt, so sagt das noch lange nicht, daß diese Bereiche *ewig* getrennt bleiben müssen. Und was besagt die *Iphigenie* überhaupt?

Ihre Verteidiger sagen mit gutem Recht, daß sie kein rosenrotes Versöhnungsdrama ist wie z.B. *Stella.* Die Empfindsamkeit klingt zwar in ihr nach, (sie hat noch etwas von der süßen und abstrakten Harmonie, die wir in Klopstocks Oden feststellen mußten). Sie enthält Sentenzen, die uns vielleicht kalt lassen. Auch die Figur der Iphigenie ist etwas blaß, und wenn wir sie mit Gretchen und Klärchen vergleichen, so sind wir gleich dabei, sie blutlos zu finden. Es ist daher ganz nützlich, daran zu denken, daß Goethe solcher Strenge in Weimar *begegnet* ist, daß es also tatsächlich nicht nur verliebte süße Mädchen gibt, sondern Frauen, die den gleich zu Händeln und zur Leidenschaft geneigten Männern *entgegentreten*, um sie an eine stillere Form des Lebens zu erinnern, an eine Sphäre abseits von Macht *und* Eros.

Natürlich ist Iphigenie eine Idealfigur. Aber es ist doch kein Zufall, daß Goethe eine *Frau* zur Trägerin des Ideals erhob; denn ihr Einfluß beruhte von jeher nicht auf der Gewalt, sondern auf der Liebe. Schon die Antigone des Sophokles äußert sich so. Die Liebe im weitesten Sinn ist für die Frau eher *natur*gemäß. Ob diese in der Welt der Männer *gelten* kann, in der Geschichte, das ist eine andere Frage. Und darum geht es in der *Iphigenie*.

— Iphigenie stammt aus einem Geschlecht, in dem das Blutvergießen an der Tagesordnung war, in dem es sich forterbte, aus dem Geschlecht der Tantaliden. Wir hören ausführlich von dieser Vergangenheit, nicht deshalb, weil uns Goethe mythologisch belehren will, sondern weil er uns zeigen will, daß der Friede keineswegs das Selbstverständliche ist, ganz im Gegenteil. In der Figur des friedlosen wahnsinnigen Muttermörders Orest, der Iphigenies

Bruder ist, ragt die grausame *Vergangenheit* unmittelbar in die Gegenwart. Und diese Gegenwart erscheint dazu bestimmt, das Blutvergießen *fortzusetzen*, sei es nun, daß sich die Gefangenen gewaltsam befreien *oder* daß Iphigenie Orest und Pylades opfern muß.

Natürlich ergreift sie die Partei des Bruders, sie spielt zunächst das übliche Spiel der Männer mit: List, Lüge und im Notfall Gewalt. Die wunderbare Heilung des Orest begünstigt sie. Und Pylades ist ein echter Mann der Tat. Das Schicksal ist also in jeder Weise gnädig. Man wird es den Barbaren schon zeigen! Aber eben in diesem Augenblick bekommt sie Gewissensbisse wegen des Verrats an Thoas, der sie liebt und ihr vertraut. Es ist am Ende des IV. Akts.

Was wir aber nun weiter hören, sind keineswegs moralische Reflexionen, sondern das berühmte *Parzenlied*, das von der furchtbaren Gewalt der Götter singt, in der Form der klassischen Hymnen. Da heißt es unter anderem:

> Es wenden die Herrscher
> Ihr segnendes Auge
> Von ganzen Geschlechtern
> Und meiden, im Enkel
> Die ehmals geliebten,
> Still redenden Züge
> Des Ahnherrn zu sehn. (HA V,55)

Was soll das an dieser Stelle bedeuten? Es ist die Erscheinung des Göttlichen, das wir in der Hymne kennengelernt haben: das Göttliche, das nach der neuen Konzeption der Humanitätsreligion in Wahrheit ein Auftrag des *Menschen* ist.

Iphigenie möchte sich *nicht* der Klugheit der planenden und handelnden Männer anvertrauen, sondern ganz einfach das tun, was ihr das *Gewissen*, das hier die symbolische Figur der antiken Götter annimmt, *befiehlt*. Sie will, wie Antigone, dem Göttlichen dienen, ohne zu fragen, was daraus wird. Sie macht sich gar keine Illusionen darüber, daß sie *sich* und den *Bruder* vernichten kann. *Das Wagnis ist ungeheuer*; aber soll immer nur *so* gewagt werden, wie Männer wagen, nämlich im Kampf? Warum soll man es nicht auch wagen, *Vertrauen* zu haben?

> Hat denn zur unerhörten Tat der Mann
> Allein das Recht? Drückt denn Unmögliches
> Nur er an die gewalt'ge Heldenbrust?
> Was nennt man groß? [...] (S. 59)

Nach einer Aufzählung der üblichen Heldentaten tut sie *die* Tat, die nach einem anderen Maßstab groß ist. Sie sagt zu Thoas:

> Ich werde großem Vorwurf nicht entgehn,
> Noch schwerem Übel, wenn es mir mißlingt:

> Allein euch leg' ich's auf die Kniee! Wenn
> Ihr wahrhaft seid, wie ihr gepriesen werdet,
> So zeigt's durch euern Beistand und verherrlicht
> Durch mich die Wahrheit! - (S. 60)

Und nun sagt sie dem König die Wahrheit, d.h. sie verrät Orest und Pylades. - *Der König zeigt sich dem Vertrauen gewachsen*, aber er *mußte* es keineswegs. Davon kein Wort.

Also keine Spur von himmelblauer Illusion. — Die *Iphigenie* hat ein Mann geschrieben, der ganz genau wußte, was in der Welt zu geschehen *pflegt*; aber noch ist er nicht so weit, daß er sagt, es *müsse* immer und überall das Niederträchtige geschehen. Das sagt dann der alte Goethe: *Übers Niederträchtige* (HA II,47).

Staiger sagt mit Recht, die *Iphigenie* bedeute, daß es keinen feststehenden Begriff von der Welt mehr gibt, daß es vielmehr von uns abhängt, wie sie *ist*. Sie ist weder *schlecht*, wie das Christentum lehrte, noch ist sie *gut*, wie die Frühaufklärung träumte. Sie ist so gut oder schlecht, *wie wir selber* sind, und jede Güte, jedes Vertrauen, das man erweist, erhöht die Chancen des Guten.

Staiger bringt diese Auffassung in einen Zusammenhang mit Kants Philosophie, wobei nicht an Einfluß, sondern an Parallelentwicklung gedacht ist. Ob mit Recht, lasse ich dahingestellt sein. *Gegen* Staigers Interpretation ist mancher Einwand vorgebracht worden. So wendet sich z.B. H. O. Burger dagegen, daß Staiger Orest und den Dichter Goethe allzunahe aneinander heranrückt (*Zur Interpretation von Goethes Iphigenie*. In: GRM N.F. IX. 1959.) Burger versteht den Erbfluch, der auf dem Tantalidengeschlecht lastet, nicht biographisch - als ein Hinweis auf *Goethes* Vergangenheit -, sondern in einem *allgemeineren* Sinn; wie ich es auch getan habe. Der Fluch, der auf der ganzen Menschheit lastet, ist gemeint, ohne daß man diesen gleich christlich, als Erbsünde, zu fixieren braucht. Es bleibt die Vieldeutigkeit eines mythischen Symbols. Richtig ist sicherlich, daß es bei der Heilung des Orest nicht nur um *Goethes* Seelenhygiene geht. Er denkt an die schlechte geschichtliche Vergangenheit der *Menschheit*.

Wenn aber Burger im folgenden von dem *wagenden* Glauben der *Iphigenie* spricht, so befindet er sich damit durchaus im Gefolge Staigers. Staiger versteht die *Iphigenie* nicht nur als Erlebnisdrama, sondern durchaus als religiöses Schauspiel, und es ist seine Leistung, daß er aus einem etwas abgestandenen Humanitätsdrama das *heroische* Bekenntnis zum Vertrauen und zur Güte des anderen herausgeholt hat. Auf diesem Verdienst Staigers muß ich bestehen. Eines der besten Kapitel...

Das *Wagnis* zur Güte des anderen kann nur von Fall zu Fall, nicht *prinzipiell* widerlegt werden. Deshalb scheint mir die weltanschauliche Position des *Iphigenie*-Dichters ziemlich *stabil* und keineswegs so ohne weiteres überholt zu sein. — Schwieriger wird die Sache bei der formalen Struktur, bei dem dramatischen Typus, den die *Iphigenie* verkörpert.

Wie kam der Goethe der *Stella* und der *Geschwister*, des *Götz* und des *Egmont* darauf, so wohlproportionierte, so klare, ja so symmetrische klassische Dramen wie *Iphigenie* und *Tasso* zu schreiben? Man faselt da gern von *antik*, aber so unmittelbar *war* Goethes Verhältnis zur Antike gar nicht, als er die Prosa-*Iphigenie* schrieb. Und *da* ist die Struktur schon *so* wie später. Die Antwort kann nur heißen: er hielt sich an *Racine*. Das ist schon im Jahr 1912 gründlich nachgewiesen worden durch C. Steinweg: *Goethes Seelendramen und ihre französischen Vorlagen.* Aber diese Erkenntnis hat sich in Deutschland nie richtig durchgesetzt. Sie erschien wie eine Majestätsbeleidigung, denn 1) ist doch Goethe durch und durch originell, 2) ist er durch und durch deutsch. Das Erbe des Sturm und Drangs und Lessings wirkte zu stark nach. Wenn Gottsched *deshalb* ein Stümper war, weil er sich an das Vorbild der französischen Klassiker gehalten hat [!], so kann und darf es bei Goethe nicht wahr sein.

Für uns ist diese Feststellung *nicht* überraschend; denn 1) wissen wir ja schon, daß Goethe die verschiedenen historischen Vorbilder *durchprobierte.* Wenn man es mit Shakespeare versucht, warum nicht auch mit Racine, der zeitlich viel näher steht? 2) wissen wir, daß Goethe um 1780 überhaupt versuchte, von innen her die höfische Tradition zu *erneuern* und daß gerade das 17. Jahrhundert immer wieder verlockend war zum Anknüpfen: durch seinen religiösen Ernst und durch sein asketisches Ethos. Racine gehört in diesen religiösen Zusammenhang und war damals noch der Liebling des ganzen europäischen Adels. Friedrich der Große z.B. liebte ihn. Solange es ein Ancien régime gab, herrschte in der vornehmen Welt das Vorbild Racines. Und in diesem régime steht auch der Weimarer Goethe bis zu seinem italienischen Ausbruch. 3) wissen wir, daß Goethe ein Meister der Aneignung ist. Er drückt auch dem fremden Vorbild den eigenen Rhythmus auf mit den *feineren* Mitteln der Dichtung.

— Im *Aufbau* seiner Werke war Goethe nie stark gewesen. In konstruktiver Hinsicht übertraf ihn Schiller von Anfang an bei weitem. Goethe ließ seine Sachen wuchern und wachsen. *Wenn* er zu einer ganz *klaren* Form kommen wollte, - dann mußte er sie *entlehnen. Es ist also eigentlich die Schwäche im Konstruieren, die Neigung zum Organischen, was ihn zu der konstruktiven Form des 17. Jahrhunderts greifen läßt.* Das hört sich kritisch an. Aber ist der Aufbau das Wesentliche an einer Dichtung? Ich glaube kaum. Bei Goethe ganz bestimmt *nicht.* Daher die extremen Unterschiede in seiner ganzen Dramatik.

Wichtiger als der Aufbau ist schon der *Vers* und in diesem Punkt unterscheidet er sich ja von Racine. An die Stelle des Alexandriners tritt der Blankvers. Allerdings folgte er auch in diesem Punkt einem Vorbild, nämlich Wielands *Alceste.* Wer *Alceste*-Verse von *Iphigenie*-Versen unterscheiden will, muß schon ein *feines* Ohr haben. Doch diese feinen Unterschiede bestehen; ja sie sind nach den Begriffen der modernen Literaturwissenschaft das Wichtigste. Und noch deutlicher ist der Unterschied der *Sprache*. Es gibt viele Stellen, die bei Wieland stehen könnten. Aber wie bei Wieland das *Parzenlied nicht* denkbar ist, so klingen auch sonst bei Goethe dunklere Töne an, die zeigen, daß da einer spricht, der nicht friedlich *ist*, sondern der ein dämonisches Herz läutert, der sich *mühsam* aus *tragischer* Gesinnung zu diesem Glauben der *Iphigenie durch*ringt. Es ist keine Gefühlsseligkeit, sondern sozusagen ein heroischer Enthusiasmus. Ich lese als Stilprobe ein paar Verse:

> Laß ab! Beschönige nicht die Gewalt,
> Die sich der Schwachheit eines Weibes freut.
> Ich bin so frei geboren als ein Mann. (S. 58)

Das ist keine symbolische, sondern eher eine *begriffliche* Sprache. Aber es geht auch darum, etwas Allgemeines, Allgemeingültiges *durch*zusetzen, durch die Macht eines klaren, großen und doch ergreifenden Worts. Noch hat Goethe eine theatralische Sendung! In diesem Drama steht er Schiller am nächsten.

Torquato Tasso

Das "Schauspiel" - diese Gattungsbezeichnung hat Goethe der großen Dichtung gegeben - verdient besondere Aufmerksamkeit, 1) deshalb, weil der *Tasso* mit besonderer Sorgfalt gearbeitet ist - es ist vielleicht das vollkommenste Sprachkunstwerk Goethes -, 2) deshalb, weil es besonders viel von Goethes Existenzproblemen enthält - viel mehr als z.B. das Epos *Hermann und Dorothea*, das hinsichtlich der ästhetischen Vollkommenheit durchaus mit *Tasso* konkurrieren kann.

Emil Staiger wertet umgekehrt. Er sieht den *Tasso* von der Hochklassik, d.h. also von den 90er Jahren her, und deshalb erscheint ihm das Werk nicht sinnlich und plastisch genug. Nun, diese Plastik, diese Sinnlichkeit, diese antikische Objektivität oder Naivität - die Worte stammen von Goethe - ist streng genommen das Ergebnis eines Irrtums, des Irrtums nämlich, ein Grieche sein zu können. Ein fruchtbarer Irrtum gewiß, *ästhetisch* fruchtbar, ähnlich wie der Rückgriff auf die alte Volksdichtung im Sturm und Drang und in der Romantik. Ich will das ganze Problem der dichterischen Naivität an dieser Stelle nicht entfalten. Es ist ein besonders schwieriges Problem. Für die Anfänger: Bekannt ist der Begriff besonders durch Schillers Abhandlung. Ich verweise aber auf die Dissertation von Hella Jäger mit dem Titel *Naivität. Eine kritisch-utopische Kategorie in der bürgerlichen Literatur und Ästhetik des 18. Jahrhunderts* (1975). Schiller hat den Begriff keineswegs erfunden.

Hier geht es um etwas anderes: Ich will den *Tasso* nur gegen die oberflächliche Wertung Staigers in Schutz nehmen.

Wir kennen den Ur-*Tasso* nicht, und Goethe stellte 1788 selbst fest: "Tasso muß umgearbeitet werden; was da steht, ist zu nichts zu brauchen" (1. Februar 1788). Wir wissen aber, daß Goethe spätestens seit 1781 am *Tasso* geschrieben hat. Seine Existenzproblematik gehört damit in die *vor*italienische Zeit. Oder noch genauer ausgedrückt: der *Tasso* konnte in dem Augenblick vollendet werden, da sich Goethe als Dichter wieder ganz ernst genommen hat, als Künstler, da aber die Erinnerung an seine *Auseinandersetzung* mit der Gesellschaft, mit der *höfischen* Gesellschaft, noch mächtig in ihm *nachwirkte*. Im *Tasso* zog Goethe das Fazit aus der frühen Weimarer Zeit. Historisch ausgedrückt heißt das: *Tasso* gehört in die vorrevolutionäre Zeit, in *die* Zeit, da Goethe den Hof noch einigermaßen *ernst* genommen hat. Das Datum der Vollendung, Frühjahr 1789, ist außerordentlich wichtig (*Klassik*, S. 211: Abschluß in den letzten Tagen des Juli 1789.). Es fehlt die Revolutionsproblematik, die für die Dichtung des folgenden Jahrzehnts, auch für die Form der Dichtung, wichtig wurde.

— Wolfdietrich Rasch, der ein ganzes Buch über *Tasso* geschrieben hat, betont mit Recht, daß der Ur-*Tasso inhaltlich* nicht unbedingt anders ausgesehen haben muß. Es kann schon den Gegenpol gegen Tasso gegeben haben, auch wenn er noch nicht Antonio hieß; denn Goethe war 1780 oder 81 längst über den Sturm und Drang hinausgewachsen. Zwar war der Ur-*Tasso* in Prosa geschrieben; aber es gibt im Unterschied zum *Egmont* keine Sturm und Drang-Stufe des *Tasso*.

Das muß man bedenken, wenn man Goethes Äußerungen über *Tasso* richtig verwenden will. Goethe nennt den *Tasso* einmal einen "gesteigerten Werther". Dieses Wort beweist zwar, daß es vollkommener Unsinn ist, den *Tasso* an der Hochklassik zu messen. Er ist, nach Schillers Begriffen, keine naive, sondern eine sentimentalische, d.h. also eine stark *reflektierte* Dichtung, *eine solche, in der die Existenzproblematik wie im Werther vollkommen offen, unverstellt, zutage tritt*. Man muß aber in dem Begriff "gesteigerter Werther" das Wort gesteigert richtig verstehen. Gemeint ist damit ein *Werther* auf einer höheren Stufe, so wie *Faust* im II. Teil auf einer höheren Stufe steht. Tasso hat nicht nur sich selbst zu vertreten, seine Liebe, seine Angst, seine Verzweiflung, seinen Unglauben, sondern er hat einen Wert zu vertreten, so wie auch der Kolonisator Faust im II. Teil einen Wert zu vertreten hat.

Dieser Wert Tassos ist seine Dichtung, seine *große* Dichtung. Fortwährend wird er als der Mann gezeigt, der an seinem Werk feilt, dem die Vollkommenheit des Werks überaus wichtig ist. Nun ist aber dieser Dichter Tasso ganz und gar nicht der Goethe von 1797, der am Hof ein bürgerliches Epos, ein idyllisches Epos zur Beruhigung seiner aufgeregten Landsleute schreibt. *Tasso schreibt ein richtiges Heldengedicht, ein Kreuzzugsepos.* Er will mit diesem Epos zum Kreuzzug auffordern und sich in diesem Kreuzzug selbst als

Held bewähren: vgl. Text! Wenn Tasso nichts als ein Dichter und Antonio nichts als ein Mann der Tat sein wollten, wäre es leicht für die beiden, miteinander auszukommen. Aber Antonio will auch ein Dichter sein - er beneidet Tasso um seinen dichterischen Lorbeer - und Tasso will, wie gesagt, *auch* ein Mann der Tat sein. Er beneidet Antonio, weil der als politischer Berater des Fürsten viel mehr gilt. Dazu kommt, daß sie beide ohne die Gunst der Frauen nicht sein wollen. Antonio beleidigt Tasso nicht nur als Dichter - indem er seinen Wert verkleinert -, er verdächtigt ihn auch der politischen Spekulation mit der Liebe. Er kann sich - als Politiker - nicht vorstellen, daß Tasso die Prinzessin einfach *so* liebt, ohne den Ehrgeiz, sie zu heiraten. Ich betone diese mißtrauische, ja aggressive Rolle Antonios, weil man die starke dramatische Spannung des *Tasso* übersieht, wenn man nur die Künstlertragödie und nicht auch die Politikertragödie erkennt.

Der Diplomat Antonio versagt zunächst in sittlicher Hinsicht *vollkommen*. Er läßt Tasso geschickt *auflaufen*. Er reizt ihn dazu, den Degen zu ziehen, was am Hof verboten ist und Tasso zum Gefangenen macht. Erst als sein Fürst, der Herzog Alfons von Ferrara, *ihm* als dem Klügeren die Schuld an dem Streit mit Tasso gibt, als er ihm den *Befehl* gibt, die Sache in Ordnung zu bringen, verhält er sich korrekt.

Aber kaum ist *er* zurechtgewiesen, da ist schon wieder jemand da, der intrigiert, und dadurch zu Spannungen Anlaß gibt, die Gräfin Leonore Sanvitale. Sie ist verheiratet, hat einen Sohn und kehrt demnächst zu ihrer Familie nach Florenz zurück. Dort könnte sie aber ganz gut einen Verehrer brauchen, - der sie andichtet, - *der sie berühmt macht*. Sie hat ein bißchen Gewissensbisse, ob sie der Prinzessin den Dichter wegnehmen darf; denn diese liebt Tasso, sie hat nichts als diese platonische Liebe. Aber 1) weiß Leonore, daß die Dichter dem Leben immer "fern" bleiben, daß sie die *Schönheit* lieben und daher die Frauen leicht verwechseln. (Aus diesem Grunde vielleicht haben *beide* Frauen den Namen Leonore.) 2) weiß sie, daß die Prinzessin an Entsagung gewöhnt ist, nichts kennt als diese Entsagung und daher zufrieden ist, wenn Tasso das Glück einer konkreteren Liebe erfährt.

Diese Einschätzung der Lage ist richtig, - nach der Meinung des Dichters. Die Prinzessin hat dem Dichter ihre Liebe unmißverständlich gestanden, trotzdem willigt sie in den Plan Leonores. *Sie ist unfähig, um den Geliebten zu kämpfen*. Tasso muß den Rat, sich vom Hof zu entfernen, mißtrauisch wie er ist, *falsch* verstehen, und als er endlich merkt, daß die Liebe der *Prinzessin* aufrichtig ist, daß sie *nicht* intrigiert, da schließt er sie gleich in die Arme, womit er einmal die Gesetze des Hofs verletzt und zweitens der Interpretation Leonores recht gibt. Er ist zu der platonischen Liebe, die ihm die Prinzessin zu bieten hat, *unfähig*.

Es gibt in dem ganzen Stück keine absolute Idealfigur. Wenn die Prinzessin zu schwach ist, um für Tasso energisch einzutreten, so hat der Herzog genug vom absoluten Fürsten. Er stellt Überlegungen darüber an, wie es aussieht, wenn ihm die Medici oder die Gonzaga, d.h. andere berühmte Gönner der Kunst, den Dichter Tasso wegschnappen. Das Manuskript des Epos, das ihm Tasso ausgehändigt hat, gibt er nicht heraus, obwohl ihn der Dichter darum bittet. Er betrachtet Tasso als seinen Besitz. Deshalb befiehlt er ihm, sich in Rom an seine Leute zu halten und bald zurückzukommen. Tasso wirft ihm nicht ganz zu Unrecht vor, daß er ohne das vollendete Werk dem Hunger ausgeliefert ist, - wenn er nämlich seinen eigenen Weg gehen will.

Wenn man als junger Mensch den *Tasso* liest, dann bemerkt man diese realen, ja manchmal brutalen Züge kaum. Sie werden nämlich höfisch verpackt, in einem Schwall von edlen Sentenzen und Idealen versteckt. Den *Tasso hat ein Weltmann geschrieben*, ein Mann, der weiß, daß in der vornehmen und vornehmsten Gesellschaft über das, was *eigentlich* interessiert, kaum gesprochen wird, daß es sich in Andeutungen oder Nebensätzen verbirgt oder gar zwischen den Zeilen steht. Man muß den *Tasso* oft lesen um zu erkennen, *daß er mit dem höfischen Intrigenstück der Franzosen noch viel zu tun hat.* Ich sagte schon, daß Racine die wesentliche Anregung für die frühklassischen Dramen gab. Schon er hat das höfisch-barocke Intrigenstück stark vereinfacht, verinnerlicht und gegen die übernommenen Regeln *verstoßen*. Schon ihm war der Wohlklang, die Musik der Verse so wichtig wie die Logik der Sprache und der konsequente Aufbau. Auch *Tasso* ist nicht nur reflektiert, sondern voller Wohlklang. Und vor allem hatte Racine schon eine Abneigung gegen die schulgerechte Tragödie. Er wußte schon - Schiller wußte es noch nicht -, daß es eine Art Tragödie ohne offene Katastrophen und Tote geben kann.

Staiger weiß, daß Goethe einmal in *einem* Atemzug von Racines *Bérénice* und seinem *Tasso* gesprochen hat (I,414) und er stellt einen Vergleich zwischen den beiden Dramen an; aber dieser Vergleich bleibt völlig unbefriedigend. Der eigentliche Koinzidenzpunkt wird nicht diskutiert, nämlich die Tatsache, daß an die Stelle einer Katastrophe ein Abschied tritt oder, wie es Tasso selber nennt, eine Verstoßung, eine Verbannung. Titus und Bérénice nehmen voneinander Abschied, weil Titus Kaiser geworden ist und ihn Bérénice auf diesem Wege *nicht* begleiten darf. Das ist die ganze Katastrophe. Das ist übrigens der Stoff einer selten aufgeführten Oper von Mozart: *Titus*. Ähnlich nimmt Tasso Abschied vom Hofe in Ferrara. Niemand kann ihn auf seinem Wege nach Rom begleiten. Rasch spricht verwirrend von Goethes Abschied aus *Rom*. Es ist natürlich der Abschied von *Weimar* gemeint, die Reise *nach* Rom, auf der Goethe nicht wußte, ob er nach Weimar und überhaupt zurückkehren werde. Goethe hielt - das zeigen die Briefe - seinen Untergang durchaus für möglich. Das Reisen war damals noch eine heroische Angelegenheit, und Goethe war unvorsichtig (zunächst als armer Maler).

"Gesteigerter Werther" heißt also auch eine Dichtung ohne laute Katastrophe, ohne Tote. Goethe hat später eine Tragödientheorie entwickelt,

wonach die Verbannung an die Stelle der Katastrophe treten kann und außerdem *nach* der Katastrophe eine Versöhnung nicht nur möglich, sondern wünschenswert ist (vgl. o. *Egmont*). Denken Sie auch an den *Faust* II. Hier im *Tasso* wird durch den bekannten, in seiner Bedeutung viel umstrittenen Ausgang offenbar noch die Bezeichnung *Schauspiel* gerechtfertigt. Bekanntlich nimmt am Ende Antonio den Dichter "bei der Hand" und Tasso umarmt Antonio:

> Ich fasse dich mit beiden Armen an!
> So klammert sich der Schiffer endlich noch
> Am Felsen fest, an dem er scheitern sollte. (HA V,167)

— Nun, jedermann wußte, daß der historische Tasso im Wahnsinn endete, daß ihm weder Leonore noch Antonio auf die Dauer helfen konnten. Das letzte Wort des Herzogs ist deutlich genug; er sagt zu Antonio:

> Er kommt von Sinnen, halt ihn fest!

Diesem Befehl kommt Antonio nach und Tasso sagt zu ihm wie ein Patient zum Arzt:

> So muß ich mich dir denn gefangen geben?
> Ich gebe mich, und so ist es getan;
> Ich widerstehe nicht, so ist mir wohl - (S. 165)

Damit war der historischen Wahrheit Genüge getan; aber selbstverständlich bedeutet dieser Schluß noch etwas *anderes*. Er ist zweideutig, *damit* er symbolisch verstanden werden *kann*.

Wir sind auf die Zweideutigkeit der Goetheschen Symbole immer wieder gestoßen. Denken wir z.B. an den *Ganymed*. Als Goethe am *Tasso* schrieb, stand er in enger Verbindung mit K. Ph. Moritz, dem die *theoretische* Entwicklung des Symbolbegriffs in erster Linie zu danken ist. Man muß in dieser Zeit bereits mit *bewußter* Symbolik rechnen. Rasch beruft sich zu Beginn seines *Tasso*-Buchs auf ein sehr deutliches Goethezitat: "Dies sind gerade die schönsten Symbole, die eine vielfache Deutung zulassen, indes das dargestellte Bildliche immer dasselbe bleibt."

Eine vielfache Deutung ist also *erlaubt*. Trotzdem deutet Rasch den *Tasso* als "die Tragödie des Dichters". Das ist der Untertitel seines Buchs. Einer solchen Eindeutigkeit widerspricht zunächst der schon geschilderte biographische Bezug. Der *Tasso* wurde 1789 in Weimar vollendet. Goethe *war* zurückgekehrt. Er konnte also unmöglich behaupten, daß der Dichter den Hof unter allen Umständen verlassen *muß*. Die Umarmung Antonios durch Tasso verstehe ich zunächst als eine Verbeugung gegenüber dem Hof von Weimar. Die Umarmung besagt: Es kann *unter Umständen* auch gut gehen, - zumal da Goethe selbst sehr viel weltmännischer als Tasso war und nicht nur für sich selbst, sondern für den ganzen Musenhof von Weimar zu sprechen hatte. Karl August war *gegen* den Stoff. Das heißt, Goethe mußte sehr vorsichtig sein. <In dem schon zitierten> Brief vom 1. Februar 1788 heißt es <vollständig>:

> Tasso muß umgearbeitet werden, was da steht ist zu nichts zu brauchen, ich kann weder so endigen noch alles wegwerfen. Solche Mühe hat Gott den Menschen gegeben!

Rasch und ich selbst haben unabhängig voneinander darauf aufmerksam gemacht, daß *Tasso* auch mit Wieland etwas zu tun hat. Rasch in seinem *Tasso*-Buch 1954, ich in dem Aufsatz *Wieland und Goethe* 1954. Zu diesem Aspekt noch einige neue Gedanken. Im *Tasso* ist oft von Ariost, dem Vorgänger Tassos die Rede. Wenn man einen Dichter beleidigen will, dann braucht man nur einen anderen zu loben. Dies tut Antonio. Er lobt Ariost in der Gegenwart Tassos überschwenglich. An anderer Stelle heißt es umgekehrt mit einiger Verachtung, daß Ariost Märchen dichtet, d.h. ein leichter Dichter ist.

Wielands Vorbild ist Ariost, man nannte ihn den deutschen Ariost, und er dichtete leichte Märchen, Rokokomärchen. Eindeutig wird auf die Rivalität Goethes und Wielands angespielt. Antonio, d.h. der Hof, hat mehr Verständnis für den leichten Wieland als für den melancholischen *Werther*- und *Tasso*-Dichter. Man müßte also vielleicht von der Tragödie des *melancholisch-empfindsamen* Dichters sprechen. Dazu passsen auch der Begriff "gesteigerter Werther" und die *psychopathischen* Züge Tassos. Ein wesentlicher Reiz der *Tasso*-Dichtung liegt in ihrer melancholischen Empfindsamkeit. Es ist eine gesteigerte Melancholie, insofern sie höfisch und klassizistisch überformt ist. Eine vornehme Melancholie ist das, eine wahnsinnig *schöne* Melancholie, - voller Wohlklang und Musik. *Tasso kann als ein vorläufiger Endpunkt des empfindsamen Geniewesens aufgefaßt werden.* Was bei Klopstock hochgemut begann, das endet hier in Trauer, Weltschmerz oder gar Tragik. Mit dem *Tasso* befreit sich Goethe von dem empfindsamen Geniewesen. So scheint es jedenfalls, wenn man die *Römischen Elegien*, *Reineke Fuchs* und *Hermann und Dorothea* ins Auge faßt. Aber wie geht es weiter?

Ist nicht auch der *Faust* eine Tragödie des produktiven Menschen? Tragödie des Künstlers? Tragödie des Wissenschaftlers? Tragödie des Politikers? Und war Wieland wirklich noch ein so heiterer höfischer Dichter? Rasch zitiert aus Wielands *Sendschreiben an einen jungen Dichter* Stellen, die stark an *Tasso* anklingen. Das *Sendschreiben* stammt aus der Zeit, da Goethe den *Tasso* zu schreiben begann und ist an Goethe gerichtet. Wieland betrachtet Goethe als seinen Nachfolger und gibt zu verstehen, daß eine unüberbrückbare Kluft zwischen dem Dichter und seiner Umwelt besteht. So weit ist man schon 1782, kurz vor der Revolution in Frankreich.

Es läßt sich nicht leugnen, daß mit dem *Tasso* die Gattung der Künstlertragödie beginnt. Zufällig bin ich einmal auf den *Tasso* Goldonis gestoßen. Da ist der närrische Dichter noch eine komische Figur, wenn auch mit einigen sentimentalen Zügen. Sie sehen, es wäre für Romanisten in der *Tasso*-Forschung *viel* zu tun: Abgrenzung von Racine, Abgrenzung von Goldoni. Aber die epochemachende Bedeutung des *Tasso* für die moderne Dichtung würde dadurch nicht widerlegt. Man kennt keine Dichtung vor *Tasso*, die in gleichem Grade Künstlerdichtung ist! *Der Dichter beginnt sich selbst zum Problem zu werden.* Er beginnt sich von der Gesellschaft zu entfernen; denn: *sie wird immer prosaischer.*

Emil Staiger beschließt sein *Tasso*-Kapitel mit den Ausfällen gegen die moderne Dichtung, die er ja inzwischen gesteigert hat. Aber es hilft nichts. Mit dem *Tasso* beginnt die moderne Künstlerproblematik. Mit *Goethe* beginnt die moderne heillose Welt; das ist das Wesentliche, wie wir schon bei der Betrachtung von *Werthers Leiden* festgestellt haben. Daß Goethe sich eifrig bemüht, die Risse, die er darstellt, nachträglich wieder zu flicken, ist richtig. Schon der *Tasso* selbst ist viel vorsichtiger als *Werthers Leiden.* Läßt er sich nicht überhaupt als ein Lehrstück für übermäßig von ihrer Kunst besessene, wehleidige Dichter deuten?

Am weitesten ist wohl Ronald Peacocks Interpretation in dieser Richtung gegangen (*Goethe's Major Plays*. New York 1959). Wichtiges Buch, denn Peacock ist ein Spezialist des poetischen Dramas. *Er* spricht von einem philosophischen Drama, gelegentlich sogar von einem didaktischen. Er rückt *Tasso* nahe an die *Iphigenie* heran, was verführerisch ist. Tasso wäre eine Art Humanitätsdrama *gegen* die Künstlerdämonie.

Es ist höchst bezeichnend, daß gerade ein Engländer diese sittliche Interpretation des *Tasso* gibt; denn die Engländer verstanden es ja bisher besser als andere Völker, ihre Genies in der Gesellschaft zu integrieren. In der Demokratie lassen sich die Spannungen zwischen dem Genie und der Gesellschaft möglicherweise leichter ausgleichen als in einem absolutistischen Staat. Aber Goethe lebte in einem absolutistischen Staat, und er lebte in Deutschland, d.h. in einem Land, dem es immer schlecht gelingt, die Ansprüche der Elite und der Gesellschaft in Einklang zu bringen. *Für* Peacocks Interpretation spricht, daß der Hof im *Tasso*, im Gegensatz etwa zu *Götz von Berlichingen*, stark *aufgewertet* wird. Am Hof von Ferrara leben edle Menschen. Nicht die Willkür herrscht hier, sondern die Sitte, grundsätzlich jedenfalls: "Erlaubt ist was sich ziemt". Goethe wird nicht müde, das Edle zu preisen, das Gute. Auch an diesem Hof gilt ganz eindeutig die Forderung: "Edel sei der Mensch, / Hilfreich und gut!". Deshalb wird auch Emil Staiger nicht müde, diese gute und schöne Welt zu rühmen. Vielleicht wollte Goethe wirklich ein Humanitätsdrama *gegen* die Künstlerdämonie schreiben. *Aber unwillkürlich ist eben etwas anderes daraus geworden!* Trotz aller Schonung, trotz aller Vorsicht des *Höflings* Goethe entsteht keine didaktische Utopie, sondern ein ziemlich wirklichkeitsgetreues Bild eines hochstehenden *Hofs*, - vorausgesetzt, daß man Goethes Winke *versteht*. Der Mensch bleibt Mensch, auch am idealsten Hof. Antonio beleidigt und mißbraucht seine diplomatische Überlegenheit, Leonore Sanvitale intrigiert aus weiblicher Eitelkeit. Die Prinzessin gibt dem Dichter nicht den Schutz, den er von seiner Geliebten erwarten darf. Und der Herzog übt seine Macht im entscheidenden Augenblick ganz so aus, wie es von jeher Sitte war. Er betrachtet den von ihm geförderten Dichter als sein Eigentum. Der Dichter, der in seinen künstlerischen Träumen lebt, findet sich in dieser komplizierten Welt nicht zurecht. Tasso wird nicht absolut weltfremd gesehen; er sieht in mancher Beziehung richtig. Aber er ist nicht Herr seiner Affekte, er übertreibt alles. Und sobald er mitspielen will, macht er alles noch schlimmer; denn er verstößt gegen die gesellschaftlichen Spielregeln. Wenn man bedenkt, daß die zwei Hauptsünden Tassos rein *formale* Fehler sind, so erkennt man, was Goethe 1789 *insgeheim* über den Hof und das Ancien régime dachte. 1) Tasso zieht den Degen, was er am Hof nicht darf. Außerhalb des Hofs hätte er sich mit Antonio duellieren können. Man hätte es nach der Beleidigung hinnehmen müssen, - wenn auch mit Bedauern. 2) Tasso umarmt die Prinzessin, d.h. ein Mädchen, das ihm seine Liebe gestanden hat, mit dem er in aller Form einen Herzensbund geschlossen hat. Auch das geht am Hof nicht. Bei einer Prinzessin ist dies ganz unmöglich.

Es ist sehr wichtig zu bemerken, daß nicht nur Tassos Leidenschaftlichkeit, sein Ehrgeiz und sein Verfolgungswahn, *sondern auch die Struktur der Gesellschaft*, eine nur noch formale, veräußerlichte Struktur, *zu seiner Verbannung führen*. Man darf also durchaus von einer Tragödie des Dichters in dieser Gesellschaft sprechen. Nur sollte man nicht vergessen, daß Goethe vorläufig noch allerlei *Hilfsmittel* gegen die Katastrophe anzubieten hat und daß andererseits hinter der Tragödie des Dichters noch ganz andere Katastrophen auftauchen, nämlich die der schöpferischen Menschen überhaupt. Ja man darf sagen, es taucht überhaupt das Mißverhältnis zur Gesellschaft auf, in welches der moderne Individualismus zu führen pflegt, und zwar selbst dann, wenn sich die Gesellschaft relativ viel Mühe gibt, das außergewöhnliche Individuum zu integrieren und wenn sich auch der betroffene Einzelne einzuordnen versucht.

Immer wieder taucht für Tasso das Wort "fern" auf. Er bleibt *fern*, auch wenn er die Frauen zu lieben und sich der Gesellschaft zu nähern *scheint*. Die weltläufige Leonore Sanvitale behält im ganzen Stück recht, wenn sie im 1. Auftritt diese Ferne Tassos mit vollkommener Klarheit kennzeichnet:

> Sein Auge weilt auf dieser Erde kaum;
> Sein Ohr vernimmt den Einklang der Natur;
> Was die Geschichte reicht, das Leben gibt,
> Sein Busen nimmt es gleich und willig auf:
> Das weit Zerstreute sammelt sein Gemüt,

Und sein Gefühl belebt das Unbelebte.
Oft adelt er, was uns gemein erschien,
Und das Geschätzte wird vor ihm zu nichts.
In diesem eignen Zauberkreise wandelt
Der wunderbare Mann und zieht uns an,
Mit ihm zu wandeln, teil an ihm zu nehmen:
Er scheint sich uns zu nahn, und bleibt uns fern; (S. 77)

<An diesem und den folgenden Zitaten wollen wir> noch kurz ein paar Beobachtungen zu dem *Sprachstil* des frühklassischen Goethe machen.

Was ich eben zitiert habe, vermittelt ein klares Bild von Tasso, aber nur für den, der einer relativ abstrakten Sprache gewachsen ist. Zwar findet man einige Metaphern, die eine versinnbildlichende Funktion besitzen, z.B. "In diesem eignen Zauberkreise wandelt / Der wunderbare Mann". Aber auffallender ist, daß abstrakte Begriffe *nicht* vermieden werden: Natur, wenn auch metaphorisch gehoben: Einklang der Natur. Geschichte und Leben, wenn auch notdürftig personifiziert: "Was die Geschichte reicht, das Leben gibt". Das Gemüt und das Gefühl, die für Tasso so wichtig sind, werden nicht umschrieben, sondern die zwei Begriffe werden ausdrücklich *genannt* und, was den Stil noch abstrakter macht, mit substantivierten Partizipia verbunden:

Das weit Zerstreute sammelt sein Gemüt,
Und sein Gefühl belebt das Unbelebte.

An den üblichen rhetorischen Mitteln fehlt es nicht. Es wimmelt von ihnen. So wird in den gerade zitierten zwei Versen das Subjekt einmal nachgestellt und dann im nächsten Vers vorgestellt. Das Objekt kommt entsprechend einmal *vor*, dann *nach* dem Subjekt. Neben solchen Chiasmen gibt es Anaphern ("sein Auge", "sein Ohr"), Antithesen ("Er scheint sich uns zu nahn, und bleibt uns fern"). Auch die Veränderung der Wertung durch Tasso erscheint in einer Antithese, und zwar verteilt sich diese säuberlich auf zwei Verse:

Oft adelt er, was uns gemein erschien,
Und das Geschätzte wird vor ihm zu nichts.

Das Geschätzte: wieder ein substantiviertes Partizip, aber der Gegensatz heißt nicht das gemein Erscheinende, sondern er wird in der Form eines Relativsatzes gegeben: was uns gemein erschien. Es ist keine dröhnende Rhetorik, wie man sie etwa gleichzeitig im *Don Karlos* hören kann, sondern, der differenzierten *Aussage* entsprechend, eine sehr differenzierte Rhetorik.

Nehmen Sie etwa den Vers: er "zieht uns an, / Mit ihm zu wandeln, teil an ihm zu nehmen". Das ist ein Parallelismus, aber keine öde Anaphorik. Ein schlechter Dichter hätte vielleicht gesagt: Mit ihm zu gehen, mit ihm fortzuwandeln. *Das* wäre leere Rhetorik. *Inniger* ist es, zu sagen: Mit ihm zu wandeln, teil an ihm zu nehmen. Nicht an ihm teilzunehmen, sondern *teil* an ihm zu nehmen. - Man muß also im *Tasso* sehr genau hinsehen, wenn man hinter der *allgemeinen* Beredsamkeit die besondere Kunst Goethes erkennen will.

Peacock, dessen Stilinterpretation überzeugender ist als seine inhaltliche Interpretation, sagt mit Recht, im Tasso sei alles "a matter of nuance". Die Wirkung ist kompliziert: "complexity of effect" (S.138). Mit Recht stellt Peacock auch fest, daß der Dichter des *Tasso* die poetische Persönlichkeit Tassos *überschreitet*. Doch ehe wir diese Feststellung verdeutlichen, wollen wir zuerst einmal Tasso selber hören. Die Stelle stammt aus dem 3. Auftritt des II. Aufzugs. Antonio hat Tasso ziemlich grob beleidigt, indem er andeutete, er verdanke den Lorbeerkranz dem Glück, dem Zufall. Darauf reagiert Tasso mit Recht empört:

> TASSO. Du brauchst nicht deutlicher zu sein. Es ist genug!
> Ich blicke tief dir in das Herz und kenne
> Fürs ganze Leben dich. O kennte so
> Dich meine Fürstin auch! Verschwende nicht
> Die Pfeile deiner Augen, deiner Zunge!
> Du richtest sie vergebens nach dem Kranze,
> Dem unverwelklichen, auf meinem Haupt.
> Sei erst so groß, mir ihn nicht zu beneiden!
> Dann darfst du mir vielleicht ihn streitig machen.
> Ich acht' ihn heilig und das höchste Gut.
> Doch zeige mir den Mann, der das erreicht,
> Wonach ich strebe, zeige mir den Helden,
> Von dem mir die Geschichten nur erzählten;
> Den Dichter stell' mir vor, der sich Homeren,
> Virgilen sich vergleichen darf, ja, was
> Noch mehr gesagt ist, zeige mir den Mann,
> Der dreifach diesen Lohn verdiente, den
> Die schöne Krone dreifach mehr als mich
> Beschämte: dann sollst du mich knieend sehn
> Vor jener Gottheit, die mich so begabte;
> Nicht eher stünd' ich auf, bis sie die Zierde
> Von meinem Haupt auf seins hinüber drückte.
> ANTONIO. Bis dahin bleibst du freilich ihrer wert.
> TASSO. Man wäge mich, das will ich nicht vermeiden;
> Allein Verachtung hab' ich nicht verdient.
> Die Krone, der mein Fürst mich würdig achtete,
> Die meiner Fürstin Hand für mich gewunden,
> Soll keiner mir bezweifeln noch begrinsen! (S. 108f.)

Wir sind an einem kritischen Punkt des Dramas. Wenig später geht der Dialog in Stichomythien über, und Tasso begeht seinen ersten schweren Fehler gegen das Gesetz des Hofs. Er zieht den Degen. Diesen Ausfall läßt schon hier die plötzliche Verrohung des Stils ahnen. Das Wort "begrinsen" ist natürlich unhöfisch, unklassisch, eine der Stellen, da der realistische

Untergrund des Dramas plötzlich offen zutage tritt. Sonst aber ist die Erregung Tassos noch einigermaßen gedämpft. Sie verrät sich nicht so sehr in groben Worten, als in der Spannung, die fast überall zwischen der Form, d.h. zwischen dem Vers, und dem Satz besteht. Während in unserem ersten Zitat, in der Beschreibung, die Leonore von Tasso gab, nur ein einziges Enjambement vorkam, sind es hier acht. In einem klassischen Text pflegen Satz und Vers weitgehend übereinzustimmen. Daher ist diese Zahl ungewöhnlich hoch. Die Enjambements haben mimische Bedeutung, wie überhaupt das Drama schauspielerisch nicht so reizlos ist, wie das bei der ersten jugendlichen Lektüre erscheinen mag.

> Ich blicke tief dir in das Herz und kenne
> Fürs ganze Leben dich. O kennte so
> Dich meine Fürstin auch! Verschwende nicht
> Die Pfeile deiner Augen, deiner Zunge!

Die syntaktischen Einschnitte in der Mitte des Verses führen zu einer Verlangsamung des Sprechtempos. Tasso spricht in Pausen. Er ringt um Fassung. Und da es ihm wirklich nicht um ein zufälliges Glück, sondern nur um den *verdienten* Lorbeer geht, entwirft er das Bild eines Dichters, der noch größer als Homer und Vergil und - das ist natürlich gemeint - größer als er selbst wäre. Um einen solchen Überdichter zu entwerfen, braucht es einen langen Satz, einen Satz mit sechs Relativsätzen, weiteren Nebensätzen und vier Enjambements.

> Doch zeige mir den Mann, der das erreicht,
> Wonach ich strebe, zeige mir den Helden,
> Von dem mir die Geschichten nur erzählten;
> Den Dichter stell' mir vor, der sich Homeren,
> Virgilen sich vergleichen darf, ja, was
> Noch mehr gesagt ist, zeige mir den Mann,
> Der dreifach diesen Lohn verdiente, den
> Die schöne Krone dreifach mehr als mich
> Beschämte: dann sollst du mich knieend sehn
> Vor jener Gottheit, die mich so begabte;
> Nicht eher stünd' ich auf, bis sie die Zierde
> Von meinem Haupt auf seins hinüber drückte.

Die Vision des Überdichters ist aufrichtig. Es kommt dem Dichter wirklich auf die höchste Schönheit in Kunst und Dichtung an. Um so tiefer trifft ihn Antonios Hohn, sein Hinweis auf Tassos Eigenliebe. Nun wird Tassos Rede plötzlich gezielt. Der Satz und der Vers kommen zu völliger Übereinstimmung. Mit großer Klarheit und Festigkeit weist Tasso Antonios Hohn zurück, und als Antonio kneifen will, geht er zum Gegenangriff über. Er vergleicht Antonios Neid mit einer "Spinne schmutzigem Gewebe". Er nennt ihn einen

"Götzen", vor dem er sich nicht beugt. Er verläßt also die abstrakte, höfische Stilebene und greift zur *Beschimpfung*, schließlich sogar zur Waffe.

Uns mögen Wörter wie begrinsen, Spinne, Götze noch zahm erscheinen. Für den höfisch-klassizistischen Stil sind sie es *nicht*. Um ihr Gewicht zu ermessen, müßte man mit Racine vergleichen. Etwas von der ungestümen Leidenschaftlichkeit des Sturm und Drangs klingt in diesem Wortschatz *nach*. Freilich, auch der Wortschatz ist "gesteigerter Werther", Sturm und Drang auf viel *höherer* Stilebene.

Man nennt den klassischen Stil gern *monumental*; aber das erweckt im Fall von *Goethe* falsche Vorstellungen. Zum Monumentalen gehört meist die Monotonie, eine gleichmäßig überhöhte Stilebene. Peacock betont gegenüber solchen Vorstellungen von Klassik für den *Tasso* mit Recht den feinen *Wechsel* der Töne bei aller Beredsamkeit: "the subtly changing tones in this eloquent style" (S.143), und er behauptet wohl auch mit Recht, dieser Abwechslungsreichtum sei von den bisherigen *Tasso*-Interpreten kaum bemerkt worden (ebd.). Es gibt den Ton der Idylle, z.B. im Eingang des Dramas, da sich die beiden Leonoren selbst "beglückte Schäferinnen" nennen. Es gibt den Ton der Elegie, der Entsagung, aber auch der enthusiastischen *Versöhnung*, etwa als Tasso bemerkt, daß die Prinzessin *nicht* intrigiert. Peacock betont zu wenig, daß es bei Antonio auch den satirischen Ton gibt, bei Tasso den Schimpfton, daß also die niedere Stilebene in das hohe Drama *hie und da* eindringt. Schließlich ist nicht zu übersehen, daß das Drama für einen Hof des Ancien régime geschrieben ist und *Rokokoreste* trägt, nicht nur idyllischer und satirischer Art, sondern auch den Ton des *Scherzes*.

Der Scherz ist für das Rokoko *sehr* wichtig. Es gibt ganze Bücher über das Scherzen! Für den *Tasso* wichtiger ist es natürlich zu sehen, wie die leichten, scherzhaften Elemente mit dem ernsten Grundton des Ganzen in Einklang gebracht werden. Das soll uns das dritte Zitat zeigen.

ALFONS. Bleibt nur in Belriguardo, geht zusammen
Hinüber nach Consandoli! Genießt
Der schönen Tage ganz nach freier Lust.
PRINZESSIN. Du kannst nicht bei uns bleiben? Die Geschäfte
Nicht hier so gut als in der Stadt verrichten?
LEONORE. Du führst uns gleich Antonio hinweg,
Der uns von Rom so viel erzählen sollte?
ALFONS. Es geht nicht an, ihr Kinder; doch ich komme
Mit ihm so bald, als möglich ist, zurück:
Dann soll er euch erzählen, und ihr sollt
Mir ihn belohnen helfen, der so viel
In meinem Dienst aufs neue sich bemüht.
Und haben wir uns wieder ausgesprochen,
So mag der Schwarm dann kommen, daß es lustig
In unsern Gärten werde, daß auch mir,
Wie billig, eine Schönheit in dem Kühlen,

Wenn ich sie suche, gern begegnen mag.
LEONORE. Wir wollen freundlich durch die Finger sehen.
ALFONS. Dagegen wißt ihr, daß ich schonen kann.
PRINZESSIN (nach der Szene gekehrt)
Schon lange seh' ich Tasso kommen. Langsam
Bewegt er seine Schritte, steht bisweilen
Auf einmal still, wie unentschlossen, geht
Dann wieder schneller auf uns los, und weilt
Schon wieder. (S. 82f.)

Die Damen haben in der Rokokokultur die Funktion der Schäferinnen. Sie machen dem Mann das Leben schöner und leben im übrigen in den Tag hinein, plaudernd, genießend, tändelnd. "Ihr Kinder", sagt der Fürst zu ihnen. Auch die Prinzessin beteiligt sich zunächst an dem Geplauder: Der Fürst, ihr Bruder, soll bleiben, und Leonore interessiert sich für Antonio und seine Erzählungen, da er aus der Hauptstadt kommt. Der Fürst vertröstet auf später, auf Gartenfeste und bestellt sich schon eine Schönheit. Alfons und Leonore geloben sich volle Toleranz hinsichtlich der bevorstehenden Liebesabenteuer. Aber jetzt gehört die ernste Prinzessin *nicht* mehr zu den Gesprächspartnern. Vielmehr stellt sich durch Teichoskopie die Verbindung zu dem Dichter Tasso her, der sich noch außerhalb der Gesellschaft befindet. Wörter wie "langsam", "steht bisweilen", "unentschlossen", "weilt schon wieder", also Hinweise auf sein Zögern sind symbolisch für die *Ferne*, in der sich Tasso befindet, für den Zauberkreis, in den er eingeschlossen bleibt, selbst dann, wenn er sich der Gesellschaft zu nähern *versucht*. An dem Rokokoscherz kann er unmöglich Anteil haben; mit ihm ragt etwas ganz anderes in die Welt des Genusses und der Liebesabenteuer herein.

Wenn man die anmutige, schöne, womöglich leichtsinnige Welt, die Tasso *umgibt*, in einer Inszenierung nicht mitspielen läßt, macht man das Drama schwerer, als es ist. Gewiß, Tasso *selbst* ist schwer, schwermütig, schwierig, der moderne problematische Mensch. Seine Stärke ist nicht das leichte Gespräch, sondern der scharfe Dialog, der Ausbruch oder das lyrische Vorsichhinträumen oder auch die enthusiastische Verzückung. Aber das *Drama Tasso* ist anderer Art als die *Gestalt* Tasso. Es ist reich an Tönen. Es hat daher seine eigene Objektivität. Neben den lyrischen Ruhepunkten gibt es, wie wir früher sahen, dramatische *Höhepunkte*. Es sind nur fünf Figuren, aber jede der Figuren hat ihr eigenes Gesicht und erhöht auf ihre Art die Spannung, die den Vorgang bewegt.

Das Schaupiel hat mit dem mimischen Drama Shakespeares oder der Stürmer und Dränger kaum etwas zu tun. Es ist intimer, differenzierter, subtiler, abstrakter; aber eben deshalb auch moderner. Man sollte aufhören, den *Tasso* in Bausch und Bogen undramatisch zu nennen.

III. Kapitel

Goethe im Zeitalter der Hochklassik und Frühromantik

1789 - 1805 (Schillers Tod) oder, was vielleicht noch wichtiger war, bis zur französischen Besetzung (1806) nach Preußens Niederlage bei Jena und Auerstedt

Auswirkungen der italienischen Reise

Italien war 1) ein künstlerischer *Abschluß* der frühen Weimarer Epoche (siehe Dramen), 2) ein *Ausbruch* aus diesem Zustand, als die Spannung zwischen der übernommenen, überpersönlichen Aufgabe und Goethes persönlichstem Wesen unerträglich wurde. Goethe wurde hier auf den Künstler und Wissenschaftler zurückgeworfen.

Aber, und das wird oft übersehen, Italien war darüber hinaus *keine neue Basis für eine künftige Lebensepoche.* — Wäre es anders, so müßte man es an den Früchten erkennen, an dichterischen oder auch praktischen. Es folgt aber, ähnlich wie nach dem *Werther* und dem *Urfaust* eine ziemlich unproduktive und jedenfalls *unsichere* Periode. Es lagen noch mehr Fragmente da, z.B. *Elpenor*. Er wäre ein Verwandter der *Iphigenie* geworden. Aber wir verstehen, daß Goethe nicht nur *fertig* machen, sondern ganz neu ansetzen wollte. Unter diesem Gesichtspunkt interessiert der Plan einer *Nausikaa*-Tragödie. Nur *Fragment.*

Nausikaa-Fragment

Die homerische Vorlage war *nicht* sehr wichtig. In der ersten Konzeption erinnert sich Goethe nicht einmal des Namens: Arete (Mutter) statt Nausikaa. Den Homer hat er erst später darauf angesehen. Wichtig ist nur, daß ein fremder, verheirateter Mann, ein Wanderer, ein Abenteurer, ein Künstereicher, Listenreicher einem jungen Mädchen begegnet und daß sie ihm *vertraut.* Das Vertrauen [!] wird jetzt also in seiner Fragwürdigkeit gezeigt. Odysseus gibt sich im ersten Entwurf sogar als unverheiratet aus. Er betrügt also regelrecht. Später wurde dieses moralische Motiv offenbar aufgegeben, um das tragische

Motiv reiner zu gestalten. Und das besteht eben darin, daß ein Abenteurer, ein völlig bindungsloser Weltmann ein ganz unschuldiges, *gebundenes* Mädchen bezaubert. Wir können auch sagen, ein *Künstler*, der magisch über Welt und Wort verfügt, der sich in jede Rolle hineinspielen, hineindenken kann, verwirrt hier ein junges Mädchen, das nur die *gröbsten* Stufen der Täuschung kennt.

Nausikaa möchte Odysseus dazu verlocken zu bleiben, und sie spricht ausgerechnet zu dem listenreichen Odysseus in folgendem Ton:

> Du bist nicht einer von den Trüglichen,
> Wie viele Fremde kommen, die sich rühmen
> Und glatte Worte sprechen, wo der Hörer
> Nichts Falsches ahnet und zuletzt, betrogen,
> Sie unvermutet wieder scheiden sieht.
> Du bist ein Mann, ein zuverlässiger Mann,
> Sinn und Zusammenhang hat deine Rede. Schön
> Wie eines Dichters Lied tönt sie dem Ohr
> Und füllt das Herz und reißt es mit sich fort. (HA V,71f.)

Nausikaa weiß noch nicht, daß eben in der Verwechslung *von Schönheit und Wahrheit die größte* Gefahr liegt. Goethe gestaltet, so scheint es, eine andere Seite der Genie- und Künstlertragik; aber im Grunde ist es *dieselbe* wie im *Tasso*, nämlich das Erlebnis des Ausgestoßenseins aus der Welt der Sitte und Ordnung. Ein Mensch dieser Art tritt aus der Gesellschaft *heraus*, ja er gefährdet die anderen sogar, wie hier die naive Nausikaa.

Natürlich glaubt der Listenreiche an einen Ausweg. Odysseus will Nausikaa schließlich mit seinem *Sohn* vermählen; aber dieser Kompromiß sollte an der Liebe, an der *unbedingten* Liebe des Mädchens scheitern. Es gibt für sie nach der Enttäuschung nur noch den Weg in den Tod.

Was im *Tasso* schwebend geblieben ist, das wäre hier zur Tragödie weitergeschrieben worden. Es wäre eine ganz und gar unantike, eine geradezu werthermäßige Tragödie geworden, und dazu hatte Goethe keine Lust mehr. Überdies widersprach die heitere südliche Luft, die Goethe durch das Drama wehen läßt, der Tragödie. Goethe dachte sich den Süden und die Kunst als Heilmittel, um nicht zu sagen als große Sommerfrische; und da ließ er die eigentlichen Konsequenzen seiner Künstlerexistenz und seiner Vereinsamung lieber *ungestaltet*.

Immerhin zeigt der Entwurf, daß der Glaube an die alles versöhnende Humanität *ab*gebaut wird. Der eigentliche Neuansatz der italienischen Jahre ist *heiter*, ganz bewußt untragisch, unheroisch, problemlos, sinnlich, “naiv” (Wunschbild). Ich meine die *Römischen Elegien*.

Oberflächlich betrachtet sind wir damit wieder bei der Lyrik. Aber der innere Sinn für die Wahl der antiken Gattungen und Versarten ist ein anderer. Wir treten in die mittlere, ziemlich unlyrische Epoche Goethes. Die antike Metrik empfiehlt sich dem Dichter durch ihre Objektivität, durch ihre *feste äußere Gestalt.* Solange Goethe antike Metren benützt, unterwirft er sich einem Gesetz, eben dem Gesetz des antiken Verses. Daraus erklärt sich die erstaunliche Tatsache, daß der gleiche Goethe, der früher freie Rhythmen gedichtet hatte, sich später seine antiken Verse *korrigieren* ließ wie ein Schulbub, von A. W. Schlegel und dem Homer-Übersetzer Voß. Das Prinzip der *inneren* Form wird allmählich aufgegeben. — Ob das für die Lyrik die richtige Basis war, ist zweifelhaft. Aber, wie gesagt, darum *geht* es Goethe gar nicht. Das Stimmungsmäßige, das Atmosphärische, Nebelhafte, das Nordische soll *überwunden* werden. Es soll wieder, wie in der Leipziger Jugend, nicht so sehr Seelisches, sondern Sinnliches und Gedankliches dargestellt werden, und dazu eignet sich die antike Elegie hervorragend.

Ich sage die *antike* Elegie; sie hat wenig zu tun mit der Elegienform, die vom 18. Jahrhundert, z.B. vom Göttinger Hain, entwickelt wurde und in Schiller und Hölderlin ihren Höhepunkt erreichte. Die *antike* Elegie ist kein langes, sehnsüchtiges Gedicht, etwa wie Schillers *Spaziergang* oder Hölderlins *Brot und Wein*, sondern ein kurzes und knappes Gedicht, eine Verwandte des *Epigramms.* Nur darf man dabei nicht an das *lateinische* Epigramm denken. Man muß an das griechische denken, das genau so wie die griechische Elegie *unbestimmten* Gattungscharakter hat und einfach ein kurzes Gedicht in Distichen bedeutet.

Epigramme gibt man nicht einzeln heraus, sondern in Sammlungen bzw. in Zyklen, und so sind auch die *Römischen Elegien* ein Zyklus. Ein *freier* Zyklus, wie übrigens auch die Verse zu dieser Zeit glücklicherweise noch ziemlich *frei* sind, d.h. dem deutschen Sprach-Rhythmus entsprechen.

Über die biographischen Grundlagen der *Römischen Elegien* will ich nicht viel sagen. Natürlich liebte Goethe in Rom keine Priesterinnen mehr. In den Elegien spiegelt sich Goethes römische Geliebte. Trotzdem ist nicht nur an sein römisches Erlebnis zu denken, sondern noch mehr an *Christiane Vulpius*, die Goethe nach seiner Rückkehr zu sich nahm, als Geliebte. Dort in Weimar sind die *Römischen Elegien* entstanden, 1788-1790. Das alte und das neue Erlebnis verschmolzen genau so, wie im *Werther* Lotte und Maximiliane zu *einer* Figur wurden. Das Wesentliche ist das *neue* Bild der Liebe und der *Menschen*, die diese Liebe ausüben. *Dieses Bild verwirklicht sich im Leben und im Werk* [!]. Liebe ist hier wieder wie im Rokoko: Genuß. Der Augenblick wird nicht mehr durch Sehnsucht vertan, sondern es wird zugegriffen. Der ursprüngliche Titel hieß *Erotica Romana.* Die Liebe soll *antik* sein und sie *ist* auch ernster, vielleicht unschuldiger als die niedere Minne der christlichen Tradition. Sie ist nicht nur *Spiel*.

Trotzdem ist natürlich eine gewisse Spannung da, die die Antike *nicht* kennt, etwas von Verbotenem *und* etwas von literarisch Gewolltem und Bildungsmäßigem. Zu diesem Charakter paßt ganz gut, daß immer wieder ein Bezug zu der Stadt Rom und zu den antiken Göttern hergestellt wird. Für den Vereinsamten sind die antiken Götter nicht mehr so blaß wie für den Leipziger Goethe, der noch in fester Tradition stand. Die antiken Götter konkurrieren jetzt mit den christlichen Vorstellungen. Es bahnt sich *die* Entwicklung an, die später zu Hölderlins Griechenreligion geführt hat.

Aber so weit geht Goethe noch nicht. Es bleibt, wie gesagt, etwas Bildungsmäßiges, etwas Humanistisches. Goethe steht zwischen den alten Humanisten und Hölderlin. Es ist nicht so sehr ein Frommer als ein *Künstler*, der hier liebt. Goethe verschweigt dies, sein Künstlertum, keineswegs. Er bemüht sich *nicht* um Allgemeinmenschliches (= *Iphigenie*). Er spricht von sich selbst. Er sagt Ich. Allerdings ist dies Ich jetzt gelassen und überlegen. Aus dem Natur-Genie des Sturm und Drang und dem Sendungsgläubigen der frühen Weimarer Zeit wird der sogenannte *Olympier* Goethe, der schon als Künstler, als *reiner* Künstler seines Ranges gewiß ist und sich mit diesem begrenzten künstlerischen Bereich begnügt, - genau so wie in der Liebe. Er scheint den Drang zur ganzen Menschheit aufgegeben zu haben. Ich lese die XI. Elegie und bemerke, daß Cythere = Venus ist:

> Euch, o Grazien, legt die wenigen Blätter ein Dichter
> Auf den reinen Altar, Knospen der Rose dazu,
> Und er tut es getrost. Der Künstler freuet sich seiner
> Werkstatt, wenn sie um ihn immer ein Pantheon scheint.
> Jupiter senket die göttliche Stirn, und Juno erhebt sie;
> Phöbus schreitet hervor, schüttelt das lockige Haupt;
> Trocken schauet Minerva herab, und Hermes, der leichte,
> Wendet zur Seite den Blick, schalkisch und zärtlich zugleich.
> Aber nach Bacchus, dem weichen, dem träumenden, hebet Cythere
> Blicke der süßen Begier, selbst in dem Marmor noch feucht.
> Seiner Umarmung gedenket sie gern und scheinet zu fragen:
> Sollte der herrliche Sohn uns an der Seite nicht stehn? (HA I,164)

Sie sehen: Goethe erlebt den Olymp in dem Rahmen eines Künstlerateliers, *nicht* so fromm, wie dann Hölderlin den Göttern entgegentritt. Und nicht Jupiter interessiert ihn oder gar Minerva, sondern vor allem Bacchus und Venus. Der Stil ist sehr *gegenständlich*, "plastisch". Goethe scheut sich nicht, die Götter einzeln zu nennen, mit den Attributen, die ihnen eigentümlich sind. Diese etwas frostige Art zu dichten kommt aus der Antike. Aber er kann es doch nicht lassen, gegen Ende zu *steigern* und die liebestrunkene Venus zu feiern. Es ist nicht von Sehnsucht die Rede, sondern von "süßer Begier", aber etwas Seelenhaftes kommt doch hinein. Sie hat feuchte Blicke.

An anderen Stellen zeigt eine bürgerliche Behaglichkeit, daß wir es mit einem deutschen modernen Dichter zu tun haben, dem späteren Dichter von *Hermann und Dorothea*. Er freut sich etwa, daß ihm Faustine morgens Feuer macht, oder daß ihm das Mädchen ganz sicher ist, daß keine Gefahren dabei zu befürchten sind (Süden!). Eine behäbige Selbstironie erscheint öfters, z.B.:

> Reizendes Hindernis will die rasche Jugend; ich liebe,
> Mich des versicherten Guts lange bequem zu erfreun. (HA I,170)

Wenn es draußen regnet, ist es noch schöner.

Man merkt bereits die gefährlichen Möglichkeiten, die in jeder *Selbstgenügsamkeit*, des Lebens *und* der Kunst, liegen.

Venetianische Epigramme

In den *Römischen Elegien* überwiegt noch der naive, *heitere* Ton und die Begeisterung für Rom und das südliche Leben. In den *Venetianischen Epigrammen* von 1790 ist der schöne Traum vom Süden schon wieder verflogen. Goethe reiste 1790 wieder nach Italien, nach Venedig, um die Herzogin Anna Amalia abzuholen. Die zahlreichen Italienreisen auf Goethes Spuren hatten also schon begonnen. Bei Goethe selbst ist der Rausch vorüber. Er ist jetzt, wie er an Herder schreibt, “ein wenig intoleranter gegen das Sauleben dieser Nation als das vorige Mal”. - Das bestätigt unsere These, - daß nämlich Italien mit seinen antiken Erinnerungen ein *Ausbruch* war, *Befreiung* in einer bestimmten seelischen Situation, Ausbruch aus der Empfindsamkeit; aber *keine* verläßliche Basis für ein *neues* Leben. Er konnte so wenig Südländer werden wie Grieche. Das waren alles Illusionen. Er war wohl oder übel nach *Weimar* zurückgekehrt, und es ist kein Zufall, daß er gerade damals in den *Venetianischen Epigrammen* den Herzog von Weimar gepriesen und damit verewigt hat; denn ihm verdankte er schließlich den langen Urlaub und, nach der Rückkehr, die Möglichkeit, sein Verhältnis zur Gesellschaft neu zu ordnen, in Weimar zu bleiben, was ursprünglich nicht sicher war.

Weimar, so heißt es im 17. *Venetianischen Epigramm* - ist ein kleines, aber nach innen und außen kraftvolles Land und er, Goethe, verdankt seinem Herzog alles. Was hilft ihm der Ruhm in ganz Europa, ja in China, sogar dort kennt man *Werthers Leiden*. Aber davon hat er nichts.

> Niemals frug ein Kaiser nach mir, es hat sich kein König
> Um mich bekümmert, und Er war mir August und Mäcen. (HA I,179)

Goethe hatte bis dahin das kleine Weimar eher als ein Sprungbrett für eine größere Laufbahn betrachtet. Jetzt, da er nur noch Mensch, Künstler und

Forscher sein will, ist ihm der kleine behagliche Wirkungskreis gerade recht. Um so bitterer wird der Blick, den er auf die Welt im großen wirft. In *Italien* gibt es keine Redlichkeit, keine Zucht und Ordnung. Die Staatsmänner sorgen nur für sich selber. So war es auch in Frankreich. Daher die Revolution. Aber wer beschützt nun die Menge gegen die Menge? Der einzige Unterschied gegen früher ist, daß der Tyrann neuerdings tausendköpfig ist.

In Deutschland *gibt* es Redlichkeit, aber was gibt es sonst? Erfolg haben die Schwärmer, die Nichtskönner, *nicht* die Meister. Schon wirkt sich die flaue Aufnahme seiner klassischen Dramen aus. (*Werther*dichter!) So erklärt sich das 14. Epigramm:

> Vieles hab' ich versucht, gezeichnet, in Kupfer gestochen
> Öl gemalt, in Ton hab' ich auch manches gedruckt,
> Unbeständig jedoch, und nichts gelernt noch geleistet;
> Nur ein einzig Talent bracht' ich der Meisterschaft nah:
> Deutsch zu schreiben. Und so verderb' ich unglücklicher Dichter
> In dem schlechtesten Stoff leider nun Leben und Kunst. (S. 177)

Das ist der Ton des nachitalienischen Goethe! Der Haß auf die Deutschen beginnt, er verstärkt sich noch in ungedruckten Gedichten des *West-östlichen Divan.*

Die griechischen *Epigramme* sind gattungsmäßig von den griechischen *Elegien* wenig verschieden. Es gibt also auch hier in den *Venetianischen Epigrammen* förmliche *Gedichte* wie das Preisgedicht für den Herzog Karl August. Auch ein Sehnsuchtsgedicht für Christiane gibt es. Aber in dem zitierten Epigramm spitzt sich die Gattung wieder zu: zu der Schärfe, die die Lateiner dem Epigramm gegeben haben. Daraus <werden> später <die> *Xenien.*

Es gehört zum Bild des reifen und alten Goethe, daß er in einem aristokratischen Abstand zu seiner Umwelt steht und sich *wenig* von ihr verspricht. Man nennt das oft sein geheimerätliches Wesen. Wesentlicher ist die schon erwähnte Einsamkeit dessen, der als Künstler und Naturforscher und neuer Heide sich fremd in Deutschland und ausgestoßen im christlichen Abendland fühlt.

Aber so schlimm ist es wohl nie gewesen wie gerade damals nach der italienischen Reise. Nicht alle verstanden ihn so gut wie der Herzog. Auch in Weimar gab es genug Verdruß. Ich habe davon gesprochen, daß Goethe sein Verhältnis zu Frau von Stein als etwas Endgültiges betrachtete, als eine Art geistiger Ehe. Daran änderte sich auch in Italien *nichts*. Die Aufzeichnungen, die wir unter dem Begriff der *Italienischen Reise* kennen, sind ursprünglich für Frau von Stein bestimmt. Sie sollte ihn immer begleiten und teilnehmen an seiner Wandlung.

Auch das Verhältnis mit Christiane Vulpius zeigt, daß die alte Konzeption von Goethe zunächst *festgehalten* wurde. Die hohe Minne sollte durch die niedere *ergänzt* werden, an eine *Ehe* war zunächst *keineswegs* gedacht. Aber Frau von Stein zeigte sich dieser Neuordnung, dieser organischen Metamorphose Goethes *nicht* gewachsen. Ein Jahr nach der Rückkehr kam es zum völligen Bruch. Und damit wuchs die Einsamkeit um Goethe ins *Bedrohliche; denn Christiane war in geistiger Hinsicht kein Ersatz*. Frau von Stein schrieb sogar ein Schlüsselstück gegen Goethe, und natürlich nahmen viele für sie Partei.

In einer solchen Lage hält man sich gern an die *älteren* Freunde; und das war z.B. Herder. Aber auch der hatte für Goethes italienische Wandlung wenig Verständnis. Einer klaren Form stand er kritisch gegenüber [!] und noch mehr der neuen *Sinnlichkeit* Goethes. Klärchen im *Egmont* z.B. schien ihm zu viel von einer Dirne zu haben. Mit derartigen Urteilen hatte Goethe sogar in Weimar zu rechnen, wo man sich einigermaßen vertrug. Er wagte es daher zunächst *nicht*, die *Römischen Elegien* zu publizieren. <Das geschah erst durch> Schiller 1795.

Wieland

Am ehesten verstand ihn damals noch Wieland. Ihm las er die *Elegien* insgeheim vor. Auch die entschiedene Hinwendung zur erzählenden Dichtung, die sich bei Goethe durchsetzt, scheint mit seiner damaligen Wieland-Freundschaft zusammenzuhängen. - Die Erzählung braucht Abstand. Sie braucht unter Umständen sogar Humor und Ironie. Abstand hatte der zurückkehrende Goethe gerade genug, mehr als genug, und mit dem Humor versuchte er es. Er hatte ihn sehr nötig.

Reineke Fuchs

Aus dieser Situation ist ein Werk Goethes zu erklären, das wenig berühmt, aber trotzdem ein Meisterwerk ist: *Reineke Fuchs*, Hexameterepos in zwölf Gesängen (verfaßt 1793, herausgegeben 1794). Es handelt sich hier bekanntlich um einen alten, mittelalterlichen Stoff. Goethes Quelle war eine Nacherzählung Gottscheds in Prosa (1752). Im Anhang bringt Gottsched den berühmten niederdeutschen *Reineke de Vos* aus dem Jahr 1498 mit schönen Kupferstichen. — Wie kommt der italienische und angeblich antike Goethe zu diesem derben, altdeutschen Tierepos? Ich sehe drei Gründe. 1) Sein *Menschen*bild hatte sich in dieser Richtung verändert. Wir haben gehört: Die Schranke zwischen Mensch und Tier erschien ihm nicht mehr so groß, seit er Naturwissenschaftler war. Seine persönlichen und seine geschichtlichen Erfahrungen, *besonders die Französische Revolution*, hatten eine erhebliche Skepsis in ihm erzeugt, ja sogar einen gewissen Zynismus. - Die Menschenwelt erschien ihm als eine Art Menagerie. Die alte Tieremblematik paßte zu dieser zynischen Vorstellung vom Menschen. 2) Einer solchen Menschenwelt war die enthusiastische oder tragische Darstellungsart *nicht* angemessen. Zum *"Realismus"* [!] gehört die komische Darstellung. Der neue Realismus kann dabei an den alten, mittelalterlich-christlichen anknüpfen. So war es schon bei Wieland, als er komische Epen schrieb, und so wird es später beim frühen Realismus des 19. Jahrhunderts sein (Gotthelf). Sowohl im Rokoko wie im Biedermeier wirkt dieser alte christliche Realismus oder Naturalismus nach. 3) Der Gegenstand ist naiv, durch und durch sinnlich (grob!). Es gibt hier keine großartigen psychologischen oder philosophischen Probleme wie in *Iphigenie* und *Tasso* (sentimentalische Gegenstände!).

Wir verstehen also die Wahl des Stoffes *sehr gut*. Aber es ist doch merkwürdig, daß sich Goethe so treu an die Quelle gehalten hat, sehr treu. Er hat so gut wie nichts verändert! Wie sollen wir uns *das* erklären? *Hier kommt offenbar das betonte Künstlertum zum Durchbruch, das stärker formalistisch ist als das bisherige Goethes*. Das Wesentliche ist hier, *wie* für die alten Humanisten vom Schlage des Opitz oder Wieland, die Gestaltung, genauer *die Formung der einzelnen Sätze und Verse*. Und tatsächlich: in diesem Punkt ist das Epos vorzüglich. Man betont mit Recht, daß Goethe nie wieder so gute Hexameter gemacht hat. Sie entsprechen völlig der deutschen Sprache; er vertraut noch seinem Gefühl, nicht den Vorschriften der klassischen Philologen, wie er es später getan hat. Es ist überhaupt ein völlig stilreines, völlig einheitliches Werk entstanden, und der *Stil* ist ganz *eigen*, während ja *Iphigenie* und *Tasso* stilistisch in der Racine-Tradition stehen, wenn auch eine Erneuerung der Tradition geleistet wird.

Natürlich orientiert sich Goethe schon *ein wenig* an Homer; aber der Stoff und die Verse zeigen, daß ihn *dies* antike Vorbild noch nicht überwältigt hat, - trotz der Hexameter. Das Werk steht sozusagen in der Lücke zwischen Wielands Frühklassik, die noch rokokomäßig getönt ist - ich denke an den *Oberon* -, und der Goetheschen Hochklassik, die vielleicht stärker als gut *antikisierend* gewesen ist (*Achilleis*). — Diese Eigenständigkeit gibt dem *Reineke Fuchs* seinen besonderen Reiz, seine unverwelkliche Frische.

Wenn das Werk trotzdem wenig berühmt wurde, so liegt das zum Teil an dem fehlenden artistischen Verständnis der deutschen Zeitgenossen, zum Teil daran, daß man von dem *Iphigenie*- und *Werther*-Dichter eben doch einen bestimmten neuen *Inhalt* erwartete, nicht nur eine glanzvolle Darstellung. Das gilt besonders für das *bürgerliche* Publikum, dem die hier zugrunde liegende weltmännische Skepsis *fern* lag. Das Bürgertum war noch optimistisch, während Goethe hier im Grunde zeigen will, daß die List und die Gewalt immer siegreich sind.

Literarischer Sansculottismus

Goethe versucht tatsächlich in der folgenden Zeit, zu diesem bürgerlichen Publikum *hinabzusteigen*, zunächst in Prosa. Auch in diesem Punkt konnte er an Wieland anknüpfen. Er schrieb 1795 einen programmatischen Aufsatz, und der Hauptzweck dieses Aufsatzes war es, die Weimarer und besonders *Wielands* Prosa gegen einen Berliner Dichterling zu verteidigen: *Literarischer Sansculottismus*. Der Titel besagt, daß die Dichteraristokratie von Weimar sich die Anmaßung der geistig Mittelmäßigen, der literarischen Demokraten verbittet. Der Dichterling hieß Jenisch und hatte behauptet, es gebe in Deutschland keine klassischen Werke in Prosa. Klassisch heißt nach dem Begriff der damaligen Dichtungstheorie einfach mustergültig. Schon diesen Anspruch auf Klassik findet Goethe anmaßend. Kann eine Nation wie die deutsche *Klassiker* verlangen? Dazu müßte sie zuerst selbst gebildet sein. Und nun schildert Goethe die verheerenden Zustände. Es gibt keinen Mittelpunkt, der Normen setzen könnte. Es gibt keine finanzielle Unterstützung der Schriftsteller. Jeder ist allein, jeder muß selbst seinen Weg finden. Die höheren Klassen sind am Ausland orientiert. Wenn man das alles bedenkt, wird man zugeben, daß mehr geleistet wurde, als zu erwarten war.

> So ist es zum Beispiel nicht zu viel gesagt, wenn wir behaupten, daß ein verständiger, fleißiger Literator durch Vergleichung der sämtlichen Ausgaben unsres Wielands, eines Mannes, dessen wir uns trotz dem Knurren aller Smelfungen mit stolzer Freude rühmen dürfen, allein aus den stufenweisen Korrekturen dieses unermüdet zum Bessern arbeitenden Schriftstellers die ganze Lehre des Geschmacks würde entwickeln können. (HA XII,242f.)

Sie sehen: Goethe bekennt sich jetzt zu Wielands *Artistik*.

Dieser Aufsatz erschien in dem ersten Jahrgang der *Horen* (1795), also in *der* Zeitschrift, die *Schiller* mit Goethes Hilfe herausgab und die die Hochklassik einleitete. Und das besagt, daß hier nicht nur die literarkünstlerische *Kontinuität* hergestellt wird, durch die Wieland-Verteidigung, sondern daß hier Goethe und Schiller selbst *den* Anspruch erheben, der zur sogenannten Hochklassik geführt hat und sich später in den *Xenien* dokumentiert. Der Anspruch, den Goethe persönlich erhebt, dürfte, genau besehen, die Fortsetzung von *Wielands Erzählkunst* sein. Vom *Drama* hat er vorläufig *genug*.

Hoftheater

Dieser Interpretation scheint eine Tatsache zu widersprechen, die in jeder Goethe-Zeittafel erscheint. Im Jahr 1791 wurde das weimarische Hoftheater eröffnet. Also jetzt haben wir plötzlich ein stehendes Theater, ein Berufstheater! Goethe scheint endlich dem Ziel seiner theatralischen Sendung näher gekommen zu sein. In Wirklichkeit ist dies Theater nur ein Ergebnis der *Resignation*, die wir kennengelernt haben. Der Goethe, der aus Italien zurückkommt, ist, wie gesagt, ein Mann, der möglichst ungestört der Kunst und Wissenschaft leben will. Aber nun muß er doch auch etwas für sein Gehalt tun. (Er hat das höchste Gehalt im Staatswesen von Sachsen-Weimar.) Die Übernahme der *früheren* Ämter kommt *nicht* in Frage. Goethe hatte an Karl August geschrieben, das könne ein anderer auch. Er fühlt sich also für das *Ganze nicht* mehr verantwortlich. Aber für den engeren Bereich von Kunst und Wissenschaft mußte er natürlich etwas tun. Das war er seinem großzügigen Gönner schuldig.

Goethe wurde also so etwas wie Kultusminister von Weimar. Dabei sind die Schulen allerdings so ziemlich auszunehmen. Dazu gehörte aber in den kommenden Jahren die Betreuung der *Universität Jena*. Sie erlebte z.B. durch den Kantianer Reinhold, durch Fichte, durch Humboldt einen großen Aufstieg. Hier strömten auch die besten Literaten zusammen, z.B. die Brüder Schlegel, ferner Novalis, Tieck. Die sogenannte Frühromantik, Jenenser Romantik, wächst also in *Goethes* Schatten auf, sie *preist* ihn, so sehr sie im übrigen die Dichter von Weimar verachtet. Sie wurden, so drückte sich die neue Jugend aus, hingerichtet. Publizistik als Guillotine.

Die zweite große Aufgabe ist das *Hoftheater von Weimar*. Beides hängt insofern miteinander zusammen, als die finanzielle Basis des Theaters *sehr* schlecht war und Goethe die Jenaer Studenten als *Publikum* brauchte. Sie durften bezahlen, aber ja nicht kritisieren. Wenn die Studenten einmal unzufrieden waren, so erhob sich Goethe und sorgte persönlich für Ruhe: z.B. "Man lache nicht".

Ein richtiges Hof- und Bildungstheater also ist dies Theater von Weimar, *keine Spur von Volkstheater*. Seine Bedeutung ist von vornherein *sehr* begrenzt. Mit Berlin oder gar mit Wien konnte es schon deshalb nicht wetteifern, weil die Gagen kümmerlich waren, - so wie auch für die Professoren Jena nur ein Sprungbrett war. Es war ganz unmöglich, große Schauspieler zu gewinnen. Um so leichter war es für Goethe, die Leitung des Theaters fest in der Hand zu behalten [!]. Ensemblespiel. Es geschah in der Form der Oberdirektion. Das heißt, Goethe hatte einen Direktor unter sich, der die Kleinarbeit leistete, aber völlig abhängig war. Goethe bediente das bequeme Instrument sozusagen mit der linken Hand. Natürlich fühlte er auch die Aufgabe, etwas für das Repertoire des Theaters zu tun. Aber die Begeisterung war nicht groß. *Keine Spur mehr von dem Gedanken einer großen Sendung*. Viel stärker als das *Theater* interessiert ihn damals die Osteologie, also das Naturwissenschaftliche; denn bei ihm hat man es mit dem Bleibenden und [!] Inneren zu tun. Fast seufzend schreibt er an Jacobi, es stehe ihm jetzt eine Beschäftigung bevor,

> die desto mehr nach außen gerichtet ist und nur den Schein zur Absicht hat. Es ist die Oberdirektion des Theaters das hier errichtet wird. Ich gehe sehr piano zu Werke, vielleicht kommt doch fürs Publikum und für mich etwas heraus. Wenigstens wird mirs Pflicht diesen Teil näher zu studieren, alle Jahre ein paar spielbare Stücke zu schreiben. Das übrige mag sich finden. (20.3.1791)

Das ist der neue Ton, der Ton des Einsamen, der seine "Pflicht" gegenüber der Gesellschaft erfüllt, so gut es eben ohne allzu große Selbstverleugnung geht.

Die Tätigkeit für die Gesellschaft ist keine Sendung, sondern nur eine Pflicht, die man schlecht und recht absolviert. Das will auch das Wort von den "spielbaren Stücken" besagen. "Alle Jahre ein paar", natürlich auch das mit der linken Hand, wie ein zünftiger Theaterdichter, - *nur keine großartigen Sachen mehr wie Iphigenie und Tasso*. Dafür hat die deutsche Nation keine Verwendung.

Goethe hat tatsächlich wieder den Versuch gemacht, durchschnittliche Theaterstücke zu schreiben; aber es gelang ihm nicht mehr so gut wie bei *Stella* und *Clavigo*. *Je sicherer seine Dichtung wird*, je tiefer sie dringt, um so flacher wird seine *Gebrauchsdichtung*. Man muß für alles bezahlen, auch ein Genie [!].

Französische Revolution

Das *Problem*, das er wählte, war womöglich noch aktueller als in *Stella* und *Clavigo*: *die Französische Revolution*. Aber wie sollte er es an der Wurzel fassen? — Für das Hoftheater kam nur eines in Betracht, nämlich eine pädagogische Behandlung des Problems, d.h. eine harmlose, womöglich heitere. Damit soll nicht gesagt sein, daß Goethe sich verstellte. Er war wirklich ein Gegner der Französischen Revolution. Warum? Zunächst einmal ist dabei seine großbürgerliche Herkunft zu bedenken. *Er hatte immer zu den Bevorzugten gehört*. Der Übergang zum Hof war ganz organisch gewesen, obwohl er eine Zeitlang literarisch fürs Volk geschwärmt hatte. An die Stelle Herders war schon in Frankfurt *Justus Möser* getreten, der eine sehr *patriarchalische* Auffassung von Gesetz und Regierung hatte. Er ist ganz das, was später konservativ genannt wird, d.h. die Tradition soll nicht zerstört, nur weiterentwickelt werden. Über *Justus Möser* und keineswegs über *Literatur* unterhielt Goethe den Herzog, als es um seine Berufung nach Weimar ging.

Nach Mösers Grundsätzen regierte Goethe in Weimar. Er kannte für alle seine Pläne nur den alten patriarchalischen Weg, über die Fürsten und den Adel. Bei der Ausführung der Pläne war er jedoch zur Meinung gekommen, *daß der Gesellschaft überhaupt nicht zu helfen ist*. Und das ist vielleicht der tiefste Grund für seine frühe und ungewöhnlich entschiedene Ablehnung der Revolution. Die Revolution war in seinen Augen so etwas wie ein zweiter und schlimmerer Sturm und Drang. Die Revolution erinnerte ihn an sein früheres

Leben, von dem er sich jetzt ganz entschieden distanzierte. Der frühere Stürmer und Dränger war skeptischer als die anderen!

Wieland z.B. erkannte *auch* die Gefahren der Revolution, er sah voraus, daß sie das Opfer eines Diktators sein werde und er schlug den Mittelweg der konstitutionellen Monarchie vor [!]. Aber auch darüber spottete Goethe. Keinen Kompromiß!

Trotzdem zeigen manche Äußerungen Goethes, daß er die Schwächen des Ancien régime *kannte* (*Tasso*, *Venetianische Epigramme*). Die *Campagne in Frankreich*, d.h. den Feldzug der alten feudalistischen Welt gegen die Französische Revolution, hat er im Gefolge des Herzogs zum Teil mitgemacht und in einem besonderen Buch beschrieben. Man kann nicht behaupten, daß es ein begeistertes Buch ist. Er bemerkte schon, was mit dem friderizianischen Heer los war. Aber sagen konnte er nichts zu dem eigentlichen Problem. Denn es handelte sich jetzt nicht um Erörterungen, sondern um *tätige* Eindämmung der Gefahr! Das war er seinem Fürsten schuldig. Sobald das Schlimmste vorüber zu sein schien (1794 und 1795), zog er sich wieder in die unpolitische Sphäre der Wissenschaft und Dichtung zurück. Das zeigt das von Goethe und Schiller in den *Horen* entwickelte Programm. Es war ein unpolitisches oder höchstens indirekt politisches Programm. Durch ästhetische Erziehung soll ein neuer Mensch geschaffen werden, - die Voraussetzung für einen neuen Staat.

Revolutionsstücke

Er wußte sehr wohl, daß Parteinahme in derartigen Weltkonflikten *meistens an der eigentlichen Sache vorbeigeht*, weil in den meisten Fällen beide Seiten unrecht haben. Nicht sein Daimon treibt ihn, sondern die Pflicht. Keine Spur vom *Tasso*dichter ist in diesen Theaterstücken zu finden! Aber zunächst tat er sein Möglichstes als Freund des Herzogs und Oberdirektor des Hoftheaters. Es handelt sich um *drei Theaterstücke* (kurz):

(1) *Der Groß-Cophta*, ein Lustspiel in fünf Aufzügen. Den Stoff gab eine Betrugsaffäre in Frankreich, die von der revolutionären Presse aufgebauscht worden war. Goethe macht daraus eine Intrigenkomödie, die zeigt, daß solche Geschichten *nicht* so wichtig sind, daß die Ordnung immer wieder triumphiert. Immerhin zeigt sich doch ziemlich unverhüllt, welche Chancen Betrüger an einem Hof haben dadurch, daß die Gesellschaft und besonders die Damen empfindsam und wundergläubig sind. Dem Schwindler geht es nur um ein Perlenhalsband. Aber er umgibt sich mit zauberhaftem Brimborium. Und es bedarf eines wackeren Ritters, um das Lügennetz zu zerreißen. Zum Schluß wird die Sache durch den Fürsten vertuscht. Daher entsteht so etwas wie ein Lustspiel. Goethe *bemüht* sich um möglichste Heiterkeit, aber sie ist ihm nicht gelungen, sei es nun, weil der Gegenstand doch zu ernst ist oder weil es ihm an komischem Sinn fehlte. Einzelne Szenen sind sehr gut gelungen, aber das

Ganze ist schleppend und schwer. So empfand es am Ende auch Goethe selbst.

2) *Der Bürgergeneral*, Lustspiel in einem Aufzug. Schon die Form des Einakters zeigt, daß Goethe seine Ziele zurücksteckt und statt eines kunstvollen Lustspiels eine Art Posse schreiben will. Der Held des Stücks ist ein armseliger Mann: Schnaps. Er teilt mit, daß er vom Jakobinerklub zum Bürgergeneral ernannt ist und das Schloß plündern muß. Zur Probe erbricht er einen bürgerlichen Schrank und holt sich Milch und Brot. Bei dieser Gelegenheit schon bekommt Schnaps Prügel. Als aber der Richter erscheint, gibt es eine große Sache. Der Richter verhaftet eine Jakobinermütze als Corpus delicti und will die Leutchen abführen lassen. Aber im rechten Augenblick erscheint der Edelmann, der die Sache durchschaut und überaus edel ist. Schnaps schielt vergebens nach der Milch, die er immer noch nicht trinken konnte bei so viel Aufregung. Er muß die Lehren des Edelmanns anhören. Das ist seine Strafe. Das Ganze endet in einem Idyll, bei dem natürlich auch ein junges Pärchen nicht fehlen darf.

Das alles ist sehr hübsch gemacht, flott im Dialog und geradezu biedermeierlich in der Gesinnung. Wenn *uns* bei so viel Harmlosigkeit nicht wohl wird, so ist das vielleicht ein demokratischer Anachronismus. Denn das deutsche Volk dachte ja tatsächlich noch *lange* nicht an eine Revolution. In Thüringen mindestens konnte man die Lage verharmlosen. Anders standen die Dinge bekanntlich am Rhein.

3) *Die Aufgeregten*, politisches Drama in fünf Aufzügen. Nicht alles ausgeführt, aber wir kennen den Inhalt. In diesem Fall handelt es sich um einen einigermaßen ernstlichen Überfall auf ein Schloß. Weiter allerdings geht Goethe auch in diesem Fall nicht. Im Hintergrund steht der Fürst, auf ihn berufen sich sogar die Revolutionäre, was höchst beruhigend ist. Die Revolutionäre sind Bauern. Die Führer ein Chirurgus, in zweiter Linie ein Schulmeister. Es geht um die Frondienste. Die Revolutionäre wollen die Abschaffung *erzwingen*. Aber es stellt sich am Ende heraus, daß die Aufregung ganz überflüssig war, da die Gräfin keineswegs unnachgiebig ist. “So schließt das Stück”, schreibt Goethe, "zu allgemeiner Zufriedenheit.”)

Das Beschwichtigen, das Bagatellisieren, der volkserzieherische Gesichtspunkt sind überall deutlich. Auch eine nicht ganz zwanglose Heiterkeit. Man versteht, daß Goethe diese Art von Produktion nicht fortsetzen wollte.

Aber was sollte nun mit dem Repertoire des Theaters *geschehen*? *Goethe* konnte ihm *nicht* gerecht werden, weder auf dem Weg des *Tasso*, *noch* auf dem Weg des *Bürgergenerals*. Es bedurfte einer Kraft, die jünger und vielleicht auch etwas handfester war. Dieser Gesichtspunkt hat zweifellos viel dazu beigetragen, dem hochgestellten Hofmann Goethe *den* Dichter geneigt zu machen, <der ihn> zuerst grimmig verabscheute: *Schiller*. Natürlich trug auch die Vereinsamung dazu bei und das Gefühl, in eine Sackgasse gekommen zu sein. Denn schließlich war Wieland sechzehn Jahre älter und als *Dichter* ohne Zukunft, da er ausdrücklich schon resigniert hatte. Schiller bot unvergleichlich mehr *Anregung*. *Nachher*!

Schiller

Daß Goethe aber noch *lange* glaubte, Schiller zum Theaterdichter in einem niederen, handwerklichen Sinn machen zu können, das verrät der Briefwechsel. Noch am 19. März 1802 schrieb Goethe an Schiller, er sollte nun allmählich dem dramatischen Metier durch Übung und Nachdenken so viel Handgriffe abgewinnen, "daß Genie und rein poetische Stimmung nicht gerade zu jeder Operation nötig sind" (*technische Auffassung* der Theatersphäre). Und am 5. Juli des gleichen Jahres sagt er noch deutlicher, Schiller soll *mehr* und theatralischer arbeiten. Aber nun (6. Juli) bekommt er eine Antwort, die echt schillerisch ist und Goethe zum Verstummen bringt:

> Soll mir jemals ein gutes Theaterstück gelingen, so kann es nur auf poetischem Wege sein, denn eine Wirkung *ad extra*, wie sie zuweilen auch einem gemeinen Talent und einer bloßen Geschicklichkeit gelingt, kann ich mir nie zum Ziele machen, noch, wenn ich es auch wollte, erreichen.

Das ist, meine Damen und Herren, eine großartige Antwort. Sie sehen hier *Schillers* Größe: *Charakter*. Schiller resignierte *nicht*, er widerstand dieser, wir dürfen es ruhig aussprechen, *Verführung* Goethes. Und so hat *er* das deutsche Nationaltheater geschaffen, - wenn es überhaupt einer geschaffen hat.

Wenn Sie sich im einzelnen über die Zusammenarbeit von Goethe und Schiller unterrichten wollen, so gibt es dafür eine höchst interessante Quelle, etwas allerersten Ranges, nämlich den Goethe-Schiller-Briefwechsel. Das ist eine Quelle für die Literaturgeschichte im engeren Sinn, ja für die systematische Literaturwissenschaft. Zum Nachtisch können Sie sich ja die *Xenien* zu Gemüte führen, die sie miteinander verfaßt haben. Ich kann diese Zusammenarbeit nicht ausführlich darstellen. — Aber wir wollen doch noch kurz zwei Fragen beantworten, die in unseren Zusammenhang gehören. Wie sah Schiller Goethe, ehe er sein Freund wurde? Und umgekehrt: was erhoffte sich Goethe von Schiller? <Zur ersten Frage vgl. Friedrich Wilhelm Wentzlaff-Eggebert: *Schillers Weg zu Goethe*>

Es sieht so aus, als ob Schillers Weg von Anfang an *im Banne Goethes* stand, in Liebe und Haß und ganz besonders im *Wetteifer*. Es wiederholt sich das, was wir bei Goethe und Wieland gesehen haben. Das 18. Jahrhundert erhob sich nicht zuletzt deshalb so hoch, *weil* sich die großen Dichter um *Kontinuität* bemühten, um *Vermehrung des Ererbten* und nicht einfach um isolierte Leistungen, wie das im 19. und 20. Jahrhundert das Übliche war und auch jetzt wieder die Tendenz der Jungen ist: deutsche Diskontinuität.

Schon die revolutionäre Stufe Goethes, die *Götz-* und *Werther*-Stufe, wirkte gleich schulbildend durch dieses Drängen zur Kontinuität. "Goethe war unser Gott", schreibt ein Schulkamerad von Schiller. Schiller will einen zweiten *Werther* schreiben. *Werther*fieber. Aber er ist vor allem Dramatiker, und so wirken besonders *Götz* und *Claudine von Villa Bella*. In den *Räubern* zeigen sich Spuren von beiden Dramen.

Es sieht eine Zeitlang so aus, als werde Schiller im Unterschied zum Weimarer Goethe ein revolutionärer und demokratischer Bühnenautor werden. Schon die Analyse der Jugenddramen kann freilich zeigen, daß dieser Eindruck auf vordergründigen Kriterien beruht. Vor allem aber zeigt der *Don Karlos* eine Nähe zu Goethe, zum Goethe des *Egmont* und der *Iphigenie*. Schiller konnte sich einbilden, Goethe *eingeholt zu haben*. Im Erscheinungsjahr des *Don Karlos*, 1787, erscheint Schiller in Weimar, nachdem er längst in die literarische Gesellschaft Mitteldeutschlands hineingewachsen ist, durch die Freunde in Dresden und Charlotte von Kalb. Der Besuch in Weimar war lange vorbereitet.

Goethe ist in Italien. Aber <Schiller> *hört* von Wieland und Herder über Goethe. Was er hört, paßt nicht recht zu seinem Goethebild. Goethe soll vor allem ein Mann des tätigen Lebens sein, kaum mehr Dichter, sondern ein Welt- und Geschäftsmann. Befremdend ist für ihn auch der intimere Goethekreis. Knebel und andere Mitglieder der Weimarer Gesellschaft vergöttern Goethe. Dafür hat er wenig Verständnis. Es ist ihm zuwider; *denn nicht das Persönliche*, sondern das Allgemeine ist ihm wichtig, die Welt der Ideen, die Wahrheit und Sittlichkeit.

Unter diesem Gesichtspunkt bewundert er Charlotte von Stein. Unter Goethes Werken bewundert er vor allem die *Iphigenie*. Er schreibt die abfällige *Egmont*-Rezension, aber eine günstige über Goethes *Iphigenie*. Scharfsichtig, wie er ist, erkennt er, daß sie *nicht* griechisch ist. Goethe, so schreibt er, hat durch Sentenzen und Epitheta und andere antikisierende Züge unnötigerweise den Verdacht erregt, "als wenn er sich mit den Griechen in ihrer ganzen Manier hätte messen wollen". Eine solche Nachahmung jedoch ist weder möglich noch wünschenswert; denn wir sind den Griechen *sittlich* überlegen. Eben das *Moderne* an der *Iphigenie* ist das Wertvolle:

> Hier hat das Genie eines Dichters, der die Vergleichung mit keinem alten Tragiker fürchten darf, durch den Fortschritt der sittlichen Kultur und den milden Geist unserer Zeit unterstützt, die feinste edelste Blüte moralischer Verfeinerung mit der schönsten Blüte der Dichtkunst zu vereinigen gewußt [...].

Die *Iphigenie*, so fährt er fort, ist "der entschiedenste Kunstsieg", aber der Sieg der Gesinnungen ist noch schöner.

Er klammert sich also an den humanitätsgläubigen, sittlichen Goethe und erträgt den Goethekult als ein Mißverständnis seiner Freunde. Und nun kehrt Goethe zurück. Er lernt ihn 1788/89 in Weimar kennen. Die Enttäuschung ist vollständig, und sie *muß* es sein; denn aus Italien kehrt ja ein ganz *anderer* Goethe zurück, ein Goethe, der mit der *Iphigenie* herzlich wenig zu tun hat, ein einsamer, kühler und fast zynischer Goethe, mit dem sich die edle Frau von Stein *nicht* mehr verträgt, ein Goethe, der auf die Naturwissenschaft schwört und der die Philosophie, d.h. die Beschäftigung mit dem Allgemeinen [!], für einen Zeitvertreib kindlicher Enthusiasten hält.

Nun schlägt die Liebe für Goethe in Haß um. Man findet jetzt in Schillers Briefen bitterböse Bemerkungen; sie sind nicht absolut falsch, aber einseitig, z.B. am 2. Februar 1789:

> Öfters um Goethe zu sein, würde mich unglücklich machen: er hat auch gegen seine nächsten Freunde kein Moment der Ergießung, er ist an nichts zu fassen; ich glaube in der Tat, er ist ein Egoist in ungewöhnlichem Grade. Er besitzt das Talent, die Menschen zu fesseln und durch kleine sowohl als große Attentionen sich verbindlich zu machen; aber sich selbst weiß er immer frei zu behalten. Er macht seine Existenz wohltätig kund, aber nur wie ein Gott, ohne sich selbst zu geben, - dies scheint mir eine konsequente und planmäßige Handlungsart, die ganz auf den höchsten Genuß der Eigenliebe kalkuliert ist. Ein solches Wesen sollten die Menschen nicht um sich herum aufkommen lassen. (An Christian Gottfried Körner)

Schiller sieht hier ganz richtig den einsamen Goethe, der nur äußerlich mit der Gesellschaft verbunden ist, er sieht den dämonischen Goethe, den späteren Bewunderer Napoleons. Aber er sieht nicht den produktiven Künstler und Forscher, der die *Sache*, das Werk unbeirrt fördern muß. Er fordert von Goethe "Ergießung", d.h. Empfindsamkeit, gerade das, was Goethe, reifer werdend, von sich als unproduktiv und gestaltlos *abgetan* hat. Goethe seinerseits behandelte Schiller als einen jungen Idealisten, als einen Literaten, der sich in die Dichtkunst verirrt hat und den er keineswegs als ebenbürtig anerkennen kann.

Solchen Leuten pflegte Goethe eine nützliche Beschäftigung anzuweisen, damit sie sich an die Arbeit gewöhnen können. Auch später, als ihm Schiller wegen der früheren Behandlung Vorwürfe machte, sagte er, er sei damals noch nicht reif gewesen. Das Amt, das er Schiller zuwies, war bekanntlich eine Professur für Geschichte an der Universität Jena. Das Schönste war noch, daß sie unbesoldet war und den ohnehin armen Schiller in neue Schulden stürzte. Der Fackelzug der ahnungslosen Studenten veränderte diese Lage nicht. Ich muß hier allerdings wieder an die Armut Weimars erinnern. Die Universität Jena war berühmt, aber allgemein nur Sprungbrett. Hegel, Schelling, Fichte haben in Jena angefangen; aber später waren sie bekanntlich in Berlin. Schiller war *sehr* erbittert gegen Goethe, mehr als je; er fühlte sich verächtlich beiseite geschoben wie ein lästiger Verehrer.

Schiller zieht sich nun stolz von Goethe zurück. Noch 1791, als es sich darum handelt, den *Don Karlos* auf die Weimarer Bühne zu bringen, geht die Verhandlung über Wieland. Aber Schiller tut das, was in solcher Lage immer das Beste ist, er besinnt sich auf seine *Leistung*, auf das, was er als Dichter und Ästhetiker *kann. Das ist ein viel sicherer Weg als die "Ergießung".*

> Es ist eine Sprache, die alle Menschen verstehen, diese ist: Gebrauche deine Kräfte. Wenn jeder mit seiner ganzen Kraft wirkt, so kann er dem andern nicht verborgen bleiben. Dies ist *mein* Plan. Wenn einmal meine Lage so ist, daß ich meine Kräfte wirken lassen kann, so wird er und andre mich kennen, wie ich seinen *Geist* jetzt kenne [...]. (25.2.1796; an Caroline von Beulwitz)

> Alle romantischen Luftschlösser fallen ein, und nur was wahr und natürlich ist, bleibt stehen. (9.3.1789; an Christian Gottfried Körner)

Schiller härtet sich ab, auch er überwindet die unproduktive Sentimentalität, - wenigstens so weit es ihm möglich war. Er schreibt *Die Götter Griechenlands*, *Die Künstler* und andere programmatische Gedichte. Er schreibt Aufsätze mit großem Gedankenreichtum. Und er studiert jahrelang die Philosophie Kants. Aber auf all diesen Umwegen hält er an dem Ziel fest, *einmal* ebenbürtig neben Goethe zu treten.

Man stellt nun neuerdings die Sache im allgemeinen so dar, als ob sich Schiller zunächst in die Philosophie Kants *verirrt* habe, dann aber durch Goethes überlegenes Vorbild allmählich zu einem wirklich gemäßen, *ästhetischen* Begriff der Dichtung und der ganzen Kultur gekommen sei. Man tut also so, als ob nur Schiller zu lernen hatte, während Goethe im Grunde alles von vornherein wußte. Diese Interpretation kann sich auf Schiller selbst berufen, der der Werbende war und es so darstellte in dem berühmten Brief vom 23. August 1794:

> Geister Ihrer Art wissen [...] selten, wie weit sie gedrungen sind und wie wenig Ursache sie haben, von der Philosophie zu borgen, die nur von Ihnen lernen kann. Diese kann bloß zergliedern, was ihr gegeben wird, aber das Geben selbst ist nicht die Sache des Analytikers sondern des Genies, welches unter dem dunkeln, aber sichern Einfluß reiner Vernunft nach objektiven Gesetzen verbindet.

Wir wissen aus Schillers Briefen und Aufsätzen, daß ihm dieser halb und halb irrationale Geniebegriff keineswegs so klar war, wie er es hier darstellt. Captatio benevolentiae. Verbeugung vor dem Halbgott. Goethes Philosophieverachtung hatte ihn in Wirklichkeit schon fast zur Verzweiflung gebracht.

Was Goethe zu lernen hatte

Und tatsächlich hatte auch Goethe zu lernen, ehe er bereits war, mit Schiller Freundschaft zu schließen. Er mußte 1) erkennen, daß die Rückkehr zu der antiken Naivität in der Moderne nur bedingt möglich war, - auch einem unphilosophischen Menschen. Unphilosophisch ist nicht gleich naiv. 2) mußte er die Grenzen seines naturwissenschaftlich bestimmten Realismus erkennen, er mußte bemerken, *daß er gar nicht so realistisch war, wie er meinte*. Bei der entscheidenden Unterredung (Juli 1794) überraschte ihn Schiller mit der Bemerkung, die von Goethe gesuchte *Urpflanze* sei keine Erfahrung, also keine empirisch festzustellende Realität, sondern eine *Idee*. Hier stutzte Goethe, hier merkte er, daß etwas nicht stimmte in seinem nachitalienischen System [!].

Außerdem muß man nun aber folgendes bedenken: Schiller vertrat nicht nur seine eigenen Gedanken, d.h. weitergebildete kantische Gedanken, sondern zugleich Gedanken Reinholds, Fichtes, W. von Humboldts. *Er nahm den ganzen Geist von Jena in sich auf*. Schiller repräsentierte 1794 die nachkantianische Weltanschauung, die in Jena ihren Mittelpunkt hatte. Er vertrat nicht nur eine beliebige, rasch überholte Philosophie - dafür hatte Goethe nur Verachtung. Schiller vertrat wirklich die Bewußtseinsstufe der Epoche, während *Goethe* in eine private Absonderung geraten war, und zwar nicht nur in der Dichtkunst - also z.B. in den *Römischen Elegien* und schon im *Tasso* -, sondern, genau besehen, auch in der Naturwissenschaft. Goethe war nicht nur persönlich vereinsamt, er war vor allem *geistig abgeschnitten*, ganz im Gegensatz zu Schiller. *Wir* wissen heute, daß dem Realismus und Individualismus des damaligen Goethe im 19. Jahrhundert eine große Zukunft bevorstand. (Realismus und Individualismus gehören zusammen, insofern immer deutlicher wird, daß die Wirklichkeit *immer* unter einem bestimmten Gesichtspunkt gesehen wird.) Goethe ist also der modernere Dichter und Denker. Er ist in einem höchst *gefährlichen* Sinn modern.

Aber diese Erkenntnis sollte uns nicht hindern zu sehen, daß Goethe 1794 noch einmal in ein Gespräch mit seiner eigenen Zeit getreten ist. Und diese Zeit versuchte, den Zwiespalt von Ich und Welt noch einmal zu *überwinden*. Die Freundschaft mit Schiller ist der Versuch Goethes, sich dem zu öffnen, was den deutschen Geist längst bestimmte und um 1795 in neuer Weise zu beherrschen begann. Ich meine den *Idealismus*.

Wie weit dieser Versuch dem Dichter des *Tasso*, der *Römischen Elegien*, des *Reineke Fuchs gelingen* konnte, das ist eine Frage, die uns noch öfters beschäftigen wird. Zunächst empfand Goethe den schillerschen, den idealistischen Impuls als eine Befreiung und geradezu als Wiedergeburt, und zwar, das füge ich hinzu, mit mehr Recht als in Italien. Ich belege diesen Einfluß Schillers mit zwei Goethebekenntnissen aus dem Briefwechsel von 1798:

> Ich habe diese Tage, beim Zertrennen und Ordnen meiner Papiere, mit Zufriedenheit gesehen wie ich, durch treues Vorschreiten, und bescheidnes Aufmerken, von einem steifen Realism[us] und einer stockenden Objektivität dahin gekommen bin daß ich Ihren heutigen Brief als mein eignes Glaubensbekenntnis unterschreiben kann. (13.1.)

> Das günstige Zusammentreffen unserer beiden Naturen hat uns schon manchen Vorteil verschafft und ich hoffe, dieses Verhältnis wird immer gleich fortwirken. Wenn ich Ihnen zum Repräsentanten mancher Objekte diente, so haben Sie mich von der allzu strengen Beobachtung der äußern Dinge und ihrer Verhältnisse auf mich selbst zurückgeführt, Sie haben mich die Vielseitigkeit des innern Menschen mit mehr Billigkeit anzuschauen gelehrt, Sie haben mir eine zweite Jugend verschafft und mich wieder zum Dichter gemacht, welches zu sein ich so gut als aufgehört hatte. (6.1.)

Man sieht hier ganz deutlich zweierlei: 1) Auch die Naturwissenschaft war eine Gefahr für die Dichtung, nicht nur die *Philosophie*, wie man heute immer zu sagen pflegt. 2) Die Nachahmung der Antike in den *Römischen Elegien* war keine echte Möglichkeit für Goethe. Sie führte zu einer "stockenden Objektivität", zu einem *steifen* Realismus. Klassische Dichtung steht also, wenn sie legitim sein soll, nicht einfach [!] unter dem Gesetz der Objektivität, sondern sie schließt das ein, was hier Goethe den "innern Menschen" nennt, was in der idealistischen Philosophie ja "Subjekt" genannt wird.

Unterhaltungen deutscher Ausgewanderten

Ich spreche nun über *Goethes Dichtung* in dem gemeinsamen Jahrzehnt mit Schiller. Zuerst über die *Erzählprosa*, dann *Versepik*, dann *Drama*, schließlich *Lyrik*.

Im Jahr 1795 erschien der Novellenzyklus *Unterhaltungen deutscher Ausgewanderten*. Im Jahr 1795/96 der Roman *Wilhelm Meisters Lehrjahre*. Beide Werke wurzeln noch in den Jahren, da Goethe weniger mit Schiller als mit Wieland (Erzähler) verbunden war. Wieland hatte sich seit den 80er Jahren völlig von der Versdichtung abgewandt. Er schrieb gerade an seinen Altersromanen. In dem Aufsatz *Literarischer Sansculottismus* verteidigte Goethe die bisherige *Prosa*dichtung der deutschen Literatur unter Hinweis auf Wieland. Die Theorie steht bei Goethe immer in Verbindung mit seiner dichterischen Praxis, d.h. mit den erwähnten erzählenden Werken.

Er schließt sich offensichtlich an Wielands Erzählprosa an, und natürlich will er ihn übertreffen. Im *Sansculottismus*-Aufsatz ist vom Klassischen die Rede. Nun, auf dieses Wort kommt es ihm noch nicht an. Der Anspruch, den er mit der Erzählprosa erhebt, ist verhältnismäßig gering, aber er fühlt sich jetzt *wohl* in der *Prosa* und zwar in der doppelten Bedeutung des Wortes, in der Prosa des Lebens *und* der Dichtung. Erst Schiller reißt ihn wieder *hoch* und führt ihn zur Versdichtung *zurück*, die immer noch als die *einzige* Poesie gilt.

Für *uns* ist das nicht mehr der Fall, ja schon die Romantiker erhoben, wie ihr Name sagt, den *Roman* zu einer *sehr* hohen Gattung, unter ausdrücklicher Berufung auf *Wilhelm Meister*. Auch die *Unterhaltungen* haben stark gewirkt. Und es ist wahr: Wir sind hier schon in einer halbromantischen Welt. Diese Werke sind die genaue Mitte zwischen Wieland und der Romantik. *Das ist der eigentliche Strom der historischen Entwicklung*. Hier zeigt sich die Klassik deutlich als das, was sie ideengeschichtlich ist, nämlich als Spätaufklärung.

(Die Hochklassik Schillers und Goethes um 1800 mutet demgegenüber als abseitig an, als *gewollt*, gewollt auf Grund eines bestimmten Programms, das sie sich *theoretisch* unter Führung Schillers erarbeiteten. Die Hochklassik ist als Klassizismus traditionalistisch, als Ästhetizismus gefährlich modern. Wir wollen sie nicht unterschätzen, aber wir können darin nicht die *einzige* Form der Klassik anerkennen. *Wir* rechnen dazu Werke, die sich maßvoll dem Romantischen nähern. Dazu gehört schon der *Tasso* mit seiner Künstlerproblematik. Peacock betont dies stark. Immerhin bewahrte *Tasso* die klassizistische *Form*. Die *Lehrjahre* widersprechen als Prosadichtung dem klassizistischen Programm. (Trotzdem rechnen wir sie zur Klassik. Sie sind auch im Stil klassizistisch überformt, worüber noch zu sprechen ist.))

Bei den *Unterhaltungen deutscher Ausgewanderten* (fehlt der Ausgleich, die einheitliche Stilhaltung, die wir von einem klassischen Werk erwarten, sicher. Hier) können wir geradezu mit Händen greifen, *wie leicht die Aufklärung in die Romantik umschlagen kann*. Man sollte es nicht für möglich halten, daß der Verfasser dieses Werks bald darauf *Hermann und Dorothea* schreibt. Er könnte, sollte man meinen, den *Sternbald* oder *Ofterdingen* schreiben, oder auch noch einen Roman der Spätaufklärung. Aber doch kein Werk im homerischen Geist! Wir haben immer noch den Goethe, den wir in der Jugend kennengelernt haben, einen Mann, der unerhört frisch und erfinderisch ist, der sich aber auch in beängstigender Weise umstellt, der sich in allen Formen *und* Haltungen *virtuos* tummelt.

Es handelt sich *nicht* um "Unterhaltungsliteratur", obwohl der Titel *Unterhaltungen* seinen Sinn hat. Das Werk stößt an verschiedenen Stellen zur Tiefe vor, aber wohin Goethe eigentlich will, ist nicht *klar*. Die Romantik konnte daraus machen, was sie wollte.

Von großer geschichtlicher Wirkung war die Form des *Novellenzyklus*, die hier in der neueren deutschen Dichtung zum ersten Mal verwirklicht wurde. Das Vorbild war Boccaccios *Decamerone*. Aber auch *Tausend und eine Nacht* hat Goethe gelesen und verschiedenes weniger Bekannte aus der französischen Literatur. Er knüpft also ganz bewußt an eine Tradition an (formal!), aber er gibt ihr einen neuen *Inhalt*, der an die Revolutionsstücke unmittelbar anschließt.

Goethe führt uns in das zeitgenössische Deutschland am Rhein, wo er selbst nach der Kampagne in Frankreich gewesen war, wo man die Französische Revolution am eigenen Leib spürt und wo man genötigt ist, vor ihr zu fliehen.

Mainz war ja eine Zeitlang im Besitz der Franzosen. Der Rahmen spiegelt diese konkrete politische Situation wider. Es ist eine Art Diskussionsrahmen. Die *Meinungen* über die Französische Revolution sind geteilt. Die älteren Leute lehnen sie im allgemeinen ab, die jüngeren setzen sich für sie manchmal ein. Jedenfalls kommt es zu häßlichen Streitereien zwischen den Männern, die im *Tage* leben.

Um nun den "guten Ton" wieder einzuführen, schlägt der Mittelpunkt der Gesellschaft, natürlich eine Baronesse, vor, alle Unterhaltung über Tagesfragen zu verbannen und dafür Geschichten zu erzählen. Die Französische Revolution ist also das, was bei Boccaccio die Pest ist. Man flieht aus der Politik in die Kunst, wie es auch Schiller in der *Ästhetischen Erziehung* vorschlägt und wie es für das *gegen*revolutionäre Deutschland überhaupt charakteristisch war. Allerdings wird dabei die gesellschaftliche Funktion der Kunst noch festgehalten im Unterschied zu einer rein autonomen Kunst. Man spricht über die Geschichten, und zwar ohne allzu hohen Anspruch. Erst gegen Ende tritt der *Rahmen* zurück. — Es ist aber wahrscheinlich, daß Goethe die *Unterhaltungen* fortsetzen wollte und nur durch das klassizistische Programm daran gehindert wurde. *Nach* Schillers Tod setzt er dann die Linie fort, in den Novellen der *Wanderjahre*. Auch innerhalb von Goethes eigenem Werk sind also diese Novellen *zukunftweisend*. Ja man darf sogar behaupten, daß man den *Wanderjahren* nur gerecht werden kann, wenn man sie als eine Art Novellenzyklus betrachtet und nicht spätere Vorstellungen vom Roman in sie hineinträgt.

Die *Unterhaltungen deutscher Ausgewanderten* sind *nicht* streng komponiert, und die Novellen haben ganz verschiedene Gestalt. Aber im ganzen ist eine Steigerung festzustellen, die von der Trivialliteratur der Spätaufklärung über moralische Erzählungen (Wieland, Schiller) zum poetischen Märchen führt. In der ersten Gruppe, die am ersten Abend erzählt wird, herrschen Sinnlichkeit und metaphysische Sinnlichkeit, nämlich der Aberglauben. — In der zweiten Gruppe, die am nächsten Vormittag erzählt wird, geht es um die Überwindung des Sinnlichen durch geistige Entscheidung. Im *Märchen*, das am zweiten Abend erzählt wird (Schluß), verbinden sich Sinnlichkeit und Sittlichkeit zu einer höheren, *religiös* getönten Einheit. Man kann also zur Not einen Aufbau erkennen.

Ehe das Erzählen losgeht, wird theoretisiert, was man denn nun von Novellen zu erwarten habe. Goethe betont zunächst, dem Wort Novelle entsprechend, die "Neuheit". Daneben gibt es Geschichten höherer Art, die den Verstand und das Herz beschäftigen, die "einen Augenblick reiner und ruhiger Heiterkeit gewähren". Aber auch hier ist der Anspruch der Erzählers *gering*:

> [...] alles, was ich vorzubringen habe, hat keinen Wert an sich; wenn aber die Gesellschaft nach einer ernsthaften Unterhaltung auf eine kurze Zeit ausruhen, wenn sie sich, von manchem Guten schon gesättigt, nach einem leichten Nachtische umsiehet,

> alsdann werd ich bereit sein, und wünsche, daß das, was ich vorsetze, nicht unschmackhaft befunden werde. (HA VI,145f.)

Das ist ungefähr die Kunstauffassung des Rokoko. - Goethe steigt ganz bewußt zur Gesellschaftlichkeit hinab; - aber er hält es auf dieser Stufe nicht *aus*, und so kommt es zu der erwähnten Steigerung, die im Grunde den Ansatz über den Haufen wirft: Die Novellen sind schließlich doch etwas mehr als Unterhaltung.

(Der Anfang ist überaus trivial. Da ist zunächst die Geschichte von einer Sängerin, die ein vernachlässigter Liebhaber nach seinem Tod durch allerlei Zeichen verfolgt und ängstigt, bis sich der Geist schließlich zufrieden gibt. Es folgt die groteske Geschichte von einem Junker, der ein geisterverfolgtes Mädchen bis auf den Tod zu prügeln versprach. Und der Geist hatte vor der Holzpeitsche Respekt.

Neben dem Grotesken steht um 1800 oft das Schauerliche! Das Nächste ist eine grausige Geschichte aus den Memoiren des Marschalls Bassompierre: Er will zum Rendezvous, findet aber die Geliebte tot in einem verpesteten Haus. Hofmannsthal hat den gleichen Stoff behandelt. Es folgt die Geschichte vom *Schleier*, ebenfalls nach Bassompierre. Eine Frau überrascht ihren Mann mit seiner Geliebten. Sie legt aber nur ihren Schleier über die Füße der Schlafenden, sie entfernt sich, ohne die Schlafenden zu stören! Emil Strauß hat daraus eine schöne Novelle geformt. Goethe berichtet den Vorgang ganz knapp auf einer halben Seite und betont vor allem die sittliche Wirkung.

Es folgen *zwei* moralische Erzählungen. Nun wächst der Umfang der Geschichten; denn Goethe stellt sich hier die Aufgabe zu zeigen, wie Menschen aus *ganz* sinnlichen Neigungen zu einer festen moralischen Haltung gelangen. Zu einer derartigen Entwicklung gehört mehr Raum als zu einer tollen Geschichte der bisherigen Art. In der ersten Geschichte schließt er sich wieder an eine Quelle an, an Boccaccio. Er tut es fast unbekümmerter als Wieland zur gleichen Zeit. Dieses Verfahren wird in den einleitenden Bemerkungen ausdrücklich zugegeben *und* gerechtfertigt, ganz im Sinn der alten Dichtungstheorie, für die Originalität noch *kein* Begriff war.

Goethes Technik bleibt tatsächlich noch etwas altmodisch, insofern die Entwicklung *schwach* motiviert ist. Ein Kaufmann, ein alter, weitgereister Seebär, nimmt sich ein Weibchen, das jung und hübsch ist. Aber es treibt ihn wieder hinaus in die Welt. Da er nun die Menschen zur Genüge kennt, rät er seiner Frau, sich wenigstens, wenn es nicht mehr anders gehen sollte, einen würdigen, verschwiegenen Liebhaber einzutun. Sie weist es entrüstet zurück, aber bald ist sie so weit, daß sie die Weisheit ihres Manns *bewundert*. (Prokurator, Gelübde für zwei Monate, Teilung des Gelübdes, Heilung.) Ich will die Geschichte nicht weitererzählen. Am Ende steht die Heilung von der Leidenschaft. Es ist also durchaus noch eine Erzählung im Stil des Rokoko.)

Selbständiger ist die zweite moralische Erzählung, oder wie es hier heißt, die *Familiengeschichte*. Sie entwickelt einen Typus, der im Biedermeier, überhaupt im 19. Jahrhundert herrschend geworden ist. Die Psychologie ist hier sehr realistisch, die Gesamthaltung idyllisch-bürgerlich. Man könnte schon von einer Idyll-Novelle sprechen. Ferdinand bestiehlt seinen Vater, um seinem Schatz Geschenke zu machen. Aber eines Tages geht er in sich, er nimmt sich vor, alles zurückzugeben und sich gleichzeitig eine eigene Existenz aufzubauen, um sein Mädchen *heiraten* zu können. Es soll ein kleiner Betrieb auf dem *Land* sein. Es ist die rousseauistische Rückkehr zur Natur. Dort auf dem Land sieht er ein zweites Mädchen, aber es ist unschuldig und ländlich, und er läßt sich zunächst auf kein Verhältnis mit ihr ein, denn er denkt immerfort an seine erste Geliebte, die viel reizvoller ist. Aber als er in die Stadt zurückkehrt, muß er sehen, daß sie schon einen anderen Verehrer hat und daß sie keine Lust hat, aufs Land zu ziehen. Nun wählt er die unschuldige ländliche Schönheit und wird ein vorbildlicher Vater.

Ein kleiner *Entwicklungsroman*, aber ohne die Welthaftigkeit des *Wilhelm Meister*. Sogar *Hermann und Dorothea* ist *weiter*, offener, nicht so *völlig* auf die Familie beschränkt! Die Novelle wird zum Gefäß der Idylle, im Sinn der Schillerschen Theorie, wonach jede Form *das* Idyllische aufnehmen kann. Das Werk ist eine Parallele zu Jean Pauls idyllischen Kleinromanen, formengeschichtlich also ein interessanter Punkt. Ideal und Wirklichkeit kommen zur Deckung, - das gehört zur Idylle! - *aber inmitten der gesellschaftlichen Welt*, ohne schäferliches oder orientalisches Kostüm. Vergleichbares hatte es schon in der Aufklärung gegeben. Aber Goethe macht sich die Moral nicht so leicht. Er entwickelt zunächst den sinnlichen Zustand, das Schwanken zwischen *zwei* Mädchen. Und auch der moralischen Existenz gibt er Reize. So steht er hier zwischen Aufklärung und Biedermeier.

Und nun plötzlich *Das Märchen* - so heißt der Titel: *Das Märchen*. Es wurde tatsächlich *das* Märchen für die Romantiker, der Inbegriff des Wunderbaren und Romantischen. *Damit haben sie es falsch aufgefaßt*. Goethe hat es noch 1830 ein "Kunststück" genannt, aber sich sehr darüber gefreut, daß es die Romantiker wie die "Offenbarung St. Johannis" ansahen und es immer wieder anders *interpretierten*. Was würde der Alte lachen, wenn die heutige Lit....

Er selbst hat nie klare Angaben darüber gemacht, nicht einmal gegenüber Schiller und Carlyle, die ihn drängten. Es *gefiel* ihm, die Welt zappeln zu lassen. Es ist sein erster Schritt in das Alters-*Geheimnis*, früher sagte man auch in die Geheimnis*tuerei*, und das traf das Artistische daran besser als die romantische und neuromantische Interpretation. Es gibt tausend Deutungen, die die Nacht erhellen oder noch mehr verdunkeln. Ich habe nicht den Ehrgeiz, daraus 1001 Nacht zu machen. Es hat keinen Sinn. *Denn Goethe will, daß wir nicht ganz verstehen*. Das fällt uns schwer, weil wir *Teile* verstehen. Einige Gestalten interpretiert er selbst allegorisch, z.B. die Könige aus Gold,

Silber und Erz. Da heißt es dann: "Drei sind, die da herrschen auf Erden: die Weisheit, der Schein und die Gewalt". Die Interpretation wird sogar wiederholt durch die entsprechenden Begriffe: Geist, Reiz, Kraft. Hier wird für das Emblem die subscriptio, d.h. eine deutliche Erklärung gegeben.

Wir erfahren auch, daß die Lilie die Unschuld ist. Das ist ja ein altes Emblem, etwa auf den Verkündigungen des Quattrocento. Sie vermählt sich dem Prinzen, der bis dahin gesiecht hatte, worunter wohl der Mensch zu verstehen ist: Die Gestalt des Humanus in den *Geheimnissen* [!]. Wir erfahren, daß die Liebe, obwohl sie *nicht* herrscht, *mehr* ist als Kraft, Reiz, Geist. Die Herrschaft der Liebe bricht an: Die Schlange opfert sich jetzt endlich. Auch die Schlange ist ein altes Emblem... Sie bildet die Brücke über den Strom. Der Strom ist wohl die Grenze zwischen zwei Weltaltern. Die Liebe, die Brücke und der Tempel, der bei der Brücke entsteht, eröffnen das "folgende Jahrtausend". So heißt es wörtlich: das folgende Jahrtausend. Auch der Begriff "Zeit" geht leitmotivisch durch das Werk hindurch. Ich halte es daher für unmöglich, das Werk auf die Entwicklung des einzelnen Menschen zu beziehen. Der Schluß des *Märchens* meint wohl ein neues Jahrtausend der vereinigten Kräfte unter der Herrschaft der Liebe. Der rote Riese, die Gewalttat, versteinert zum Bild und die Irrlichter verschwinden.

Wenn wir so weit mit Hilfe von Goethes Hinweisen gelangt sind, wollen wir *alles* verstehen. Aber das ist, wie gesagt, unmöglich. Goethe scheint bewußt die Allegorie, in der alles glatt aufgeht, *vermieden* zu haben. *Das Märchen* hält die Mitte zwischen spielerischer, *sinnlicher* Phantastik, die es schon im *Rokoko* gab, und der tiefsinnigen religiösen Bedeutung, auf die es dann der *Romantik* ankam. *Irgendwo bleibt das Märchen ein "Kunststück"*: Am 27. Mai 1796 schreibt Goethe an Humboldt: "Es war freilich eine schwere Aufgabe, zugleich bedeutend und deutungslos zu sein". Goethe tritt hier in die merkwürdige Mitte zwischen sinnfälliger Symbolik und abstrakter Allegorie, die im Alter herrschend wird. *Noch* allerdings hat alles eine große Frische.

Eine *vollständige* Deutung scheint mir nur in *einem* Fall möglich, dann nämlich, wenn es sich um eine Dichtung für einen Orden von Eingeweihten handelt, also z.B. für eine Freimaurerloge. Manches erinnert an ihr Gedankengut. Daraus würde nicht nur das Dunkel, das Geheimnis, sondern auch Goethes Schweigen verständlich [!]. Ehe diese Vermutung gerechtfertigt ist. müssen wir uns an Goethes Wort halten: "zugleich bedeutend und *deutungslos*".

Wilhelm Meisters Lehrjahre

In den *Unterhaltungen deutscher Ausgewanderten* ist die ganze Unruhe, der ganze Spannungsreichtum, der für das Zeitalter der Französischen Revolution charakteristisch ist. Goethe gibt sich der Unruhe der Zeit *hin*, insofern er ihrer

Vielstimmigkeit gerecht wird. Auch *Wilhelm Meisters Lehrjahre* sind noch kein Gegenbild, keine bewußte Abwendung von der Wirklichkeit, keine Flucht in hochstilisierte Bilder.

Aber der Eindruck ist einheitlicher, *gesammelter* als in den *Unterhaltungen deutscher Ausgewanderten.* — Schon die Anknüpfung an die erste Fassung, die *Theatralische Sendung*, wirkte der Spontaneität entgegen und zwang zu ruhiger, epischer Haltung. Auch hier ist im Technischen noch vieles unvollkommen und unausgefeilt. Viele Übergänge und Neueinsätze verblüffen. Figuren treten plötzlich in den Mittelpunkt, ohne daß das genügend vorbereitet ist und verschwinden wieder ebenso plötzlich. Auch die eingelegten Gespräche, z.B. über *Hamlet*, sind nicht immer glücklich eingebaut. Es fehlt öfters die epische Integrierung der Reflexion, daher die eintretende Langeweile.

Goethe ist nie ein Konstrukteur gewesen, und in die epische Stetigkeit wächst er besonders mühsam und spät hinein. Das wird besonders deutlich im Vergleich mit Wieland, der die Fäden ganz anders in die Hand nimmt und sie nie verliert. Aber gelernt hat er in den *Lehrjahren* schon sehr viel - *soviel er lernen will*: Denn er will ja nie bloß Fachmann einer Gattung sein.

Zweierlei ist zu bedenken, wenn man die *Lehrjahre* richtig würdigen will: 1) Goethe gibt *Prosa*, d.h. keine ausgefeilte und ausgeklügelte Formkunst. 2) Die bis dahin *unerhörte* Gegenwärtigkeit und Farbigkeit (die weit über Wieland hinausführt) verdanken wir der *artistischen Unbekümmertheit*. Artistische Unbekümmertheit ist etwas anderes als die Zuchtlosigkeit, die die Romantiker oft daraus machten. *Er vermeidet den Perfektionismus, aber die Verwilderung wird nicht zum Prinzip erhoben.* (*Wilhelm Meister* verhält sich zu den romantischen Romanen wie der *Wallenstein* zum episch-historischen Drama der späteren Zeit.) Eben der *feine* Unterschied ist das Wichtige, nur er trennt hier Klassik und Romantik: der Unterschied zwischen Zwanglosigkeit und Verwilderung.

Worin unterscheiden sich die *Lehrjahre* von der *Theatralischen Sendung*? Man sagt: *Aus einem Theaterroman wird ein Bildungsroman*. Aber was heißt das? Man muß auch hier sehr genau hinsehen, wenn man das Wesentliche erfassen will.

Man sollte zunächst einmal nicht immer von einer höheren Stufe sprechen, die Goethe jetzt erreicht hat. Es kommt ganz darauf an, *was* man für *höher* hält, den einzelnen Menschen oder die Gesellschaft, den kleinen abseitigen *Kreis* oder die *ganze* Gesellschaft.

In gesellschaftlicher Hinsicht liegt den *Lehrjahren* die *Resignation* zugrunde, die wir schon kennen. Goethe hat seit Italien seinen großen Plänen entsagt, *den* Plänen, die auf eine Erneuerung der *ganzen* Gesellschaft hinausliefen. Bei diesen Plänen rechnete er besonders mit dem *Theater*. Das Theater sollte ein Nationaltheater sein, und zwar in dem hohen Sinn des 18. Jahrhunderts. Es sollte eine "moralische Anstalt" sein (Schiller), eine weltliche

Kirche, der Mittelpunkt der zu sich selbst gekommenen Nation, der mündigen Nation. Von *diesem* Ideal ist Goethe abgekommen. Seine Gedanken kreisen seit Italien um die Natur und um die reine Kunst, *die beide jenseits der Gesellschaft liegen.*

(*Äußerlich* erreicht er einigermaßen das, wonach er so lange gestrebt hatte. Er bekommt die Oberleitung eines stehenden Theaters. Aber er ist schon wieder weiter, es ist eine Last für ihn. Er macht ein Hof- und Kunstinstitut aus seinem Theater, kein Nationaltheater und keine moralische Anstalt. Das mag der jüngere Schiller versuchen. Für ihn selbst ist das Theater zu einer zweifelhaften Sache geworden. Darüber lassen das V. und VII. Buch der *Lehrjahre* keinen Zweifel. (Auch Wilhelms Zweifel an seiner theatralischen *Begabung* dürften autobiographisch sein. Es lohnt sich nicht, dem vergänglichen Reiz einer Aufführung so viel Opfer zu bringen, wie es Wilhelm getan hat, *besonders dann, wenn man nicht eindeutig dazu begabt ist.*) (Derjenige hat nach Goethes Meinung sein Leben verfehlt, der eine Gabe, ein Talent hartnäckig pflegt, in dem er es nicht zur Meisterschaft bringen kann.))

Nur in *einem* Punkte bleibt das Theater für Goethe *wichtig*: Es ist eine Etappe seiner persönlichen Bildung und kann es immer wieder bei einem Menschen sein. Unter diesem Gesichtspunkt arbeitet er die *Theatralische Sendung* um. Wieder entsteht etwas, was wir schon kennen: *ein Selbstgespräch des älteren Goethe mit dem jüngeren.* Der theaterbegeisterte Wilhelm bleibt der Gegenstand, aber Goethe erzählt nun auf eine Art, daß wir das Vorläufige seines Bemühens erkennen, und zwar *sofort*, wenn wir zu lesen verstehen. Er erzählt aus dem Abstand des Zurückblickenden, er entwickelt eine sehr feine *Ironie*, die sich insofern von Wielands Ironie unterscheidet, als sie *nicht* in eindeutiger Weise satirisch ist, wie die entsprechenden Partien des *Agathon.* Wieland *verspottet* im Grunde die jungen Leute, die sich auf irgendeinem Irrweg befinden. Sie sind Schwärmer. Goethe begreift den jugendlichen Irrtum als *notwendig*, als ein Mittel der Bildung. Er mißt diesen Irrtum nicht an einem festen Ideal, er relativiert ihn nur durch den Hinweis auf seine Vorläufigkeit, seine Vergänglichkeit.

Zugrunde liegt die optimistische Meinung, die Natur des jungen Manns werde sich selbst helfen, wenn es wirklich eine *edle* Natur ist. Und nur diese edlen Naturen interessieren jetzt. In den letzten drei Büchern des *Lehrjahre* verengt sich die Welt daher zu einer *adeligen* Welt. Adel ist zunächst ganz soziologisch zu verstehen. Wilhelm selbst ist der Sohn eines wohlhabenden Kaufmanns. Er lebt also zuerst in der Stadt, im Bürgertum. Dort lernt er das Theater frühzeitig kennen, und die Schauspielerin Mariane, die er aber eifersüchtig verläßt. Auch wenn er als Kaufmann reist, besucht er *Städte*. Als er während einer Reise mit Melina eine Truppe gründet, gerät er zum erstenmal in die Welt des Adels. Aber er ist wenig begeistert vom Adel (vom Grafenschloß), und zwar deshalb, weil der Adel gleichgültig ist gegen die *Kunst* und weil er Schauspieler wie schöne Pferde behandelt, die man nach

Belieben bestaunen und kaufen kann. Das hindert nicht, daß Wilhelm sich in eine Gräfin verliebt und die Schauspielerin Philine vorläufig verschmäht. Aber als die Truppe entlassen ist, da geht man zielbewußt in eine große Stadt. Man findet Aufnahme bei einem erfolgreichen Meister des Schauspiels und der Oper: Serlo. Wilhelm paßt sich jetzt vollkommen an: Er wird selbst Schauspieler und einer der zahlreichen Freunde, die die leichtsinnige Philine hat.

Aber dann am Ende des V. Buchs kommt die große Entzauberung hinsichtlich des Theaters *und* der Übergang in die Welt des Adels. Therese und Natalie [!] sind adelige Damen und der Chef der Turmgesellschaft, Lothario, ist ein überaus reicher und tüchtiger *Junker*. Natürlich spiegelt sich hier *Weimar*. Goethe ist *tatsächlich* in den Adel hineingewachsen. Oder denken Sie an Schillers Heirat. Er nahm eine Baronesse, um sich sozial zu verbessern. Als Schiller die *Lehrjahre* las, gestand er Goethe, daß er sich in Wilhelm vollkommen wiederfinde.

Ich betone die sozialgeschichtliche Seite so stark, nicht um der alleinseligmachenden Methode und Partei zu huldigen, sondern weil der Adel auch in dem Roman der Romantik und der Biedermeierzeit wichtig bleibt. Ich erwähne nur: E. T. A. Hoffmann, Tieck, Mörike, Immermann, Alexis. Ja sogar Gottfried Kellers *Grüner Heinrich* hat noch auf einem Grafenschloß sein wesentliches Erlebnis. Eine gesellschaftliche Restauration vollzieht sich hier im Roman, die im Widerspruch steht zu den Vorstößen ins Bürgertum, die Schiller im *Lied von der Glocke* und Goethe in *Hermann und Dorothea* machen. *Man schreibt auch fürs Bürgertum; aber man orientiert sich am Adel.* Fast überall in diesen Romanen hat der Adel eine *erzieherische* Funktion. *Gerade in dem sogenannten Entwicklungsroman findet man den Adel!* Das ist erstaunlich, da der Adel, wie wir gehört haben, keineswegs besonders kunstbegeistert oder gelehrt ist. Wie soll er also den Bürger oder Künstler oder Gelehrten *bilden*?

Mit dieser Frage fragen wir nach Goethes Bildungsbegriff, der sich von dem *uns* geläufigen erheblich unterscheidet [!]. Bildung hat bei Goethe nichts mit Wissenschaft und Kunst in unserem Sinn zu tun; im Gegenteil, Goethe richtet sich gegen *jede* Art des Kunst- und Wissenschaftsbetriebs und gegen den vielarbeitenden Menschen [!]. Zunächst meinte <Wilhelm>, das Theater sei etwas ganz anderes als das bürgerliche Geschäft. Bei Serlo erkannte er, daß es auch ein Geschäft ist *und, was noch entscheidender ist, eine spezialistische Arbeit*. Ob man ein Kaufmann oder ein Gelehrter oder ein Schauspieler, also ein *Berufs*künstler ist, *man kommt aus der Einseitigkeit des Bürgers nicht heraus*. Immer dient man pedantisch bestimmten Zwecken. Allseitige Bildung ist nur dem Adeligen möglich.

Und nach *allseitiger Bildung sehnt sich Wilhelm*, da er selbst als *Mensch* allseitig *ist*. Kein Mensch ist als Kaufmann, Schauspieler, Gelehrter, Künstler *geboren*, er ist immer ein ganzheitliches Wesen. Aus diesem Grund entsagt

Wilhelm dem Theater ebenso, wie er zuvor dem Kaufmannsberuf entsagt hat: "Daß ich Dir's mit einem Wort sage: mich selbst, ganz wie ich da bin, auszubilden, das war dunkel von Jugend auf mein Wunsch und meine Absicht." Dafür können der Kaufmann Werner und der Theaterdirektor Serlo keine Vorbilder sein, von dem *Magister* gar nicht zu reden: Pedant [!]. Ich lese eine Stelle, die den Adelskult der folgenden Zeit begründete oder jedenfalls präludierte:

> Ich weiß nicht, wie es in fremden Ländern ist, aber in Deutschland ist nur dem Edelmann eine gewisse allgemeine, wenn ich sagen darf, personelle Ausbildung möglich. Ein Bürger kann sich Verdienst erwerben und zur höchsten Not seinen Geist ausbilden; seine Persönlichkeit geht aber verloren, er mag sich stellen, wie er will. [...] es wird schon vorausgesetzt, daß in seinem Wesen keine Harmonie sei noch sein dürfe, weil er, um sich auf eine Weise brauchbar zu machen, alles übrige vernachlässigen muß.
> An diesem Unterschiede ist nicht etwa die Anmaßung der Edelleute oder die Nachgiebigkeit der Bürger, sondern die Verfassung der Gesellschaft selbst schuld; ob sich daran einmal etwas ändern wird und was sich ändern wird, bekümmert mich wenig; genug, ich habe, wie die Sachen jetzt stehen, an mich selbst zu denken, und wie ich mich selbst und das, was mir ein unerläßliches Bedürfnis ist, rette und erreiche. (HA VII,290f.)

Sie sehen an dieser Stelle ganz deutlich die *Resignation*, auf welcher der Persönlichkeitsbegriff des nachitalienischen Goethe *beruht*. Er sieht den ungeheuren Zwang, den die "Verfassung der Gesellschaft" ausübt, *aber er will sie nicht mehr reformieren*, sondern er will einfach *sich selbst retten*. Es ist ganz sinnvoll, daß, im Anschluß an diesen Entschluß Wilhelms, im VI. Buch die *Bekenntnisse einer schönen Seele* folgen [!]. Goethes Persönlichkeitsbegriff lehnt *wie* der pietistische die Verantwortung für das Ganze, für die "Verfassung der Gesellschaft" ab. Wie soll nun aber dieses "sich selbst retten" aussehen?

Goethes Antwort entspricht so wenig dem heutigen Geschmack, daß ein zeitgenössischer Forscher es wagt, die sogenannte Entwicklung oder Bildung Wilhelms als Abstieg zu behandeln: Karl Schlechta: *Goethes Wilhelm Meister*. Frankfurt 1953. Schlechta kann auf eine dichtungswissenschaftliche Tatsache hinweisen, die unbestreitbar ist, daß nämlich nicht nur die Personen, sondern auch Goethes Stil blasser und abstrakter werden, sobald Wilhelm das Theater, Philine, Serlo, die offene Welt also, verläßt, sobald die geheimnisreichen Gestalten, Mignon und der Harfner, sterben und als mißratene Verwandte der Adelsgesellschaft eingeordnet, um nicht zu sagen entlarvt werden. Die Unmittelbarkeit, die Lebendigkeit gehen immer mehr verloren. Das ist mit dem Begriff des Adels noch nicht gegeben, dazu gehört noch die besondere Zuspitzung, in der er erscheint. Aus dem Adel ist die *Turmgesellschaft* geworden, d.h. ein hierarchischer Orden, der auserwählte Menschen überwacht, der sie in allen ihren Entscheidungen leitet, ja sie geradezu tyrannisch beherrscht.

Wilhelm bemerkt mit Erstaunen, daß er längst beobachtet und heimlich geleitet wurde. Im Turm findet er seine Lebensbeschreibung, er wird einigermaßen in das Geheimnis eingeweiht, aber immer noch unterhalten sich Jarno und der Abbé, die Meister des Ordens, heimlich über ihn. Wilhelm ist oft über die Führung empört. Er stellt z.B. *ohne Wissen des Turms* einen Heiratsantrag an Therese [!] und findet Gehör. Aber der Turm hat es anders beschlossen, und offenbar hat er damit *recht*. Er bekommt dafür die schöne Seele Natalie. Auch sie steht der Turmgesellschaft kritisch gegenüber. Trotzdem kann man nicht sagen, daß Wilhelm und Goethe selbst die Turmgesellschaft ablehnen. Im Gegenteil, auf die persönliche Führung des Lebens wird ausdrücklich Verzicht geleistet. Wilhelm sagt im 10. Kapitel des VIII. Buchs, also gegen Ende des Romans:

> Ich überlasse mich ganz meinen Freunden und ihrer Führung [...]; es ist vergebens, in dieser Welt nach eigenem Willen zu streben. Was ich festzuhalten wünschte, muß ich fahrenlassen, und eine unverdiente Wohltat drängt sich mir auf. (S. 594f.)

Es geht darum, daß ein italienischer Marchese, der Verwandte Mignons, Wilhelm als Reisebegleiter will. Er darf also nicht bei seiner Geliebten Natalie bleiben und die Verwaltung seiner Güter übernehmen, sondern er *muß Wanderjahre* <auf sich nehmen>.

Diesen Gehorsam empfindet Schlechta als Abstieg, er verweist auf Wilhelms Grollen und Widerwillen. Aber zweifellos tut Wilhelm nach *Goethes* Meinung recht daran, seinen weisen Freunden zu gehorchen. Ein Mensch, besonders ein junger Mensch, *muß* gehorchen, wenn ihm so weise Freunde *raten*. Es ist also ganz unmöglich, die Sache so darzustellen, als ob Goethe die Turmgesellschaft ablehnen wollte. Wir erkennen hier wieder ganz deutlich, daß Goethe für das säkularisierte Ordenswesen eine große Schwäche hat (vgl. *Die Geheimnisse*, *Das Märchen*). Allerdings hat der Orden nicht mehr die Funktion, die ganze Gesellschaft zu reformieren (ursprüngliche Absicht), *er soll nur seine Mitglieder retten*. Die Weise, wie das geschehen soll, ist vollkommen eindeutig bezeichnet.

1) Lothario, der äußere Mittelpunkt der Turmgesellschaft, ist ein großer und tüchtiger Gutsbesitzer. Eben in dem Augenblick, da Wilhelm kommt, nimmt er Kapitalien auf, um noch mehr sicheren Landbesitz zu erwerben. Der Kapitalist ist zufällig der Kaufmann Werner, der zugleich Wilhelms Vermögen verwaltet. Das heißt also, Wilhelm wird auf diese Weise direkter Mitbesitzer der neugekauften Güter. Er tritt auch auf diese Weise in den Adel ein, denn Grundbesitz... Goethe, wie übrigens vor ihm Wieland, hat sich in der folgenden Zeit tatsächlich ein Landgut gekauft. Es spiegeln sich hier also konkrete Pläne, die in der Revolutionszeit in der Luft lagen. Das wird bei der heutigen Interpretation meist übersehen. Aber man verkennt damit die

gesellschaftliche Funktion, die der Roman in der damaligen Zeit *hatte*. Der Roman gehört noch weithin zur Zweckliteratur. Er darf ganz konkrete Lebenshilfe leisten! *Es geht um die Rettung vor der Französischen Revolution in einem ganz einfachen Sinn.*

2) Goethe, bzw. die Weisen des Turms wissen genau, daß in einer solchen Zeit kein Besitz sicher ist. Daher haben sie folgenden Entschluß gefaßt: Jarno wird mit der verschmähten Geliebten Lotharios nach *Amerika* gehen, wo Lothario früher war. Dorthin hat man gute Verbindungen. Wilhelm wird schon jetzt eingeladen, mitzugehen, und er ist bereit, sich die Sache zu überlegen. Der andere Weise, der Abbé, geht nach *Rußland*. Lothario bleibt auf seinen *deutschen* Gütern. (Es fällt auf, daß *die* Staaten, in denen sich der Kapitalismus, die Industrialisierung und damit der Liberalismus am weitesten entwickelt hatten, nämlich Frankreich und England, ausgelassen werden.)

Was bedeuten diese Entschlüsse? Nun, man weiß, daß die Verhältnisse unsicher sind, daß heutzutage alles umgestürzt werden kann. Die Turmgesellschaft muß also *international* sein, damit man irgendwo Zuflucht hat, wenn in *einem* Staat das Chaos ausbrechen und der Besitz verloren gehen sollte. Sie werden vielleicht sagen: eine schöne Rettung. Und von Bildung sollte man erst gar nicht reden, wenn sie in Gehorsam und Berechnung besteht. *Aber das ist der tatsächliche Befund.*

Goethe stellt gegen die schwankende Gesellschaft, die durch die Französische Revolution entstanden ist und die sich in Westeuropa am entschiedensten ausgebildet hat, *eine internationale Elitegesellschaft, welche die Persönlichkeit sichern soll*, - die Persönlichkeit in dem umfassenden Sinn, den wir kennengelernt haben, die Persönlichkeit mit allseitiger Bildung. Der Bereich der Erlebnisdichtung wird dadurch weit überschritten. *Der autobiographische Roman geht in eine Utopie über.* Daraus erklärt sich der Verzicht auf die poetischen Figuren Mignon und Harfner, die in diesen klaren Kreis *nicht* passen. Daraus erklärt sich überhaupt die Abstraktion des Schlusses.

Goethe empfand die Mängel des Schlusses sehr deutlich. Er flehte Schiller geradezu an, ihm zu raten und zu helfen. Aber wie sollte das möglich sein? Natürlich stammt die turmfeindliche Natalie, die schöne Seele, aus Schillers Geisteswelt. Aber Wilhelms heteronome Haltung ist unschillerisch, - von den egoistischen Rettungsplänen gar nicht zu reden. Schillers Einfluß steigerte nur Goethes *Verlegenheit*. Auch daraus ist der unbefriedigende Schluß zu erklären.

Goethe hat sich schließlich ganz bewußt bemüht, dem Geschmack des *Publikums* entgegenzukommen. Diesem Geschmack verdanken wir z.B. die Tatsache, daß Mignon nicht in der üblichen Weise begraben, sondern als schöne Mumie zur Schau gestellt wird [!]. Auch die Geschichte des Harfners wird mit den groben Mitteln des Trivialromans zu Ende geführt. Die Hauptsache ist tatsächlich die abstrakte Utopie.

Die Utopie ist eine beliebte Form des 18. Jahrhunderts. Der Schluß der *Lehrjahre* ist zwar inhaltlich neu, aber *als* Utopie durchaus *traditionell.* Meistens ging es darum, ein neues Bild der Gesellschaft zu entwickeln, z.B. in einigen Romanen Hallers und Wielands. Auch Loen, Goethes Verwandter, entwirft in seinem Roman *Der redliche Mann am Hofe* das Bild eines reformierten *Staates*. Aber auch die mehr persönliche Rettung gab es schon. Denken Sie nur an die Robinsonaden, besonders an Schnabels pietistischen Roman *Die Insel Felsenburg*.

Goethe weiß, daß es keine Inseln, keine Idyllen im äußeren Sinn des Wortes für den heutigen Kulturmenschen geben kann. *Er gestaltet also eine Insel inmitten der internationalen Gesellschaft*, auf großen Gütern. Die *Lehrjahre* sind alles in allem kein völlig überzeugender, vollendeter Roman, aber ein vielschichtiger, vieldeutiger, interessanter und anregender Roman, ein Roman, über den man sich endlos unterhalten konnte, ein Roman, der zur Nachahmung, ja sogar zur *verbesserten* Nachahmung aufreizen *mußte*, ein Roman, der eine Fortsetzung notwendig machte. Goethe hat sie ja selbst geliefert. Allerdings war das erst *nach* Schillers Tod möglich. Die ersten Partien der *Wanderjahre* sind 1807 entstanden. *Schiller* hat die *Lehrjahre* gründlich studiert, er hat viel darüber an Goethe geschrieben, es wäre interessant, sich damit auseinanderzusetzen. Natürlich neigt er dazu, *Ideen* unterzuschieben. Aber er empfindet, daß man damit nicht weit kommt, daß sich keine *Einheit* ergibt. Er ist zu aufrichtig, um den Roman zu mythisieren, wie es die Schlegel getan haben. Und so findet sich neben Ausdrücken der Bewunderung immer wieder Kritik, wenn auch in vorsichtiger Form, (z.B. am 8. Juli 1796:

> Ich glaube zu bemerken, daß eine gewisse Kondeszendenz gegen die schwache Seite des Publikums Sie verleitet hat, einen mehr theatralischen Zweck und durch mehr theatralische Mittel, als bei einem Roman nötig und billig ist, zu verfolgen.

Das geht gegen das Schicksal Mignons und des Harfners, gegen das *Spannende*. Aber auch die übermäßigen Reflexionen bedauert Schiller und zwar deshalb, weil sie ein Bedürfnis nach Klarheit und Einheitlichkeit erwecken, *ohne es zu befriedigen.*) Da er Goethe selbst nicht radikal kritisieren kann, kritisiert er die Gattung des *Romans*. Hier: der Romanschriftsteller = Halbbruder des Dichters. Goethe stimmt ihm zu. Zeitlebens...

Alles was Goethe und Schiller gedacht und getan haben, hat in unserem gehorsamen Volk ungeheuer gewirkt. Die Folgen dieser Romanverachtung sind fünfzig Jahre lang zu spüren. Mindestens bis zur Mitte des 19. Jahrhunderts ist der Roman eine umstrittene Gattung. (Das ist nicht einfach die Folge unseres Nationalcharakters, sondern der bestimmten historischen Konstellation, die sich hier zeigt.) Der wichtigste Grund für den langsamen Aufstieg des deutschen Romans ist das verspätete Bekenntnis der deutschen Dichter, *großer* Dichter zum *Klassizismus*, in einer Zeit, da er schon zweifelhaft war. Klassizistische Vorurteile stecken in der Verachtung des Romans. *Das zeigt sich nun sogleich!*

Goethe verschiebt die geplante Fortsetzung des Romans und er greift auf eine halb abgestorbene Gattung der Poesie zurück, auf das *Epos*. Man sieht daran wieder ganz deutlich die Doppelgesichtigkeit der deutschen Klassik. *Als Klassizismus blickt sie auf das 18. Jahrhundert zurück*. Eines seiner Hauptanliegen von Gottsched und Bodmer über Klopstock und Wieland *bis zu Goethe* ist es gewesen, die Gattung des Versepos [!] *wieder* zu beleben. Der *Reineke Fuchs* war im Inhalt unselbständig [!]. Er war nur der *formale* Versuch eines Hexameterepos, - als solcher allerdings von hoher Vollendung. Den *Lehrjahren* fehlte umgekehrt die formale *Vollendung*, dafür waren sie inhaltlich gewichtig, sie führten nicht nur in *Goethes* Leben, sondern *in die moderne Gesellschaft hinein*. Der nächste Versuch war eine mittlere Lösung, *ein moderner Stoff mit aktuellen Problemen, aber in der vollendeten Form des Hexameterepos: Hermann und Dorothea* (1798).

Hermann und Dorothea

Goethe begann die Arbeit sofort nach der Vollendung der *Lehrjahre*. Der Stoff ist aktueller als man denkt. Nicht die Salzburger Flüchtlinge des Jahres 1731 sind gemeint, - das ist nur ein Symbol -, sondern *die* Flüchtlinge, die die Französische Revolution vertrieben hat. Die Gegenwart erhält einen symbolischen historischen Schleier, den jeder durchschaute. Goethe hatte während des Feldzugs in Frankreich mit eigenen Augen Flüchtlingszüge *gesehen*. Dieses Ausgehen von der Anschauung ist in dieser Zeit bezeichnend für ihn. Das Grausen, das die *Revolution* erweckt, bleibt genau so gegenwärtig wie in den *Unterhaltungen* und in den *Lehrjahren*. Ich glaube, es muß mehr als bisher betont werden, daß Goethe durch die Revolution zutiefst beunruhigt war. (Wir verstehen das heute besser als das 19. Jahrhundert, da Deutschland ganz sicher war, schon als Großmacht...)

Aber wie reagiert Goethe *jetzt* in *Hermann und Dorothea*? Er stellt nicht das Grauenvolle dar, er hilft sich auch nicht mit abstrakten Utopien, sondern er gestaltet ein *Gegenbild* gegen die Französische Revolution und zwar in doppelter Hinsicht:

Erstens erinnert er die Deutschen an das, was ihnen geblieben ist, an die heile Welt der kleinen Stadt und des Hauses. Man spricht daher von einem bürgerlichen Epos [!]. Das Vorbild dafür gab die *Luise* von Voß (1795). *Sie* ist wirklich bürgerlich, bzw. feudalistisch. Kein Hauch stört den Frieden des Hauses, in dem sich die Pfarrersfamilie und eine adelige Familie zu Hochzeit und fröhlichem Fraß zusammenfinden. (Im Krieg: Soldaten, die in Gefahr fraßen. So auch hier.) *Dieses* idyllische Epos, die *Luise* von Voß, ist zweifellos ein Werk der sogenannten Verdrängung. *Man flieht vor dem*

Furchtbaren in das bergende Haus. Das entsprach genau der psychologischen Situation in Deutschland, weit über die Zeit der ersten Revolution hinaus. Das ist genau der Übergang von der bürgerlichen Aufklärung zum patriarchalischen Biedermeier. Ich sage patriarchalisch, denn nicht nur das Bürgertum, auch der Adel rettete sich auf solche Inseln.

Bei *Goethe* liegt die Sache etwas anders, und die neuere Forschung hat das mit Recht betont. In *Hermann und Dorothea* bleibt im Hintergrund *das Ungeheure gegenwärtig*. Goethe schließt nicht die Augen vor der Tatsache, daß so viele heimatlos geworden sind, sondern er führt die Flüchtlinge ins Haus, er versucht die Wunden wirklich zu heilen und im Bild der Dichtung eine heile *Welt* wiederherzustellen. Die Ehe zwischen dem eingesessenen Bürgersohn Hermann und dem Flüchtlingsmädchen Dorothea ist ein *Symbol* für die neuentstehende heile Welt. *Bürger* heiraten keine armen Mädchen, dazu braucht es herzhafte *Menschen*, und die gibt es und muß es geben. Es gibt hier schon noch einen humanistischen Hintergrund.

Goethe theoretisiert und moralisiert allerdings *wenig*, aber er stellt ein *vorbildliches* Geschehen dar, - wie er es einst in der *Iphigenie* getan hat. *Nur sind jetzt Alltag und Kunst, Gegenwart und Überzeitlichkeit einander näher gerückt*. Der Stoff ist ganz konkret, ganz naiv, und doch ist es eine Idealdichtung. Schiller konnte hier sein Programm erfüllt sehen: Realismus und Idealismus sind versöhnt, und zwar in restloser Vollkommenheit.

Damit sind wir beim zweiten Punkt, durch den *Hermann und Dorothea* ein Gegenbild ist. Der Gegenwartsstoff bedeutet in *diesem* Fall in keiner Weise, daß die *Form* unruhig, nachlässig oder trivial geworden ist. Im Gegenteil: *Die Unruhe der Zeit ist durch die ruhige Form völlig aufgehoben*. Es gibt kein skizzenhaftes Improvisieren in Sprache und Erzählung, wie in Goethes Erzähl-Prosa, alles ist durch die monumentale homerische Form gebändigt, jeder Gesang, jeder Satz ist abgehoben vom Alltag und führt uns in die ideale Sphäre der Kunst. Die Monotonie des Hexameters, die ruhige Gangart, die "Stetigkeit" - diese Eigenart abstrahiert W. v. Humboldt aus dem Epos - die immer gleichen Epitheta, die ganz bewußte *klassizistische* Stilisierung also, wirken jeder Unruhe und Angst entgegen. Wie Homer von seinen Helden erzählt, so ruhig und scheinbar unbeteiligt erzählt Goethe von Menschen, die wir aus unserer Umgebung zu kennen glauben. Er idealisiert das deutsche Bürgertum ganz bewußt, *und es hat darauf enthusiastisch geantwortet*, genau so wie auf Schillers *Lied von der Glocke*. Beide Dichtungen hatten einen ganz großen Erfolg.

Es kann kaum ein Zweifel darüber sein, daß Goethe das Selbstbewußtsein des deutschen Bürgers stark und nachhaltig gefördert hat, - weit über seine eigene Zeit und über seine eigene Absicht hinaus. Goethe hat sich gelegentlich sogar *ironisch* geäußert über den Erfolg von *Hermann und Dorothea*, mephistophelisch - (Briefe an Schiller).

Die Idealisierung des Bürgers erfolgte in erster Linie aus künstlerischen Gründen, nach Schillers idealistischem Programm. Die Popularität war in diesem Fall nicht *direkt* erstrebt, sondern eine überraschende Folge. Sie ist auch eine Folge des Bündnisses mit dem beliebteren Schiller. Es ging im Grunde freilich nicht um den Bürger, *sondern um den idyllischen, d.h. idealen Gegenstand, der sich mit Anschaulichkeit darstellen ließ*. Zum einfachen Stil gehörte ein einfacher Stoff (kleinstädtisches Bürgertum).

Trotzdem wird man schon hier feststellen müssen, daß Goethe von einem hervorragenden Instinkt geleitet war, als er den Stoff wählte und das Vorbild von Voß vertiefte. 1) wählte er genau wie Homer den wichtigsten Stand seiner Zeit. Das waren schon damals nicht mehr die Helden des Kriegs... 2) modifizierte er die Form des Epos zeitgemäß, indem er sie zum idyllischen Epos verkleinerte. Man stelle sich *Hermann und Dorothea* einmal im Umfang von Klopstocks *Messias* oder auch nur von Wielands *Oberon* vor. *Dann sieht man die Modernisierung zum Kleinepos*.

Ich will keineswegs bestreiten, daß auch Goethes *Hermann und Dorothea* heute wenig gelesen wird, wenn man von Schulexerzitien absieht [!]. *Heute ist die Gattung des Epos überhaupt veraltet*. Aber für das 19. Jahrhundert wurde dadurch noch eine Übergangsform geschaffen, die diskutabel war. Sie erschien vielen als eine wirkliche Erneuerung des Epos und wurde deshalb viel nachgeahmt (z.B. von Melchior Meyr, von der Droste, von Mörike, sogar von Hebbel). Idyllisches Epos ist übrigens exakter als bürgerliches Epos; denn es gibt das idyllische Epos auch mit bäuerlichem Stoff.

(Wenn wir heute *Hermann und Dorothea* lesen wollen, müssen wir uns historisch und ästhetisch einstellen, mehr als bei *Wilhelm Meisters Lehrjahren*, die gleich zugänglich sind. Aber dann werden wir auch reich belohnt, besonders wenn wir schon etwas älter sind und den ruhigen epischen Gang zu schätzen wissen.

Das Werk widerspricht in keiner Weise der Gattungsgesetzlichkeit des Epos - so wie wir es heute verstehen. Das Epos stand bis dahin neben der Tragödie. Es muß heroisch, ja kriegerisch sein! Goethe und Schiller haben damals überhaupt erst den Begriff des Epischen und Dramatischen entwickelt, wie er bis heute herrscht. Danach ist das Drama Vergegenwärtigung, ein bewegter und aktiver Vorgang auf ein Ziel hin. Das Epos dagegen ist der Bericht von etwas Vergangenem und Abgeschlossenem. Die Umstände sind beim Epos wichtiger als der Held, - bei dem eine gewisse Passivität zu empfehlen ist. Der Erzähler selbst braucht Abstand. Er muß wie ein Rhapsode sein, der hinter einem Vorhang spricht. Der Erzähler darf sich also *nicht* ans Publikum wenden, wie das Wieland und Jean Paul taten. Er muß ganz hinter seinen Gestalten zurücktreten. Ich beziehe mich mit diesem Referat besonders auf Goethes Aufsatz *Über epische und dramatische Dichtung* (HA XII,249ff.). *Diese klassische Theorie ist in Hermann und Dorothea verwirklicht.* Das

Werk entwickelt die sogenannte objektive Erzählkunst, die im 19. Jahrhundert auch auf den Roman übertragen wird.)

Alles in allem hätte Goethe zufrieden sein können: Das Publikum und ein Teil der Kritik reagierten sehr freundlich. Er hatte den vielbewunderten *Oberon* übertroffen. - Aber hatte er es wirklich? War *Hermann und Dorothea klassisch*? Offensichtlich tauchten klassizistische Skrupel auf, und Goethe kam auf den Gedanken, *höher* zu steigen und sich unmittelbar mit *Homer* zu messen. Es gab klassische Philologen, die noch tief im 19. Jahrhundert den epischen Charakter von *Hermann und Dorothea* bezweifelten, *weil* man vom Epos das Heroische forderte (Cholevius). Dementsprechend gibt es zahllose kriegerische Epen im 19. Jahrhundert. Idylle und Epos erschienen als unversöhnliche *Gegensätze*. Solche Theorien trieben Goethe *weiter*.

Achilleis

Die *Ilias* endet mit dem Tod Hektors. Als die *Odyssee* beginnt, ist Troja gefallen. *Lücke!* Schon in der Antike war das aufgefallen. Es gab Darstellungen von Trojas Fall, die die homerische Erzählung ergänzten. — Goethe will nun die Lücke endgültig schließen und zwischen *Ilias* und *Odyssee* ein Epos setzen, das er *Achilleis* nennt, in acht Gesängen, d.h. kürzer als die antiken Epen, aber breiter als *Hermann und Dorothea*; überdies ein tragisches Epos, ein richtiges Heldenepos. Am Ende sollte der Tod von Achill und Ajas stehen. Vorher allerdings sollte weniger von dem Krieg als von der Liebe des Achill zu Polyxena die Rede sein. Erotische Beseelung des Epos, wie man sie bei Homer kaum findet. Eine *gewisse* Modernisierung wäre auch in diesem heroischen Epos geleistet worden. Aber auch olympische Szenen, Götterszenen hätte es gegeben, den von der Aufklärungspoetik so genannten Apparat des Wunderbaren, und man kann sich sogar ein Bild davon machen aus dem *Fragment*, das erhalten ist. Das Übrige wissen wir von einer Inhaltsangabe (Schema).

Alles in allem ein kühnes Projekt. Goethe beginnt mit dem höchsten Einsatz. Das zeigt der gewaltige *Stil* des Fragments. Bis zum heutigen Tag beschäftigen sich klassische Philologen mit Goethes Fragment und seinem Plan des Ganzen. Sie bedauern lebhaft, daß das Epos nicht vollendet ist. Sie behaupten, hier wäre Goethe wirklich *griechisch* gewesen, er hätte *Hermann und Dorothea* weit übertroffen (Schadewaldt).

Ich glaube umgekehrt, daß es kaum einen Fall gibt, der *so* deutlich zeigt, wie groß der künstlerische *Takt* Goethes gewesen ist. Er war ein Deutscher und keineswegs ein Grieche; und vor allem: Er war ein Sohn des 18. Jahrhunderts. Deshalb hat er *Hermann und Dorothea* vollendet, *nicht* die *Achilleis*. Er war kein Klassizist, sondern Klassiker, und dazu gehört *immer* der schöpferische Bezug auf die *eigene* Epoche, auf die *eigene* Gesellschaft.

Fast widerwillig schuf Goethe *Hermann und Dorothea,* d.h. das moderne, bürgerliche, idyllische Epos. Aber er schuf es zusammen mit Voß und mußte es schaffen, weil es an der Zeit war.

Viel größer war der Einsatz bei der *Achilleis*, aber er konnte sie unmöglich vollenden. Er hätte sich selbst vergewaltigt. In einem Brief an Schiller schreibt er, er wolle sich Homer auch da zum Vorbild machen, wo er ihm *widerstrebe*. Goethe *will* also sich *selbst* verleugnen, entsprechend dem Programm klassischer Objektivität. Aber er ist gerade dadurch groß, daß er sich selbst *unbedingt treu bleibt* und von allen Experimenten immer wieder zu sich *selbst* zurückkehrt. - Das Gewaltsame zeigen besonders die *Achilleis-Verse*. Goethe unterwirft sich hier den Regeln der klassischen Philologen Voß und Schlegel. Er sündigt gegen den deutschen Sprachakzent [!]. Der äußerste Gegenpol zu den *Römischen Elegien* und zu *Reineke Fuchs* ist erreicht. Die fragmentarische Form der *Achilleis* bedauern, heißt bedauern, daß Goethe Goethe gewesen ist. Klopstock und Pyrker hätten das Werk vollendet.

Goethe schrieb das Fragment *Achilleis*, d.h. den ersten Gesang, 1799. *Wir stehen damit schon am Ende der Bemühungen, die Goethe dem Hexameterepos zugewandt hat.* Später gibt es den Plan eines Jagd-Epos, *Die Novelle*. Vielleicht beeinflußte ihn die Romantik, die die Hexameterepik jeder Art wenig schätzte. Jedenfalls war er gründlich von klassizistischen Experimenten auf dem Gebiet des Versepos *geheilt*. Das ergibt sich vor allem aus einer Mitteilung Riemers. Goethe kam 1806 [!] auf den Gedanken, "die Achilleis in einen Roman zu verwandeln". Das ist natürlich eine unmögliche Idee, und so beginnt er 1807 die Fortsetzung des *Wilhelm Meister*.

Sie sehen am Beispiel der *Achilleis*, daß der traditionelle Kult der Hochklassik, wie er bei Staiger noch zu finden ist, fragwürdig ist. Wie groß um 1800 die Gefahr klassizistischer *Irrwege* war, verrät vor allem die Erneuerung des Chordramas durch Schiller. Die *Achilleis* wäre Goethes *Braut von Messina* geworden, ein antikisierendes *Kunststück*. Hier gibt es sogar eine gedruckte Auseinandersetzung zwischen mir und Schadewaldt <F. Sengle: *Goethes Ikarus-Flug. Zur Forcierung des Klassizismus im Achilleis-Plan*>.

Die natürliche Tochter

Es gibt ein drittes hochklassisches Werk, das in diesem Zusammenhang genannt zu werden pflegt: Goethes Drama *Die natürliche Tochter*. Goethe begann die Arbeit im Jahr der *Achilleis*, also 1799, und 1803 wurde sie vollendet: Das, was wir heute in der Hand haben! (ein einzelnes Drama). Ursprünglich sollte es eine *Trilogie* geben. Als Schiller mit dem Wallenstein-Stoff Schwierigkeiten hatte, riet Goethe zur Form der Trilogie. Daraus geht hervor, daß Goethe eine Vorliebe für das Großdrama hatte, für eine Sprengung der dramatischen Normalform. In diesem Fall kam noch etwas

Besonderes dazu, was der Straffung entgegenwirkte. Es handelt sich um ein Gegenwartsschicksal und zwar um ein solches, das in die Französische Revolution *hineinreicht und eng mit ihr verknüpft ist.* Es ist der Versuch, das *direkt* zu gestalten, was Goethe bisher nur am Rande berührt hatte: in harmlosen Lustspielen, im *Rahmen* eines Novellenzyklus, in abstrakten Rettungsversuchen (Schluß der *Lehrjahre*) und im *Hintergrund* von *Hermann und Dorothea*. Goethe:

> In dem Plane bereitete ich mir ein Gefäß, worin ich alles, was ich so manches Jahr über die französische Revolution und deren Folgen geschrieben und gedacht, mit geziemendem Ernste niederzulegen hoffte. (HA V,477)

Offenbar hat er das ungeheure historische Phänomen bisher noch *nicht* mit geziemendem *Ernst* behandelt! Wir können es mit dem Blick auf die Revolutionslustspiele und auf die *Lehrjahre* nur bestätigen! Sie sehen an dieser Stelle wieder, wie töricht es ist, wenn man meint, ein Klassiker habe nichts mit der Zeit zu tun. Offensichtlich spricht kein grundsätzliches Bedenken gegen den Plan, die Tragödie *zeitgenössischer Menschen*, ja gerade der zeitgenössischen Führungsschicht zu gestalten. *Die natürliche Tochter* spielt nämlich im Hochadel, und der König selbst hat eine wichtige Rolle. *Der* König heißt es im Personenverzeichnis Goethes, Herzog, Graf, Sekretär, Weltgeistlicher, Gerichtsrat usw. *Das Geschehen soll also allgemeingültig sein.* Es kann überall vor sich gehen, nicht nur in Frankreich, woher Goethes *Quelle* stammt. Überall ist der Mensch von der Revolution bedroht: Die Revolution ist *das* Problem der *Zeit.*

Eine andere Frage ist, ob der deutsche Klassiker die vor sich gehende Tragödie gestalten *kann*, ob er sich der tragischen Katastrophe *stellt.* Und das ist nie die starke Seite Goethes gewesen. Er liebte es, in solchen Fällen die Augen zu schließen oder auf Rettung zu sinnen. Und das ist wohl auch der Grund gewesen, weshalb Goethe die *Trilogie* nicht ausführte und weshalb er auch den Plan aufgab, wenigstens in einem abendfüllenden *Theater*stück das ganze tragische Geschehen darzustellen. Mit Recht hat man immer wieder auf folgende Äußerung aus dem Jahr 1831 verwiesen:

> An die Natürliche Tochter darf ich gar nicht denken, wie wollte ich mir das Ungeheure, das da gerade bevorsteht, wieder gerade ins Gedächtnis zurückrufen. (HA V,480)

Das zweite "gerade" bezieht sich auf die Revolution von 1830. Goethe kennt die "Verfassung unserer Gesellschaft" (*Wilhelm Meisters Lehrjahre*). Er wundert sich *nicht* über die Revolution. Er weiß 1831, daß sie weitergeht. Aber er *will* es nicht wissen.

Das ist wohl der tiefste Grund für den Abbruch der Arbeit. Ein zweiter dürfte mehr dramaturgischer Art gewesen sein. Wenn Goethe eine Zeitlang ein *besonderes* Theaterstück schreiben will, so heißt das, daß die Trilogie, also die Fortsetzung des heute vorliegenden Stücks *Die natürliche Tochter*, *nicht* theaterfähig gewesen wäre - nach *Goethes* eigener Meinung.

In der Tat, das Stück ist noch mehr stilisiert, noch mehr der unmittelbaren Lebendigkeit entrückt, als es der *Tasso* gewesen ist. Ein Kunstwerk in einem so strengen Sinn, daß Schillers klassische Tragödien im Vergleich damit als publikumsnah, ja geradezu populär erscheinen. Schon der Gehalt des Stücks ist streng aristokratisch (z.B.:

> Wenn dir die Menge, gutes, edles Kind,
> Bedeutend scheinen mag, so tadl' ich's nicht;
> Sie ist bedeutend, mehr noch aber sind's
> Die wenigen, geschaffen, dieser Menge
> Durch Wirken, Bilden, Herrschen vorzustehn. (HA V,224)

Oder:

> O diese Zeit hat fürchterliche Zeichen:
> Das Niedre schwillt, das Hohe senkt sich nieder,
> Als könnte jeder nur am Platz des andern
> Befriedigung verworrener Wünsche finden. (S. 226))

Eine ganze Blütenlese aristokratischer Sentenzen könnte man ohne große Mühe ausziehen.

Alles ist auf Vornehmheit gestimmt, und diesem Willen fügt sich auch die *Form*. Es kommt nicht so sehr auf dramatische Verknüpfung und Konsequenz und *Steigerung* als auf symbolmächtige Hintergründigkeit an, auf eine geheimnisvoll-*hierarchische* Sprache, vgl. die Interpretation von Hans Egon Hass in den Drameninterpretationen, die Benno von Wiese herausgegeben hat (zeigt besonders die Symbolverflechtung in der Sprache). Der König sagt: "Geheimnis nur verbürget unsre Taten". Entsprechend richtet sich Goethe nicht an ein Publikum in unserem Sinn, sondern an den kleinen Kreis Vornehmer, um nicht zu sagen Eingeweihter, die ihn verstehen. Die Sprache Goethes wird schon hier zeremoniös.

> Wenn ich des Oheims heil'gen Vaterkuß
> Auf dieser Stirne schönen Raum gedrückt,
> So sei dies auch ein Zeichen, sei ein Siegel (S. 224)

"Auf dieser Stirne schönen Raum". Wenn sich Eugenie über des Königs Gnade freut, so drückt sie das folgendermaßen aus:

> Der freud'gen Überraschung lauter Schrei,
> Bedeutender Gebärde dringend Streben,
> Vermöchten sie die Wonne zu bezeugen,
> Die du dem Herzen schaffend aufgeregt? (S. 225)

Beachten Sie die drei Partizipien in vier Versen und die vorangestellten sehr gewählten Genitive. Wenn der Gerichtsrat mit den Hofgeschichten nichts zu tun haben will, so sagt er zur Hofmeisterin:

> Vollbringe, was du mußt, entferne dich
> Aus meiner Enge reingezognem Kreis. (S. 267)

Vergleichen Sie das Abstraktum "meine Enge" und wieder den gewählten Genitiv. Schließlich wird der Gerichtsrat doch lebhaft und aktiv, er will Eugenie heiraten, um sie zu *retten*. Natürlich muß dieser Höhepunkt in einer antikisierenden Form des Dialogs, in Stichomythien, vor sich gehen:

> EUGENIE. In leere Träume denkst du mich zu wiegen.
> GERICHTSRAT. Du bist gerettet, wenn du glauben kannst.
> EUGENIE. So zeige mir des Retters treues Bild.
> GERICHTSRAT. Ich zeig' ihn dir, er bietet seine Hand!

Sie sehen: unerhört direkt und dramatisch! - Für Goethes damalige Ausdrucksweise. Natürlich muß das abgemildert werden, damit die Vernunft wieder zu ihrem Recht kommt.

> EUGENIE. Du! welch ein Leichtsinn überraschte dich?
> GERICHTSRAT. Entschieden bleibt auf ewig mein Gefühl.
> EUGENIE. Der Augenblick, vermag er solche Wunder?
> GERICHTSRAT. Das Wunder ist des Augenblicks Geschöpf.
> EUGENIE. Und Irrtum auch der Übereilung Sohn.
> GERICHTSRAT. Ein Mann, der dich gesehen, irrt nicht mehr.
> EUGENIE. Erfahrung bleibt des Lebens Meisterin. (S. 276)

Die Sentenzen wirken offensichtlich stark beruhigend, und der Dialog geht nun gemächlich weiter. Noch ist Eugenie nicht so weit, daß sie sich dem braven Juristen anvertrauen will. Aber als ihr die *Verbannung* droht, überlegt sie sich die Sache in einem langen Monolog besser und sie kommt zu folgendem Ergebnis:

> Nun bist du, Boden meines Vaterlands,
> Mir erst ein Heiligtum, nun fühl' ich erst
> Den dringenden Beruf. mich anzuklammern.
> Ich lasse dich nicht los, und welches Band
> Mich dir erhalten kann, es ist nun heilig.
> Wo find' ich jenen gutgesinnten Mann,
> Der mir die Hand so traulich angeboten? (S. 296)

Sie willigt in eine entsagungsvolle Ehe, und so endet der erste Teil der Trilogie friedlich, idyllisch, unter der Herrschaft des Wortes Entsagung. Eugenie ist, wenigstens vorläufig, *gerettet. Auf diese Rettung des bedrohten Menschen steuert Goethe immer wieder zu.* Das verbindet *Die natürliche*

Tochter mit den *Lehrjahren* und *Hermann und Dorothea*. Eine Tragödie im strengen Sinn des Wortes dürfen wir nicht mehr von ihm erwarten und ein Theaterstück ebensowenig.

Trotzdem wird man *Die natürliche Tochter* als *Kunstwerk* ernstnehmen müssen. Es hat der Geltung des Werks sehr geschadet, daß es so nahe bei Schillers klassischer Tragödie und andererseits neben Goethes klassischer Erzähldichtung oder gar Lyrik steht. Wenn man dem Werk gerecht werden will, darf man es erstens nicht in erster Linie als Drama betrachten, so wenig als den *Faust* im ganzen. Zweitens muß man sich darüber klar sein, daß hier die Stilsphäre des *Hermann und Dorothea*-Dichters, überhaupt des hochklassischen Goethe, bereits überschritten ist. Mit der *Natürlichen Tochter beginnt* der *alte* Goethe. Ehe wir diesen Übergang zum *alten* Goethe mit seinen verschiedenen Zeichen und Gründen näher betrachten, haben wir noch einiges über seine *hochklassische Lyrik* nachzutragen.

Musenalmanache

Schiller und Goethe haben in den späten neunziger Jahren in enger Fühlung miteinander gedichtet. Das gilt ganz besonders für die *Lyrik*, da es die Musenalmanache zu füllen galt, und zwar mit repräsentativen Kleindichtungen, die den klassischen Anspruch rechtfertigten und die Autorität Goethes und Schillers befestigten. Die Musenalmanache sind besonders wichtig für den Führungsanspruch Goethes und Schillers. Die bevorzugten Gattungen sind dieselben, nur daß eben bei Schiller des Schwergewicht auf der Ballade, dem Lehrgedicht und dem Epigramm, bei Goethe auf den eigentlichen lyrischen, überhaupt poetischen Formen liegt.

Alexis und Dora

Etwas vom allerschönsten, was Goethe je geschrieben hat, ist die Idylle *Alexis und Dora* (1796). Man kann das Werk, gattungsgeschichtlich gesehen, eine verkleinerte und verbesserte Spielart von *Hermann und Dorothea* nennen, denn es fehlt hier *jede* klassizistische Steifheit. Goethe selbst hat diese Idylle sehr geliebt und daran gefeilt, - ohne die Urfassung übertreffen zu können. Goethe gibt, wie er selbst sagt, der Idylle *Pathos*, indem er ein Liebesglück unter die Notwendigkeit des Scheidens, und zwar einer Seereise, stellt.

Die Nachbarskinder Alexis und Dora kennen sich schon lange, aber sie küssen sich erst, als das Schiff zur Abfahrt bereitliegt. Alexis muß abreisen. Auf das große Glück folgt gleich der Trennungsschmerz, ja sogar eine höllische Eifersucht; denn Alexis denkt: Sie küßte geschwinde und wird es auch ein zweitesmal tun. Schiller hat diese Eifersucht beanstandet, obwohl er eine sehr hohe Meinung von dem Werk hatte. *Das war der Realist Goethe!* So wenig er die Brutalität der Tragödie ertrug, so wenig ertrug er ein rosenrotes Liebesglück. Bezeichnend ist, wie souverän Goethe den alten Topos vom Leben als Schiffahrt erneuert. Ein Eheversprechen - und darum handelt es sich hier - ist nach Goethe niemals ein Anlaß zum Feiern, es eröffnet stets eine gefährliche Schiffahrt, deren Ende man im voraus nicht kennt. Alexis tut gut daran, vorher eine *harmlose* Schiffahrt zu machen, deren Schmerzen rasch vorübergehen werden. Das Leben ist *immer* gefährlich und schmerzvoll, auch die Kunst kann keine Wunden heilen, aber sie *allein* kann Wunden "lindern" (Zitat!). (So endet die Idylle mit einem Anruf an die *Musen*, was wieder die Nähe zum Epos *Hermann und Dorothea* zeigt.)

Man muß solche *Klein*kunstwerke mehr als bisher beachten, da sie Goethes größte Stärke zeigen. Hier kann er ganz seinem Instinkt vertrauen und braucht keine großen Zusammenhänge zu übersehen. Hier fängt ihm das Wort zu blühen an, während es in großen Werken öfters erkaltet. Beachten Sie in dem folgenden Zitat die seelische Zartheit, ja Unmittelbarkeit, die Genauigkeit der dinglichen wie auch der symbolischen Aussage. Der homerische Ornat wird *verlebendigt* und eigentlich zu etwas ganz anderem gemacht, als das klassische Programm forderte:

> Und so trat ich herein [Garten!]. Du brachst nun die Früchte geschäftig,
> Und die goldene Last zog das geschürzte Gewand.
> Öfters bat ich, es sei nun genug! und immer noch eine
> Schönere Frucht fiel dir, leise berührt, in die Hand.
> Endlich warst du zur Laube gekommen, da fandst du ein Körbchen,
> Und die Myrte bog blühend darüber sich hin.
> Schweigend begannest du nun geschickt die Früchte zu ordnen:
> Erst die Orange, die schwer ruht, als ein goldener Ball,
> Dann die weichliche Feige, die jeder Druck schon entstellet;
> Und mit Myrte bedeckt ward und geziert das Geschenk.
> Aber ich hob es nicht auf; ich ging nicht. Wir sahen einander
> In die Augen, und mir ward vor dem Auge so trüb. (HA I,187f.)

Dora geht in den Tempel und hat Orangen im Garten. Aber sie könnte genau so wie Gretchen in die Kirche und in Marthes Garten gehen. Das Wesentliche ist *nicht* die antike und südländische Einkleidung, sondern die größere *Ruhe* und *Reife* der Darstellung. Die Dichtung soll nicht mehr aufwühlen und erschüttern, sondern nur noch das Leben *rein* darstellen und durch *heitere* Beleuchtung erträglich machen, oder wie es heißt, *die Wunden lindern...* Das kann in diesem Fall besonders leicht geschehen, da Goethe den Schmerz des jungen Mannes natürlich mit überlegener Ironie betrachtet. Er wird immer noch früh genug sein Bräutchen finden!

Euphrosyne

Aber auch wo er vom *eigenen* Erlebnis spricht, und zwar von eigenen schmerzlichen Erfahrungen, da dämpft er mit vollem Bewußtsein *ab*, indem er das Erlebnis nicht an sich heranläßt, sondern durch künstlerische Mittel abfängt. Manche von Ihnen kennen die Elegie *Euphrosyne*. Goethe erfährt auf einer Reise in die Schweiz, daß die Schauspielerin Christiane Becker, geb. Neumann, gestorben ist, in ganz jungen Jahren (<der> Frauenname darf Sie nicht <irritieren>). Es ist seine Lieblingsschülerin. Und nun kommt er gleich auf die Idee, seine Beziehung zu ihr zu verewigen. Er wählt die alte poetische Form des *Gesichtes*, er nimmt Hermes dazu, der die Tote geleitet und kleidet das alles ins Maß der Distichen. So entsteht etwas, das sehr *persönlich*, im eigentlichen, damals modernen Sinn lyrisch und doch eigentlich keine Bekenntnisdichtung ist. Goethe vermeidet zwar *nicht*, anschaulich zu sein. Es ist die Rede von Kuß und Umarmung. Aber was diese *Zeichen* eigentlich *bedeuten*, ob sie mehr bedeuten als väterliche Zuneigung, das wird ganz bewußt verschleiert, so sehr, daß sich noch heute die Goetheforschung darüber streitet. Ähnlich wie im Gedicht *Sommernacht* des *West-östlichen Divan*. Wesentlich ist nur, daß eine Künstlerin früh dahingegangen ist und nun unter die griechischen Heldinnen eingeht, durch die Zuneigung und die Kunst eines *Dichters*. Euphrosyne sagt:

> Bildete doch ein Dichter auch mich! [=Antigone] und seine Gesänge,
> Ja, sie vollenden an mir, was mir das Leben versagt! (HA I,194)

Goethe beginnt sich selbst historisch zu werden. Er weiß bereits, daß ein Mensch von seiner Dichtung nur berührt zu werden braucht, um ewig zu sein. Er steht nicht nur vor der Gesellschaft von Weimar, sondern schon vor dem Urteil der Jahrhunderte nach ihm. Das tröstet ihn. Damit hofft er sogar, den Schatten des *Todes* zu überwinden, der ihn immer stark *bedrängt*. Der Gehorsam gegenüber dem Gesetz - und der Tod ist ein Gesetz - ist für Goethe nie so selbstverständlich wie für Schiller; denn er lebt ja immer nach seiner *persönlichen* Norm. Er vermeidet, wenn es geht, das "Ungeheure". Aber in der *Euphrosyne* hat er, durch die Kunst elegischer Abdämpfung, sich der Darstellung des Todes ungewöhnlich weit genähert. *Hier* vielleicht ist er Hölderlin am nächsten gekommen.

Amyntas

Wie der Tod, so war ihm lange die *Ehe* verhaßt. Auch sie widersprach zunächst seiner individuellen Norm. In der Klassik stellt er sich auch diesem Gesetz, noch nicht juristisch, aber praktisch und ideell. Ich meine die Elegie

Amyntas. Ich glaube nicht, daß es möglich ist, dies Gedicht seines biographischen Hintergrunds zu berauben. Es kennzeichnet einen bestimmten Punkt in Goethes Entwicklung und zwar einen wichtigen, der sich immer wieder in der modernen Gesellschaft wiederholt: nämlich die Anerkennung der *natürlichen* Ehe.

Als Goethe Christiane Vulpius zu sich nahm, dachte er bestimmt *nicht* an eine Entscheidung für ein ganzes Leben. Er war noch der italienische Goethe. Die hohe Minne zu Charlotte sollte durch eine niedere ergänzt werden. Das war der ursprüngliche Plan. Aber er wuchs mit Christiane *zusammen*, ja es kam der Punkt, da er sich dessen bewußt wurde, als man ihm nämlich die Trennung von Christiane empfahl. Ob der Rat wirklich von Schiller kam, lassen wir dahingestellt. Genug, er wurde zur Entscheidung für oder gegen seine natürliche Ehe aufgefordert, und er entschied sich *für* sie.

Natürlich ließ sich ein so heikles Problem nur symbolisch darstellen, ja hier wurde Goethe fast allegorisch bzw. emblematisch, da die Wirklichkeit noch intimer war als bei *Euphrosyne*. Die Geliebte erscheint unter dem Bild des Efeus, der einen Apfelbaum umarmt und vielleicht zugrunde richtet. Schon ist es so weit, daß seine Fruchtbarkeit nachläßt! Schiller und andere Freunde waren mit Goethes Produktivität nicht zufrieden. Also muß man den Efeu *entfernen*. Aber der Baum selbst will es nicht dulden. Er klagt zwar, ja er fühlt geradezu seinen Tod voraus. Trotzdem kann er nicht in die Operation willigen. In dem Efeu spricht die Natur selbst sich aus, oder wie Amyntas sagt, "das strenge Gesetz ehrner Gewalten". Die Elegie steigert sich zu einem tragischen Ton: Der Untergang wird als unaufhaltsam empfunden. Trotzdem ist das letzte Distichon eine innige Schicksalsbejahung:

> Süß ist jede Verschwendung; o laß mich der schönsten genießen!
> Wer sich der Liebe vertraut, hält er sein Leben zu Rat? (HA I,197)

Sie sehen: in kleinen lyrischen Formen kann sich Goethe dem nähern, was er das "Ungeheure" nennt (hier dem Tod um der Liebe, oder eigentlich um der Ehe willen).

Die Braut von Korinth

Dafür gibt es auch in den *Balladen* Beispiele. Ich übergehe die Schulballaden, z.B. *Legende*, *Der Zauberlehrling*, *Die wandelnde Glocke* und betrachte nur noch kurz *die* Balladen, die es mit Tod und Untergang zu tun haben!

Sehr berühmt war von jeher *Die Braut von Korinth*. Sie schließt insofern an Balladen wie *Erlkönig* und *Fischer* an, als sie eine Geisterballade ist. Freilich ist das Magische nur noch ein *Kunstmittel*, und zwar im Dienst eines antichristlichen, oder jedenfalls antikatholischen Bekenntnisses. Das griechische Mädchen spricht fast wie ein Philosophiestudent von Jena:

> Dieser Jüngling war mir erst versprochen,
> Als noch Venus' heitrer Tempel stand.
> Mutter, habt Ihr doch das Wort gebrochen,
> Weil ein fremd, ein falsch Gelübd' Euch band!
> Doch kein Gott erhört,
> Wenn die Mutter schwört,
> Zu versagen ihrer Tochter Hand. (HA I,272)

Die Griechin ist also in ein christliches Kloster gesteckt und so getötet worden. Nun geht sie um, als Geist, als Vampir und feiert mit griechischen Jünglingen Liebesnächte, um sie zugrundezurichten. Das kann nur *dann* vermieden werden, wenn ihr Leichnam zu Ehren der *alten* Götter verbrannt wird. Mit dieser *Hoffnung* schließt die schaurige Ballade. Ihr Stoff wird überhaupt durch das innige lyrische Wort gemildert, durch den sehnsüchtigen Anruf Griechenlands. Aber eine gewisse Diskrepanz zwischen der nordischen Schauerballade und dem heidnisch-klassischen Bekenntnis bleibt bestehen. Bei Hölderlin läßt sich eine solche Ballade nicht denken. Hier spüren wir, trotz des griechischen Stoffs, die Schule Herders.

Man sieht hier wieder ganz deutlich, daß der Klassizismus im Fall Goethes nicht ausreicht, um die Tiefe der Welt *in seinem Sinn auszuloten*. So wundern wir uns nicht im geringsten, daß wir schon 1797, d.h. lange ehe die allgemeine Aufmerksamkeit auf den Orient fiel, einer "indischen Legende" begegnen: *Der Gott und die Bajadere.*

Der Gott und die Bajadere

Der "Herr der Erde" hat eine Liebesnacht mit einer Bajadere, einer berufsmäßigen Kurtisane gehabt. Aber sie verliebt sich ernstlich in den Gott und folgt seinem scheinbaren Leichnam (wie eine legitime indische Frau!) zum Scheiterhaufen. Und die Gottheit nimmt das Opfer der Sünderin an! Es handelt sich um ein außerordentlich heikles Thema. Schon das erklärt die indische Einkleidung. Genau besehen zeigt die Ballade aber ganz klar, daß Goethe mit dem Christentum keineswegs fertig ist. Es ist etwas Barockes in diesem Zusammentreffen von äußerster Verworfenheit und höchster Gnade. Es ist im Grunde das Motiv der heiligen Magdalena. Dazu passen ganz gut die theatralische Sprache, die Inszenierung des Vorgangs, die schillerisch anmuten. Schon hier steigt eine sittlich-religiöse Schicht auf, die die *Euphrosyne* nicht vermuten ließ.

Noch deutlicher ist das in *Johanna Sebus* (1809) der Fall. Hier wird in schlichten, fast volkstümlichen Versen das Lebensopfer eines Bauernmädchens gefeiert. Es geht nicht mehr in erster Linie um die Kunst, sondern um das Opfer für die anderen.

Klassizismus

Es ist überhaupt erstaunlich, wie schnell der Klassizismus im engeren Sinn des Wortes (also das homerische und sophokleische Vorbild) aus dem Gesichtskreis der Klassiker verschwindet. Schiller schreibt nach der *Braut von Messina* den *Wilhelm Tell*, und Goethe interessiert sich schon wieder für den *Faust* [!]. Beides wäre doch offensichtlich ganz unmöglich gewesen, wenn das antike Vorbild *beherrschend*, unbedingt verbindlich gewesen wäre! *Aber das war nicht einmal in der sogenannten Hochklassik um 1800 der Fall.*

Am ehesten kann man es von Goethes Bestrebungen auf dem Gebiet der *bildenden* Kunst behaupten [!]. Er gründete, um hier den Klassizismus durchzusetzen, eine eigene Zeitschrift: die *Propyläen*. (Sie ging nach kurzer Zeit ein, *wie* die *Horen*. Aber Goethe fuhr unermüdlich fort, auf die Antike hinzuweisen - im Widerspruch zu den Romantikern. Er verherrlichte Winckelmann in einem glänzenden Aufsatz und beschäftigte sich sogar wieder mit dem *Laokoon* (Aufsatz)). Um 1815 wurde er etwas toleranter gegenüber den romantischen Bemühungen um die gotische Kunst [!]. Er empfing die Brüder Boisserée aus Köln, um sich über den Kölner Dom zu unterrichten. Er betrachtete in Heidelberg mittelalterliche Malerei. Er unterstützte den Freiherrn vom Stein in seinem Bemühen, die altdeutschen Denkmäler, die durch die Säkularisation bedroht waren, zu retten. Auch an Runge und C. D. Friedrich nahm er Anteil.

Aber es war meistens doch nur ein *historisches* Interesse und zwar in einem doppelten Sinn: 1) wollte er die gotischen Werke kennenlernen; 2) studierte er die romantischen bzw. neugotischen Bestrebungen, weil sie nun einmal eine historische Macht waren, der herrschende Zeitgeist.

Doch hörte er *niemals* auf, die griechische Kunst für das einzige *über*zeitliche Vorbild zu halten. Die griechische Kunst hat er nie historisch relativiert, höchstens ihre Prinzipien etwas allgemeiner genommen, so daß z.B. Raffael und Holländer zum griechischen Vorbild paßten. Er sah die Kunst nach wie vor aus seiner italienischen Perspektive, d.h. er behauptete, die Kunst müsse sich an der *Natur* orientieren und zugleich klar und heiter sein.

Auch die moderne Musik beurteilte er so konservativ. Mozart anerkannte er in vollem Umfang, Beethoven dagegen war ihm fremd und unheimlich, wie bezeichnenderweise auch noch Dichtern der Biedermeierzeit, nicht nur einem Mörike [!], sondern auch einem Heine.

Sogar die *Dichtung* der jüngeren Generation, Arnim, Z. Werner und besonders Kleist, hat er so altmodisch beurteilt. Immer war er der pädagogische Meister, der mit den Maßstäben des 18. Jahrhunderts an die Jugend heranging. *Er warnte vor der Überschätzung der Religion.* Er warnte vor einer Überschätzung des Gefühls, ja er warnte vor einer Überschätzung der *Kunst* angesichts eines überhandnehmenden und zum Teil raffinierten *Ästhetizismus* (Platen). Immer wieder mahnt er zur Besinnung angesichts des chaotischen Literatur- und Kulturbetriebs *und* der wachsenden Mißachtung des Lebens, des eigentlichen *Gehaltes*, den das Leben der Dichtung gibt.

Eigentlich geht es nicht mehr um die Antike. Es geht um die Natur und um das kräftige, klare persönliche Leben, das die Klassiker frei und groß machte und das die Jugend nicht mehr führen kann, infolge ihres übersteigerten Anspruchs <*auf*> das Schöne. Ausdrücklich hat er die jungen Dichter angesprochen: *Für junge Dichter. Wohlgemeinte Erwiderung* oder *Noch ein Wort für junge Dichter.* Da heißt es z.B.:

> Wie schwer ist es daher, dem Talente jeder Art und jeden Grades begreiflich zu machen, daß die Muse das Leben zwar gern begleitet, aber es keineswegs zu leiten versteht. (HA XII,359)

Es ist also nichts mit der romantischen Behauptung, die Poesie sei eine Art Religion oder sie eröffne gar ein neues Zeitalter des Geistes und der Begeisterung. *Letzten Endes ist alles künstlerische Können an einen Gehalt gebunden und an eine Persönlichkeit*:

> Ich kann es meinen jungen Freunden nicht ernst genug empfehlen, daß sie sich selbst beobachten müssen, auf daß bei einer gewissen Fazilität des rhythmischen Ausdrucks sie doch auch immer an Gehalt mehr und mehr gewinnen. Poetischer Gehalt aber ist Gehalt des eigenen Lebens; den kann uns niemand geben. (S. 360f.)

(Der Klassizismus verschwindet in solchen Äußerungen *völlig*, nicht aber der Hinweis darauf, daß der Dichter zuerst selbst etwas *sein* muß, wenn seine Dichtung *Wert* haben soll.

> Zu meinen Freunden, den jungen Dichtern, sprech' ich hierüber folgendermaßen: Ihr habt jetzt eigentlich keine Norm, und die müßt ihr euch selbst geben; fragt euch nur bei jedem Gedicht, ob es ein Erlebtes enthalte und ob dies Erlebte euch gefördert habe. (S. 361))

Goethes Stimmung ist oft sehr düster, angesichts der unerhörten ideellen Fruchtbarkeit, die für die romantische Epoche charakteristisch ist, *denn* sie verspricht nur ein "Tohu wa Bohu", eine Rückkehr zu den Urzuständen, *aus denen [!] freilich kaum ein Gott mehr retten kann:*

> Anstatt verständig zu belehren und ruhig einzuwirken, streut man willkürlich Samen und Unkraut zugleich nach allen Seiten; kein Mittelpunkt, auf den hingeschaut werde, ist mehr gegeben, jeder einzelne tritt als Lehrer und Führer hervor und gibt seine vollkommene Torheit für ein vollendetes Ganzes.

Goethe weiß also, daß er den Verfall nicht aufhalten kann, aber er mahnt und mahnt.

Wir sehen aus all dem zweierlei deutlich: 1) Der alte Goethe ist keine unfehlbare Autorität. Er verwirft Künstler und Dichter, die wir verehren. 2) Hinter seinen Urteilen steckt aber nicht nur der Eigensinn des Alters, sondern eine Ahnung von dem, *was mit der europäischen Kultur geschehen wird*. Daß sich damals das *alte* Europa aufzulösen begann, läßt sich kaum leugnen. In diesem Sinn ist das Schlagwort vom Verlust der Mitte richtig. Und man hat auch immer mehr erkannt, daß die Romantik an der Auflösung wesentlichen Anteil hat, vielleicht mehr als die Aufklärung, die sich um *neue* Ordnung bemühte, um eine *vernünftige* Ordnung, und sich nicht einfach der Kunst und *Phantasie* in die Arme warf, wodurch eben das Kulturchaos entstanden ist.

Merkwürdig ist freilich diese Mahnerrolle Goethes. *Er selbst ist ja das Vorbild der romantischen Jugend. Er* wird auf Kosten Wielands, Schillers u.a. zum Statthalter des poetischen Geistes erhoben. Und er läßt sich das eine Zeitlang gern gefallen. *Schiller warnt ihn umsonst vor den Romantikern.* Goethe hoffte in den ersten Jahren des Jahrhunderts offensichtlich, von den Schlegel mit einer neuen Jugend beschenkt zu werden - wie einst von Schiller! Treue war ja nicht seine besondere Stärke, - ich meine die Treue zu anderen. Sich selbst war er immer treu.

Aber etwa in der Zeit von Schillers Tod (1805) weiß er, daß das Liebäugeln mit den Brüdern Schlegel ein Irrtum war, daß er alt und einsam geworden ist inmitten einer *völlig* fremdartigen Jugend, die ihn *verkennt*, gleichgültig ob sie ihn lobt oder tadelt. Die Vorahnung politischer Katastrophen, Krankheiten, eine Liebesenttäuschung und schließlich die Besetzung Deutschlands durch Napoleon, d.h. die Zerstörung aller gewohnten und geliebten Verhältnisse tun ein Übriges, um *den* Mann zu schaffen, den wir als den alten Goethe kennen und seit einigen Jahrzehnten verehren. Der alte Goethe gehört zu den Neuentdeckten = Kleist, Hölderlin, Jean Paul, Heine. (Im ganzen 19. Jahrhundert sah man im alten Goethe nur den Fall, der altmodische, unrealistische Formen wieder aufgenommen hatte: die Utopie, die Allegorie, das Märchen, das Lehrgedicht usw. Man ahnte noch nicht, daß diese unrealistischen Stil- und Gattungsformen im 20. Jahrhundert plötzlich wieder modern erscheinen könnten.)

IV. Kapitel

Der alte Goethe

Allgemeines

Seit dem Abbau des Naivitäts- und Anschaulichkeitsideals (Hochklassik und Realismus) versteht man den alten Goethe. Früher erschien der alte Goethe abstrakt, allzu dunkel, manieriert. Es liegt im Wesen eines alten Menschen, daß er kompliziert ist, einfach deshalb, *weil er verschiedene historische Schichten in sich integriert*. Und der alte *Goethe* ist etwas vom Kompliziertesten, was es überhaupt in der Geschichte des menschlichen Geistes gibt. Trotzdem will ich, im Hinblick auf die kurze Zeit, die wir noch haben, *ein paar Punkte nennen*, die beim *alten Goethe* besonders auffallen und ihn *zusammenfassend charakterisieren* können. Einiges habe ich schon genannt. *Ich unterscheide neun Punkte ohne Anspruch auf Vollständigkeit* (nur klare Perspektiven).

1) Er fühlt sich durchaus als *Repräsentant* des deutschen Geistes, ja des Geistes überhaupt. Etwas Herrscherliches kommt in seine Äußerungen. Es sind nicht so sehr Worte der Kritik oder der Gesetzgebung, sondern Verlautbarungen, die das Gleichgewicht der Kultur im Auge haben. Es geht nicht um Kampf und stürmischen Sieg wie noch in den *Xenien*, sondern um väterliche, patriarchalische Mahnungen oder Ermunterungen in einem milden Ton. Darauf hat vor allem Gundolf hingewiesen. Er schreibt jetzt sogenannte *Zahme Xenien*.

2) Goethe weiß deutlicher als in der Klassik um den *Ordnungszusammenhang*, in dem jedes hohe Kulturgebiet und damit auch die Kunst steht. Kunst und Wissenschaft treten in engeren Zusammenhang, aber auch das sittliche, politische, gesellschaftliche Leben interessiert ihn sehr, mehr als in der Zeit nach Italien und um 1800. *Und er ordnet sich dabei selbst ein.* In diesem Zusammenhang, nicht nur in einem zufällig-biographischen, ist die Legitimierung seiner <Verbindung> mit Christiane Vulpius zu sehen (1806). Das beweisen *Die Wahlverwandtschaften* (1809). Den unmittelbaren Anlaß zur Heirat gab angeblich die Bewährung Christianes bei der Besetzung von Weimar. Wichtiger ist die Veränderung des sozialen Klimas durch die französische Besatzung [!].

3) Gerade *Die Wahlverwandtschaften* zeigen freilich auch, daß Goethes Ordnung viel spannungsreicher ist als die Ordnung der sogenannten Restauration, mit der sie oft verwechselt wird. *Neben* der Ordnung und auch *gegen* die Ordnung steht das natürliche und individuelle Wesen des Menschen, als eine eigene, *elementare* Art des Gesetzes. In seinem bisherigen Leben ist er oft genug dämonisch gewesen, selbstbesessen, ich-süchtig. *Jetzt* erkennt er diesen Drang als ein Weltgesetz. Er entwickelt eine Theorie bzw. einen Mythos des *Dämonischen*. Im Grunde findet sich die Theorie schon in der Rede *Zum Shakespeares-Tag*. Das Dämonische ist das, was der Vernunft und Sittlichkeit sich niemals fügen will und so die Tragödien verursacht.

4) Auf einer höheren Stufe kehrt Goethe zu seiner *Jugend* zurück, in der er dieses Ich entdeckte und damit die ganze Welt berauschte. Nicht die *Achilleis*, nicht *Die natürliche Tochter*, aber der *Faust* und der *Wilhelm Meister* werden vollendet, beides Werke, die in die 70er Jahre zurückgehen, in eine Zeit, da er noch keine 30 war. Der erste Teil des *Faust* erscheint dann 1808. Der zweite Teil des *Faust* in seinem Todesjahr 1832 [!]; *Wilhelm Meisters Wanderjahre* 1821, zweite Fassung 1829. Aber diese Jahreszahlen kennzeichnen nur die *Endpunkte langjähriger innerer Prozesse*; denn die Werke *wachsen* wieder, *wie* in der Jugend, im engsten Zusammenhang mit seiner Gesamtexistenz. Sie werden nicht einfach wie *Hermann und Dorothea gemacht*, oder wie Schillers Dramen. Mit dieser Rückwendung zu sich selbst hängt etwas anderes und Überraschendes zusammen, nämlich eine neue Betonung der *Lyrik*, von den *Sonetten* bis zu den sogenannten *Dornburger Gedichten*.

5) Natürlich bedeutet die Rückwendung zum Persönlichen, zum Dämonischen keine *völlige* Preisgabe der klassischen Objektivität. Das verhindert schon Goethes Ordnungsdenken. Allerdings, von Objektivität bzw. von objektiver *Form* spricht er jetzt seltener und vorsichtiger; denn er weiß jetzt, wie kompliziert Subjekt und Objekt im Schaffen sich durchdringen. Aber als *Gegenpol* bleibt die Welt des Objektiven. Wenn freilich Hegel den objektiven Geist *über*betont und damit ein politisch-soziales Zeitalter heraufbeschwört, - noch heute sind Hegels Übertreibungen hinsichtlich des Staats nicht überwunden! - dann flammt sofort der Widerwille in ihm auf, der Zorn: und er behauptet bestimmt und energisch, das Subjektive sei dem Absoluten ebenso *nahe* wie das Objektive. Man darf sich weder für den Einzelnen noch für das Überpersönliche entscheiden. Eine solche Entscheidung ist Unsinn. Es war übrigens auch tatsächlich dem 20. Jahrhundert vorbehalten, diesen Unsinn in faschistischer oder kommunistischer Form zu praktizieren.

Auf die *Polarität* kommt es in allen Dingen an. Polarität ist ein Grundbegriff des alten Goethe; der Begriff ist scharf von dem traditionellen Dualismus, etwa christlicher Art, zu unterscheiden: Gleichgewicht der Gegensätze. In diesem Sinn kann man dann auch sagen, daß Goethes Alter eine Synthese seiner subjektiven Jugend und seiner objektiven Mannesjahre bewirkt, ja ganz bewußt herstellt.

Der Klassizismus wird weitgehend abgebaut. So hat z.B. der *Reim* wieder den Vorzug vor den antiken Maßen, und die *Prosa*erzählung hat wieder den Vorzug vor der Verserzählung. Hier *muß* sich Goethe ja entscheiden, und er entscheidet sich meist *gegen* die klassizistischen Formen. Goethe hat die Romantik im ganzen abgelehnt; aber das schließt nicht aus, daß er einzelne neue Formen, z.B. Sonett und Großdrama, in seine dichterische Welt *herein*nimmt, wie übrigens auch manche Themen, z.B. das Thema des *Heiligen*, das Thema des Orients oder das des freien Volks. Auch zur Biedermeierwelt gibt es Bezüge (Ordnungs- und Liebesbegriff). Goethe hat an *allen* Phasen der historischen Entwicklung seinen Anteil; - freilich ohne daß wir deshalb einen klassischen, romantischen und biedermeierlichen Goethe unterscheiden dürfen. So etwas *gibt* es *schon*, z.B. bei Tieck. Aber Goethe, der zunächst ziemlich launisch war, findet immer klarer und konsequenter zu sich *selbst*, ja er hat schließlich auch für die anderen [!] nur den einen Rat, *sie selbst zu sein* und sich von außen her nicht verwirren zu lassen. Daher kommt es zu einer Entwicklung auf immer gleicher Grundlage, *nicht* zu einer Unterordnung der Persönlichkeit unter die jeweiligen historischen Neuansätze. Das widerspricht keineswegs seinem Ordnungsbegriff, *da sich ja auch im Ich das Göttliche manifestiert*, - nicht nur in dem von Hegel vergötterten objektiven Geist.

6) Mit der Rückwendung zu sich selbst hängt zusammen, daß der *Eros* wieder wichtig wird und zwar wieder in engem Zusammenhang mit dem Werk, so daß man nicht recht weiß, was das Primäre ist, das Liebes-*Erlebnis* oder die Liebes-*Dichtung*. Im ganzen darf man folgendes sagen: die Individualität der Geliebten ist noch weniger wichtig als das früher der Fall gewesen ist. Die Geliebte wird zum Gleichnis. Das gilt nun freilich beim alten Goethe für das *ganze* Leben (alles ist Gleichnis!), und so will ich nur kurz die bekanntesten weiblichen Namen nennen: Minchen Herzlieb, wichtig für die *Sonette* von 1807/08; Marianne von Willemer (Frankfurt - zweite Jugend), wichtig für den *West-östlichen Divan* von 1819; Ulrike von Levetzow - *Marienbader Elegie* 1823. Man könnte sicher mehr..... Friedenthal betont noch eine polnische Sängerin und eine verheiratete Berliner Jüdin. Möglich: nicht salonfähig. Die Bettina ist nicht so wichtig, wie sie glaubte. Sie gehört zu den aufdringlichen Damen, welche die größte Plage berühmter Künstler sind.

Man sollte aber überhaupt aus diesen subtilen und z.T. im Dienst der Dichtung stehenden Liebesregungen keine Schicksale und Tragödien machen. Goethe hatte schon in der Jugend die Fähigkeit, alles Schmerzliche, alles "Pathologische" [!] abzustoßen *durch* Distanzierung, *durch* künstlerische Objektivierung. Denken Sie an *Werthers Leiden. Er nimmt nie mehr vom Leben in sich auf, als er bewältigen und ordnen kann.* In der Jugend war es mehr *Instinkt*, was ihn dazu befähigte, im Alter ist es eine ganz bewußt geübte Lebenskunst oder sogar Lebenstechnik. In dieser unglaublichen, fast asketischen Disziplinierung seines Lebens erinnert er stark an das 18. Jahrhundert. So arbeitet er z.B. bis zuletzt fast den ganzen Tag.

Man stelle sich ja keinen modernen Lebemann vor, wie er sich seit 1830 herausgebildet hat. Das würde ein ganz falsches Bild von ihm geben. Entsagung heißt - mit wenigen Unterbrechungen - das Leitmotiv dieses strengen, weil *produktiven* Lebens, und kann gar nicht anders heißen.

7) Das Ineinander von Selbstbestimmung, Selbstaussprache und entsagender Einordnung führt zu den *autobiographischen Schriften.* Erst im Alter wird die *Italienische Reise* herausgegeben 1816/17. *Dichtung und Wahrheit* begleitet ihn durch das *ganze* Alter und wird 1811-1833 herausgegeben. In *Dichtung und Wahrheit* zeigt sich besonders deutlich das *doppelte*, das polare Streben, das für den alten Goethe charakteristisch ist. Er deduziert keineswegs vom objektiv-historischen Geist (= Hegelianer); *Dichtung und Wahrheit* wurde deshalb zum Muster der Biographie, weil hier auch dem Subjekt sein Recht gelassen wird. Aber Goethe verfährt keineswegs *so* subjektiv wie viele moderne Goethe-Biographen, obwohl er seine *eigene* Biographie schreibt. Er ist objektiver als z.B. Emil Ludwig [!] oder Friedenthal. *Er hat das Bedürfnis, sich historisch zu sehen*, d.h. seine eigene Jugend in das 18. Jahrhundert *einzuordnen.* Biographie - zugleich Literaturgeschichte.

Auch die *Campagne in Frankreich* 1792 ist *spät* erschienen: 1822; die Belagerung von Mainz 1829. Den Briefwechsel mit Schiller gibt er selbst 1828/29 heraus. Und dazu treten nun die zahlreichen Gespräche (Wirkung!), z.B. mit Eckermann und Riemer und die neuen Briefe, z.B. an Zelter.

Diese Lebenszeugnisse kann ich nicht mehr besprechen; aber es sei ausdrücklich erwähnt, daß sie uns fast so wichtig sind wie die Dichtungen; denn sie zeigen Goethes *Weisheit*, und bei Goethe ist auch das wichtig. Der Goetheforscher Karl Viëtor hat sein Goethebuch von 1949 in drei Teile geteilt: der Dichter, der Naturforscher, der *Denker*.

Das befriedigt uns vielleicht nicht ganz, weil Goethe eben doch in erster Linie Mensch, in zweiter Linie Dichter war, vielleicht sogar in seinen naturwissenschaftlichen Arbeiten. Aber man *kann* die Sache so sehen, denn er selbst sieht sich so im Alter. Er erhebt noch wie frühere Philosophen und Dichter *universellen* Anspruch, - ob noch mit gleichem Recht wie Leibniz, lasse ich dahingestellt.

8) Nur erwähnt sei, daß im Alter auch die bedeutendsten *naturwisenschaftlichen Werke* erscheinen. *Zur Farbenlehre* 1810; *Zur Morphologie* 1817-1823 (Günther Müller). Es ist nicht meines Amtes, über das Thema Goethe und die Naturwissenschaften irgend etwas zu sagen. Für ihn selbst war die Naturwissenschaft *wichtig*, ob *er* aber für die Naturwissenschaften wichtig war oder noch *werden* kann, das ist umstritten. Erwähnt sei immerhin, daß es zünftige Naturwissenschaftler gibt, die ihn als Bahnbrecher sehen (früher z.B. der Chemiker Paul Walden: *Goethe und die Naturwissenschaften. Bremer Beiträge zur Naturwissenschaft*, Bd. 1, 1933; heute: Heisenberg).

9) Es soll noch versucht werden, zusammenfassend etwas über *Goethes Altersstil* auszusagen. Das ist natürlich nicht ganz einfach, aber es scheint doch in den Alterswerken etwas *Gemeinsames* zu geben, vielleicht eher als in den vielgestaltigen Jugendwerken.

Zunächst einmal: das Ideal der Harmonie, der ganz und gar *schönen*, vollkommenen Kunst tritt zurück. In der Hochklassik soll ja jede *Spannung* überwunden sein, die Spannung von Geist und Natur, Idee und Erscheinung. Die Mittel dafür waren gewesen a) die symbolische Kunst, in der das Allgemeine sich im Besonderen spiegelt und nicht etwa selbständig hervortritt wie in der Allegorie; b) das Hervortreten von Klang und Anschauung, also von sinnlichen Mitteln, die das Intellektuelle *auslöschen*. Das Vorbild für die Anschaulichkeit hatte die Antike, besonders Homer gegeben. In der Frage des Klangs bewahrte sich Goethe etwas vom irrationalen Harmonismus seit Klopstock. Auch die Mozart-Musik dürfte ihn in dieser Hinsicht beeinflußt haben.

Nun hatte schon Schiller mit guten Gründen festgestellt, daß diese naive, natürlich-schöne Kunst kaum mehr möglich ist für den gespaltenen modernen Menschen. Goethe war darin verhältnismäßig *weit* gekommen, aber es blieb doch immer etwas von *Absicht* in dieser restlosen Versinnlichung des Geistes, in dieser bruchlosen *Harmonie* von Natur und Geist.

Im *Alter* wird eine solche Harmonie unmöglich; denn da empfindet *jeder* Mensch, auch wenn er Goethe ist, *die Spannung von Natur und Geist*. Der alte Mensch neigt, wie Goethe sagt, zur Betrachtung, zum Gedanken, und Goethe gibt sich dieser Neigung ganz offen hin. *Er scheut die Reflexion, die Abstraktion keineswegs*. Er läßt sich sogar ganz gern dazu verführen, seine Gedanken in Sentenzen, Sprüchen, Salongesprächen oder in der alten Form der Allegorie und Mythologie auszusprechen. Im 10. Kapitel des I. Buchs der *Wanderjahre* heißt es sogar, der Roman sei "hie und da schon mehr als billig didaktisch geworden", die Ungeduld des Lesers sei zu fürchten; aber Goethe ist auch im folgenden oft didaktisch und hat *nicht* den Ehrgeiz, einen nur *schönen* Roman zu schreiben.

Diese bewußte, *souveräne* Nachlässigkeit ist typisch. Goethe kümmert sich nicht um irgendein Kunstprogramm, obwohl er seine grundsätzliche Gültigkeit zugibt. Damit hängt zusammen, daß er sehr viel schreibt oder vielmehr, auch das ist typisch, diktiert. Er pflegte in den Morgenstunden fleißig zu diktieren, ohne viel zu fragen, ob er gerade in bester Form war. Er weiß jetzt, daß *alles*, was er zu sagen hat, "bedeutend", d.h *wichtig* ist, *auch wenn es nicht vollendet erscheint*. Der Akzent verlegt sich von der Form auf den Gehalt, wie wir das schon in seinen Ermahnungen der jungen Dichter sahen.

Auch der Anspruch auf *Originalität* tritt zurück. Ein alter Mensch weiß, daß er nur ein Glied in der Kette ist, daß er denen, die vor und mit ihm lebten, *mehr* verdankt, als sich ein begabter junger Mensch einzugestehen pflegt.

Goethe hat das immer wieder festgestellt und in *Dichtung und Wahrheit* an sich selbst aufgewiesen. Ein Lieblingsthema in Goethes Alterssprüchen ist der Spott auf die Anspruchsvollen, Originalen, z.B.

> *Den Originalen*
> Ein Quidam sagt: "Ich bin von keiner Schule!
> Kein Meister lebt, mit dem ich buhle;
> Auch bin ich weit davon entfernt,
> Daß ich von Toten was gelernt." -
> Das heißt, wenn ich ihn recht verstand:
> Ich bin ein Narr auf eigne Hand. (HA I,318)

Schon die Tatsache, daß es Goethe liebt, auch in einer so anspruchslosen Form zu dichten, ist bezeichnend. Der *Spruch* ist ja eine uralte Dichtform, und Goethe gebraucht ihn ganz zwanglos, ohne Artistik. Es gibt Leute, die Goethes Sprüche banal nennen. Aber er pflegt mit Eigensinn solche Banalität, will sagen, den gesunden Menschenverstand, "das alte Wahre" [!]. Nur keine Spitzfindigkeit und Geistreichelei, weder in der Form noch in Gedanken. Gesund wird ein Lieblingswort des alten Goethe wie später für die Realisten. Und die geistreichen Romantiker nennt er krank. Ein anderes Lieblingswort ist Behagen, wieder andere Lieblingswörter sind Anmut, Lieblichkeit, Verstand. *Eine gewisse Wiedergeburt des Rokoko ist unverkennbar* (- wie überhaupt in der Zeit des absterbenden Idealismus, des sogenannten Biedermeier). Zum mindesten in der Peripherie seines Lebens und Dichtens liebt er die Leichtigkeit, die Verständigkeit, die Geselligkeit, die Anmut innig. Und die Peripherie verbindet sich jetzt seltsam mit dem Kern, da ihm auch das *Schwere* zu Spiel und Gleichnis wird. In den *Noten und Abhandlungen* zum *West-östlichen Divan* lesen wir mit Erstaunen folgenden Satz:

> Zuvörderst also darf unser Dichter wohl aussprechen, daß er sich im Sittlichen und Ästhetischen Verständlichkeit zur ersten Pflicht gemacht, daher er sich denn auch der schlichtesten Sprache, in dem leichtesten, faßlichsten Silbenmaße seiner Mundart, befleißigt und nur von weitem auf dasjenige hindeutet, wo der Orientale durch Künstlichkeit und Künstelei zu gefallen strebt. (HA II,127).

Faßlichkeit ist wieder eines der Lieblingswörter. Er fordert sie besonders auch vom Dramatiker. Das ist erstaunlich beim Dichter des *Faust*. Auch beim *Divan* wird man Goethe fragen: warum dann überhaupt Nachahmung der orientalischen Dichtung, *wenn* sie so künstlich ist. Auch der *Divan* ist ohne Kommentar und vieles Grübeln nicht zu verstehen!

Wir sind damit bei der wesentlichsten Spannung von Goethes Altersstil. Auf der einen Seite äußerste Komplizierung, Abstraktion, Esoterik, Geheimnis, ja fast Geheimnistuerei. Originalität der Sprache und des Aufbaus bis zum Äußersten und - bis zum Modernsten. Neologismen und ein Umgehen mit der Grammatik, wie man es seit der Romantik öfters findet. Doch kann man, gerade bei Goethe, darin auch ein Experimentieren in Richtung auf den Expressionismus hin vermuten. Romantische und expressionistische Verunklärung kann man geschichtlich in einen Zusammenhang bringen, wenn man die Unterschiede nicht vergißt. Auf der anderen Seite das grundsätzliche Bestreben, natürlich, sinnlich, faßlich, verständig, mit einem Wort *gesellschaftlich* zu bleiben. Es sind die Tugenden des 18. Jahrhunderts.

In dem einen Werk tritt die Anmut, die Leichtigkeit, in dem anderen Werk das Dunkel, das Geheimnis in den Vordergrund, aber die beiden Haltungen *grenzen jetzt immer aneinander* und gehen oft rasch ineinander über. Das verbindende Element ist Goethes berühmte *Altersironie.* Sie bahnt sich, wie wir gesehen haben, in den *Lehrjahren* schon an. Aber das hochklassische Stilideal vertreibt sie wieder, d.h. also vor allem das Vorbild von Homer und Sophokles. Ironie ist ja stets ein subjektives Moment in der Dichtung, und die Hochklassik fordert äußerste Objektivität. Nun ist allerdings Goethes Ironie nie so aufdringlich wie die Rokoko-Ironie oder die romantische Ironie.

Das verhindert seine Liebe zu Welt und Leben, sein unerschütterlicher Wille zur Bejahung! Rokoko-Ironie und romantische Ironie haben gemeinsam, daß sie in einem dualistischen Weltbild wurzeln, daß sie also auf eine Vernichtung des Bedingten, Vordergründigen, Endlichen, ja geradezu des Menschlichen hinauslaufen. (Von ihren Unterschieden soll hier nicht die Rede sein.) Auch in Goethe steckt noch etwas von dem Mißtrauen, das die christliche Welt gegenüber dem Endlichen hatte. Die Ironie wandelt sich im Allgemeinen noch nicht in den Humor, der seinem Wesen nach in das Endliche verliebt ist, gerade auch in die Mängel des Endlichen. Zu dieser Konsequenz ist erst der Realismus fähig: Erst der Realismus bringt die große Zeit der humoristischen Weltschau und Dichtung. Aber etwas davon bahnt sich bei Goethe und neben Goethe an, z.B. bei Jean Paul und Tieck. Hegel spricht mit Bezug auf Goethe von "objektivem Humor" und diesen bejaht er, während er Ironie und Satire prinzipiell ablehnt.

Goethes Ironie ist ein ganz *feines* Fluidum, das der junge Leser oft kaum empfindet. Sie vernichtet das Endliche und Menschliche *nicht* (Rokoko - Romantik), aber *sie nimmt der Wirklichkeit doch die dunkle Schwere.* Ein *völliges* Ernstnehmen der Leidenschaft und der großen Worte ist beim alten Goethe nur noch ausnahmsweise möglich. *Auch das Düsterste soll "heiter" erscheinen.* Damit haben wir wieder ein Lieblingswort des alten Goethe, vielleicht das wichtigste: *Heiterkeit.* Allerdings ist diesem Wort, wie allen Lieblingswörtern Goethes, eine eigentümliche Hintergründigkeit eigen, eine komplizierte Doppelschichtigkeit. Heiterkeit ist nicht einfach Frohsinn, sondern überwundene Leidenschaftlichkeit. *Heiter wird man durch Entsagung.*

Wir haben immer wieder von Lieblingswörtern gesprochen. Sie ließen sich natürlich noch bedeutend vermehren. Hier sei nur etwas über ihre stilistische Bedeutung gesagt.

Sie sind etwas anderes als die homerischen Epitheta, insofern sie nicht nur in gehobener Sprache herrschen, sondern wirklich dem Leben Goethes entstammen (Briefe) und gar keine Anlehnung an Homer haben. Goethe schafft sich damit im Alter eine Art *Eigen*sprache, ohne deren Kenntnis man das einzelne Werk in seiner Hintergründigkeit nicht verstehen kann. In der Wortsymbol-Formel verbinden sich Faßlichkeit und Geheimnis; denn zunächst muten Wörter wie Heiterkeit oder Behagen oder Entsagung oder Anmut ganz faßlich, ganz allgemeingültig an, aber erst beim Eindringen in Goethes Eigensprache erschließen sich die mannigfachen Bezüge, die diese Wörter in Goethes geistiger Welt haben. Deshalb ist das Goethe-Wörterbuch, das *Sie* noch erleben werden, so wichtig.

Wo Goethe kein derart geprägtes Wort hat, liebt er es, mit Synonymen zu arbeiten. Besonders pflegt er drei Wörter zu setzen, wo zur Not ein einziges genügen würde. Er ist also der sogenannten amplificatio nicht abgeneigt, besonders in behaglicher Prosa.

Andererseits gilt das, was man öfters sagt, daß nämlich Goethes Altersstil *gedrängt* ist, lakonisch bis zur Unverständlichkeit, daß Artikel, Hilfsverben, ja ganze Satzteile weggelassen werden oder daß die Beziehung zwischen dem Hauptsatz und dem Nebensatz durch keine Konjunktion bezeichnet wird. *Er weiß eben um die Grenzen der Verständlichkeit*, der Logik, und wo er an diese Grenzen stößt, wo das sogenannte Inkommensurable anfängt, da bemüht er sich nicht um Popularität. - In jeder Beziehung also eine Spannung, die nicht gewollt ist, ja oft verschleiert wird, aber eben doch notwendig gegeben ist, einmal durch Goethes persönliches Alter, *dann aber auch durch die gespannte Zeit der Restauration.* Goethe hat einmal gesagt, sein persönliches Leben habe der Geschichte der deutschen Dichtung ungefähr entsprochen: Als er jung war, war die deutsche Literatur noch jung, als er alt war, wurde auch die deutsche Literatur alt. Diese Aussage ist richtig, wenn man sie auf die geschichtliche Kurve vom Sturm und Drang bis zum Biedermeier beschränkt. Der Sturm und Drang, z.T. schon die Aufklärung, sind jugendlich vorwärtsdrängend, die Klassik lebt, wie der Mann, in erfüllter *Gegenwart*, in der Romantik schweift der Blick schon rückwärts und daraus wird auf allen Gebieten Restauration, d.h. der Versuch, *ungebrochene Jugend zu mimen.* Die Sehnsucht nach der Frühe ist bei alten Menschen und alten Kulturen typisch. Freilich wird man auf diesem Weg nicht wieder jung. *Die Seelenlage wird noch verwickelter und womöglich ganz undurchsichtig.* Nicht nur Goethes persönliche Altersdichtung, sondern die ganze ausgehende klassisch-romantische Epoche ist kompliziert, vielschichtig und schwer zu verstehen. Immerhin wird die Spannung und Vielschichtigkeit bei ihm besonders stark und besonders schwer deutbar, *da er die verschiedenen Richtungen in sich integriert*, während sich die Jüngeren in den meisten Fällen nach der einen oder anderen Seite *entscheiden*: also z.B. so frech und revolutionär wie Heine oder so zart und anmutig und idyllisch wie Mörike oder so magisch und kräftig wie die Droste, oder so gekünstelt wie Platen sind. Der alte Goethe ist das alles in einem. Er schimpft, wie Heine, auf die Pfaffen. Er liebt die mozartische Heiterkeit wie Mörike. Er taucht in dunkle Bezirke wie die Droste, drechselt aber auch gewandte Verse wie Platen.

Wir werden dieser unglaublich schwierigen Gestalt nicht ihr Geheimnis entlocken. Bei Ihnen, meine Damen und Herren, kommt noch der große Altersunterschied hinzu, der, wie ich noch einmal betonen möchte, *wichtig* ist. Wir wollen also hier abbrechen und die Hauptwerke betrachten.

Alterslyrik

Über die *Lyrik*, mit der wir beginnen wollen, läßt sich naturgemäß am wenigsten etwas Zusammenfassendes sagen. Hier gibt es auch im Alter das spontane Einzelwerk. Immerhin stoßen wir auf eine Tatsache, die uns die Betrachtung zu erleichtern scheint. *Goethe hat eine verstärkte Neigung zum lyrischen Zyklus*. In der Zeit der *Römischen Elegien* und *Venetianischen Epigramme* stand er damit noch so ziemlich allein. Inzwischen sind die Zyklen Mode geworden, in der Romantik und besonders im Biedermeier. Das entspricht der wachsenden Gewandtheit, mit der man Verse zu machen gelernt hat, zum Teil auch der Rückkehr der Lyrik in die Gesellschaft. Ein gewisses Zurücktreten des Leidenschaftlichen und Einmaligen des Erlebnisgedichts ist im lyrischen Zyklus unvermeidlich. Dafür tritt die *Bewußtheit* wieder stärker hervor, in der Wahl der formalen Mittel *und* im Inhalt. Zum Teil sind es schon *Sonettenkränze*. Wir im 20. Jahrhundert kennen diese Form bis zum Überdruß.

Sonette

Goethe hat zunächst eine starke Abneigung gegen das Sonett gehabt, weil es künstlich ist, weil es keine organische Form ist, weil es zum "Leimen" nötigt. In dieser Einstellung wirkt der antibarocke Ansatz der Aufklärung und des Sturm und Drang *nach*. Man lehnte ja das Künstliche, das Konstruktive ebenso ab wie den sogenannten Schwulst und wollte natürlich, ganz original sein (Sonett ist alt).

Aber schon auf der Grenze von Rokoko und Sturm und Drang, von *Bürger* war das Sonett neu belebt worden, und manche Romantiker kultivierten es noch mehr. Besonders A.W. Schlegel ist hier zu nennen, der nicht nur als Literarhistoriker, sondern auch als anspruchsvoller formbegabter Dichter auftrat und in der Geschichte des Sonetts eine große Rolle spielte (Welti) [!].

1807 war Goethe in der Stimmung, es auch einmal mit einem Sonettenkranz zu versuchen. Es blieb bei ihm ein vereinzelter Versuch, aber er ist doch bezeichnend für seine neuerweckte Liebe zur Reimkunst und zum geistreichen erotischen *Spiel*. So ist der Zyklus mit Recht berühmt geworden.

Es handelt sich um 17 Sonette. Goethe *betont* die *Form*. Es ist nicht nur von der Liebe, sondern auch vom *Dichten* die Rede, aber so, daß beides in einem *zweifelhaften* Lichte erscheint. Der Dichter rühmt sich seiner "durchgespielten Leier", d.h. seiner Fertigkeit im Drechseln von Versen. Er spricht vom "poetischen Zuckerbrot", das er bereiten kann, und er hört, wie er sagt, die Genien lachen, weil er *auch* in die Mode künstlicher Reime verfallen ist.

> Doch trennet mich von jeglichem Besinnen
> Sonettenwut und Raserei der Liebe. (HA I,300)

Schon die Übertreibung verrät die Ironie, mit welcher der Dichter seinem Lieben und Dichten *zusieht*. Aber eben dieses *aufrichtige* Spielen und Tändeln gibt dem Zyklus seinen *persönlichen* Ton und hebt ihn über die bloß artistischen Sonettenkränze, die mit dem Anspruch großer Kunst auftreten. Ein *eingestandenes* Spiel kann der Substanz nichts schaden (Schiller!), und wir glauben dann auch dem Dichter, wenn er sagt, daß es ein Spiel mit dem *Feuer* ist. Man weiß nie, was aus der Dichterei und aus einer Liebschaft wird. - Bezeichnend für Goethes Haltung ist es auch, daß er das Sonett gelegentlich dialogisch macht [!]. Auch das führt zu einer gewissen Abständigkeit. Der Zyklus ist überhaupt eine Art spöttischer Dialog, wie er bei einem Liebespaar üblich ist. Und das 14. und 15. Sonett werden ein förmlicher Dialog über den *Ernst* der Sonette. Da sagt etwa im 15. Sonett das Mädchen:

> Ich zweifle doch am Ernst verschränkter Zeilen!
> Zwar lausch' ich gern bei deinen Silbespielen;
> Allein mir scheint, was Herzen redlich fühlen,
> Mein süßer Freund, das soll man nicht befeilen. (HA I,302)

Minchen Herzlieb war in der Tat ziemlich harmlos, unverführbar durch die Künste der Dichtung. Aber der Dichter erwidert, daß die Sache nicht so einfach ist. Natürlich gleicht der Dichter dem Feuerwerker. Er ist "ausgelernt" im Vorführen eines Feuerzaubers. *Aber er kann auch mit dem Pulver in die Luft gehen!* In dieser Art geht das Reim- und Liebesspiel hin und her. Ohne Schwere, - aber nicht ganz ernstlos. Es ist das alte petrarkistische Spiel, das wir vom Barock her kennen, aber ohne den blutigen Ernst, der dort gemimt wurde: (Ohne Lohn - Sterben).

Im 16. Sonett vergleicht sich der Dichter selbst mit Petrarca. Goethe fürchtet, daß auch *seine* Liebe unbelohnt bleibt; aber er behauptet *nicht*, deshalb zu sterben. Das letzte Sonett ist eine Scharade, also ein Rätsel, - das ist eine in dieser Zeit beliebte Gedichtform (*Morgenblatt*). Die Auflösung geben die beiden Wörter Herz und Lieb [!]. Vereinigt geben sie dem Dichter

[!] “seliges Behagen”. “Seliges Behagen” - das kennzeichnet überhaupt den Zyklus.

Der persönliche Schluß ist bezeichnend für ein Werk, das halb Bekenntnis, halb Gesellschaftsspiel ist. Als Goethe die Sonette 1815, übrigens noch unvollständig, veröffentlichte, war Minchen Herzlieb schon vergessen. Sie war durch Marianne von Willemer ersetzt. Die Sonette sind auch literarhistorisch im Grunde nichts anderes als der Auftakt zum *West-östlichen Divan*.

Goethes Gattin Christiane lebte damals noch, - *ohne* natürlich Gegenstand sonettistischer Spiele zu sein. Goethe hat ihr selten ein Gedicht geschenkt. Aber es sei doch erwähnt, daß das bekannte Gedicht *Gefunden* für sie bestimmt ist:

Ich ging im Walde
So für mich hin.

Goethe hat es zur Erinnerung an ihre 25jährige Bekanntschaft 1813 geschrieben. Und wie ist es? Es hat eine so wunderbare Schlichtheit, daß es volkstümlich werden konnte, ganz ähnlich wie das *Heidenröslein*, mit dem es im Motiv verwandt ist (Kontrafaktur) [!]. Das Gedicht ist ein leicht faßliches *Gleichnis*. Es hat nichts von der Künstlichkeit der Sonette, es hat die volle Anschaulichkeit der Symboldichtung. Aber etwas deutet darin doch auf den alten Goethe, etwa der weithergeholte Vergleich “wie Äuglein schön” (so soll ja das Blümchen aussehen). Auch die kurzen Zeilen, die Leichtigkeit, die schlanke Gestalt des Gedichtes sozusagen, erinnern an die Heiterkeit der Altersdichtung. Gedichte dieser Art gibt es noch mehr: *Gleich und gleich*; *Schweizerlied* (“Uf'm Bergli / Bin i gesässe”); das *Mailied* von 1810 [!]; *Blumengruß* usw. Ganz kleine, leichte und doch oft innige Gedichte sind das, beseeltes Rokoko wie dann im Biedermeier so oft. Wir wollen sie wie so vieles Kostbare *übergehen*, um den *West-östlichen Divan* noch ein bißchen betrachten zu können. Er erschien 1819.

West-östlicher Divan

Goethe hat mit diesem Werk, wie mit *Werther* und *Götz*, wie mit den *Lehrjahren* und mit *Hermann und Dorothea*, eine Tradition eröffnet, die für das 19. Jahrhundert bezeichnend blieb, nämlich das *Nachdichten orientalischer Poesien*. Die bedeutendsten Dichter dieser Traditionsreihe sind Rückert, Platen und Schack, d.h. typische Epigonen.

Man pflegt demgegenüber Goethes Originalität zu betonen, zumal da die Quelle wenig bekannt ist [!]. *Liest* man diese Quelle, so kommt man in einige Verlegenheit, denn unerwartet *viel* kommt aus ihr. Sogar das berühmte Gedicht *Selige Sehnsucht* hat ein Vorbild, das verblüffend ähnlich ist. Goethe *selbst* hat keinen unbedingten Originalitätsanspruch erhoben, sondern sich eher wegen seiner Selbständigkeit entschuldigt, wegen seines [!] "eignen Akzents", wegen der "unbezwinglichen Unbiegsamkeit seiner Landsmannschaft". Er *will* also orientalisch sein, wie er früher griechisch sein *wollte*; ja, es fehlt ihm jetzt die kritische Beratung Schillers.

Man muß dabei allerdings folgendes bedenken: Der *West-östliche Divan* gehört bereits in die Restaurationszeit, in eine Periode also, die das Vergangene vergötterte und ebenso grundsätzlich *traditionell* war wie andere Epochen *revolutionär* sein wollen. Man betont also wie im Mittelalter die historische Wahrheit, den Gewährsmann, ohne sich immer sklavisch an ihn zu halten. *Man gibt vor, ihm möglichst nahekommen zu wollen.*

Das ist natürlich auch bei Goethe der Fall. Manches ist nachgeahmt, manches *sehr* frei. Aber der historische Anspruch ist doch festzuhalten, wenn man Goethe nicht mehr als billig aus seiner Zeit lösen und *mißverstehen* will [!]. Die Erschließung einer neuen geschichtlichen Welt (Orient!) gilt als eine Leistung, als ein Gewinn. Goethe hat noch keine Epigonenkomplexe.

Die neuen, außerordentlich gründlichen Forschungen von Momme Mommsen und Katharina Mommsen haben diese Auffassung eher bestätigt als widerlegt. Momme und Katharina Mommsen sind ein Ehepaar, das in der Goethephilologie im engeren Sinn eine führende Stellung einnimmt. Bei Katharina Mommsen ist vor allem das Buch *Goethe und Diez*, bei Momme Mommsen sind vor allem die *Studien zum West-östlichen Divan* zu erwähnen. Es ergibt sich aus diesen Forschungen, daß Goethe vieles beiseite läßt, was ihm nicht paßt und daß er vieles verändert, bzw. in einem Zusatz, in einer Antwort *kommentiert*. Es ergibt sich aber auch, daß manches, was man mit Goethes Erlebnis, d.h. Marianne von Willemer, in einen Zusammenhang brachte, aus den Quellen stammt.

Es ergibt sich, daß Goethe mehr Quellen studierte, als man ursprünglich annahm, daß er also relativ viel vom Orient wußte. Die spätere realistische Zeit verachtete den poeta doctus. Daher wurde Goethes Originalität im *West-östlichen Divan über*betont.

Eine amerikanische Rezension von Momme Mommsens *Studien zum* West-östlichen *Divan* macht darauf aufmerksam, daß es schon einen alten Kommentar des *West-östlichen Divans* gibt, der überaus kenntnisreich ist und aus dem auch noch das Ehepaar Mommsen schöpfen konnte: Ch. Wurm: *Commentar zu Göthes west-östlichem Divan [...]*, Nürnberg 1834. Ein solcher zeitgenössischer Kommentar hat bleibenden Wert, weil er ungefähr den Horizont bezeichnet, der für Goethe geschichtlich gegeben war. Die Biedermeierzeit ist im positivistischen Sinne überaus gelehrt. Es ist ja auch die Zeit des Sammlers Jacob Grimm. *Ein wenig* wurde Goethe auch von dieser Gelehrsamkeit angesteckt. Das ist bei einem so lebendigen Geist ganz selbstverständlich!

Die Hauptquelle ist der Divan, d.h. die Liedersammlung des *Hafis*, eines persischen Dichters aus dem 14. Jahrhundert, und zwar in der Übersetzung des Wiener Orientalisten Joseph von Hammer-Purgstall, 2 Bde., 1812/13. Goethe lernte sie 1814 kennen und war begeistert, natürlich deshalb, weil sie seinem Stilwillen (Sonette!) *entsprach*. Hafis gehört in den Umkreis *der* Dichtung, die wir nach dem griechischen Meister *anakreontisch* nennen. D.h. also Wein und Liebe, der Lebensgenuß sind die Hauptmotive. Allerdings verlieh der Orient der Anakreontik eine gewisse Vertiefung. Es findet sich öfters ein trunkener Ton, wie ja das Dionysische überhaupt aus dem Orient kommt. Daneben aber gibt es auch viel Weisheit, ja sogar eine gewisse Frömmigkeit. Es gibt bei Hafis so etwas wie mystische Anakreontik.

Die Form ist ziemlich künstlich, so künstlich, daß sie Goethe *nicht* brauchen konnte. Nur gelegentlich und meist in stark veränderter Form. Erst Rückert und Platen haben die sogenannten Ghaselen in ganz strenger Form eingeführt. Hier erkennen wir Goethes Abneigung gegen den Formkult, die ja gerade im Alter lebhaft hervortritt. Aber eine *gewisse* Verfremdung und Künstlichkeit konnte er brauchen, weil sie ihm *freies Spiel gewährte*, die schon erwähnte Behaglichkeit und Heiterkeit und Ironie.

Nach gewissen Hypothesen (Fritz Strich u.a.) ist der Barockstil durch orientalische Vorbilder, die ja in Spanien durch die Araber bekannt waren, angeregt oder doch befruchtet worden. Goethe schon hat diesen Zusammenhang erkannt, indem er sagte, durch Hafis lerne man Calderon erst recht schätzen und lieben. Übrigens hat er auf diesem Weg auch Jean Paul mit seiner auffallenden Metaphorik verstehen gelernt (*Noten*). *Die Hinwendung zur orientalischen Dichtung hängt also [!] mit dem Wiederaufleben des Rokoko zusammen, von dem ich schon gesprochen habe*, nur ist es keine *direkte* Tradition mehr; man erlebt das Barocke als universales Phänomen und findet es dadurch bestätigt. Die allegorische Dichtart z.B. erscheint wieder als eine echte Möglichkeit der Weltliteratur. Goethe mischt das Orientalische unbekümmert und fröhlich mit *den* Elementen der Barocktradition, die uns wohlbekannt sind. Allah steht also ruhig neben Phöbus und Cupido, und dazu treten biblische Elemente wie Adam und Elohim.

Das *un*bekannte orientalische Element überwiegt aber *so* stark, daß Goethe Noten hinzufügen muß, um dem deutschen Laien überhaupt verständlich zu sein, die berühmten *Noten und Abhandlungen zu besserem Verständnis des West-östlichen Divans* [!]. Man konnte also geradezu von einem *gelehrten* Anspruch reden: Er ist überhaupt für den alten Goethe charakteristisch. — Allerdings, oft sind die fremden Namen doch auch bloße Klanggebilde, die die Pracht und den Glanz erhöhen; denn ein Spiel mit der Pracht *wird* getrieben. Das ist eine Form von Goethes Altersheiterkeit und entspricht *auch* der allgemeinen Rebarockisierung nach 1815. Beispiel:

Behramgur, sagt man, hat den Reim erfunden,
Er sprach entzückt aus reiner Seele Drang;
Dilaram schnell, die Freundin seiner Stunden,
Erwiderte mit gleichem Wort und Klang.

Und so, Geliebte, warst du mir beschieden,
Des Reims zu finden holden Lustgebrauch,
Daß auch Behramgur ich, den Sassaniden,
Nicht mehr beneiden darf: mir ward es auch. (HA II,79)

Natürlich ist für Goethe dies Liebespaar gleichgültig. Aber es bildet ein klangvolles und prachtvolles Symbol für das dichtende Liebespaar Goethe und Marianne von Willemer. — Marianne hat tatsächlich mitgedichtet am *Divan*, nicht viel, aber schon die Tatsache ist bezeichnend für den behaglichen, ja gesellschaftlichen Charakter des Buchs. *Ihre Gedichte fallen keineswegs aus dem Rahmen*. Ich erinnere hier an die Dissertation von Gisela Henckmann: *Gespräch und Geselligkeit im Divan* (1975).

Wenn man den *Divan* wirklich genießen will, darf man sich nicht die Perlen aussuchen, sondern man muß alles in allem nehmen, *wie es gemeint* ist, Leichtes und Tiefes, Hohes und Triviales, Poetisches und Didaktisches. Man muß die ganze Stimmung und Atmosphäre in sich aufnehmen, die allseitig wie das reife Leben selber sind, besinnlich und keck, fromm und leichtsinnig, trunken und weise. Man sollte also den *West-östlichen Divan durch*lesen.

Auf diese Allseitigkeit kommt es tatsächlich an, auf die Vieltönigkeit und Vielgestaltigkeit. Goethe hat wieder, wie ein junger Mann, drauf los gedichtet, z.B. im Wagen auf den Reisen nach Frankfurt. Da hat er ein Gedicht nach dem anderen verfaßt. Es war die Zeit des Friedensschlusses nach den Freiheitskriegen. Auch Goethe lebt in dieser Zeit wieder auf! Er öffnet sich allem, was Leben heißt, nicht nur der Liebe, sondern auch dem Volk, dem geselligen Leben und sogar der altdeutschen Kunst. Natürlich alles mit Abstand und Maß, wie es dem Alter entspricht.

Man müßte *viele* Gedichte zitieren, um den Spannungsreichtum des *Divan* zu vergegenwärtigen. Ich muß darauf verzichten und beschränke mich auf eines, das vom klassischen Gestaltbegriff, der ja plastisch und ziemlich monoton ist, ausdrücklich abrückt.

Lied und Gebilde (Buch des Sängers)
Mag der Grieche seinen Ton
Zu Gestalten drücken,
An der eignen Hände Sohn
Steigern sein Entzücken;
Aber uns ist wonnereich
In den Euphrat greifen,
Und im flüss'gen Element
Hin und wider schweifen.

Löscht‘ ich so der Seele Brand,
Lied, es wird erschallen;
Schöpft des Dichters reine Hand,
Wasser wird sich ballen. (HA II,16)

Sie sehen hier das Vertrauen auf ein ungezwungenes Dichtertum. Es erinnert an die Jugend. Aber das Gedicht, das so entstanden ist, hat keineswegs die Kennzeichen des Sturm und Drang. Das Werk ist der “Hände Sohn”: kunstvolle Umschreibung. In der Syntax überwiegt die Hypotaxe - intellektuell.

Trotzdem, die Welt*offenheit* ist zu spüren, die Lebensfreude, das Vertrauen in etwas, das den Dichter trägt und erfreut. Ob es heißt: “Gottes ist der Orient! / Gottes ist der Okzident!” Oder: “Laßt mich nur auf meinem Sattel gelten!” Oder: “Eh‘ er singt und eh‘ er aufhört, / Muß der Dichter leben.” Oder: “Schenke, komm! Noch einen Becher!” überall ist *Frohsinn*, - natürlich kein naiver, sondern der Frohsinn der Entsagung, die “Heiterkeit”, die wir schon kennen. Der *düstere* Hintergrund zeigt sich im *Buch des Unmuts*. Da geht es geradezu kabarettistisch zu, gegen den Nationalstolz, gegen die Einbildung auf die Gegenwart, gegen die Pfaffen und Sittenrichter und natürlich auch gegen eingebildete Poeten und Weise, gegen die Leute, die den Dichter schinden und dann beweihräuchern. Hier steht das vielzitierte Wort:

Übers Niederträchtige
Niemand sich beklage;
Denn es ist das Mächtige,
Was man dir auch sage. (HA II,47)

Aber Goethe versucht sich damit abzufinden ohne Bitterkeit, ja mit einem gewissen *Humor*. Auch diese Form der Bejahung kann uns ein Vorbild sein. — Allerdings, in biedermeierliche Idyllik, in “Laß, o Welt, o laß mich sein”, in weltfremde Versponnenheit (= Mörike), verfällt *Goethe nicht*. Nicht das Gemüt ist herrschend [!], sondern der *Geist*, und *der* greift angriffslustig aus, wo er sein Recht bedroht sieht. Sehr treffend ist z.B. der letzte Spruch (im *Buch der Sprüche*), er trifft die Epigonen, das grauenvoll papierene Zeitalter, das seit Ende der Freiheitskriege heraufzog:

Wisse, daß mir sehr mißfällt,
Wenn so viele singen und reden!
Wer treibt die Dichtkunst aus der Welt?
Die Poeten! (HA II,59)

Damit ist tatsächlich *das* Problem des frühen 19. Jahrhunderts bezeichnet [!]. Das *Buch der Liebe*, das *Buch Suleika* und *Das Schenkenbuch* werden Sie, hoffe ich, selbst mit einigem Verständnis und Interesse lesen [!].

Ich wollte Sie nur daran erinnern, daß der *Divan* noch anderes enthält als die paar bekannten Gedichte, wie z.B. “In tausend Formen magst du dich verstecken". Das ist ja ein sehr melodisches Gebilde. Hier ist das Ewig-Weibliche Klang geworden. *Aber man muß auch das Spröde zu durchdringen suchen*, denn gerade das erhebt den alten eigenständigen Meister über die genüßlich plätschernden Epigonen (= Rückert). Da heißt es z.B. in einem Liebesgedicht:

An vollen Büschelzweigen,
Geliebte, sieh nur hin!
Laß dir die Früchte zeigen,
Umschalet stachlig grün. (HA II,77)

Umschalet stachlig grün - das ist auch in rhythmischer Hinsicht nicht glatt. Ein Dichter wie Rückert würde es wohl vermeiden, d.h. er hätte gar keine Zeit und Lust, die Natur so *bestimmt* im Gedicht einzufangen. Er sagt irgend etwas, das sich schön *anhört*. Aber Goethe kommt es auf die bestimmte *Sache* an, und - er opfert diesem Streben die Euphonie. Er dichtet lieber spröd als hohl und schmierig, ja er bemüht sich ganz bewußt um Aufrauhung. Manchmal trifft auch das oft mißbrauchte Wort "Verfremdung" (Orient!). *Das hat man erst im 20. Jahrhundert verstanden* (vgl. Lehmann).

Chinesisch-deutsche Jahres- und Tageszeiten

Ein *kleiner* Zyklus, der mit dem *Divan* verwandt ist, sind die *Chinesisch-deutschen Jahres- und Tageszeiten* (herausgegeben 1830). Es ist freilich nur ein Nachglanz der *Divan*-Heiterkeit. Zwar sind die Gedichte, dem chinesischen Vorbild entsprechend, noch kleiner und bescheidener, aber das Behagen am vordergründigen Spiel gelingt dem Achtzigjährigen nicht mehr so. Manche Gedichte sind von rührender Schlichtheit, in anderen spukt es hintergründig, auch Weisheit wird wieder gespendet. Aber zur fröhlichen Flucht in eine prächtige oder erotisch lockende Ferne ist es zu spät. Daher sind es wohl auch so wenige Gedichte. Es sollten wohl mehr werden. Aber wir wissen schon, daß Goethe auch durch das groß war, was er *nicht* schrieb. Er vermied die Wiederholung. Im ganzen wird die Lyrik *nach* dem *Divan* wieder schwerer, gewichtiger, sowohl im seelischen wie im gedanklichen Sinn. Man kann auch sagen, sie wird wieder originaler.

Trilogie der Leidenschaft

Das ist wohl nicht nur Zeichen einer erstaunlichen Spätproduktivität, sondern auch überpersönlich zu verstehen. Bis zu einem gewissen Grad war selbst Goethe durch die Erschlaffung der ersten Epigonenzeit beeinträchtigt. Ich verstehe darunter die Zeit von etwa 1806 [!] bis etwa 1825. Auch Goethe hatte da ein Bedürfnis nach *historischer* Anregung (Hafis). In den 20er Jahren dagegen regen sich überall neue Impulse, neue Leidenschaften im *Leben* und in der Dichtung (vgl. z.B. den jungen Heine und Mörike). Es geht auf 1830, will sagen auf die Julirevolution und auf das Zeitalter einer neuen Dichtung los. Goethes Liebe zu Ulrike von Levetzow hat Gewicht. Man neigt vielleicht nicht ganz zu Unrecht dazu, *diese* Liebe ernstzunehmen; es ist die einzige Altersliebe, die nicht überwiegend *literarisch* ist, sondern mühsam im Gedicht gebändigt wird. Daher die Berühmtheit der sogenannten *Marienbader Elegie.* Sie bildet einen Teil des Zyklus *Trilogie der Leidenschaft* [!]. Das erste Gedicht der Trilogie beschwört noch einmal den Schatten Werthers. Wieder, wie in der Jugend, ist er in Verwirrung und nur zu sagen, was er *duldet*, bleibt übrig. Das Mittelstück, *Elegie* überschrieben, ist die *Marienbader Elegie*, etwas vom Leidenschaftlichsten, was Goethe überhaupt geschrieben hat. Man vergleiche damit die sorgsam abgedämpften Elegien *Euphrosyne* und *Amyntas*. Jetzt herrscht ein anderer Ton:

> Mir ist das All, ich bin mir selbst verloren,
> Der ich noch erst den Göttern Liebling war [...] (HA I,385)

Das ist eine unerhört *direkte* Sprache - gemessen am Stil des alten Goethe. Der dritte Teil bringt daher die *Aussöhnung*. Die Versöhnung *nach* der Katastrophe widerspricht allerdings nicht der Tragödie. Es schwingt in dieser Elegie freilich nicht nur der Schmerz des Alten über die zurückgewiesene Liebe, sondern auch die Vorahnung des Todes, den er nahe fühlt. — Es wäre noch über manches andere zu sprechen, z.B. über Gedankendichtungen wie *Urworte. Orphisch*, *Eins und alles*, *Vermächtnis* - es sind knappe Prägungen von Goethes Weltanschauung, die *Tiefstes* in sich schließen. Aber auch stärker *lyrische* Gedichte gibt es noch, zum Teil ganz überraschender Art, wie *Der Bräutigam* - mit dem berühmten Vers: "Wie es auch sei das Leben es ist gut" oder *Dem aufgehenden Vollmonde* oder vorher schon *Um Mitternacht*, ein Gedicht, das die letzte Phase der Lyrik eröffnet. Ich begnüge mich damit, Sie auf diese Gruppe hinzuweisen; denn wir haben noch vieles vor uns!

Erzählende Dichtungen

(Zunächst zwei Erzähldichtungen in Prosa, die zum Geschlossensten gehören, was Goethe geschaffen hat, d.h. also neben *Werther* und *Hermann und Dorothea* zu stellen sind: *Die Wahlverwandtschaften* und *Novelle*.)

Die Wahlverwandtschaften

Die Wahlverwandtschaften erschienen 1809 und nennen sich *Roman*. Ursprünglich sollten sie eine Novelle für die *Wanderjahre* sein. Die Entstehungsgeschichte ist in diesem Fall wichtig, wenn man den Gattungscharakter und den Gehalt des Werkes verstehen will. Die erste Äußerung über das Werk stammt vom 11. April 1808 und heißt: "An den kleinen Erzählungen schematisiert, besonders an den Wahlverwandtschaften und dem Mann von funfzig Jahren". *Der Mann von funfzig Jahren* ist eine Novelle der *Wanderjahre* geblieben; da diese Novelle jedoch den *Wahlverwandtschaften* ähnelt oder sie wenigstens spiegelt [!], soll sie schon hier kurz besprochen werden.

Ein Major lebt friedlich und tüchtig auf einem Gut mit seiner Schwester und deren Tochter Hilarie. Eines Tages teilt ihm die Schwester mit, Hilarie liebe ihn. Er ist einesteils verwirrt, einesteils geschmeichelt. Er fängt an, sich für Kosmetik zu interessieren. Nach einiger Zeit verlobt er sich mit Hilarie. Eigentlich war sie seinem Sohn Flavio zugedacht, aber der hat sich gerade in eine schöne Witwe verliebt. Der Major sieht die Witwe und verliebt sich auch ein wenig. Aber er ist ein ordnungsliebender, planmäßiger Mann. Also bleibt es zunächst dabei, daß der Mann von fünfzig Jahren das junge Mädchen, und sein Sohn die Witwe heiraten soll. Zweifellos ein unnatürlicher und gefährlicher Zustand. Man stelle sich vor, die Heiraten kämen wirklich zustande. *Was wäre dann natürlicher als eine Liebe übers Kreuz*. Aber diese natürliche Korrektur wäre *nach* der Ehe unmöglich, sie wäre, wenn man die Ehe ernst nimmt - und das tut der alte Goethe -, eine Tragödie - wie die *Wahlverwandtschaften*. Goethe löst den Konflikt in *diesem* Fall *rechtzeitig* auf.

Flavio erkennt, daß die Witwe mit ihm spielt; er kehrt vollkommen verzweifelt ins Vaterhaus zurück, aber die *Natur* stellt ihn rasch wieder her, will sagen, die Liebe zu der ihm ursprünglich zugedachten Hilarie. In einer wundervollen Eislaufszene wird dieser Sieg der Gesundheit und der Jugend dargestellt, eine der schönsten symbolischen Partien, die Goethe geschrieben hat. Der Major kommt *dazu*, er entsagt. Noch gibt es einige sittliche Bedenken Hilariens, da sie ja bereits dem Major verlobt ist. Goethe vermeidet ein banales happy end. Aber wir erraten, daß die sittlichen Bedenken Hilariens verschwinden, sobald der Major die Witwe geheiratet hat, die ihm gemäß ist. Das braucht nicht näher ausgeführt zu werden, denn Goethe vertraut der natürlichen Ordnung.

Allerdings: die Sache *kann* auch anders laufen, die natürliche Neigung, die Wahlverwandtschaft, - der Begriff stammt aus der zeitgenössischen Chemie - *kann* auf eine bereits vollzogene Ehe stoßen.

Wenn Goethe ein einseitiger Naturalist wäre, dann gäbe es auch in diesem Fall kein Problem. Dann wäre ja das einfache Mittel der Scheidung da. Schon die Jungdeutschen würden unbedenklich danach greifen. Aber Goethe ist nicht umsonst Schillers Freund gewesen, gerade in der Zeit nach seinem Tod blickt er zu dem Kantianer auf. Er weiß also, daß es nicht nur Naturgesetze gibt, sondern auch *sittliche* Gesetze. Und dazu gehört die Ehe.

Er glaubt *nicht* an die *un*bedingte Vorherrschaft des Sittlichen, an die Autonomie des Menschen. Es gibt, wie er sagt, nur *eine* Natur. Und diese eine Natur reicht in den Menschen hinein. Natürliches und Sittliches *konkurrieren.* Es bleibt also nur eine tragische Lösung.

Der Begriff *tragische* Novelle ist uns selbstverständlich geworden. Aber er war es in der damaligen Zeit keineswegs. Die *Unterhaltungen deutscher Ausgewanderten* enthalten keine Novelle, die wir als tragisch ansprechen können. Das Gewöhnliche waren lustspielhafte Novellen, etwa in der Art des *Mannes von funfzig Jahren.* Rolf Schröder hat diese alte Verwandtschaft von Novelle und Komödie nachgewiesen. Es hängt mit der damaligen Funktion der Erzählprosa zusammen, die im allgemeinen noch gesellschaftlich ist; und die Gesellschaft will *erheitert* werden. Das gilt auch für die Gesellschaft der Goethezeit, trotz der *einen* großen Ausnahme: *Werthers Leiden.*

Immerhin war die Novelle seit der Zeit, da die Unterhaltungen deutscher *Ausgewanderten* geschrieben wurden, problematischer, umfänglicher und gewichtiger geworden. Dichter wie Tieck und Kleist vertieften die Novelle ins Geheimnisvolle und Dämonische. Denken Sie an Tiecks *Runenberg* und Kleists *Michael Kohlhaas.* Diesen Prozeß trieb nun Goethe weiter bis zu einem Mittelding von tragischer *Novelle* und tragischem Roman. Goethe beschreibt diesen Vorgang mit folgenden Worten:

> [...] auch die Wahlverwandtschaften sollten [...] kurz behandelt werden. Allein sie dehnten sich bald aus; der Stoff war allzubedeutend, und zu tief in mir gewurzelt, als daß ich ihn auf eine so leichte Weise hätte beseitigen können.

Der alte Goethe hat manches "beseitigt", d.h. leicht und gesellschaftlich erzählt. Aber *dieses* Werk war zu bedeutend und persönlich. Er rückte es von dem Roman *Wanderjahre* weg und näherte es den damaligen dramatisch-tragischen Dichtungen. Wir denken zunächst an den *Faust*, der auch *Tragödie* ist. Die Beziehung zur *Pandora* hat Goethe selbst bezeugt.

Goethe hat das Werk so stark im Geist vorbereitet, daß er Partien daraus auswendig vortragen konnte, als ob er aus einem Buch lese. Immer wieder liest man in den Tagebüchern: Die *Wahlverwandtschaften* studiert oder "durchgedacht". Noch als der Anfang des Romans schon gedruckt wird, heißt es: "Es wird sorgfältig daran redigiert, corrigiert und revidiert". *Das ist keineswegs selbstverständlich beim alten Goethe.* Es ist auch keineswegs selbstverständlich bei einem Roman. Aber so entstand die ungewöhnliche Rundung.

Man hat immer wieder nach dem Grund dieser Rundung gefragt. Kurt May betont gegenüber der älteren, stärker realistischen Interpretation des Romans den Glauben an die Vorsehung, an das geheimnisvolle Walten einer "höheren

Hand". Es ist richtig, daß man die Bedeutung der höheren Hand, gleichgültig ob sie mehr als Fatum oder als Vorsehung erscheint, in der Goethezeit und im Biedermeier kaum überschätzen kann. Goethe bedient sich zum mindesten dieser in der Gesellschaft *herrschenden* Vorstellung, um seinem Roman Einheit und Notwendigkeit zu verleihen.

Noch wichtiger ist wohl die konsequente Art des Erzählens. Goethe hat niemals, weder vorher noch nachher, so geschlossen erzählt, so knapp, dicht und vor allem so symbolisch. Wenn man die Symbole nicht versteht, versteht man den Roman nicht. Der chemische Titel, das Hauptsymbol also, wiederholt sich in vielen Nebensymbolen. Einige davon will ich später erwähnen. Paul Stöcklein glaubt in dieser Konsequenz und Mittelbarkeit des Erzählens geradezu einen wissenschaftlichen Geist zu erkennen. Das naturwissenschaftliche Symbol entspräche also dem stilistischen Wollen, z.B. hinsichtlich der *psychologischen* Darstellung, die, wie wir noch sehen werden, tatsächlich außergewöhnlich kalt und schonungslos ist. Wenn wir mit den *zeitgenössischen* Romanen vergleichen, ist Goethe hier in der psychologischen Analyse sehr weit fortgeschritten.

Ich würde stärker den konstruktiven Willen Goethes betonen; denn das Konstruktive verbindet die Wissenschaft mit manchen Formen der Dichtung, z.B. mit der Tragödie. In *dieser* Gattung hatte es schon immer die eiserne Konstruktion gegeben. Sie lag bei einem *tragischen* Roman nahe, und sie lag nahe in einer *Zeit*, da Goethe gern an seinen verstorbenen Freund Schiller dachte. Gewiß erinnerte er sich daran, daß Schiller immer die *Idee* in den *Lehrjahren* gesucht und nicht gefunden hatte. Ideen geben den Werken Einheit! Es war sonst nicht Goethe starke Seite, etwas zu durchdenken und zu konzentrieren. Zweifellos wirkt darin etwas von Schillers Geist nach, *so* stark, daß Goethe nachträglich fast ein schlechtes Gewissen hatte. Die *Wahlverwandtschaften* sind für ihn etwa das, was der *Wallenstein* für Schiller gewesen ist, die größtmögliche Annäherung an den Geist des Freundes, d.h. an ein ideen-durchwirktes Ganzes. Am 6. Mai 1827 sagt Goethe zu Eckermann entsprechend:

> Es war im ganzen [...] nicht meine Art, als Poet nach Verkörperung von etwas *Abstraktem* zu streben [...] Das einzige Produkt von *größerem* Umfang, wo ich mir bewußt bin, nach Darstellung einer durchgreifenden Idee gearbeitet zu haben, wären etwa meine *Wahlverwandtschaften*. Der Roman ist dadurch für den Verstand faßlich geworden; aber ich will nicht sagen, daß er dadurch *besser* geworden wäre!

Allerdings behauptet Goethe an anderen Stellen auch, daß kein Mensch beim ersten Lesen das Ganze erfassen kann, daß manches "undurchsichtig" ist. Er hatte sich über mangelndes Verständnis zu beklagen, und bis zum heutigen Tag *differieren die Interpretationen*, weil die Dichte des Erzählens und die symbolischen Hinweise das Werk schwer verständlich, wenn nicht sogar vieldeutig machen. Wir wollen daher noch etwas genauer auf den Roman eingehen, und es soll uns nun vor allem auf den Gehalt ankommen.

Im Vergleich mit den beiden Teilen des *Wilhelm Meister* ist die äußere Welt der *Wahlverwandtschaften eng*. Sie spielen nicht in der Weite verschiedener Lebenskreise, sondern in einem Schloß mit seinem Park. Eine moderne Imitation von G. Bäumer hat bezeichnenderweise den schlichten Titel *Der Park*. Auch diese Enge bedeutet eine Annäherung an die Tragödie.

Der Adel ist in diesem Fall nicht idealisiert durch Utopie und erzieherische Funktion (*Lehrjahre*), sondern erstaunlich illusionslos gesehen (1806). Man kann von einer gesellschaftskritischen Beleuchtung sprechen, wenn man das Vorläufige daran festhält. *Eduard*, der "reiche Baron im besten Mannesalter", ist alles andere als eine vorbildliche Gestalt. Er ist unbeherrscht, ja geradezu haltlos und hat keine Ahnung von dem, was in der Tiefe des Menschen geschieht. Er führt eine konventionelle Ehe mit *Charlotte*. Sie ist ein tüchtiger, klarer Mensch, eine sittliche Natur. Der Freund des Hauses, der *Hauptmann*, ist ihr ähnlich. Aber auch er überragt nicht den gesellschaftlichen Durchschnitt. Sie repräsentieren eine im Grunde schwankende Gesellschaft, in der von *innerer* Ordnung nicht mehr viel übrig ist.

Man hört einerseits die Moralpredigten Mittlers an, der ein heftiger Anhänger der unlöslichen Ehe ist. Andererseits erscheint aber auch die leichte Luciane mit ihrem Schwarm begieriger Verehrer, mit ihrem "Affenwesen", wie es wörtlich heißt. — Alles in allem eine ziemlich hohle Gesellschaft, die zwischen traditioneller Moral und Leichtsinn schwankt, zwischen häuslicher Sittsamkeit, angelernter Dezenz und Naturtrieben, von denen man sich keine Rechenschaft gibt. Man versteht, daß solche Menschen dem Kaiser der Revolution - so kann man Napoleon nennen - keinen ernstlichen Widerstand leisten konnten.

Man könnte sich nun gut vorstellen, daß Goethe diesen Menschenkreis zur Katastrophe treiben läßt, durch die allmähliche Steigerung und den Ausbruch der Leidenschaften. So wäre vielleicht Schiller verfahren. Für Goethe ist diese Art der Darstellung zu laut. Die *Wahlverwandtschaften* sind wie der *Tasso* ein *Werther* auf höherer Ebene.

Goethe erzählt nicht von *jugendlichen* Leidenschaftsstürmen, von Kämpfen zwischen Sittlichkeit und Neigung, sondern von der Katastrophe reifer Menschen, die von vornherein die Vernunft zu Hilfe rufen. Es genügt schon eine Gedankensünde, *ein geistiger* Ehebruch, um ihnen ihre innere Verwirrung vor Augen zu führen und ihre *Vernunft* zu mobilisieren.

Die Sünde besteht darin, daß die Gatten im Vollzug ihrer Ehe an jemand anderen denken, Eduard an Ottilie, Charlotte an den Hauptmann. Ob damit eine besonders *schwere* Schuld bezeichnet werden soll, wie schon gesagt wurde, ist mir zweifelhaft. Das dürfte eine moderne Überspitzung sein, denn das Eheband hat hier noch objektiven Charakter. Nicht besonders *schwer* soll der Ehebruch sein, sondern besonders *verständlich*, besonders naheliegend, besonders naturgemäß. *Unaufhaltsam* wirken die Wahlverwandtschaften in den Menschen, auch wenn die Menschen sich ihrer Macht nicht ausdrücklich beugen, auch wenn sie, im juristischen Sinn, *keinen* Ehebruch begehen.

Der *Anfang* ist alles. Mit dem Anfang ist schon das Unerhörte, Ungeheure da! In dieser Betonung des Anfänglichen, geradezu Unvermeidlichen liegt natürlich ein gewisser Zweifel an der *Moral*. Aber die *Schuld* soll damit nicht aufgelöst werden. Sie wird nur in die Nähe der Erbsünde gerückt. Goethe hat in einem Brief diese Schuld selbst christlich interpretiert, allerdings im Widerspruch zum Publikum, von dessen Stellungnahme wir noch hören werden. In einem Brief vom 7. September 1821 bezeichnet Goethe den Dichter der *Wahlverwandtschaften* als einen "verkappten Bußprediger". Und er fährt fort: "Der sehr einfache Text dieses weitläufigen Büchleins sind die Worte Christi: *Wer ein Weib ansieht, ihrer zu begehren* [...]". Das ist natürlich nachträgliche Rechtfertigung. Goethe kommt nicht unmittelbar vom Christentum, sondern von seiner Einsicht ins Dämonische, von seinem mythisierten Naturbegriff her zu den *Wahlverwandtschaften. Aber auch damit kommt er ins Religiöse, in eine Schicht, die jenseits der Moral liegt*. Das wollen wir für später festhalten.

Daß Goethe die Gedankensünde als Ehebruch auffaßt, das geht besonders aus der Beschreibung des Kindes hervor, das der fraglichen Nacht entstammt und im Roman eine wichtige Rolle spielt, eine symbolische. Es ist sozusagen die Ehe selbst: *sein* Zustand zeigt den Zustand der Ehe. Das Kind gleicht in vielem dem Hauptmann, und es hat die Augen von Ottilie, - anstatt zuerst seinen Eltern zu gleichen. Es ist ein fremdes Kind, ein Unglückskind. Es zeigt den Fluch der geheimen Schuld *offen*. Schon im ersten Teil des Romans ertrinkt das Kind beinahe; *Rettung*, aber der Vorfall bedeutet allen etwas.

Auch sonst deutet sich das Verhängnis symbolisch an, z.B. in dem Feuerwerk zu Ottiliens Geburtstag. Wir kennen das Feuerwerk von den Sonetten her. Dort war es fast humoristisch verwendet, hier wird es ein ernstes Symbol für das Dämonische. - Aber noch einmal siegt die Vernunft, die Moral. Die Männer glauben dem Ungeheuren *entrinnen* zu können. der Hauptmann reist ab. Eduard geht in den Krieg, in der Hoffnung dort zu fallen.

Eine biedermeierliche Novelle könnte so schließen, in der Entsagung, in der Hoffnung auf die allheilende Zeit. Die Novelle wäre dann eine ernstere Variation des *Mannes von funfzig Jahren*. Aber Goethe fügt einen zweiten Teil bei, um die Novelle zum tragischen Roman *weiterzutreiben*. Das ist nicht ganz einfach, denn es bleibt äußerlich wenig Stoff, abgesehen von der Katastrophe. Er muß das tun, was er Retardieren nennt. Im Goethe-Schiller-Briefwechsel spielt dieser Begriff eine wichtige Rolle. Die Retardation ist besonders in der epischen Dichtung ein unerläßliches Mittel. Besonders Stifter meistert dieses Kunstmittel hervorragend.

Das technische Problem des zweiten Teils heißt also ganz einfach: Wie füllt Goethe den Raum vor dem Ende, d.h. vor dem Tod Eduards und Ottiliens.

Er lenkt wieder auf das Gesellschaftliche ab, auf Schloß und Park und Gutswirtschaft. Gespräche werden in größerer Zahl eingelegt über alle möglichen, nicht immer wichtigen Fragen (gleich dem alten Tieck). Neue Gestalten werden eingeführt: Gehilfe, Architekt. Das ist an sich ein bedenkliches Retardationsmittel. Aber da sie am Rand bleiben, stören sie nicht. Sie unterstreichen nur die gesellschaftliche Atmosphäre. Ein Eindruck von Ruhe und Ordnung soll entstehen, eine Hoffnung. Wo gearbeitet und geredet wird, fühlt man sich geborgen. Sogar eine Novelle wird gegen Ende *eingelegt*: *Die wunderlichen Nachbarskinder*. Sie ist eine Art Gegenbild zum Romangeschehen, insofern sie aus der morschen Gesellschaft *herausführt* und das Bild einer kräftig-gesunden Ehe gibt, ein Idealbild.

Alles in allem haben die Einlagen die erste Funktion, die Katastrophe aufzuhalten, die Atmosphäre heiterer zu machen und eine scheinbare Ordnung vorzuspiegeln. Die zweite Funktion ist von ganz anderer Art: sie deutet schon über die Katastrophe hinaus auf die Versöhnung in und nach der Katastrophe, d.h. auf etwas Metaphysisches.

Wir kennen bereits Goethes zweideutiges Verhältnis zur Tragödie. Er fürchtet das Tragische nicht deshalb, weil er unempfindlich dafür wäre, sondern weil er es *nicht* unbedingt gelten lassen *will*. Alle Vorbedingungen zum Tragischen sind bei Goethe gegeben, insofern die überlieferten sittlichen und religiösen Normen bei ihm erschüttert sind und der *Einzelne* ungeborgen vor der Welt steht. Aus dem Goetheschen Ansatz folgen die verzweifelten Tragödien Kleists, Grabbes und Hebbels unaufhaltsam, denn: Wo ist der Sinn für den Einzelnen, der, selbst dämonisch getrieben, zum Teil eines unberechenbaren Ganzen wird? Die *Wahlverwandtschaften* ließen sich leicht zu einer Tragödie der Verzweiflung gestalten, sagen wir etwa so wie Hebbels Golo-Tragödie (*Genoveva*). *Aber das widerspricht Goethes Drang zur Bejahung*, seinem Wunsch, zu heilen und zu retten. *Er muß eine Kraft gegen das Ungeheure aufrufen*. Das kann nicht mehr die Vernunft sein, bzw. die sittliche Humanität wie in der *Iphigenie* und, schon viel zweifelhafter, in der *Natürlichen Tochter*. Dazu sind die Menschen viel zu kreatürlich, - so wie sie in den *Wahlverwandtschaften* geschildert sind -, bzw. das Dämonische zu stark. Es muß etwas sein, das über die Gebrechlichkeit des Menschen, über die Gebrechlichkeit von Vernunft und Sittlichkeit *hinausreicht*. Goethe nennt es ganz klar und traditionsgemäß das *Heilige*.

Aber wie soll es in dieser Gesellschaft von schwachen oder doch schwankenden Menschen zur Geltung kommen? Goethe erwählt zu seinem Träger Ottilie. Sie ist, von *einer* Seite gesehen, diejenige Figur, die am stärksten, am unbedingtesten liebt, in der also das Dämonische am *reinsten* wirkt. Vernünftige und moralische Erwägungen liegen ihr fern, auch mit der Gesellschaft hat sie wenig zu tun. Während die anderen reden und sich beschäftigen, liebt sie es zu schweigen und ganz in sich selbst zu ruhen. Nur ihr Tagebuch, das in den zweiten Teil eingelegt wird, bringt uns ihr Wesen etwas näher. Da sehen wir ihre geheimen Gedanken. Besonders finden wir da die Ahnung davon, daß der Mensch, der wirklich vollkommen sein will, "über seine Art hinausgehen, [...] etwas anderes Unvergleichbares werden muß".

Es ist zunächst der Goethesche Gedanke der Metamorphose, der Steigerung; aber er führt jetzt über die "Art", das Kreatürlich-Irdische, die *Gattung* des Menschen *hinaus* und damit in eine übermenschliche Sphäre.

Als das Kind jener Nacht gestorben ist, atmet der ahnungslose Eduard auf. Und sogar Charlotte denkt an Scheidung und neue Ehe. Aber Ottilie bleibt von so vernünftigen Erwägungen unberührt, - keineswegs zwar von der *Liebe*: Sie liebt fort und fort wie am ersten Tag. Sie ist bis zuletzt der Verführung ausgesetzt. Das zeigt die Geschichte mit der versperrten Tür. *Aber sie weiß, daß man einer Schuld nicht dadurch entgeht, daß man sie legalisiert.* Gerade die unbedingt Liebende glaubt an die unbedingte Heiligkeit der Ehe. Um dem Dämonischen nicht mehr verfallen zu können, faßt sie den ungeheuren Entschluß, nichts mehr zu essen. Auch ihr Verzicht auf das Reden hat tiefe Sinnbildlichkeit. Sie entrückt sich auf diese Weise dem Geist so gut wie der Natur, um ganz *dem* zu leben, was über beiden steht. Weder die Natur noch der Geist können in Wahrheit retten, denn im Grund sind sie Eines und beide unzulänglich. Sie wird [!] eine

> geweihte Person [...], die nur dadurch ein ungeheures Übel für sich und andre vielleicht aufzuwiegen vermag, wenn sie sich dem Heiligen widmet, das, uns unsichtbar umgebend, allein gegen die ungeheuren zudringenden Mächte beschirmen kann. (HA VI,467f.).

Eduard, in dem Goethe den gewöhnlichen, maßvoll entsagenden Menschen und sich selbst darstellt, kann nur zu einem "traurigen Entsagen" gelangen. Immer schielt er nach den entschwindenden Freuden. In Ottilie dagegen gestaltet Goethe die *heilige Ausnahme*, die nicht mehr von unzulänglichen Gewissensentscheidungen abhängt: "Sie bedurfte keiner Gewalt mehr über sich selbst; sie hatte sich in der Tiefe ihres Herzens nur unter der Bedingung völligen Entsagens verziehen". Nur Ottilie ist zum völligen Entsagen fähig.

Wenn Eduard ihr nachzufolgen versucht, so wird das ironisch entlarvt. Für ihn gibt es nur eine Katastrophe, keine weltüberwindende Heiligkeit.

> Ich muß ihr nach, auf diesem Wege nach; aber meine Natur hält mich zurück [...] Es ist eine schreckliche Aufgabe, das Unnachahmliche nachzuahmen. Ich fühle wohl, Bester, es gehört Genie zu allem, auch zum Märtyrertum. (S. 490).

Goethe unterscheidet scharf zwischen Ottilie und Eduard. Trotzdem heißt es zum Schluß:

> So ruhen die Liebenden nebeneinander. Friede schwebt über ihrer Stätte, heitere, verwandte Engelsbilder schauen vom Gewölbe auf sie herab, und welch ein freundlicher Augenblick wird es sein, wenn sie dereinst wieder zusammen erwachen. (ebd.)

Die Liebenden sind also den Engeln "verwandt", obwohl ihre Liebe gegen die Ordnung ging, denn Ottilie hat das ungeheure Übel *aufgewogen.*

Dieser Liebestod erinnert an die *Romantik*, wenn er auch nicht so süß ist wie z.B. in den Dramen des Zacharias Werner, weil eben Ottiliens "völliges Entsagen" dazwischensteht, überhaupt eine gewisse Sauberkeit der Begriffe. Die *Tragödie* wird nicht musikalisch vertuscht (*Halle und Jerusalem*). Ob man aber den harmonischen Schluß einen Übergang in die Legende nennen soll, ist mir doch zweifelhaft. Es gibt einen falschen Begriff.

Goethe verwendet zwar christliche Symbole, er spricht von Engeln und vom Heiligen. Aber eigentlich ist es eine neue Art der Heiligkeit, eine solche, die *ganz aus dem Erlebnis des Dämonischen und Tragischen aufsteigt.* Goethe gibt selbst Hinweise auf eine interpretatio christiana, weil er sich einordnen *will* [!]. Aber die Christen selbst waren *zutiefst empört*; die religiöse oder sittliche Kritik des Romans durchzieht die ganze Restaurationsepoche (christlich). Es war ganz ähnlich wie beim *Werther. Eine Welt von altgewohnten Vorstellungen stürzte ein!* Soll man das nur als Voreingenommenheit deuten, wie es heute meist geschieht, als Unbildung? Nun, die Kritiker waren oft sehr gebildet, und ich glaube, *sie wußten, was sie sagten.*

Die Ehe wird festgehalten, das ist richtig. Aber wie wird sie festgehalten? Als etwas, das geradezu übermenschlich ist! Wenn die Wahlverwandtschaft, will sagen der Liebestrieb, die natürliche Anziehung zwischen den beiden Geschlechtern, *so* mächtig ist, daß sie nur Heilige überwinden können, dann eröffnen sich trübe Aussichten für die Ehe, überhaupt für die christliche Ordnung des Lebens.

Die Kritiker haben recht behalten, wenn sie behaupteten, die *Wahlverwandtschaften* bedeuteten im Grunde schon eine Auflösung der alten Ordnung. Die Rechtfertigung, ja geradezu Apotheose des Selbstmords von Ottilie im Zusammenhang mit Eheproblemen bedeutete in der Tat eine Wiedergeburt des Werthergeistes, der bald genug überall sich bemerkbar machte. Weltschmerzperiode. *Der alte Dichter wirkte immer noch revolutionierend.*

Goethe selbst war sich dessen kaum bewußt. Er sah, wie so viele seiner heutigen Verehrer, nur das subtile *Gleichgewicht* von Ordnung und Chaos, das er bewahrt hatte. Er hatte sich dem Elementaren *gestellt*, aber - er hatte auch der *Ordnung* ihren Tribut entrichtet, indem er die Liebenden untergehen ließ. Auf diesen Untergang hat er, wie beim *Werther*, den Finger gelegt, das nannte er "sittlichen Triumph". Dieses Gleichgewicht ist tatsächlich für die *Interpretation* wesentlich, für die Interpretation des alten Goethe überhaupt. Wir werden es beim *Faust* wiederfinden. Aber es ist ein *mühsames* Gleichgewicht, historisch gesehen ein *letztes* Gleichgewicht. Das verdeckt der Begriff Legende (Mode!). Der Begriff tragischer Roman genügt vollkommen, denn zum Tragischen gehört beim alten Goethe immer die sogenannte

Versöhnung, der Ausblick in eine übertragische Welt *nach* der Katastrophe (vgl. *Nachlese zu Aristoteles' Poetik*).

Tragische *Romane* gab es bisher kaum [!], um so mehr nachher, im Gefolge Goethes. Es ist wohl kein Zufall, daß das große Muster dazu kurz nach Schillers Tod entstanden ist ... Schiller war noch ganz und gar tragischer *Theatraliker*, Dramatiker. Nun beginnt man die Tragödie als zu laut, als zu rhetorisch zu empfinden. Das Tragische beginnt sich in den Roman und in die Novelle zurückzuziehen. Wenn Sie Fontanes *Effi Briest* kennen - das ist auch ein Eheroman - werden Sie mich verstehen.

Das Unerhörte, Geniale des Werks gaben auch die Kritiker zu, z.B. der alte Wieland, der immer noch lebte und ein ähnliches Motiv einige Jahre vorher gestaltet hatte, humoristisch natürlich, wie es sein Grundsatz war. Ich will darauf kurz eingehen, weil es die kulturgeschichtliche Lage klärt. Es handelt sich um die Novelle *Freundschaft und Liebe auf der Probe* in Wielands Novellensammlung *Hexameron von Rosenhain* (einige Jahre vor den *Wahlverwandtschaften*). Da finden zwei Ehepaare eines Tages, daß sie verkehrt verheiratet sind, man liebt sich übers Kreuz. Also werden die Gatten kurzentschlossen getauscht. Das neue französische Ehegesetz, das Scheidung gestattet, ist in der Gegend gerade eingeführt worden, und so geht es ganz leicht. Aber nun beginnt die Unzufriedenheit erst recht. Jedes sehnt sich nach seinem früheren Gatten. Es bleibt den Beteiligten schließlich nur übrig, *die alte Ordnung wiederherzustellen.*

Eine leichtfertige Novelle, so *scheint* es, aber niemand hat sich aufgeregt. denn was hier triumphierte, war die *alte* Ordnung der Ehe. Sie darf man ruhig lustspielhaft umspielen, nur ernstlich in *Frage* stellen darf man sie *nicht*. Man darf die Liebe unmöglich *so* ernst nehmen, daß sie gleichwertig neben die Ehe tritt.

Von den *Wahlverwandtschaften* hat Wieland gesagt, daß der Autor genialisch das Publikum verachtet. Damit meint er einmal die Subtilität das Buchs, daß man es, wie Goethe selbst sagt, dreimal lesen muß. Damit meint er aber auch das komplizierte Gleichgewicht von Liebe und Ehe, das gegen die tradierte gesellschaftliche Norm verstößt, indem es die klare Trennung von Liebe und Ehe, die in der alten Gesellschaft *herrschte, zerstört* und die Liebe mit der Ehe konkurrieren läßt. Also gerade die gewichtige, die tragische Behandlung war das, was anstößig war. Damit hatte Goethe die Konvention gesprengt, und, wie wir heute hinzufügen können, die Diskussion der Eheproblematik eröffnet. Ein anderer Kritiker, Heinrich Voß, schrieb an Schillers Frau: "Aber der Mann ist unerschöpflich wie die Gottheit". Das Buch war einer der unerhörten Schläge, die Goethe tat, und zwar *ohne sich zu wiederholen = Werther = Iphigenie = Tasso = Hermann und Dorothea.*

Die *Novelle* [!] ist wieder ganz und gar ein Werk für sich. Sie rechtfertigt wie *Das Märchen* ihren anspruchsvollen Titel und geht auch in die gleiche Zeit zurück, d.h. also in die 90er Jahre, genauer in das Jahr 1797. Schiller und Goethe waren damals, wie wir wissen, auf der Suche nach dem Naiven, nach dem Anschaulichen und Natürlichen, nach dem Plastischen mit symbolischer Bedeutung. Aber auch ein *idealer* Sinn sollte dabei sein. Goethe fand nun, etwas vom Naivsten in unserer zivilisierten Welt sei zweifellos: *die Jagd*. Sie ist wie das Handwerk eine urtümliche Beschäftigung. Er plante also ein Hexameterepos: *Die Jagd*, so wie es ja in der bildenden Kunst zahllose Jagdstücke gibt. Das ideale Moment sollte schon hier durch die Löwengeschichte hineinkommen. Ein Löwe wird durch Gesang und Musik zahm gemacht. Wahrscheinlich sollte es damals eine Huldigung für die Kunst sein, die ja nach klassischer Anschauung das Wilde besänftigt. Denken Sie an Schillers *Ästhetische Erziehung*!

Nun stellten sich aber theoretische Skrupel ein, wie sie für die hochklassische Zeit charakteristisch sind. (Zum Epos gehören nach klassischem Programm retardierende Momente. Und solche Momente enthielt der Stoff *nicht*. Goethe unterhielt sich in seinen Briefen darüber mit Schiller, der auch schwankender Meinung war. Eine Zeitlang bestand dann noch der Plan, den Stoff in einer Ballade zu verwenden. Aber auch diese kam nicht zustande.)

Erst 1826 erinnerte sich Goethe wieder an den Stoff. Gattungstheoretische Skrupel gibt es nicht mehr. Natürlich kommt nur Prosa in Frage. Es soll eine Novelle werden, "eine Rubrik unter welcher gar vieles wunderliche Zeug kursiert" (22. 10. 1826 an Humboldt). Das hört sich nachlässig an. Man erwartet wenig. Man war auch lange enttäuscht, weil die *Novelle* einen *künstlichen* Eindruck hervorrufen kann. Noch Gundolf rechnete sie zu den absoluten Bildungspoesien Goethes.

Inzwischen hat sich aber das Blatt gewendet. (Wenn ich richtig sehe, war daran Kurt May bahnbrechend beteiligt durch seine Interpretation der *Novelle* (Euphorion 33, 1932). Andere schlossen sich an, z.B. Staiger in den *Meisterwerken*. Und schließlich war man bei einer *Überschätzung* angelangt, und zwar aus weltanschaulichen Gründen.)

Die *Novelle* kam der christlichen Interpretation Goethes entgegen, so wie sie etwa von Ernst Beutler, nach 1945 betrieben wurde. Das zeigt sich besonders bei Paul Stöcklein: *Wege zum späten Goethe* (Hamburg 1949, 2. Aufl. 1960). Das Filtrierte und Artistische an dem Werk, das Gundolf überbetonte, sollte nicht *ganz* außer acht gelassen werden.

Goethe hat sich viel über dieses Werk geäußert. Es ist dabei aber meist vom Künstlerischen die Rede. So begründet er z.B., warum er den "*lyrischen*" Ausgang gewählt hat. Er wollte einen banalen, alltäglichen Ausgang vermeiden. Und so schloß er das Ganze mit Versen ab. - Trotzdem, trotz des

Kunstverstandes, mit dem Goethe arbeitet, könnte man hier eher als in den *Wahlverwandtschaften* von *Legende* sprechen. Was gezeigt werden soll, ist letzten Endes nicht mehr die Macht der Kunst oder des Schönen. Die tiefere Macht, die im Menschen liegt, ist gemeint, die Macht der Entsagung, ja der religiösen Verklärung. Das Werk gibt sozusagen die Lösung der *Wahlverwandtschaften* - ohne ihre Verwicklung und Katastrophe. Die *Novelle* ist ein Akt der Restauration, d.h. der Wiederherstellung der Ordnung, und deshalb ist sie auch in der Adenauerschen Restauration aufgewertet worden.

Das ausbrechende Feuer, der entflohene Löwe sind Symbole für das Elementare, das Dämonische, das "Ungeheure", das immer wieder die menschliche Ordnung bedroht. Auch an die Revolution mag Goethe gedacht haben. Honorio [!] hat den Löwen *in sich selbst*, da er eine verbotene Zuneigung zur Fürstin hegt. Aber der Akzent der Darstellung wird in der *Novelle nicht* auf die Darstellung des Erotischen und Psychologischen gelegt (wie in den *Wahlverwandtschaften*), sondern auf die Erzählung der symbolischen Löwengeschichte. Die Liebesgeschichte wird nur angedeutet, die Löwenlegende dagegen mit großem Ornatus erzählt. Der Knabe singt ruhig weiter, als ihm der Löwe seine schwere Vordertatze in den Schoß legt, er entfernt einen Dorn. Er streichelt den Löwen, wie Goethe sagt, "anmutig". Es gibt also eine Kraft, die die Elemente, die Natur bezähmt, ohne sie grausam, kantianisch, heroisch zu vernichten. Es gibt eine gnadenhafte Vereinigung von Natur und Geist, *wenn* der Mensch unschuldig und rein ist ("Schöne Seele"). Die *Novelle* beginnt *ganz* wirklichkeitsnah, und es ist nicht Goethes Absicht, das Wirkliche, Elementare zu vernichten, um den *Geist* an seine Stelle zu setzen. Auf die Anmut, auf die Unschuld kommt es an. Ausdrücklich wird am Schluß betont, daß der Löwe, also die Natur, das Dämonische *nicht* vernichtet, nur gezähmt wird. Etwas, was jenseits von Natur und menschlichem Geist liegt, kommt, wie bei Ottilie, geheimnisvoll ins Spiel.

> Ist es möglich zu denken, daß man in den Zügen eines so grimmigen Geschöpfes, des Tyrannen der Wälder, des Despoten des Tierreiches, einen Ausdruck von Freundlichkeit, von dankbarer Zufriedenheit habe spüren können, so geschah es hier, und wirklich sah das Kind in seiner Verklärung aus wie ein mächtiger, siegreicher Überwinder, jener zwar nicht wie der Überwundene, denn seine Kraft blieb in ihm verborgen, aber doch wie der Gezähmte, wie der dem eigenen friedlichen Willen Anheimgegebene. (HA VI,512)

Sie sehen, Goethe bleibt ganz im Bilde. Die Erzählung ist nicht abstrakt, sondern anschaulich. Aber der tiefere Sinn leuchtet klar hervor. Es ist fast die Klarheit einer Allegorie in diesem Bilde. Der Löwe ist ja ein altes Emblem. Wir spüren bei aufmerksamem Lesen, daß nicht der Löwe, sondern der *Mensch* gemeint ist. *Er* soll stark, naturhaft und doch friedlich, gezähmt sein.

(Wenn Sie sich mit dieser Dichtung *näher* beschäftigen wollen, so sollten Sie nicht nur die Interpretation Staigers im dritten Bande seines *Goethe* lesen. Diese Interpretation zeigt Staiger auf der Höhe im Sinn des Kunst der Interpretation. Die Interpretation ist selbst ein Sprachkunstwerk. Es fällt zwar am Anfang das Wort Biedermeier, auch die Hofsphäre wird erwähnt und der Bezug zu *Tasso*, die Veredelung des *Tasso*, insofern Honorios Liebe zur Fürstin vollkommen bezähmt wird. So wie er den Tiger erlegt, so erlegt er seinen Eros völlig. Staiger sagt mit Recht: "Nichts tritt hier in Erscheinung, was nicht schon erwähnt, besprochen oder in Bildern angeschaut wäre". Hinsichtlich des Symbolischen besitzt die *Novelle* tatsächlich eine erstaunliche Einheit. Aber gilt dies auch für den Ton? Staiger ist Musiker; wenn von Musik die Rede ist - und das ist ja am Ende der *Novelle* der Fall -, dann kann er nur noch mitmusizieren, dann hört er auf, Wissenschaftler, Interpret oder gar Historiker zu sein.)

Wir fragen noch: Was hat der Sprachstil der *Novelle* mit der Restauration des Hofs und dem Biedermeier zu tun? Das *Epos* "Die Jagd" hätte einen einheitlichen epischen Ton gehabt. Nach einer Äußerung Humboldts vom 7. April 1797 wäre die Jagd ein *heroisches* Gegenstück zu *Hermann und Dorothea*, d.h. ein gattungsgerechtes Heldengedicht gewesen. Nun scheint allerdings von Anfang an ein lächerliches Moment in der Heldentat Honorios gewesen zu sein. Er tötete wie ein Held den Tiger, als ihm die Fürstin bedroht erschien. In Wirklichkeit tötete er, um der *Fürstin* als Held zu *imponieren*. Denn nachträglich stellt sich heraus, daß der Tiger ein Zirkustiger, also zahm war und ebenso wie nachher der Löwe den Menschen nichts getan hätte. Honorio ist ein wenig komisch, wie auch seine Liebe zur Fürstin in einer *so geordneten Welt nicht* ernst genommen werden kann, sondern als Jünglingsschwärmerei erscheint. Schiller, für Gattungsfragen immer zuständig, nennt die geplante "Jagd" ein "komisch-episches Gedicht", wobei allerdings an den "gemeinen eingeschränkten und empirischen Begriff der Komödie" nicht gedacht werden darf. Er meint wohl das, was man dann Humor nennt. Jedenfalls: Goethe hätte sich zwischen einem heroischen und humoristischen Ton im Hexameterepos entscheiden müssen. In der *Novelle* dagegen gibt es verschiedene Töne.

(Ich habe Ihnen schon bei der Interpretation des *Tasso* zu zeigen versucht, daß er ganz verschiedene Stilebenen hat, je nach dem, *was* gerade gespielt wird. Es ist ein Gesetz der Rhetorik, daß sich der Stil, der [!] Ton immer nach dem jeweiligen Inhalt richten. Rhetorik ist, ihrem ursprünglichen Sinn nach, nicht leer, sondern inhaltsbestimmter Stil. Die Rhetorik tauchte nach den klassischen Versuchen, einen einheitlich-epischen Stil zu gewinnen, überall wieder auf. Sie lag in der Erzählprosa besonders nahe; denn diese gehörte ja, nach der alten Lehre, zur Rhetorik.)

Kurt May hat schon 1932 in seiner bahnbrechenden Interpretation der *Novelle* auf ihre Stilschichtung aufmerksam gemacht. Die Stilschichtung ist außerordentlich kunstvoll, und diese sehr *bewußte* Stilkunst erklärt auch die Kritik Gundolfs. Er spürte die *Rhetorik*, will sagen die hochgezüchtete, bewußt erneuerte Kunst der Prosa.

Nach der Stilanalyse von Kurt May beginnt die *Novelle* in einem statischen Nominalstil. Die rhetorischen Mittel, z.B. Parallelismus, Antithesen, Synonymik, entfalten ein festes geordnetes Bild der Welt. Überall geht es um das Gleichgewicht des Stils, aber alles bleibt ein wenig schwach und oberflächlich - *wie* der höfische Kreis, in dem die Geschichte spielt.

Und nun kommt die Feuersbrunst, die daran erinnert, daß es keine fixe Ordnung gibt. Sie gehört zu den beliebtesten Motiven des Biedermeiers, natürlich immer in dem Sinn, daß sie zu bekämpfen ist, sie wird zum Symbol, ja geradezu zum Emblem des Egoismus, der Leidenschaft und aller Erscheinungen, die darauf zurückzuführen sind: Habsucht, Revolution, Familienzwist, Ehebruch usw. Auch der Tiger war übrigens ein beliebtes Motiv, nicht der Tiger im Tank, sondern der Tiger in uns selbst, z.B. bei Stifter. Goethe bediente sich ungeniert der alten Embleme, und so bedient er sich auch der Rhetorik.

Durch die Feuersbrunst gerät auch die Sprache in Bewegung. Das Verbum tritt weithin an die Stelle des Nomens und der kurze vorwärtsdrängende Satz an die Stelle des sorgfältig ausgewogenen langen. Während man vorher *Betrachtungen* anstellte, ist man jetzt gezwungen zu handeln oder eindeutige Befehle zu geben. Der Ausruf tritt an die Stelle der Aussage. Ich lese die Stelle, da der erste geordnete Teil in den aufgeregten übergeht. Nach der Beschreibung einer großartigen Aussicht - auch dies ist ein typisches Biedermeiermotiv - kommt eine erste Andeutung der Mächte, von denen das menschliche Leben abhängig ist, vorläufig noch in klassizistischer, nämlich antikisierend mythologischer Form und in einer allgemeinen Betrachtung der Fürstin:

> Über die große Weite lag eine heitere Stille, wie es am Mittag zu sein pflegt, wo die Alten sagten, Pan schlafe und alle Natur halte den Atem an, um ihn nicht aufzuwekken.
>
> "Es ist nicht das erstemal," sagte die Fürstin, "daß ich auf so hoher, weitumschauender Stelle die Betrachtung mache, wie doch die klare Natur so reinlich und friedlich aussieht und den Eindruck verleiht, als wenn gar nichts Widerwärtiges in der Welt sein könne, und wenn man denn wieder in die Menschenwohnung zurückkehrt, sie sei hoch oder niedrig, weit oder eng, so gibts immer etwas zu kämpfen, zu streiten, zu schlichten und zurechtzulegen."
>
> Honorio, der indessen durch das Sehrohr nach der Stadt geschaut hatte, rief: "Seht hin! seht hin! auf dem Markte fängt es an zu brennen!" Sie sahen hin und bemerkten wenigen Rauch; die Flamme dämpfte der Tag. "Das Feuer greift weiter um sich!" rief man, immer durch die Gläser schauend; auch wurde das Unheil den guten, unbewaffneten Augen der Fürstin bemerklich. Von Zeit zu Zeit erkannte man eine rote Flammenglut, der Dampf stieg empor, und Fürst Oheim sprach: "Laßt uns zurückkehren! Das ist nicht gut! Ich fürchtete immer, das Unglück zum zweiten Male zu erleben."

> Als sie, herabgekommen, den Pferden wieder zugingen, sagte die Fürstin zu dem alten Herrn: "Reiten Sie hinein, eilig, aber nicht ohne den Reitknecht! Lassen Sie mir Honorio! Wir folgen sogleich." (HA VI,499f.)

Der Übergang ist nicht gerade schroff; denn 1) wird das Unglück durch Vorausdeutung vorbereitet; 2) verhält man sich auch im Unglück noch würdig, wie sich dies für den Hof geziemt. Trotzdem bemerkt man, daß Goethe *ein neues Register zieht*, um die neue Situation und die völlig veränderte Stimmung des Hofs zu *vergegenwärtigen* [!]. Man kann schon verstehen, daß Gundolf, der Goethe zum Halbgott stilisierte, ungern bemerkte, daß er auch nur ein *Meister* war.

Nun, Staiger würde vielleicht sagen, der Schluß, der Schluß, - den macht kein Meister dem alten Goethe nach; denn nun geht die *Novelle* ins Wunderbare, in die Musik, in die Legende über. Die Ordnung ist wiederhergestellt, aber eine solche, die den Löwen nicht verdrängt und vergißt, sondern ihn durch "Frömmigkeit und Liebe" *überwindet*. Der Stil *hebt* sich dementsprechend. Er wird feierlich, biblisch, stellenweise hymnisch; ja, er geht, wie bei den Romantikern, in Verse über.

> Endlich hörte man die Flöte wieder; das Kind trat aus der Höhle hervor mit glänzend befriedigten Augen, der Löwe hinter ihm drein, aber langsam und, wie es schien, mit einiger Beschwerde. Er zeigte hie und da Lust, sich niederzulegen; doch der Knabe führte ihn im Halbkreise durch die wenig entblätterten, buntbelaubten Bäume, bis er sich endlich in den letzten Strahlen der Sonne, die sie durch eine Ruinenlücke hereinsandte, wie verklärt niedersetzte und sein beschwichtigendes Lied abermals begann, dessen Wiederholung wir uns auch nicht entziehen können:
> "Aus den Gruben, hier im Graben
> Hör ich des Propheten Sang;
> Engel schweben, ihn zu laben,
> Wäre da dem Guten bang?
> Löw und Löwin, hin und wider,
> Schmiegen sich um ihn heran;
> Ja, die sanften, frommen Lieder
> Habens ihnen angetan!" (S. 511f.)

(Dem Literaturwissenschaftler, der nicht mitmusiziert, sondern dem Meister genau auf die Finger sieht, fällt an dieser Stelle zuerst die Entschuldigung auf: das Lied, "dessen Wiederholung wir uns auch nicht entziehen können". Vier Seiten vorher wurde schon einmal dies Lied zitiert. Der Meister weiß, daß er etwas zu *viel* Pedal gibt, - um ja die Weihestimmung zu bewirken. Den Salto mortale in die Opernwelt verrät auch die Stimmungsbeleuchtung, in der der Knabe erscheint: Er sitzt "wie verklärt" "in den letzten Strahlen der Sonne, die sie durch eine Ruinenlücke hereinsandte". Alles ist da, sogar die Ruinenromantik.)

Goethe hat immer wieder zu zeigen versucht, daß er *auch* so kann wie die Jüngeren, nur eben *besser*. Fragen wir uns, wer in der *Novelle*, besonders im

Schluß der *Novelle* die Jüngeren waren, so stoßen wir auf die Nazarener und die biedermeierlichen Legendenerzähler.

Die Nazarener waren eine Gruppe von Malern, die durch den Rückgriff auf Dürer, den jungen Raffael und andere Maler der geistlichen Renaissance die Kunst von neuem zu *verchristlichen* versuchten. Sie passen insofern zum literarischen Biedermeier, als sie die klaren Formen der Renaissance, bzw. des Klassizismus mit der religiösen Innigkeit der Romantik zu vermählen versuchten. Sie nannten sich auch Lukasbrüder und verpflichteten sich zu einer strengen, sittlich-religiösen Lebensführung. Honorio, der Held der *Novelle*, der den Tiger in sich tötete, hätte zu ihnen gepaßt.

Mit diesen historischen Hinweisen will ich das Ansehen, das die *Novelle* im Augenblick genießt, nicht beeinträchtigen. Ich will nur sagen, daß sich Goethe mit dieser Dichtung wieder einmal der *Zeit* stellt und das aus ihr zu machen versucht, was ihm selbst möglich und bekömmlich erscheint. Diesmal ist es das Biedermeier.

Wenn man diese Novelle nicht hymnisch feiern, sondern ihren Rang *begründen* will, so muß man sie mit der nazarenischen Kunst wie auch mit der reichen Legendendichtung des Biedermeiers vergleichen. Sie verstehen, daß mir dazu die Zeit fehlt. Wenn Sie übrigens eine Anschauung von den Nazarenern bekommen wollen, so können Sie das schon in der <Münchner>Ludwigskirche.

Wilhelm Meisters Wanderjahre

Ich komme nun zu *Wilhelm Meisters Wanderjahre* (erste Fassung - zu rasch gearbeitet - 1821, zweite Fassung, stark verbessert, besonders hinsichtlich der Symbolik, 1829). Im Unterschied zu den *Lehrjahren* haben wir keine fortlaufende Erzählung, sondern einen Roman mit eingelegten Novellen, eine ältere Romanform, besonders durch den *Don Quichotte* bekannt. Die Novellen berühren sich zum Teil mit der Haupterzählung. Goethe selbst hat nachdrücklich darauf hingewiesen, um den lockeren Aufbau des Ganzen zu entschuldigen. Daran pflegt sich die heutige Goetheforschung zu halten, obwohl er an anderen Stellen immer wieder die *fehlende* Einheit der *Wanderjahre* zugegeben hat. Man jagt also nach geheimen Bezügen zwischen den Novellen und der Haupthandlung, um die *Einheit* zu erweisen, nach den sogenannten Spiegelungen, von denen Goethe spricht. Dabei tut man des Guten oft zu viel; denn man kann nicht leugnen, daß die Novellen häufig eine Entstehungsgeschichte für sich haben und auch außerhalb des Romans zu denken sind.

(Ein Beispiel: Ich weiß nicht, ob es so viel bedeutet, daß wir von Odoards Ehekrise zu hören bekommen, ehe er in ganz anderer Angelegenheit unter die Wanderer tritt: in der skizzenhaften Novelle *Nicht zu weit*. Da ist die Rede von einem hohen Beamten, der sich in eine Prinzessin verliebt hat und daher in eine abgelegene Provinz gesandt wurde, damit er ihr nicht mehr nahetreten kann. Seine Frau hält es in der Einöde nicht aus. Sie treibt ein leichtsinniges Spiel mit Freunden, während er in seiner Arbeit ganz aufgeht. Er gehört also innerlich zu den Entsagenden, die sich dem Dienst an der Gesellschaft geweiht haben und so greift er aktiv in die Haupterzählung ein, indem er eine Gelegenheit zur inneren Kolonisation anbietet [!]. Die Verzahnung zwischen Ehe-Novelle und Haupthandlung ist doch ziemlich locker, dabei ist sie hier noch besonders *deutlich*. In *anderen* Novellen ist sie kaum zu erkennen ohne Rätselraterei, zu der uns Goethe allerdings auffordert. Das Rätselraten war ein beliebtes biedermeierliches Gesellschaftsspiel. Im *Morgenblatt* ist das Rätsel sogar noch eine literarische Gattung. Nachdenklich stimmt auch die Tatsache, daß sich Goethe nicht scheut, eine übersetzte Novelle einzulegen: *Die pilgernde Törin*. Auch der Bericht über die Weber im Gebirge ist fast wörtlich übernommen. Tut man das in einem Werk, das man als Kunstwerk vollkommen ernst nimmt und zur Vollendung bringen will? Als Beispiel für ästhetische bzw. symbolistische Überinterpretation nenne ich die Dissertation von André Gilg, aus der Schule Staigers.)

Die Goetheforschung beachtet zu wenig, daß man in den 20er Jahren des 19. Jahrhunderts von einem *Roman* gar nicht so viel verlangen darf, wie *sie* es tut, - weil sie nur auf *Goethe* starrt und den gleichzeitigen Begriff des Romans kaum beachtet.

Die *Wanderjahre* sind, richtig verstanden, eine *Rahmenform*, in der Goethe alles mögliche unterbringt, was er sonst zersplittert geben müßte, nicht nur eigene Novellen, sondern sogar Übersetzungen und Aphorismen, überhaupt *Ideengut* aller auch fremder Art. Wie wenig artistisch er mit dem Werk umgeht, will ich mit einem Zitat aus einem Brief belegen. Goethe schreibt am 4. März 1829, d.h. noch bei der zweiten Ausgabe des Romans an seinen Verleger:

> Zu dem 1. Band der "Wanderjahre" sende noch einen Nachtrag, da er gar zu mager ausgefallen ist. Mich hat die weitläufige Hand des Abschreibenden getäuscht. Kommen noch einige Bogen hinzu, so setzt er sich, sowohl was das Äußere als das Innere betrifft, mit den folgenden eher ins gleiche.

So wäre Goethe bei *Iphigenie* und *Hermann und Dorothea nicht* verfahren, und auch der *Faust* als Ganzes steht unter einem anderen, strengeren Gesetz. Zwischen *Faust* und *Wilhelm Meister* bestehen natürlich strukturelle Ähnlichkeiten, insofern sie beide im Lauf von Jahrzehnten organisch entstanden sind. Aber es besteht doch auch hier ein wesentlicher Gattungsunterschied, insofern eben das Drama in der Hierarchie der literarischen Formen *höher* steht.

Bei einem *Roman* darf man um 1820 so sorglos verfahren, wie es Goethe tut. Er bildet darin keineswegs eine Ausnahme. Berücksichtigt man diese artistische Sorglosigkeit *nicht*, so macht man den Roman zu einem ausgeklügelten Kunstwerk, und das eben ist heute der Fall. Staiger selbst zeigt seinen besonderen künstlerischen Takt dadurch, daß er hier eine Ausnahme bildet und die Mängel zugibt.

Ein gelegentliches Auseinanderfallen von Novellen und Haupthandlung ist also nicht zu leugnen. Das künstlerisch Vollkommenste sind einige Novellen, wie ja Goethe überhaupt *im kleinen Werk stark* ist. Von der Lustspiel-Novelle *Der Mann von funfzig Jahren* war schon die Rede. Ein anderes Glanzstück ist *Die neue Melusine*, ein Märchen mit symbolischer, ja allegorischer Bedeutung, ganz in sich abgeschlossen und schon 1797 geplant, also im Anschluß an *Das Märchen* [!]. Die Vollendung wurde wohl durch das klassizistische Programm zunächst verhindert. Das Märchen ist ja keine Gattung, die der Klassizismus fördert. Rokoko, Romantik, Biedermeier sind die eigentlichen Zeitalter des Märchens. Der Stoff ist wie der *Faust* ein alter Volksbuchstoff, aber Goethe wandelt ihn sehr stark ab, und zwar um seiner Ehescheu darin Ausdruck geben zu können. Der Titel *Neue Melusine* ist also berechtigt. Der Ausgangspunkt für eine solche Behandlung des Märchens war wohl das satirische Märchen des Rokoko, ähnlich wie für manche Märchen E. T. A. Hoffmanns [!]. Aber zugleich ist darin auch ein Zug Goethescher Bekenntnisdichtung! Ein reisender junger Mann, ein Wanderer also, wird von einer reizenden Dame überrascht, die ihm viel Geld und ihre Liebe schenkt. Man reist also glückselig durch die Welt, ohne nach Ehe und Ordnung zu fragen. Aber eines Tages stellt sich heraus, daß Melusine die Tochter eines Zwergenkönigs ist, sie verwandelt sich ab und zu zu winziger Gestalt, und als der Liebhaber sie einmal deshalb beleidigt, muß sie ins Reich ihres Vaters zurück, also wieder ganz und *gar* Zwergin werden, - was man natürlich im sozialen Sinn interpretieren kann. Der Liebhaber steht vor der Wahl, sie aufzugeben oder auch ein Zwerg zu werden. Er ist *so* verliebt, daß er seine Menschengestalt aufgibt und mit ihr ins Reich der Zwerge geht [!]. Aber dort kommt eine schreckliche Überraschung. Er soll sich mit der Prinzessin *verheiraten* [!]. Nun flieht er wieder bei nächster Gelegenheit.

Die Geschichte wurzelt wohl im Christiane-Erlebnis. Goethe ist geflohen, er hat sich nicht eingeordnet, damals jedenfalls, als er das Märchen konzipierte. Aber jetzt, aus dem Rückblick des Alters, erzählt er die Geschichte mit grandioser Ironie, mit einer ganz verwegenen Keckheit, wie man sie selten in den *Wanderjahren* findet. Es weht noch ein jugendlicher Geist, ähnlich wie im *Divan*.

Im Ton vergleichbar, aber im Sinn nicht so persönlich, ist *Die gefährliche Wette*, eine schwankhafte Erzählung, ein Studentenulk, - allerdings mit ernstem Nachspiel. Es ist gezwungen, solche Arbeiten mit der Haupthandlung verbinden zu wollen. (- Enger verbunden, aber auch weniger gelungen, eine Novelle höchstens nach dem sehr vagen Novellenbegriff der Zeit - ist *Das nußbraune Mädchen*. Es gehört noch zu den moralischen Erzählungen, wie wir sie in den *Unterhaltungen* kennengelernt haben. Ein reicher junger Mann, der auf die Reise geht, wird indirekt daran schuldig, daß ein Mädchen, das großen Eindruck auf ihn gemacht hat, Haus und Hof verliert. Nach der Reise: Fortführung der Geschichte in der Haupthandlung: Wiedersehen, Heirat?)

Die Novelle *Wer ist der Verräter*? ist lustspielhaft, eine Spielart von *Der Mann von funfzig Jahren.* Eine lieblose Verbindung, die die Väter planen, wird rechtzeitig vermieden und durch eine Liebesehe ersetzt. Die bedrohliche Vierer-Konstellation der *Wahlverwandtschaften* findet sich auch hier, aber die Vernunft der Menschen löst die Gefahr mit der gleichen Leichtigkeit wie in der Novelle Wielands, von der ich berichtet habe, was natürlich auch als Anpassung ans Biedermeier zu verstehen ist.

Alles in allem überwiegt also in den Novellen der *Wanderjahre* traditionsgemäß das Heitere, das Verständige und Gesellschaftliche. *Der Weg zu Tiecks Novellen ist nicht weit.* Goethe sieht wieder einmal nicht ein, warum er immer nur Tiefstes geben soll. Er läßt sich herab zur Unterhaltung und zur behaglichen Bildung des Publikums. Er greift zum ehrlichen und sauberen *Handwerk*, - dessen Lob die *Wanderjahre* überhaupt singen.

Auch die Haupt*erzählung* ist primär gesellschaftsbezogen, und sie hat jetzt weithin gedanklichen und sittlichen Charakter. Die Unterhaltung tritt hier vor der Lehre und der *Betrachtung* zurück. Man kann sagen: ein Rückgriff ins 18. Jahrhundert. Ich vermeide den Begriff Rückschritt, der nur ästhetisch zu begründen ist.

Es entspricht Goethes Wesen, keine *starre* Theorie zu geben. Die Betrachtungen sind mannigfach individualisiert - je nach der Figur, die sie äußert -; ab und zu sind sie ganz offen aphoristisch: Den Schluß z.B. bildet die Aphorismensammlung *Aus Makariens Archiv*. Auch sonst greift Goethe in die Schublade. Aber ein *Grund*gedanke ist doch schon durch den Untertitel hervorgehoben: *Wilhelm Meisters Wanderjahre oder Die Entsagenden.* (Ich will mich in diesem Punkt kurz fassen, weil ich hier auf die sorgfältige Untersuchung meines ehemaligen Kollegen Arthur Henkel verweisen kann: *Entsagung. Eine Studie zu Goethes Altersroman*, Tübingen 1954. Arthur Henkel zeigt in diesem Buch sehr schön die *alten* Grundlagen des Entsagungsbegriffs, die stoisch-christliche, die asketische Tradition. Ich kann diese religiöse Bedeutung der Entsagung aus meinen Biedermeier-Studien bestätigen. Man darf also nicht so ohne weiteres sagen, Goethe habe hier den Schritt zur Arbeitswelt des 19. Jahrhunderts getan, zu einem bürgerlichen oder gar sozialistischen Weltentwurf. Goethe blickt, wie immer, nach vorwärts *und* nach rückwärts. Und eben diese Zwischenstellung zwischen dem alten und dem neuen Europa gibt ihm die eigentümliche Tiefe. Das haben wir auch schon bei den *Wahlverwandtschaften* gesehen.)

Was heißt das: *Die Entsagenden*? *Einzelne* Äußerungen, wenn man sie herauslöst, wirken wie eine Verherrlichung des Spezialistentums, wie ein unbedingter *Widerruf* der *Lehrjahre*. Dort ging es um die allgemeine, ganzheitliche Bildung des *einzelnen* Menschen nach dem Vorbild des Adels in einer *exklusiven* Elite. Jetzt wird von dem Menschen Einseitigkeit verlangt:

> Ja, es ist jetzo die Zeit der Einseitigkeiten; wohl dem, der es begreift, für sich und andere in diesem Sinne wirkt. [...] Mache ein Organ aus dir und erwarte, was für eine Stelle dir die Menschheit im allgemeinen Leben wohlmeinend zugestehen werde. [...] von unten hinauf zu dienen, ist überall nötig. Sich auf ein Handwerk zu beschränken, ist das Beste. (HA VIII,37)

Jarno, der in den *Lehrjahren* Wilhelms Führer zur Allseitigkeit (Weltmann!) war, hat sich auf die Geologie des Bergwerkswesens spezialisiert und er sagt zu Wilhelm:

> Narrenpossen [...] sind eure allgemeine Bildung und alle Anstalten dazu. Daß ein Mensch etwas ganz entschieden verstehe, vorzüglich leiste, wie nicht leicht ein anderer in der nächsten Umgebung, darauf kommt es an, und besonders in unserm Verbande spricht es sich von selbst aus. (S. 282)

Was ist der Verband oder, wie es gewöhnlich heißt, "das Band" oder wie es auch heißt, der "Weltbund" *jetzt*? Er hat das Esoterische und Egoistische so ziemlich verloren! *Noch* kommt es darauf an, die Menschen zu retten. *Noch* gibt es Führer in diesem Verband, Autoritäten, - ganz katholisierend heißt es "Die Oberen". Aber der Zweck ist jetzt durchaus allgemeinnützlich. Die Gesellschaft ist wichtiger als der Einzelmensch.

Der Verband soll die Menschen zur Kolonisation *vorbereiten*, zur überseeischen *und* zur kontinentalen. Die Menschen sollen sich zu *neuen* Gemeinschaften zusammenschließen in neuen gesellschaftlichen *Formen. Lothario*, der in den *Lehrjahren* nur Junker und Lebemann war, wird die neue Gemeinschaft *polizeilich* führen, der Abbé wird sie *pädagogisch* betreuen mit neuen einfachen Unterrichtsmethoden. Was Goethe darunter versteht, entwickelt er in den Abschnitten über die Pädagogische Provinz. Es wird also eine Erziehungsutopie eingelegt. Sie ist in der Pädagogik berühmt. *Wilhelm* wird im Heilberuf tätig sein, als Wundarzt, aber auch als eine Art Seelsorger. *Friedrich*, der in den *Lehrjahren* ein Tunichtgut war, wird sein *Gedächtnis* in den Dienst der Gesellschaft stellen, als Schreiber und als Rechner. Neu tritt hinzu *Lenardo*, der Techniker und Handwerker. *Noch ist das Ideal, wie überhaupt im Biedermeier, handwerklich!* Dazu gehören 1) das eigentliche Handwerk, die strengen Künste und 2) die freien Künste, die das Leben nachträglich verschönern und deshalb keine primäre Wichtigkeit haben. *Das Nützliche, das Handwerk sind entscheidend.*

Daß es hier auf dem Kontinent schon zur Industrie übergehen muß, wird in den Abschnitten über die Weberei im Gebirge eindeutig *erkannt*, aber mit wenig Freude festgestellt. In Übersee hofft man die Handwerksidylle festhalten zu können. *Das Ideal ist eine Art idyllisch-patriarchalischer Organisation in kleinen Dörfern.* Man ißt zusammen an einem Tisch, man hört die Oberen und dann singt man zusammen. Schließlich rückt man wohlgeordnet und singend ab. Das ließ sich natürlich leicht faschistisch oder kommunistisch verfälschen. Gemeint ist aber eine Art säkularisierter *Brüdergemeine.* Das pietistische Erbe wirkt stark nach! Eine Interpretation im Sinn moderner Massenorganisationen ist eine Verfälschung.

Man *flieht* vor der Zivilisation, um Neuland zu kultivieren und dort ein bescheidenes, aber eigenes und sinnvolles Leben aufzubauen. Die Großstadt soll vermieden werden. Die *Wanderjahre* kennen nur Schlösser und Dörfer, schon das zeigt das Konservative, Biedermeierliche dieser Utopie. Wo sich Goethe an die Stadt erinnert, geht er unmutig darüber weg, - auch im *Faust.*

Von den freien Künsten werden, wie die Pädagogische Provinz zeigt, besonders die Musik und die bildende Kunst gepflegt. Die Dichtung hat nur unterstützende Funktion: die Lyriker sind bei den Musikern, die Epiker bei den bildenden Künstlern. Ein Theater gibt es *nicht*, denn das ist eine zweideutige Sache. Goethe hatte damals die Theaterleitung schon niedergelegt [!].

Wenn einer absolut mimen muß, darf er es; aber er scheidet damit aus dem idealen Raum, der durch die Pädagogische Provinz und die Kolonien gebildet wird, aus. Goethe rechnet damit, daß die *alte* Zivilisation weitergeht, daß also Europa mit seinen Städten und Maschinen weiterwurstelt. Nur will er möglichst viele in eine sinnvolle Lebensform hinüberretten: "Amerika, du hast es besser", heißt es in einem seiner Gedichte.

Einen Witz leistet er sich mit *Philine.* Wir lernten sie als leidenschaftliche Schauspielerin und Erotikerin kennen. Nun, leidenschaftlich *bleibt* sie und in ihrer Weise ein geniales Naturwesen. Sie wird eine leidenschaftliche und geniale *Zuschneiderin.* Sie braucht nur einen Menschen anzusehen, so weiß sie, was ihm paßt. Sie schneidert Tag und Nacht. Ihr zugeordnet wird als Näherin Lydia, die frühere Geliebte Lotharios, künftige Frau Jarnos. Alles das ist *scheinbar* eine außerordentlich *nüchterne* Welt. Die Erotik wird ebenso aufgegeben wie die genialische Vielseitigkeit. Entsagung heißt der Verzicht auf erotische und berufliche Vielseitigkeit.

Aber dahinter steht doch eine tiefere Meinung. Durch die wohlgeordnete Gemeinschaft hat der Mensch Teil *am Ganzen.* Fachleute aller Art sind immer heimlich miteinander verbunden, nämlich gegen das Pfuschertum, das nur Unheil stiftet. Der Mensch *ist begrenzt*, und so muß er sich *bewußt* begrenzen, aber, so heißt es wörtlich, "wenn er eins tut, tut er alles, oder, um weniger paradox zu sein, in dem einen, was er recht tut, sieht er das Gleichnis von allem, was recht getan wird" (S. 37). Goethes Symbolik ist [!] nicht nur Kunstmittel, sondern ein Teil seiner Weltanschauung.

Die Illusion allseitiger Genialität wird aufgegeben, aber die Idee der Ganzheit wird nicht aufgegeben. Wie Goethe in der Pädagogischen Provinz zeigt, verrät sich Genialität gerade in der Fähigkeit zur Selbstbegrenzung und Einordnung. Nur der Dilettant verliert sich im Allgemeinen.

Eine Gestalt gibt es allerdings in den *Wanderjahren*, die *unmittelbar* mit dem All verbunden ist und daher auch die Menschen verbinden, versöhnen und aus ihrer Einseitigkeit und Unzulänglichkeit herausheben kann, *Makarie*. Bürgerlich gesehen ist sie eine alte Tante und Erzieherin, tiefer gesehen ist sie eine Seherin, die überall das Tiefste erschaut und daher überall *helfen* kann. Sie ist der Mittelpunkt, die heimliche Spitze des Ganzen. Daß sie es in so *unscheinbarer* Art ist, erscheint wieder als eine Anpassung an das Biedermeier.

Goethe hat sie ein wenig mit den Attributen eines zeitgemäßen Magnetismus ausgestattet. Man erinnert sich bei dieser Gestalt zunächst an Leute wie Justinus Kerner [!]. Goethe macht, wie in den *Wahlverwandtschaften*, Zugeständnisse an die Romantik, die in ihrer späteren Phase oft Okkultismus war. Gemeint ist damit aber wieder jene Zone des Geheimnisvollen und Heiligen, die das irdische Leben irgendwie überragt. Daß es in bürgerlicher Unscheinbarkeit erscheint, bedeutet damals keine Einschränkung.

Die Symbole für das Heilige sind auswechselbar (*Faust*). Wichtig ist nur dieser Bereich des Geheimnisses oder wie es in der Pädagogischen Provinz heißt, der *Ehrfurcht*. Der Mensch soll nüchtern und spezialistisch sein, wie er will, aber *dahinter* steht etwas Höheres, etwas Gnadenhaftes. Das darf er nie vergessen. Am schlimmsten ist, aus der Perspektive Goethes, die prinzipielle Ehrfurchtslosigkeit!

Denjenigen, die sich mit den *Wanderjahren* näher beschäftigen wollen, empfehle ich das Buch von Bernd Peschken. (Der Titel ist irreführend, insofern er einen neuen Aufguß von Arthur Henkel erwarten läßt: *Entsagung in Wilhelm Meisters Wanderjahren*, Bonn 1968. Der Titel ist zu bescheiden, was bei Veröffentlichungen aus dem amerikanischen Kulturkreis öfters vorkommt. Der Verfasser lebt in Toronto. Man darf trotz des Titels Entsagung von einer Gesamtinterpretation des Romans sprechen. Die Grundlage bilden Goethes Äußerungen, die sorgfältiger als bisher benützt werden. Aus ihnen geht u.a. hervor, daß Goethe den straffen Aufbau in einem Roman für eine Sache untergeordneter Geister hielt. Er mag darin recht haben. G. Freytag, der programmatische Realist, und in seinem Gefolge das deutsche Gymnasium haben Fragen des Aufbaus formalistisch überbetont. Peschken geht also ganz unbefangen und zeitgerecht an die Interpretation des Romans heran. Er versucht aber dabei die ideengeschichtliche Methode Henkels mit der strukturanalytischen Lämmerts zu verbinden. Ich meine hier: Eberhard Lämmert, *Bauformen des Erzählens*. Das ist eine gute Verbindung.)

Peschken versucht zu beweisen, daß das Thema der Erhebung, Erhebung zum Menschlichen, zur Begeisterung usw. - vorwiegend ein Thema der Romantik und Jean Pauls - dem Thema der Entsagung ständig parallel geführt wird und daß Makarie den Mittelpunkt des Erhebungsthemas bildet. Das leuchtet mir ein und entspricht dem Versuch Goethes, die Romantik so gut wie möglich für sein Werk fruchtbar zu machen und in ihm zu integrieren. Bei der *Faust*interpretation werden wir auf diesen Punkt ausführlicher eingehen. (Allerdings ist dieser Ausgleich von Klassik und Romantik keine besondere Leistung Goethes, sondern eine Tendenz, die für die ganze Biedermeierzeit charakteristisch ist. Man kann sie z.B. in der Entwicklung des Cottaschen *Morgenblatts* oder bei Dichtern wie Grillparzer, Platen, Mörike, Stifter beobachten.)

Zuletzt noch ein Wort über den Begriff Wandern, der ja auch ein Lieblingsbegriff der Romantiker gewesen ist. Nun wir wissen: Schon der junge Goethe war ein Wanderer, ein leidenschaftlicher Wanderer und Reiter. Er will hier sagen, daß er es geblieben ist. Auch das Herumwandern (Roman) und Auswandern (Ziel) sind nur *Symbol*, Symbol *dafür*, daß man nicht *bleiben*, nicht *erstarren* darf. Goethe weiß, daß die Welt in Bewegung geraten ist, daß noch ganz andere Wanderungen möglich sind. In dieser Lage darf man sich nicht treiben lassen. Man muß sie beurteilen und Entschlüsse fassen. Durch diese rationale Einstellung ist eben doch ein ganz anderer Roman entstanden als der romantische. Man muß mit festem, tüchtigem und praktischem Sinn der veränderten Weltlage Rechnung tragen. *Man muß auf eine neue Ordnung sinnen.* Sie kann ungefähr so aussehen wie hier. Aber sie *kann* auch anders aussehen. Absichtlich läßt Goethe *vieles* in der Schwebe. Das Buch ist offen, unsystematisch gebaut, es zerfällt in einzelne Bilder und Betrachtungen, aber es ist auch in einem *inneren* Sinn *offen*, offen gegenüber der Zukunft, die unübersehbar ist und offen gegenüber dem Geheimnis, das alles Planen und Ordnen, so *wichtig* es ist, doch wieder zu etwas Unsicherem macht.

Altersdramen

In den *Wanderjahren* tritt die Möglichkeit des *Scheiterns* zurück hinter der Aufgabe heiteren Wirkens und gesellschaftlich-praktischen Planens. In den *Altersdramen* Goethes, zu denen wir nun kommen, erwarten wir um so mehr den Sinn für das Begrenzte und Tragische im Menschen. Aber auch *hier* zeigt sich ein gewisses Bestreben, vernünftig, heiter und festlich zu sein. *Auch hier der Versuch, vom Düsteren abzusehen! Alle dramatischen Altersversuche Goethes haben etwas vom Festspiel.* Der Sinn für das Festspiel verstärkt sich sogar!

Des Epimenides Erwachen

Goethe dichtet immer wieder sogenannte Maskenzüge und ähnliches für höfische Gelegenheiten. Auch hier gibt es wie im *Divan* die Barocktradition. Er dichtet sogar ein Festspiel zur Feier des Siegs über Napoleon: *Des*

Epimenides Erwachen. Das ist um so erstaunlicher, als er mit Napoleon sympathisierte und für ihn die Freiheitskriege wirklich ein Erwachen waren. Noch immer ist Goethe unglaublich anpassungsfähig. Im dichterischen Sinn sind diese Gelegenheitsdichtungen oft nachlässig, so interessant sie inhaltlich sind. (Wir wollen daher vor dem *Faust* nur noch ganz kurz das mit Recht berühmte Fragment *Pandora* betrachten.

Pandora

Im griechischen Mythos wird Pandora von den Göttern geschickt, um den Geschöpfen des Prometheus [!] alle Qualen zu bringen, in der bekannten Büchse der Pandora (Wedekind). Sie ist also eine furchtbare, grauenvolle Göttin, die ihre Schönheit nur besitzt, um zu betören. Sie ist ein Ausdruck des antiken Kulturpessimismus. Goethe deutet Pandora positiv um: zum Inbegriff der Liebe, der liebenden Hoffnung. Die Liebe in allen Formen ist der höchste Wert Goethes und seiner Zeit. Und wie das Christentum zur Liebesreligion umgedeutet wurde, so hier der griechische Mythos. Pandora *hat* allerdings den Menschen Leiden gebracht, die Leiden schönheitsverlangender Sehnsucht. Wer wie Prometheus im Tage lebt und schafft, ist davon unberührt. Aber *Epimetheus*, dem sie gehörte, muß um sie trauern und seine Tage im Gedenken an sie verschwenden. Inzwischen ist aber Epimeleia da, Pandoras Tochter. Sie liebt Phileros, des Prometheus Sohn, und wird *geliebt*. Auch diese Liebe bringt durch Eifersucht Schmerzen. Aber das Liebespaar wird davon geheilt. Die Welt wird also reif für einen höheren Zustand, für die Wiederkehr von Pandora.

Goethe hat diesen festlichen Schluß *nicht* gestaltet, nur die Zeit der schmerzlichen Sehnsucht, oder vielmehr der *Spaltung* zwischen Sehnsucht und Tat, Liebe und Gewalt, Schönheit und Arbeit. Denn diese Spaltung bedeuten Epimetheus und Prometheus. Die verschiedenen gespaltenen Zustände werden von Goethe in Arien und Chören lyrisch dargestellt: z.B. Chöre der Schmiede, der Hirten, der Krieger, Arien der Sehnsüchtigen, besonders des Epimetheus und der Epimeleia.

> Ach! warum, ihr Götter, ist unendlich
> Alles, alles, endlich unser Glück nur! (HA V,348)

> Wer von der Schönen zu scheiden verdammt ist, (S. 356)

Diese Arien, diese gewaltigen Lieder haften vor allem. Im ganzen ist das Werk ein Experiment, das kaum gelingen konnte; denn 1) experimentiert Goethe mit antiken Metren, die ihm noch neu sind, z.B. dem jambischen Trimeter, mit Unterstützung Riemers, der immer mit seiner metrischen Bibliothek zur Hand sein muß. 2) sollte hier das *Festspiel* - als solches wird das Werk bezeichnet - auf die dichterische Höhe der Tragödie gehoben werden. Es hatte eine äußere Veranlassung, war für *Wien* bestimmt, d.h. also für die Stadt der kaiserlichen Pracht, der Barocktradition, der Oper. Goethe bemühte sich, faßlich, opernhaft, theatralisch zu sein. Zugleich sollte das Erbe des *klassischen Dramas* gewahrt werden: Aber der *lyrische* Dichter war stärker in ihm als der Dramatiker oder Theatraliker oder Hofdichter. Und so war es wohl ganz richtig, das Werk *nicht* zu vollenden. (Sein fragmentarischer Charakter erinnert uns daran, *wo* wir seinen Wert suchen müssen, nicht im Dramatischen und Theatralischen (Ziel!), sondern im Rein-Dichterischen. Übrigens ist das Werk insofern abgeschlossen, als es auf einen Höhepunkt führt, zur Rettung des Phileros! Man *kann* es als lyrisches Drama aufführen.)

Pandora gehört in die Jahre 1807 und 1808, sie konkurrierte mit den *Wahlverwandtschaften*, die es auch mit dem gespaltenen, konfliktreichen Wesen des Menschen zu tun haben.

Vorläufig siegte der *Roman*, das Drama blieb Fragment, aber tiefer gesehen hatte *Pandora* eine große Zukunft. Sie ist eine Vorbereitung für den zweiten Teil des *Faust*.)

Faust

Wenn wir uns nun zum Schluß Goethes Zentralwerk zuwenden, so weiß ich natürlich, daß ich nichts Erschöpfendes sagen kann. (Abgesehen von der Frage, ob er überhaupt zu erschöpfen ist, ist der *Faust* natürlich eine Sache eingehender Lektüre und eingehender *Interpretation*. (<Hier> kann es sich nur darum handeln, eine Art Rahmeninterpretation für Ihre Lektüre zu geben. Ich meine die zweite Lektüre. Man muß den *Faust* oft lesen.) Wichtig ist mir nicht der Verlauf des Dramas, sondern eine Bezeichnung der verschiedenen Aspekte, die umstritten oder sogar hoffnungslos vieldeutig sind.

Manches ergibt sich, nach dem Überblick über den *ganzen* Goethe, freilich wie von selbst. Schon im Bisherigen habe ich viele direkte oder indirekte Hinweise gegeben. Die erste Frage, die uns beschäftigen soll, ist die nach den *Wirklichkeitsschichten* und - das hängt ganz eng damit zusammen - die nach *Formen der Bildlichkeit*, Symbol, Allegorie, Mythologie. Die zweite Frage: welche Gattung? (kürzer); die dritte Frage: Sprache (noch kürzer); die vierte Frage (etwas ausführlicher): der Gehalt.)

Bildlichkeit

Wenn wir vom *Urfaust* herkommen, denken wir an ein Drama, das in mancher Beziehung ein Milieudrama ist. Der Überdruß an der Wissenschaft, die Unzufriedenheit als Gelehrter, die Faust kennzeichnen, entsprechen nicht so sehr der Faustsage als dem Mißtrauen, das jede junge Generation und ganz besonders die Sturm und Drang-Generation der Wissenschaft und der

Universität entgegenbrachte. Die Aufklärung hatte der Wissenschaft stärksten Auftrieb gegeben. (Die Universität war schon im 18. Jahrhundert zu einer stark spezialisierten und gleichzeitig stark abstrahierten Wissenschaft gelangt.) Das hielt die Jugend für graue Theorie und öden Wissenswust. Inzwischen ist die Wissenschaft *noch* abstrakter und spezialisierter geworden. Der Zugang ist für die Jugend noch schwieriger geworden. Goethe erfaßt hier also wie im *Werther* und im *Tasso* ein *Grundproblem der modernen Kultur mit sicherem Instinkt*, in der Jugend auf Kosten der Professoren, im Alter auf Kosten der anspruchsvollen, akademischen Jugend, die sich zum Idealismus, also z.B. zu Hegel, bekannte und den Empirismus des 18. Jahrhunderts verwarf. Der Baccalaureus in der 1. Szene des II. Akts von *Faust* II sagt zu Mephistopheles, der den Professor spielt:

> Erfahrungswesen! Schaum und Dust!
> Und mit dem Geist nicht ebenbürtig.
> Gesteht! was man von je gewußt,
> Es ist durchaus nicht wissenswürdig. (HA III, V. 6758ff.)

Der "Geist" ist der höchste Begriff des Idealismus. Erfahrung: zweitrangig. Als Mephistopheles auf diesen Ton eingeht - denn dem Teufel ist es recht, wenn die Menschen Vernunft und Wissenschaft verachten, das hat er schon im ersten Teil festgestellt - (später!), da benimmt sich der Baccalaureus ungefähr so wie ein heutiger Jungakademiker gegenüber einem nachgiebigen, die Wissenschaft verratenden Professor:

> Das freut mich sehr! Da hör' ich doch Verstand;
> Der erste Greis, den ich vernünftig fand! (V. 6764f.)

(Die Stelle ist in den Anfängen der Humboldtschen Universität geschrieben. Sie sehen: So sehr verändert, wie man oft denkt, hat sich die Universität doch nicht; die Spannung zwischen der Jugend, die rasch fertig sein will, und der Wissenschaft ist geblieben.) Nun ergibt sich allerdings die Komik dieser Szene nur dadurch, daß der *Teufel* den Professor spielt. Ein richtiger Professor würde mit dem Baccalaureus streiten, die Erfahrungswissenschaft grimmig verteidigen. Dann hätten wir im besten Fall einen philosophischen Dialog, aber keinen dramatischen und keinen mimisch-satirischen. Dieser Dialog ist also *keine* realistische Milieuszene.

Und wie steht es mit den Gretchenszenen, die ja, wie ich schon bei der Betrachtung des *Urfaust* sagte, aus der bürgerlichen Tragödie des 18. Jahrhunderts und, noch konkreter, aus Frankfurter Erfahrungen mit einer Kindsmörderin in Goethes *Faust*drama gelangt sind? Nun, hier ist die Sache schwierig. Goethe wollte natürlich diese unerhört lebendigen Szenen nicht opfern. Aber er hat alles getan, um auch sie transparent zu machen und auf die mythische Ebene zu heben. Ehe Faust Gretchen anredet, hat er in der

Hexenküche den Zaubertrank getrunken, der ihn zu einem ganz anderen Menschen macht. Die Beziehung zur Wissenschaft gibt es übrigens auch hier: Die Hexe sagt unter anderem:

> Die hohe Kraft
> Der Wissenschaft,
> Der ganzen Welt verborgen!
> Und wer nicht denkt,
> Dem wird sie geschenkt,
> Er hat sie ohne Sorgen. (V. 2567ff.)

Die *Magie* erhebt also den Anspruch einer *höheren* Wissenschaft, ähnlich wie heute die Ideologie jeder Art, und führt Faust dadurch in die Irre. Das paßt genau zu dem, was Mephistopheles zwischen dem Abgang des wissenschaftsüberdrüssigen Faust und dem Auftritt des Schülers gesagt hatte:

> Verachte nur Vernunft und Wissenschaft,
> Des Menschen allerhöchste Kraft,
> Laß nur in Blend- und Zauberwerken
> Dich von dem Lügengeist bestärken,
> So hab' ich dich schon unbedingt - (V. 1851ff.)

Im Zusammenhang der Hexenküche ist die *erotische* Wirkung des Zaubertranks am wichtigsten. Als sich Faust von dem schönen Frauenbild im Zauberspiegel nicht trennen kann, flüstert ihm Mephistopheles zu:

> Du siehst, mit diesem Trank im Leibe,
> Bald Helenen in jedem Weibe. (V. 2603f.)

Helena ist gemeint, das Urbild weiblicher Schönheit. Nach *diesen* Worten folgt im vollendeten *Faust* I die Straßenszene:

> Mein schönes Fräulein, darf ich wagen,
> Meinen Arm und Geleit Ihr anzutragen? (V.2605f.)

Durch diesen *zynischen* Übergang soll erreicht werden, daß Gretchen seine individuelle Wirklichkeit verliert, und für Faust zu irgend einem schönen Weibchen wird. Sie wird einerseits zur deutsch-bürgerlichen Vorform der griechisch-antiken Fürstin Helena, die, wie wir noch sehen werden, ein *Gespenst* ist. Andererseits wird sie, da sie unschuldiger, christlicher, ja schließlich eine Büßerin ist, dazu geeignet, Faust in den Himmel voranzugehen und dort im Gefolge der Mater gloriosa zu begrüßen, ja, wie es nachher wörtlich heißt, zu "belehren" (V. 12092). Die Begrüßung durch Gretchen im Himmel ist eine selige Kontrafaktur des verzweifelten Gebets, das Gretchen im Zwinger vor dem Andachtsbild der Mater dolorosa spricht:

Neige, neige,
Du Ohnegleiche,
Du Strahlenreiche,
Dein Antlitz gnädig meinem Glück!
Der früh Geliebte,
Nicht mehr Getrübte,
Er kommt zurück. (V. 12069ff.)

Goethe hat öfters gesagt, sein *Faust* sei kein Ganzes und er habe, was damit zusammenhängt, keine eindeutige Idee. Diese Äußerungen können uns vor unvorsichtigen Fixierungen der Gestalt und des Gehalts bewahren.
Sie sehen aber schon an dem *einen* Beispiel Gretchens und Helenas, daß er sich um diese Vereinheitlichung bemüht hat. Eine Abstraktion wie "das Ewig-Weibliche" hätten sonst gar keinen Sinn. Gretchen wird, wie Helena, zu einer mythischen Figur.

Die Richtung, in die Goethe geht, ist schon deutlich geworden. Der Charakter eines symbolischen Zauber- oder Mysterienspiels soll verstärkt, und alles Konkrete oder Individuelle (- das ist das Gleiche -) soll beseitigt oder wenigstens transparent gemacht werden, transparent für die übermenschlichen Mächte, von denen der Mensch im Guten und Bösen *abhängt.*

(— Der Romantiker Schleiermacher hat bekanntlich gesagt, die Religion entspreche der schlechthinnigen Abhängigkeit des Menschen. Ohne den Einfluß der Romantik wäre der *Faust* in der vorliegenden Gestalt sicher nicht vollendet worden. Auf diesen Punkt werde ich immer wieder zurückkommen.)

Wie verhält sich aber diese Präsenz der übermenschlichen Mächte teuflischer und göttlicher Art zu dem Glauben an Vernunft und Wissenschaft und Erfahrung, zu dem sich Goethe bekennt (s.o.)? Wie verhält sich diese Heteronomie zu der Autonomie des Menschen, zu der sich der *Iphigenie*-Dichter und die Klassiker überhaupt bekannten, - gerade auch Schiller, der seinen Freund zu einer Fortsetzung des *Faust* drängte?

Eine Antwort, die darauf gegeben werden kann, mit guten Gründen gegeben werden kann, heißt: Dieser ganze mythologische Apparat, einschließlich des christlichen *Faust*-Schlusses, ist symbolisch zu verstehen. Ich sage: mythologischer *Apparat.* Die Aufklärung sprach von der Maschine des Wunderbaren. Diese Maschine des Wunderbaren wurde in bestimmten Gattungen zugelassen - aus rein *ästhetischen* Gründen natürlich, zum Zweck der sogenannten Versinnlichung. Auch die Romantiker waren nicht so naiv, wie man sich dies manchmal vorstellt. So schrieb z.B. Tieck in der frühromantischen Zeit, da Goethe die Arbeit am *Faust* wieder aufnahm, einen raffinierten Aufsatz über *Shakespeares Behandlung des Wunderbaren*, und er gab auch gleich eine Anwendung des Rezepts in religiösen Dramen, die dem *Faust* schon als Großdrama ähnlich sind (nur: Tiecks *Genoveva*) und für Goethe eine Herausforderung bildeten, es besser zu machen. (Goethe war in einer ähnlichen Lage wie beim *Werther*, da er den Briefroman aufnahm und steigerte, wie bei *Iphigenie* und *Tasso*, da er mit Racine, dem Liebling der Höfe, wetteiferte, wie bei *Hermann und Dorothea*, da er dem wackeren Philologen Voß das bürgerliche, das idyllische Drama, das er erfunden hatte, ohne dummen Originalitätsdusel aus der Hand nahm, um etwas Klassisches, d.h. Mustergültiges daraus zu machen.)

Ein symbolischer Apparat aus antiker und christlicher Mythologie zusammengeschweißt -, das hatte den Vorteil, daß Klassizisten *und* Romantiker Zugang zu dem Werk hatten, Aufklärer und Christen, Gläubige und Ungläubige und daß sich jeder Leser aus der Mythologie das herausholen konnte, was er wollte. Goethe hat die Neugierigen immer wieder dazu aufgefordert, den *Faust* nach Belieben sich auszulegen; denn er könne dabei nicht behilflich sein. Der *Faust* sei eine Dichtung, kein philosophisches System. Diese Aufforderung ist so fleißig befolgt worden, daß es *Faust*-Deutungen gibt, die sich gegenseitig *ausschließen* und *uns* zur Vorsicht zwingen.

Um es ganz einfach zu sagen: Das Wort

> Wer immer strebend sich bemüht,
> Den können wir erlösen. (V. 11936f.)

konnte so ausgelegt werden, daß es nur auf das Immerstreben ankommt und daß die Erlösung ein dekoratives Schlußsymbol ist. *Oder* man konnte das Wort so auslegen, daß alles auf die *Erlösung* ankommt, da ja bekanntlich der immer strebende Faust fortwährend *scheitert*.

Um naive inhaltliche Alternativen dieser Art zu vermeiden, wollen wir uns *die Art und Funktion des mythologischen und allegorischen Apparats* noch etwas näher ansehen. Wir haben Mephistopheles als Komiker und Mimiker kennengelernt. Er spielt im *Faust* alle möglichen Figuren, nicht nur den Professor. Bei der Witwe Marthe ist er der Tröster, der sich dumm stellt wie ein schüchterner Werber. Am Kaiserhof spielt er den Narren des Kaisers und den Diener des zaubergewaltigen Dr. Faust. In der klassischen Walpurgisnacht spielt er den nordischen Teufel, der auf griechische Hexen lüstern ist, sich aber in der griechischen Mythologie nicht auskennt. Im Helena-Akt spielt er, in der Gestalt der häßlichen Phorkyas, einen gräßlichen Hausdrachen und zugleich den Maître d'intrigue, also den, der die Ereignisse lenkt. Mephistopheles ist der Verwandlungskünstler, *die* Rolle, die sich jeder Schauspieler wünscht.

Tatsächlich ist Mephistopheles überhaupt ein Künstler, ein Dichter, ein Erzähler, der, wie Katharina Mommsen nachgewiesen hat, *nicht* aus der Rolle fällt, wenn er weise oder witzige Sprüche über Kunst und Dichtung zum Besten gibt. Wichtig ist der Gedanke vor allem für Helena und Homunculus, die ja beide, in verschiedener Weise, künstliche oder künstlerische Produkte sind.

Kurz und gut: Mephistopheles wird in mancherlei Weise vermenschlicht und zu einer Spiegelung von Goethe selbst, - wobei vor allem an den ironischen Künstler Goethe zu denken ist, der in virtuoser Weise dem staunenden Publikum immer wieder etwas ganz Neues vorgaukelte und vorzauberte. Man hat ihn früher immer wieder als Chamäleon gesehen [!].

Mit Faust hat Goethe schon deshalb weniger zu tun, weil er ein Skeptiker und ein Entsagender ist, - jedenfalls der *alte* Goethe. (Friedenthal sagt in seiner überspitzten Weise: Die deutschen Gelehrten hätten die Entsagung in Goethe hineingedichtet, aus eigener Erfahrung; denn der Beruf des Gelehrten sei ein entsagender. Goethe "ist jedoch kein Entsagender". So heißt es wörtlich (S. 698). Wenn man von den *Wanderjahren* herkommt, weiß man, daß diese Goethe-Interpretation am Wesentlichen vorbeigeht, d.h. an der Abwendung von der Mahomet- und Prometheus-Konzeption, die sich in Goethe schon in Italien vollzogen hat.) Mit dem Anspruch der *Herrschaft*, den der alte Faust erhebt, war Goethe schon in der Schillerzeit, da er den *Faust* wiederaufnahm, *fertig*. Damals interessierte ihn vor allem Helena, will sagen die Wiedergeburt der griechischen Schönheit. Das war ja sein Problem in der *Klassik*.

Der Wetteifer mit Homer in der *Achilleis* war die Idee eines übermütigen dichterischen Zauberers, und auch in der letzten Arbeitszeit (1825-1831) fühlte er sich durchaus als Zauberkünstler. In der Marienbader Badegesellschaft hört er sich gerne Merlin nennen. Über ihn hat Immermann gleichzeitig gedichtet, auch ein großes und sehr dunkles Drama.

Die Vorstellung von Mephisto als magischem *Künstler* bedeutet eine Vermenschlichung des Teufels, der im Barockzeitalter eine ungeheure und geradezu unwiderstehliche Figur gewesen war. Lucifer galt im 17. Jahrhundert vielen als der Herr der Welt, und Gott wurde in einen Himmel verwiesen, der nur den Heiligen zugänglich war. Denken Sie an die Märtyrertragödie.

Zu diesem Abbau des christlichen Mythos paßt die Tatsache, daß Goethe, im Widerspruch zu früheren Plänen, darauf verzichtet hat, Satanas als den Vorgesetzten Mephistos und, am Schluß, den Weltenrichter in persona darzustellen. Nur die *Mutter* Gottes, d.h. das höchste Symbol des Ewig-Weiblichen, und ein Teufel mit *begrenzter* Macht waren zu brauchen. (Schon in Griechenland ist Mephisto nicht mehr zuständig, da er keine griechische Mythologie kennt - auch das ist natürlich ein komisches Motiv -; vor der Beschwörung Helenas muß Faust persönlich zu den Müttern, um den zauberkräftigen Dreifuß zu holen, und Mephisto sagt nach Fausts Verschwinden:

> Neugierig bin ich, ob er wiederkommt. (V. 6306)

Er ist nicht allwissend und allmächtig, aber schöpferisch.) Im *Prolog im Himmel*, der zum Rahmen der Dichtung gehört, sagt der Herr dementsprechend:

Des Menschen Tätigkeit kann allzuleicht erschlaffen,
Er liebt sich bald die unbedingte Ruh;
Drum geb' ich gern ihm den Gesellen zu,
Der reizt und wirkt und muß als Teufel schaffen. (V. 340ff.)

Mephisto seinerseits erwidert diese Toleranz und sagt über den Herrn:

Von Zeit zu Zeit seh' ich den Alten gern,
Und hüte mich, mit ihm zu brechen. (V. 350f.)

Das heißt alles in allem: Es herrscht noch die leibnizianische Vorstellung von der Weltenharmonie. An die Stelle des barocken *Dualismus* von Lucifer und Gott ist eine *Polarität* getreten, eine Spannung, die nicht absolut katastrophal, sondern zum Teil befruchtend wirkt, etwa so wie die Polarität von Mann und Frau.

Dies gilt besonders für den zweiten Teil. Homunculus, an dessen Zustandekommen Mephisto mitgewirkt hat - als Gehilfe Wagners -, ist keine absolut negative Figur. Wir werden noch darauf zu sprechen kommen. Und auch das Erscheinen Helenas und Euphorions, will sagen der Schönheit und der Poesie, ist nicht nur Spuk, sondern Hinweis auf die immer sich erneuernde Kraft der Dichtung. Der Trauergesang, den der Chor nach dem tödlichen Ikarusflug Euphorions singt, ist zugleich Trostgesang. Er steht im Widerspruch zu der arroganten Behauptung Hegels, mit der klassisch-antiken Dichtung sei die eigentliche klassische Dichtung überhaupt entschwunden und nur die Philosophie übriggeblieben. Ich zitiere die zwei letzten Strophen:

Doch du ranntest unaufhaltsam
Frei ins willenlose Netz,
So entzweitest du gewaltsam
Dich mit Sitte, mit Gesetz;
Doch zuletzt das höchste Sinnen
Gab dem reinen Mut Gewicht,
Wolltest Herrliches gewinnen,
Aber es gelang dir nicht.

Wem gelingt es? - Trübe Frage,
Der das Schicksal sich vermummt,
Wenn am unglückseligsten Tage
Blutend alles Volk verstummt.
Doch erfrischet neue Lieder,
Steht nicht länger tief gebeugt:
Denn der Boden zeugt sie wieder
Wie von je er sie gezeugt. (V. 9923ff.)

"Neue Lieder" ist das entscheidende Wort. Sie sind nicht von der Wiederkehr der griechischen Schönheit abhängig. *Jeder* Boden, d.h. jedes Land, kann sie erzeugen!

Wenn also Helena und Euphorion letzten Endes Hinweise auf die *ewige* Schönheit und die *ewige* Dichtung sind, so bedeutet dies, daß die griechische Mythologie so wenig absolute Bedeutung hat wie die christliche; ja, man darf behaupten, daß in diesem griechischen Bereich der Akzent *noch* mehr auf der *niederen* Mythologie liegt als im christlichen. Mit dem *Prolog im Himmel* und dem *Faust*-Schluß ordnet sich der *Faust*-Dichter wenigstens noch *formal* in das christliche Abendland ein. Der griechische Olymp dagegen spielt so gut wie keine Rolle. Die *Klassische Walpurgisnacht* schließt, wie schon ihr Name sagt, an die Walpurgisnacht im ersten Teil an und ist wie diese auch weithin grotesk gehalten oder jedenfalls märchenhaft, nicht in einem *höheren* Sinn mythisch. Sirenen, Greife, Pygmäen, Lamien bestimmen besonders im Anfang den Ton und mitten unter ihnen Mephistopheles, der nach diesen Gestalten greift, aber sich auf dem Brocken besser auskennt. Ein Beispiel: Mephistopheles ist von den Lamien gereizt; sie sagen:

> Was soll das lüsterne Geleier?
> Du bist ein miserabler Freier, (V. 7763f.)

Nun Mephistopheles:

> Die Kleine möcht' ich mir verpfänden ...
> Lacerte schlüpft mir aus den Händen!
> Und schlangenhaft der glatte Zopf.
> Dagegen fass' ich mir die Lange ...
> Da pack' ich eine Thyrsusstange,
> Den Pinienapfel als den Kopf!
> Wo will's hinaus? ... Noch eine Dicke,
> An der ich mich vielleicht erquicke;
> Zum letztenmal gewagt! Es sei!
> Recht quammig, quappig, das bezahlen
> Mit hohem Preis Orientalen ...
> Doch ach! der Bovist platzt entzwei! (V. 7773ff.)

Man muß sich auf diesen *niederen* Stil einstellen, wenn man den *Faust*, besonders den zweiten Teil, richtig verstehen will und sich ja nicht eine Dichtung im Stil der *Iphigenie* vorstellen. Im weiteren Verlauf der *Klassischen Walpurgisnacht* hebt sich allerdings der Ton; denn nun gilt es, den III. Akt, die Helena-Tragödie, vorzubereiten und zugleich auf den Schluß des ganzen *Faust* - auf die ewige Liebe - vorauszudeuten. Zwar erscheint Aphrodite, die olympische Göttin der Liebe, nicht persönlich; aber eine Art Vertreterin von ihr, Galatea auf dem Muschelwagen in einer Bucht der Aegeis. Zu ihren Füßen zerschellt Homunculus, wobei sein Tod als Anfang seiner Verkörperung gilt, im Sinn des "Stirb und Werde", das Goethe in dem Gedicht *Selige Sehnsucht* gelehrt hat. Bei Gelegenheit dieses Opfertods werden sogar die Sirenen, die zu den niederen mythologischen Wesen gehören, hochpathetisch (:

> Welch feuriges Wunder verklärt uns die Wellen,
> Die gegeneinander sich funkelnd zerschellen?
> So leuchtet's und schwanket und hellet hinan:
> Die Körper, sie glühen auf nächtlicher Bahn,
> Und ringsum ist alles von Feuer umronnen;
> So herrsche denn Eros, der alles begonnen! (V. 8474ff.)

Es folgen ein paar Heilrufe auf das Meer und die anderen Elemente. Goethe soll an das Meeresleuchten gedacht haben. Nun, es ist der Schluß des II. Akts.

Da muß etwas getan werden im Sinn des Theaterdirektors, der im *Vorspiel auf dem Theater* mahnte, die Prospekte und die Maschinen *nicht* zu schonen. Lichteffekte sind für Goethe immer wichtig, und zugleich ist das Licht ein zentrales altes Symbol für alles, was in die Höhe führt.) Wenn man aber meint, der folgende Helena-Akt mit seiner symbolischen Vermählung von nordischer Kraft und südlicher Schönheit und mit seinem Chor sei immer feierlich und monumental, so täuscht man sich sehr. Die erste Begegnung von Faust und Helena ist zwar lyrisch gehalten, feierlich. Aber der Chor kommentiert sie respektlos, er kennt Helena:

> Fraun, gewöhnt an Männerliebe,
> Wählerinnen sind sie nicht,
> Aber Kennerinnen. (V. 9393ff.)

Es folgt ein kurzer Augenblick der erotischen Begegnung zwischen Faust und Helena:

> HELENA. Ich fühle mich so fern und doch so nah,
> Und sage nur zu gern: Da bin ich! da!
> FAUST. Ich atme kaum, mir zittert, stockt das Wort;
> Es ist ein Traum, verschwunden Tag und Ort.
> HELENA. Ich scheine mir verlebt und doch so neu,
> In dich verwebt, dem Unbekannten treu.
> FAUST. Durchgrüble nicht das einzigste Geschick!
> Dasein ist Pflicht, und wär's ein Augenblick. (V. 9411ff.)

Das ist alles! Denn schon kommt Phorkyas, d.h. Mephistopheles, "heftig eintretend", wie es heißt. Er spottet über das "Liebeln" und ruft zum Kampf gegen Menelas, der seine Frau holen will. Schon die Worte der Helena verraten Zweifel an ihrer Existenz, so daß Faust sagen kann: "Dasein ist Pflicht". Im Grunde ist sie nur ein Spuk.

Wir dürfen keinen Augenblick vergessen. daß alles ein Zauberstückchen ist und daß es nur darauf ankommt, was Helena *bedeutet*. Sie bedeutet die klassische Schönheit. Darauf wird immer wieder hingewiesen und auch von Euphorion, ihrem Sohn, heißt es direkt:

> Heilige Poesie,
> Himmelan steige sie!" (V. 9863f.)

Es genügt also nicht, wenn wir im *Faust* von Symbolik sprechen (Emrich). Die begrenzte Rebarockisierung, die wir im *Divan* feststellen mußten, zeigt sich im *Faust* darin, daß *ganz offen* auf die *Allegorie* zurückgegriffen wird. Man hat dies lange als Nachteil betrachtet oder verschämt verschwiegen. Aber zu beidem ist kein Grund. - In einem Drama, in dem nicht vom einzelnen Menschen, sondern von dem Menschen die Rede ist, von *dem* Menschen, der sich mit den überindividuellen Mächten und Werten auseinandersetzen muß, in einem solchen Drama sind Allegorien, d.h. personifizierte Begriffe ganz und gar nicht erstaunlich. Besonders der I. Akt des II. Teils empfiehlt sich in dieser Hinsicht zum Studium. Nach den Gärtnerinnen, Grazien, Parzen und Furien, die ja alle schon etwas bedeuten, was sich zur Not auf einen Begriff bringen läßt, erscheinen plötzlich die drei Begriffe Furcht, Hoffnung und Klugheit. Es folgt Zoilo-Thersites, der alles schlecht macht. Als der Knabe Wagenlenker mit Plutus kommt, weiß der Herold nicht, wer das ist. Aber der Knabe Wagenlenker tadelt ihn:

> Denn wir sind Allegorien,
> Und so solltest du uns kennen. (V. 5531f.)

Offenbar ist das doch nicht mehr so selbstverständlich, denn sonst müßte man es nicht *sagen*. Im Barock sagt man nicht: Jetzt kommen die Allegorien, sondern sie *kommen* einfach. Durch die Erinnerung an die alte Allegorie kommt etwas Ironisches in die Szene. Aber die Entwertung geht nicht so weit wie bei der Mythologie; denn die Aufklärung und sogar noch Winckelmann hatten die Allegorie ausdrücklich gerechtfertigt [!]. Im IV. Akt beim Auftreten der drei Gewaltigen betont Goethe sogar die Beliebtheit der Allegorie:

> Und, allegorisch wie die Lumpe sind,
> Sie werden nur um desto mehr behagen. (V. 10329f.)

Das ist ein Beleg dafür, daß die Allegorien immer noch beliebt sind! Die Allegorie ist, genau besehen, moderner als die Mythologie. Es läßt sich nicht leugnen, daß Begriffe etwas für uns bedeuten, wenn auch ihre Personifikation altmodisch erscheint.

> Plutus, des Reichtums Gott genannt!
> Derselbe kommt in Prunk daher,

Der hohe Kaiser wünscht ihn sehr. (V. 5569f.)

so stellt der Knabe Lenker den Begriff vor und dann sagt er von sich selbst:

Bin die Verschwendung, bin die Poesie;
Bin der Poet, der sich vollendet,
Wenn er sein eigenst Gut verschwendet. (V. 5573ff.)

Später bestätigt im Plutus:

Du handelst stets nach meinem Sinn,
Bist reicher, als ich selber bin. (V. 5624f.)

Damit will der Dichter des armen Weimar natürlich sagen, daß die Dichtung für einen Hof noch wichtiger ist als der Reichtum.

Aber interessant bleibt die Verbindung der beiden Begriffe Reichtum und Poesie. Sie entspricht der barocken Vorstellung, wonach der Hof in erster Linie nach seiner künstlerischen Prachtentfaltung zu bewerten ist. Der Knabe Lenker deutet voraus auf Homunculus, Helena und Euphorion, während Plutus [!] wieder ganz verschwindet. *Die Schönheit und die Dichtung haben also in diesem klassisch-romantischen Drama das Übergewicht über dem Materiellen.* Das zeigen die leitenden Allegorien. Das war es, was Heine meinte, wenn er von der verflossenen Kunstperiode sprach und in Goethe ihren Repräsentanten erblickte. Aber daß Plutus überhaupt erscheint, verrät Goethes Wirklichkeitssinn, zumal da er einen ganz bestimmten Finanztrick damit meint, einen sehr beliebten faulen Zauber schlechter und verschwenderischer Regierungen, nämlich die Ausgabe ungedeckten Papiergelds. Das Papiergeld bewirkt eine Scheinblüte der Wirtschaft und paßt daher gut zu dem Mummenschanz, zu dem Karneval, der dem Kaiser am wichtigsten ist und in der ersten Erscheinung von Helena ihren Höhepunkt findet, der freilich gleich zu einer der vielen Katastrophen im *Faust* führt, weil Faust sich nicht beherrschen kann und handgreiflich wird, so daß Helenas Bild wieder verschwindet.

Zusammenfassend läßt sich zu dem Punkt Symbol, Mythologie, Allegorie etwa folgendes sagen: Die Mythologie dient auf weiten Strecken der Buntheit des Theaters, besonders des komischen und grotesken Theaters. Sie kann aber auch den höheren Sinn des Zauberspiels symbolisieren und es so in die Nähe des Mysterienspiels bringen. Der Rückgriff auf die Allegorie bewirkt, daß die Bildlichkeit nicht vollkommen mysteriös bleibt, sondern dem aufmerksamen Leser doch einige *Begriffe* klar werden. Man hat zunächst vermutet, daß Goethe den Leser mystifizieren, d.h. wie im *Märchen* bewußt an der Nase herumführen wollte. Das ist falsch [!]. Aber *daß* Goethe mit Hilfe der Zaubermotive und unbekannter mythologischer Begriffe ein geheimnisvolles Dunkel bewirken wollte, ist sicher anzunehmen; denn auch die Sprache ist oft absichtlich rätselhaft und abstrahierend. Es soll eine Stilsphäre geschaffen werden, die aus dem Alltag, aus den realen Verhältnissen des menschlichen Lebens entschieden *herausführt*. Der *Prolog im Himmel* und der Schluß des Dramas, der Epilog im Himmel heißen könnte, sind also keine stillosen Zutaten - so etwas gibt es gleichzeitig bei dem unsicheren Poeten Immermann -, *sondern*: dem himmlischen Rahmen entspricht im *Faust* überall ein Drama, das in übermenschlichen Sphären spielt oder wenigstens transparent gegenüber dem Transzendenten ist. Wer sich realistisch einstellt, wie die Interpreten in der zweiten Hälfte des 19. Jahrhunderts, steht dem Werk vollkommen ratlos gegenüber. Damals haben nicht einmal Interpreten ersten Rangs wie F. Th. Vischer *Faust* II verstanden.

Gattung

Die nächste Frage ist nach dem Gesagten rascher zu beantworten: Zu welcher *Gattung* der Poesie gehört der *Faust*? Wir lassen vorläufig die Bezeichnung, die Goethe selbst dem *Faust* gegeben hat, beiseite. Er sprach von Tragödie. Aber wir wissen schon, daß dies bei Goethe ein sehr weiter Begriff ist und die Versöhnung *einschließt*. Außerdem kann man das Gemeinte erst richtig verstehen, wenn man nach der Idee des Ganzen fragt, und das wollen wir immer noch *nicht* tun.

Geht man unbefangen von der Form und Sprache aus, so wie sie sich in allen Teilen des *Faust* darbieten, so wird man zuerst an den romantischen Begriff der *Universalpoesie* denken. Er wurde in der Zeit geprägt, da Goethe die Arbeit am *Faust* wieder aufnahm, und zwar von F. Schlegel, der Goethe damals überschwenglich huldigte. Universalpoesie meint zunächst einmal die Kombination der verschiedenen Kunst- und Dichtungsgattungen.

Faust ist auf alle Fälle keine Tragödie im *klassischen* Sinn. Wir sind wiederholt auf lustspielhafte oder sogar parodistische und groteske Elemente gestoßen, nicht nur in der Peripherie, sondern im Zentrum des Werks. Ich gebe dazu noch einmal ein Beispiel. Am Ende des Dramas wartet Mephistopheles darauf, daß die Seele Fausts aus seinem Körper fährt und er sie schnappen kann. Aber sie rührt sich nicht. Mephistopheles klagt darüber, daß heutzutage alles ganz anders ist als früher. Inzwischen kommen die himmlischen Heerscharen unter anderem junge, sehr schöne Engel, "allerliebste Jungen", wie Mephistopheles sagt. Er vergafft sich in die Engel, der dumme, alte Teufel und in diesen Augenblicken holen sich die himmlischen Heerscharen die Seele Fausts, oder vielmehr Fausts "Unsterbliches". Die Abstraktion ist sehr wichtig, wie wir noch sehen werden.

Müller-Seidel hat über diesen Komplex des Lustspielhaften im Faust einen gründlichen, vollständig informierenden Aufsatz geschrieben: *Komik und Komödie in Goethes Faust*. Der Schiller-Spezialist Müller-Seidel betont vor allem die Lustspieltheorie der Klassiker. Lustspiel als die reinere ästhetische Form. Diese Theorie macht verständlich, daß der Klassiker Goethe den tragisch-komischen Mischstil wieder aufnahm und das Komische sogar *verstärkte*. Aber ursprünglich stammt der Mischstil aus dem Sturm und Drang. Er ist schon im *Urfaust* ausgeprägt. Weiter zurück führt die Tradition zu Shakespeare und zum geistlichen Spiel des Mittelalters. Ich erinnere nur an die komische Krämerszene in den Osterspielen. Ich würde daher den Begriff Mysterienspiel nicht ohne weiteres ablehnen. *Faust* I und II wurden in einem Zeitalter des Mittelalter-Kults vollendet oder wie die Engländer sagen, der Neugotik. Goethe liefert sich dem Mittelalter-Kult nicht *aus*, aber er nimmt ihn, wie er es immer tut, der Konkurrenz, in diesem Fall der Romantik, *aus der Hand* und verbindet ihn mit seinem Kult des Griechentums. Das zeigt die Helena-Tragödie (III. Akt des II. Teils) eindeutig. Sie verbindet ganz bewußt Gotisches und Antikes.

Katharina Mommsen spricht von einem Zauberspiel, weil sie von *1001 Nacht* herkommt. Das ist, vom Christentum her gesehen, richtiger. Aber Goethe versucht ja durchaus auch, *religiöse* Fragen zu beantworten. Ich hätte also gegen den Begriff Mysterienspiel nichts einzuwenden. Daß es ein modernes ist, ein ganz und gar modernes, ist bei einem Dichter vom Rang Goethes klar.

Aber wir verwenden ja immer wieder alte Begriffe, z.B. die antiken, für moderne Dichtungen, Komödie, Tragödie. Ich kann der griechischen Antike hinsichtlich der Poetik keinen Vorrang geben. Ich meine, das *geht* nicht mehr. Deshalb können wir noch Mysterienspiel als allgemeinen Begriff verwenden.

Zum Begriff Universalpoesie passen die religiösen Motive gut; denn Religion ist für die Romantiker vor allem *Poesie*. Für Novalis sind auch die Monarchie, der Adel, die Geschichte und nicht zu vergessen der Krieg Poesie, ebenso die Natur. Bei F. Schlegel wäre an den wichtigen Begriff der Poesie als Mythologie zu erinnern. Alles das kommt im *Faust*, Teil I und II, vor: die Kirche, die Hexenküche, der Kaiser, die gotische Burg, die Schlacht, Elementargeister aller Art und auch antike Geister und das alles überwölbt von einem Himmel, in dem die Mater gloriosa regiert.

Hinsichtlich der Mischungen der Kunstgattungen wäre noch nachzutragen die reichliche Verwendung der Musik, das Opernhafte. In der Betonung dieser Sphäre sind sich Schiller und die Romantik ebenso wie in der Betonung des Lustspiels *einig*. Ich gebe nur *ein* Beispiel. Nach der gewonnenen Schlacht gegen den Gegenkaiser, die Faust zum Herrn des Strandes, zu einem Fürsten macht, folgt die Regiebemerkung: "Kriegstumult im Orchester, zuletzt übergehend in militärisch heitre Weisen." Die Musik wird also auch symbolisch eingesetzt, hier zur Verdeutlichung des Siegs und so immer wieder. Wie stark der *Faust*, von Gretchens Monologen bis zum Lied des Türmers Lynkeus, *lyrisch* ist, brauche ich wohl nicht zu beweisen. Das fällt jedem auf. Das Türmerlied ist sogar in die Gedichtsammlungen eingegangen, wegen des Schlusses vor allem, der auch für die Gehaltsinterpretation wichtig ist:

> Es sei wie es wolle,
> Es war doch so schön! (V. 11302f.)

In der Regiebemerkung heißt es übrigens "Lynkeus der Türmer auf der Schloßwarte, singend". Von großer Wichtigkeit ist auch der Glockenklang. Glockenklang rettet Faust im Anfang des Dramas vor dem Selbstmord. Am Ende des *Faust* kann er das Glöckchen der Kapelle, die neben seinem Palast steht, nicht hören. Diese Aversion führt zu vorschnellen Befehlen an Mephistopheles, zum Untergang des idyllisch-frommen Paares Philemon und Baucis und damit zum erneuten Scheitern des großen schöpferischen Geistes. Sie sehen an dieser Stelle wieder die enge Verbindung des Christlichen und Antiken. Philemon und Baucis stammen aus der Antike. Voß hatte darüber eine Idylle geschrieben, die jeder kannte. Goethe macht die beiden, völlig im Geist des Biedermeiers, zu frommen Christen.

Sprache

Zur Sprache des *Faust* möchte ich nur eine allgemeine Bemerkung machen, da sie natürlich nicht nur von Stilschicht zu Stilschicht, sondern auch von Lebensepoche zu Lebensepoche wechselt. Worauf es Goethe im *Faust* ankommt, ist, auch *sprachlich* gesehen, nicht so sehr die Vollendung als der Reichtum. Die Perfektion ist in der *Iphigenie*, im *Tasso* oder in *Hermann und Dorothea*, von einzelnen *lyrischen* Gedichten gar nicht zu reden, *größer*. Man findet auch im *Faust* die souveräne Nachlässigkeit, welche Dichter wie Hölderlin oder Stefan George *nicht* kennen, die aber z.B. im *Divan* zu betonen war.

Dies gilt besonders für den II. Teil, der in der Hauptsache zu einer Zeit entstand, da die Beweglichkeit der deutschen Sprache durch die Indogermanistik und Germanistik unerhört erweitert worden war. Durch die Lehre, es komme nur auf die Stämme an, war die Wortbildung außerordentlich kühn, bei kleineren Dichtern wie Rückert übrigens noch kühner als bei Goethe, der in allen Dingen noch das Maß des 18. Jahrhunderts bewahrte. Daß die *komischen* Sprachschichten besonders frei sind, ist seit Aristophanes eine Selbstverständlichkeit (Nestroy!). So sagt etwa Proteus, dem sich Goethe in seiner Eigenschaft als Chamäleon verwandt fühlt, in der *Klassischen Walpurgisnacht*:

> So etwas freut mich alten Fabler!
> Je wunderlicher, desto respektabler. (V. 8225f.)

Man braucht die Neubildung Fabler nur *voran*zustellen, dann wirkt der Reim nicht mehr *gesucht*. Auch im ernsten Stil bedient sich Goethe ganz ungeniert der neologistischen Mode. So begrüßt z.B. die alte Baucis einen Gast mit folgenden Worten:

Lieber Kömmling! Leise! Leise!
Ruhe! laß den Gatten ruhn! (V. 11059f.)

Im Personenverzeichnis heißt der Gast Wandrer. Goethe hätte ebenso gut dichten können: "Lieber Wandrer! Leise! Leise!" Aber es macht ihm Spaß, auch in diese heitere Stelle mit Hilfe der Neubildung ein wenig Geheimnis hineinzubringen, ein bißchen Zauber.

Man darf manchmal auch ganz einfach von einer gewissen Nachlässigkeit, welche die Zeit erlaubte, sprechen. So sagt z.B. der Pater Seraphicus in der letzten Szene des *Faust*, d.h. also in der allerhöchsten Stilschicht:

Das sind Bäume, das sind Felsen,
Wasserstrom, der abestürzt
Und mit ungeheurem Wälzen
Sich den steilen Weg verkürzt. (V. 11910ff.)

Das Wörterbuch Paul-Betz erklärt dieses abestürzen als Archaismus, mhd. gibt es ab und abe. Ich bin eher geneigt, hier eine Einmischung des Dialektes zu sehen; denn im Süddeutschen gibt es ja dieses abe noch, und Goethe erlaubt sich *überall* Nachlässigkeiten. So reimt z.B. der Doctor Marianus ganz am Schluß, also in *noch* höherer Stilebene "erbötig" auf "gnädig". Ich zitiere die Stelle, weil sie uns zugleich den besten Übergang zur Gehaltsinterpretation oder, sagen wir besser, zu einem kurzen *Versuch* der Gehaltsinterpretation bietet.

DOCTOR MARIANUS. Blicket auf zum Retterblick,
Alle reuig Zarten,
Euch zu seligem Geschick
Denkend umzuarten.
Werde jeder beßre Sinn
Dir zum Dienst erbötig;
Jungfrau, Mutter, Königin,
Göttin, bleibe gnädig! (V. 12096ff.)

Gehalt

Was an diesen Versen auffällt, ist besonders das Wort Göttin. Sie sehen: nicht einmal die Mutter Gottes wird von der Tendenz verschont, Antike und Christentum, Klassik und Romantik zu *verbinden*. Durch dieses Wort Göttin gerät auch das Wort Mutter ins Schwimmen. Wir erinnern uns daran, daß die Mütter, zu denen Faust vor der Beschwörung Helenas hinabstieg, Göttinnen genannt wurden. Im Griechischen gibt es den Kult der μεγάλη μήτης, der großen Mutter. Vielleicht ist auch davon etwas hineingeheimnist. Hederichs *Gründliches mythologisches Lexikon*, Goethes mythologische Hauptquelle, kennt schon die μεγάλη μήτης. Die Theologen nennen eine derartige

Mischung der Religionen abwertend Synkretismus. Nun hat aber auch die katholische Kirche sehr viel von der antiken Religion bewahrt. Man sollte also vorsichtig sein, ehe man den Synkretismus verurteilt.

Einig ist man sich wohl darin, daß sich Goethe von seinem angestammten lutherischen Bekenntnis weit entfernt hat. (Ich erwähne nur als Beispiel das gute Buch von Wilhelm Flitner: *Goethe im Spätwerk*, 1947.) Luther hat in erster Linie den Glauben betont, nicht die Werke. Faust bleibt aber bis zuletzt *ungläubig*. In der Abneigung gegen die Pfaffen ist er sich mit Mephisto einig. Der IV. Akt endet mit der derben Karikatur eines Erzbischofs. Noch als die Sorge, wieder eine Allegorie, zu Faust gekommen ist, als Vorbotin des Todes, ist sein Diesseitsglaube ungebrochen:

> Der Erdenkreis ist mir genug bekannt,
> Nach drüben ist die Aussicht uns verrannt;
> Tor, wer dorthin die Augen blinzelnd richtet,
> Sich über Wolken seinesgleichen dichtet!
> Er stehe fest und sehe hier sich um; (V. 11441ff.)

Als Faust von der Sorge geblendet wird, gibt er immer noch nicht auf:

> Die Nacht scheint tiefer tief hereinzudringen,
> Allein im Innern leuchtet helles Licht;
> Was ich gedacht, ich eil' es zu vollbringen; (V. 11499ff.)

Unmittelbar vor seinem Tod entwirft er noch den Plan, ein Sumpfland austrocknen zu lassen. Er hat der Magie ausdrücklich entsagt. In seiner letzten Lebensepoche heißt das der Magie der *Herrschaft*. Deshalb träumt er *jetzt* davon,

> Auf freiem Grund mit freiem Volke [zu] stehn. (V. 11580)

Man mag dies als eine Anspielung auf die Utopie der *Wanderjahre* verstehen. Auch Faust ist ja zuletzt ein Kolonisator. Jedenfalls ist sein Blick bis zuletzt auf die *Wer*ke gerichtet, also gerade auf das, was Luther, im Gegensatz zur katholischen Kirche, für etwas Sekundäres hielt.

Ob diese Werke Bestand haben, ist dabei von untergeordneter Bedeutung. Es heißt nicht, wer etwas *geleistet hat*, wer große Schöpfungen vollbracht *hat*, werde erlöst, sondern:

> Wer immer strebend sich bemüht.

Hier ist der Ort, an die *Tragödie* Fausts zu erinnern. Man hat früher den *Faust* ganz naiv neben den *Wilhelm Meister* gestellt und von einem Entwicklungsdrama gesprochen. Wenn Faust ein Ebenbild des großen Dichters Goethe und, darüber hinaus, des deutschen Volks war, dann mußte er ja eine Entwicklung zu einer immer großartigeren Gestalt darstellen. Ab und zu passiert ihm ein Mißgeschick, nun ja, wie dem Dichter Goethe und den Deutschen auch; aber schließlich hatte man ja von Nietzsche gelernt, daß Übermenschen und Herrenvölker jenseits von Gut und Böse stehen *müssen*. So genau darf man es bei Genies und genialen Völkern nicht nehmen. Oft betrachtete man Faust sogar als Repräsentanten des Abendlands, das sich im 19. Jahrhundert ja auch nicht zuletzt mit der Kolonisation beschäftigte, - mit dem Imperialismus.

Am Ende dieses deutschen und europäischen Wegs, d.h. vor allem nach der Hitlerzeit, sah man sich den *Faust* etwas genauer an. Es war ja nun auch das Zeitalter der Interpretation, das nicht so schlecht war, wie die heutigen Kritiker von Staiger oder von Wiese meinen, noch ehe sie auch nur *etwas* Vergleichbares auf die Beine gestellt haben. Man erkannte, daß *Faust* kein Entwicklungsdrama ist, wozu Kontinuität gehören würde, sondern ein Stationendrama und zwar so, daß jede Station mit einer Katastrophe endet, mit einer Desillusion oder sogar mit einer brutalen Tat.

Das Verhältnis mit Gretchen macht das Mädchen zur Verbrecherin und führt zur Hinrichtung. Eine Stimme von oben ertönt bereits: "Ist gerettet", womit ein Übergang zum Schluß des II. Teils gegeben ist; aber was liegt *dazwischen*?

I. Akt des II. Teils: Der Kaiser wird mit Hilfe des Papiergelds betrogen und, wie wir im IV. Akt erfahren, in eine fast ausweglose Staatskrise getrieben.

II. Akt: Faust tritt etwas in den Hintergrund. Sein akademischer Nachfolger Wagner und vor allem Mephistopheles in den Vordergrund. Diese beiden haben den Homunculus produziert, d.h. einen künstlichen Menschen, eine *Geistesgeburt*. - Man darf dabei nicht in erster Linie an die Technik denken, an Roboter usw., sondern, wie gesagt, an die *bloße* Geistesgeburt, der zum Leben der Körper fehlt. Goethe hat einmal gesagt, Homunculus sei eine Entelechie, die zur Verkörperung dränge. Mit Hilfe dieses Begriffs hat man versucht, Homunculus aufzuwerten, zuletzt Katharina Mommsen in dem erwähnten Buch. Ich bin geneigt, diese Geistesgeburt mit der Baccalaureusszene, d.h. mit der Idealismuskritik Goethes in Zusammenhang zu bringen; denn der Ton ist zunächst ebenso satirisch.

Homunculus: das ist meines Erachtens die junge idealistische Generation, *die nichts als Geist hat*, nichts als reden und hochfliegende Projekte schmieden kann. Für Goethe, den Realisten, ist das zu *wenig*, ja geradezu etwas Diabolisches, "Lügengeist". Wenn trotzdem Homunculus am Ende des II. Akts in gewisser Weise gefeiert wird, dann nur deshalb, weil er in seiner Begeisterung für das Meer und die Meergöttin Galatee *untergeht*. Ein solches Schicksal - Goethe mochte an Geistesgrößen wie Hölderlin, Novalis und Kleist denken - kann nicht lächerlich gemacht werden. Es verlangt Respekt und bedeutet vielleicht für die Zukunft etwas. Der Entelechie steht ein unendlicher Weg *bevor*.

III. Akt: Helena-Tragödie. Der nordisch-mittelalterliche Faust vermählt sich mit der griechisch-antiken Helena, der klassischen Schönheit, und erzeugt Euphorion, die verschwenderische Poesie. Aber auch Euphorion geht zugrunde, denn: Der Sohn der antiken Schönheit - der Klassizist und Philhellene - ist so wenig lebensfähig wie Homunculus. Mit Euphorion verschwindet auch Helena wieder in den Orkus. Goethe hat in diesem Fall selbst den Dichter genannt, an den er in erster Linie dachte und den er in gewisser Weise als Nachfolger anerkannte und entsprechend betreute: Lord Byron. Goethe hatte als Empirist eine große Schwäche für die Engländer und Amerikaner, und er empfing sie oft in Weimar. Aber bei Lord Byron entdeckte er eine Verwandtschaft mit dem faustischen Geist der Deutschen.

Das Hauptkennzeichen dieses Geistes - das läßt sich aus dem Text beweisen - ist die Ungeduld, die Unfähigkeit zur beharrlichen und bescheidenen *Realisierung* der Ideen und Projekte. Man wirft die Projekte gleich wieder hin, wenn sie nicht so leicht zu verwirklichen sind, wie man träumte.

IV. Akt: Der Kaiser in einem hoffnungslosen Kampf mit dem Gegenkaiser, den die Pfaffen aufstellten. Mephisto verschafft ihm mit Hilfe seiner Geister den Sieg, - allerdings doch wieder unter der Fuchtel der Kirche, die seinen Bund mit dem Satan ausnützt. - Das ist nicht gerade eine Tragödie, aber eine Tragikomödie.

V. Akt: Faust ist zum Herrn über die Küstenstriche des Kaiserreichs ernannt worden und hat aus dem Meer ein großes Land gewonnen. Er thront im ersten Palast. Aber der Hügel, auf dem das Häuschen von Philemon und Baucis liegt und wo das Glöckchen der Kapelle läutet, erregt seine Ungeduld. Gerade dort muß sein Luginsland sein! Durch einen unüberlegten, wieder einmal *ungeduldigen* Befehl an Mephisto werden Philemon und Baucis nicht umgesiedelt, wie ursprünglich beabsichtigt, sondern von Mephisto und seinen Leuten in ihrem Häuschen kurzerhand *verbrannt*. Faust ist verantwortlich; denn er mußte ja Mephisto kennen. Der Vorfall ist ihm jedoch nur für einen Augenblick verdrießlich. Keine Reue, keine Bekehrung, immerhin der Entschluß, die Magie von seinem Pfad zu entfernen und nichts mehr als ein *Mensch* zu sein.

Man beachtet heute zu wenig, daß es nicht das Gleiche ist, ob man ein Mädchen zugrunde richtet oder dem Meer Land abgewinnt. Goethe hat auf dieses Höhersteigen Fausts großen Wert gelegt. Es gibt klare Äußerungen darüber... "Steigerung"! *Trotzdem endet auch dieser Plan mit einer moralischen und physischen Katastrophe.* Mephisto sagt, das Meer werde das Land wieder verschlingen. Noch schwerer wiegt das Verbrechen an Philemon und Baucis. Bei einem Entwicklungsdrama wäre eine so brutale Tat am Ausgang des Dramas ganz unmöglich. Mephisto zieht nach Fausts Tod folgendes Fazit aus Fausts Leben; er meint damit den Menschen überhaupt:

> Was soll uns denn das ew'ge Schaffen!

> Geschaffenes zu nichts hinwegzuraffen!
> "Da ist's vorbei!" Was ist daran zu lesen?
> Es ist so gut, als wär' es nicht gewesen,
> Und treibt sich doch im Kreis, als wenn es wäre.
> Ich liebte mir dafür das Ewig-Leere. (V. 11598ff.)

Goethes Äußerungen über die Geschichte der Menschen sind oft ebenso skeptisch wie diese Worte des Mephistopheles. Goethe ist kein solcher Narr wie Faust, der von Illusion zu Illusion taumelt. Er weiß schon früh Bescheid. Er zweifelt am Fortschritt in der Geschichte. Er hat seinen Voltaire gelesen. Trotzdem gibt er sich dem Nihilismus, mit dem er von *Werthers Leiden* bis zu diesem Fazit Mephistos zu tun hatte, *nicht* hin. Man muß es trotzdem versuchen. Man darf es nie aufgeben, *man muß hoffen*. Hoffnung ist eines seiner Urworte.

Im Himmel des *Faust*schlusses gibt es keinen Weltenrichter. Es gibt nur die Jungfrau, Mutter, Königin, Göttin mit den himmlischen Heerscharen. Das heißt: Es gibt nur die Liebe. Von der Liebe ist im Faustschluß *fortwährend* die Rede. Der ganze mythologische Apparat ist nur Symbol für *sie*. Im Grunde ist auch dieser Schluß allegorisch und nichts weiter als ein Ausdruck für den Willen zur Bejahung, den wir bei Goethe immer wieder als grundlegend und, ich glaube, als bewundernswürdig kennengelernt haben.

Die Welt muß trotz der schreckenerregenden Gestalt, in der sie oft oder normalerweise erscheint, *gut* sein. Sie als sinnlos abzutun, als das "Ewig-Leere", wie Mephistopheles sagt, wäre undankbar, unweise, ja diabolisch. Die Welt, die ganze Welt muß etwas Positives sein; man kann sie nicht, wie die Einzelheiten in ihr, *verneinen*. Die Bejahung, zu der Goethe gelangt, ist mühsam und trotz der Bemühung, sie möglichst sinnlich zu machen, reichlich *abstrakt*. Begriffe wie "Fausts Unsterbliches" oder "das Ewig-Weibliche" verraten keine poetische Schwäche, sondern sie sind um der Wahrhaftigkeit willen *notwendig*. Sie sollen andeuten, daß das Göttliche und Letzte in persönlicher Gestalt *nicht mehr möglich ist*.

Goethe sagt es noch nicht mit solcher Deutlichkeit wie Rilke in den *Duineser Elegien*. Er verhüllt es mit mythologischen Symbolen, damit seine frommen Zeitgenossen die von ihnen gewünschte Poesie der Religion nicht vermissen und *auch* etwas haben. Er unterscheidet in seinen Äußerungen solche, die sich an die bunte Erscheinung halten, von *den* Worten, die für die "Eingeweihten" bestimmt sind. Für die Eingeweihten sind nicht die himmlischen Heerscharen, sondern die Abstraktionen, die neutralen Begriffe. Der entscheidende Punkt ist, daß an die Stelle des Ewig-Leeren, das Mephistopheles verkörpert, das Ewig-Weibliche, will sagen die Liebe, in allen ihren Stufen, und damit ein positiver Sinn der Welt und unseres Lebens tritt. Dieser Glaube an den positiven Sinn der Welt - diese Absage an Weltschmerz und Nihilismus - ist Goethes wichtigstes Vermächtnis.

Nachwort

Mit einer angemessenen Goethe-Charakterisierung hat es ihre besonderen Schwierigkeiten. Es gibt kaum einen zweiten deutschen Schriftsteller, der sich einer formelhaften Erfassung so vehement widersetzt. Erfährt dies schon der Spezialist, weil er beim langjährigen Eindringen in diesen literarischen Kontinent immer noch auf unbetretene Gebiete stößt, um so mehr der Anfänger, der dem Autor zum erstenmal begegnet, der aber - zweieinhalb Jahrhunderte nach Goethes Geburt - mit Recht erwartet, daß ihm der Zugang leichter fallen sollte als den Zeitgenossen. Bringen wir die wichtigste Alternative ohne Umstände auf den Punkt: War Goethe nichts als ein Chamäleon, ein Proteus, der sich in seiner Vielgestalt erschöpfte, oder überwiegen die Konstanten und Verbindungslinien, um von einer festumrissenen, einheitlichen Erscheinung sprechen zu können? Kontinuität oder Wandel, Einheit oder Zerrissenheit? Um eine einigermaßen ausgewogene Antwort geben zu können, sind die Argumente für die gegensätzlichen Goethe-Bilder zu erörtern, angeleitet und angeregt durch die Gesamtdarstellung des bedeutenden Goethespezialisten Friedrich Sengle (1909-1994), eine hier zum erstenmal veröffentlichte Vorlesung.

Vielfalt als Reichtum

Für die These der Proteushaftigkeit spricht zuerst die außerordentliche Vielfältigkeit von Goethes Hauptwerken: Keines gleicht dem anderen, ein bunter Strauß in allen denkbaren Farbschattierungen. Goethe, der Mitbegründer des modernen Individualismus, übertrug das Prinzip der Individualität auch auf seine literarischen Arbeiten und gab ihnen ein jeweils unverwechselbares Profil. Es gibt Autoren, deren Texte ineinander übergehen, geradezu miteinander verschmelzen wie in der Romantik, im Impressionismus oder bei den Vertretern der Abstraktion. Auf Goethe trifft dieser Befund nicht zu, niemand wird Schwierigkeiten damit haben, Werke wie den "Götz von Berlichingen", "Egmont", "Iphigenie", "Tasso" oder den "Faust" sofort in ihrer Eigenart wahrzunehmen oder wiederzuerkennen. Goethe gleicht in dieser Hinsicht eher einem Maler wie Picasso, bei dem die außerordentliche Variationsbreite ebenfalls sofort ins Auge springt und bei dem die Feststellung eines Gesamtprofils ähnliche Schwierigkeiten bereitet.

Nehmen wir ein konkreteres Beispiel und vergleichen wir die im Abstand von über fünfzig Jahren erschienenen vier Romane. Der Verfasser scheint es darauf anzulegen, in Thematik und Form jeweils völlig neu anzusetzen. Ein zusammengehöriges Gattungsprofil ist nicht auszumachen. "Die Leiden des jungen Werthers" sind ein Briefroman, konzis im Umfang, empfindsam-enthusiastisch im Ton, dessen Protagonist mit seinem ersten Liebesunglück nicht fertig wird und der weder durch Religion noch durch Natur, Kunst oder Gesellschaft getröstet werden kann. Nur im Selbstmord glaubt er einen Ausweg finden zu können, Vorklang des modernen Nihilismus. Eine jugendliche Tragödie mit revolutionären Zügen. Das ganze Gegenteil der Ansatz von "Wilhelm Meisters Lehrjahren". Jetzt ein episch breit, betont nüchtern erzählter Bildungsgang, bei dem es zwar auch viele Um- und Irrwege gibt, der aber mit der Integration des Helden in einen humanitären Bund und in den Landadel endet. Wilhelm verzichtet auf den ästhetischen Sonderweg des Schauspielers und ordnet sich ein in den sozialen Gesamtzusammenhang seiner Zeit. Wieder sehr straff, ja geradezu dramatisch erzählt und akribisch durchgefeilt die "Wahlverwandtschaften". Goethe läßt die vier Hauptfiguren Schritt für Schritt ihre Bindungen lösen und neue Verbindungen eingehen, mit der Folge, daß der Konflikt zwischen Pflicht und Neigung grausame Opfer fordert. Ein tragischer Eheroman. Danach in "Wilhelm Meisters Wanderjahren" erneut ein Ausholen in epische Breite, hier sogar in gewagte Kompilationen von Einzelerzählungen, nur durch einen losen Rahmen zusammengehalten. Zwar knüpft Goethe im Personal an die "Lehrjahre" an, erweitert sie aber zu einem Gruppenroman mit prospektiven Zügen und entwirft eine kühne Utopie für die Zukunft von Bildung und sozialem Zusammenleben, die Entwicklung von Handwerk, Landwirtschaft und Industrie, nicht nur bezogen auf Deutschland, sondern auch auf das Weltganze. Einer der wichtigsten prognostischen Romane unserer Literatur. So unterschiedliche Romantypen finden sich kaum bei einem anderen Erzähler der neueren Zeit.

Goethes Werke waren so eigenartig und scharfumrissen, daß sie jeweils ganze Nachahmungsserien in Gang setzten. Der "Werther" eröffnete eine lange Folge von tragischen Liebesromanen bis hin zu Ulrich Plenzdorf, der "Götz" das historische Drama mit Massenszenen und den Strukturmerkmalen des epischen Theaters bis hin zu Brecht. "Claudine von Villa Bella" war das erste Räuberdrama in Deutschland. Mit dem "Tasso" begründete Goethe das moderne Künstlerdrama, mit dem "Wilhelm Meister" den Bildungsroman. Goethes autobiographische Gedichte wurden zum Modell für ein ganzes Jahrhundert von "Erlebnislyrik", der "West-östliche Divan" für eine lange Serie von orientalisierender Dichtung, die "Wahlverwandtschaften" für den tragischen Eheroman bis hin zu "Effi Briest", der "Faust" der Anreger für eine wachsende Flut von Gelehrten- und Deutschlandtragödien. Man könnte die Reihe noch fortsetzen. Friedrich Sengle registriert dieses Phänomen mit besonderer Aufmerksamkeit und würdigt die sich darin ausdrückende Pionierleistung. Schon in seiner Einleitung stellt er fest, daß

> Goethe zu allen Zeiten an der Front der geistigen und literarischen Entwicklung stand [...] er hatte immer ein Gespür für das, was in seiner Zeit fruchtbar war. *Er sah, woraus sich etwas machen ließ*. Er hatte ein Gespür für das Zeit*notwendige*. Und was in einer Zeit unbedingt notwendig ist, das hat meistens auch Zukunft (21f.).

Zur Wirkungsgeschichte der "Wahlverwandtschaften" heißt es später:

> Das Buch war einer der unerhörten Schläge, die Goethe tat, und zwar *ohne sich zu wiederholen* (248).

Es klingt paradox, entspricht aber den literaturhistorischen Tatsachen: Weil Goethes Werke so eigentümlich waren, eigneten sie sich so unwiderstehlich zur Nachahmung. Erst wenn man sich diesen Befund in seiner Breite klarmacht, versteht man konkret, warum dieser Autor eine so epochemachende Wirkung erreichte, eine Wirkung, die immer noch anhält, wenn sich die Schriftsteller heute auch eher von Goethe abzugrenzen, gegen ihn zu profilieren versuchen. Aber auch der Gegenentwurf und die Parodie weisen bekanntlich noch auf den Urheber zurück.

Friedrich Sengle gibt mehrere, sich ergänzende Erklärungen für die skizzierte Vielgestalt. Zunächst den individualpsychologischen Hinweis, daß Goethe seine Werke gern "organisch" wachsen ließ, daß er günstige Arbeitsstimmung benötigte und lieber abbrach, als sich klischeehaften Zwängen auszusetzen. Eine Ausnahme von dieser Regel gab es nur in der hochklassischen Phase (1789-1805), als sich der Autor aus noch zu besprechenden Gründen beim Aufbau und der Form seiner Werke strenger in die Pflicht nehmen ließ und vorübergehend auf den sonst betont zwanglosen Wachstumsprozeß verzichtete. Zwar unterwarf sich Goethe fast immer einem strengen Tagesrhythmus, wechselte aber gern das Tagespensum, um sich seine Freiheit zu erhalten. Undenkbar wäre es für ihn gewesen, sich auf Serienproduktionen einzulassen. Während er selbst Serien auslöste, hütete er sich bei der eigenen Arbeit vor der Reihenbildung. Als ein Verleger nach der Fertigstellung des "Götz" von ihm ein ganzes Paket von Geschichtsdramen in der Shakespeare-Nachfolge wünschte, lehnte er dankend ab. Das entsprach nicht seinem Arbeitsstil (95).

Es gab auch überindividuelle Gründe für die Vielfalt der Themen und Formen. Sengle kennt natürlich das Phänomen des Traditionsabbruchs in der Mitte des 18. Jahrhunderts, das Ende der Regelpoetik und Regelrhetorik. Seitdem mußte sich jeder Autor seinen eigenen Weg suchen.

> Es *gibt* keinen *Stil*, der verbindlich wäre. Es gibt nur verschiedene *historische Stilmöglichkeiten*, die man sich je nach Stimmung und Lage *anverwandelt*, aneignet. *Auf diese persönliche Aneignung kommt es diesem Dichter immer an* (83).

Mit der Flucht nach Italien und den damit verbundenen Abbrüchen im persönlichen, beruflichen und dichterischen Selbstverständnis wird die Wahlfreiheit noch radikaler. Sengle dazu:

> In dem italienischen Goethe zeigt sich zum erstenmal eindeutig die Möglichkeit eines Künstlers, der der konkreten Tradition der Gesellschaft entlaufen ist, der eine Größe für sich selbst sein will, eine eigene Welt. Er hat die Natur und er hat sich selbst und er hat jede Form der Geschichte, der er sich bedienen will; jetzt ist es noch die antike, bald ist es die englische, spanische, mittelalterliche, persische. Er kann sich auch der Form entschlagen und realistisch oder naturalistisch dichten. Aber das alles hat etwas von Willkür. Eine klare überpersönliche Tradition gibt es *nicht* mehr (156).

Bei dieser Situation war es keine Überraschung, daß seit 1750 die Stilentwicklung allgemein in Bewegung geriet und bis heute rasch wechselnde ästhetische Programme einander ablösten. Während das Barockkonzept noch länger als ein Jahrhundert gehalten hatte, folgten sich nun in kurzen Rhythmen immer neue Ansätze. Goethe hat vieles selbst angestoßen, aber keineswegs alles, weil es ihm - wie ersichtlich - mehr auf gelungene Einzelwerke als auf neue Programme ankam. Aber er hat an den wichtigsten Stilwechseln in der Zeit von 1767 bis 1832, begünstigt durch seine lange Lebenszeit, über 60 Jahre lang partizipiert. Von der Leipziger Anakreontik bis zum Weimarer Biedermeier lassen sich Spuren dieser Wandlungen beobachten. Goethe begann als Anakreontiker und Rokokodichter, beteiligte sich am Sturm und Drang, wendete sich zur klassischen und klassizistischen Form bis hin zu der Illusion, ein neuer Grieche zu sein. Nach 1800 befreiten ihn teils Schiller, teils die Romantik von diesem Wahn und regten ihn zu neuen Synthesen an. In der Einleitung resümiert Sengle die Anregungen, die Goethe der Romantik verdankte und die er in souveräner Weise in seine eigenen Werke integrierte (18ff.) Schließlich ließ sich Goethe noch von den jüngsten biedermeierlichen Ansätzen anregen: In der "Novelle" machte er die biedermeierliche Neigung zur

Legende produktiv, in den "Wanderjahren" das biedermeierliche Motiv der Entsagung. Mit diesen Werken stellte Goethe sich, meint Sengle, "wieder einmal der *Zeit*" und versuchte das aus ihr zu machen, "was ihm selbst möglich und bekömmlich erscheint. Diesmal ist es das Biedermeier" (254).

Diese Wandlungsfähigkeit und Offenheit resultierte schließlich auch aus Goethes Universalismus. Wer wie er daran festhielt, daß der anspruchsvolle Dichter weiterhin in allen Gattungen tätig sein müsse und daß sich Genialität erst dann erweise, wenn man auf möglichst vielen Gebieten Bedeutendes leiste, konnte und wollte sich nicht zum Spezialisten degradieren lassen. Aus dieser Haltung erklärt sich die Fülle von poetischen, aber auch prosaischen Formen, von Zentralwerken, die Goethe über Jahrzehnte hinweg in Atem hielten, und von Gelegenheitsarbeiten aller Art, die immer wieder dazwischen geschoben wurden. Was Goethe in seinen späteren Jahren mit dem Begriff der Weltliteratur in einen neuen Horizont stellte, verkörperte er selbst in gewissem Umfang, indem er stoffliche und formale Anregungen aus den wichtigsten Literaturen in die eigenen Werke übernahm und zu verarbeiten verstand.

Zum universalistischen Konzept gehörte damals noch der Anspruch, nicht nur als Mann des Geistes und der Dichtung, sondern auch als Naturwissenschaftler hervorzutreten. Die moderne Aufspaltung in die "zwei Kulturen" machte Goethe nicht mit, auch nicht die der Aufspaltung in Denken und Handeln. Bei ihm wirkte das Renaissance-Ideal noch weiter, daß ein Autor zusätzlich staatsmännisch wirksam werden müsse. Goethes Tätigkeit als Prinzenerzieher, dann als Weimarer Minister für sämtliche Geschäftsbereiche, einschließlich Finanzen und Militär, nach der Italienreise beschränkt auf die Bereiche Kunst und Bildung, das erklärt sich aus diesem universalistischen Konzept, das um 1800 natürlich nicht mehr ohne Konflikte durchzuhalten war. Schon die Zeitgenossen waren teils verblüfft, teils neidisch, daß noch einmal ein Mann von einer solchen Spannbreite unter ihnen auftreten konnte.

Bei der Beschreibung dieser ausgeprägten Individualität und verwirrenden Gestaltenfülle ist Friedrich Sengle, der führende Historiker unter den zeitgenössischen Germanisten, in seinem Element. Die einzelnen Schritte und Stufen werden sorgfältig registriert, mit souveräner Kennerschaft und ausführlichen Interpretationen der wichtigsten Werke vergegenwärtigt. Der Historiker Sengle liefert ein rundes historisches Goethebild, das bedeutet, er stellt Goethe in den Kontext von Vorgängern, Zeitgenossen und Nachfolgern, isoliert die Figur also nicht, wie das in einem Teil der Goethe-Literatur üblich geworden ist. Zum historischen Ansatz gehört, daß Sengle sowohl auf Vergötterung als auch auf Verteufelung verzichtet. Abseits von Panegyrik oder Polemik wird ein nüchternes und sachliches

Porträt von Goethes Entwicklung und Entfaltung gezeichnet, das gelegentliche Kritik nicht ausschließt. Sengle verzichtet in der Vorlesung auch ausdrücklich darauf, einzelne Phasen oder Werke gegeneinander auszuspielen, wie er das noch in seiner ersten Goethe-Studie, seiner Doktorarbeit, praktiziert hatte, als er sich für den jungen Goethe entschied und den klassischen Autor als Dramatiker recht rigide abwertete ("Goethes Verhältnis zum Drama. Die theoretischen Bemerkungen im Zusammenhang mit seinem dramatischen Schaffen", Berlin 1937). Was nützt es, wenn zum wiederholten Male der "Faust", der "Werther" oder die "Wahlverwandtschaften" zu Goethes Hauptwerken erklärt, die Vergleichsmöglichkeiten aber unterschlagen werden? Der Leser soll zunächst umfassend und ausgewogen informiert werden und sich ein eigenes Urteil bilden können.

Was das Werk im Innersten zusammenhält

Die meisten jüngeren Goethe-Darstellungen begnügen sich mit der Wiedergabe des proteushaften Entwicklungsgangs und reihen Werke und Phasen mehr oder weniger punktuell aneinander, so etwa Emil Staigers dreibändige Goethe-Monographie (Zürich 1952-1959) oder Karl Otto Conradys zweibändige Zusammenfassung "Goethes Leben und Werk" (Königstein/Taunus 1985). Staigers Werk ist bekanntlich eher als Reihe feinsinniger Interpretationen angelegt, entsprechend seinem phänomenologischen Ansatz, während Conrady schriftstellerische Arbeit und biographische Voraussetzungen besser miteinander verbindet. Aber auch Conradys Monographie, augenblicklich die verbreitetste Goethe-Einführung in Deutschland, neigt zur Isolierung der Einzelwerke und Einzelphasen. Für ihn steht der "Suchende", der "unruhige, unstete Goethe" im Vordergrund (I,80). Nicht so Sengle in der vorliegenden Gesamtdarstellung. So unvoreingenommen und aufnahmebereit er sich dem Einzelwerk und der Einzelphase zuwendet, wird doch der umfassendere Kontext nie vernachlässigt. Diese Einführung verfügt auch über den strukturellen, strategischen Zugriff und weiß die Details mit dem Ganzen zu verbinden. Was ist aber bei Goethe das Ganze bzw. vorsichtiger, wie lassen sich die Details zu Linien und Zusammenhängen verdichten und wie geht Sengle diese ebenso wichtige Aufgabe an?

Erreicht wird das zweite Ziel zunächst durch die Herausarbeitung von Epochensignaturen. In den vier Phasen, in die Sengle Goethes Leben und Werk gliedert, herrscht nicht das Chaos von Einzelteilen, sondern gibt es auch verbindende Strukturen. Am wenigsten vielleicht noch in der

Jugendperiode bis 1774, in der selbst bei dem Genie noch manches unverbunden nebeneinander steht, Rokoko und Empfindsamkeit, Einwirkungen von Wieland und zugleich von dessen Gegenpol Klopstock. Aber schon kündigen sich wichtige Grundlegungen an, die für die gesamte Folgezeit Gültigkeit behalten. Goethe entdeckt das persönliche Individuum als zentralen Werkstoff, als unerschöpfliches Reservoir für die Dichtung. Fortan wird die autobiographische Erfahrung offen oder verdeckt in alle wichtigen Werke eingehen. "Poetischer Gehalt [...] aber ist Gehalt des eigenen Lebens; den kann uns niemand geben" (221). Der Autor ist sich aber darüber im Klaren, daß die starke Selbstbetonung die Spannungen zum Ganzen, zur Gesellschaft, zu Institutionen und Normen vergrößern muß. Schon 1771 findet er die Grundformel für sein dramatisches Werk, als er in seiner berühmten Rede "Zum Shakespeares-Tag" erklärt, daß

> das Eigentümliche unsres Ichs, die prätendierte Freiheit unsres Wollens, mit dem notwendigen Gang des Ganzen zusammenstößt (78).

Hier taucht schon die Antinomie von Ich und Ganzem, Freiheit und Notwendigkeit auf, bestimmend selbst für die übrigen Gattungen. Sie wird zum Baugesetz von Goethes Werken, so sehr diese sich im Phänotyp voneinander unterscheiden und die Akzente anfangs mehr in Richtung "Freiheit", später mehr in Richtung des "notwendigen Gangs des Ganzen" tendieren mögen.

In der zweiten Phase, den frühen Weimarer Jahren von 1775 bis 1786, steigert sich die Selbstbetonung zum Sendungsbewußtsein, wird aber durch die Tätigkeit als Minister zugleich sozial ausbalanciert. Wirkungen des Sendungsbewußtseins erkennt Sengle in der Fürstenerziehung, bei der sich der Dichter dem jüngeren Fürsten noch überlegen glaubt ("Ilmenau"), in der Hoffnung auf ein Nationaltheater ("Theatralische Sendung", 1. Fassung von "Wilhelm Meisters Lehrjahre"), aber auch in der Humanitätsreligion, die Iphigenie wider Erwarten gegen männliche Gewaltbereitschaft durchsetzen kann. Auf dieser Stufe ist Goethes Glauben an die Versöhnbarkeit von Liebe und Macht, an die Humanisierung des Staates noch ungebrochen. Erst einige Jahre später kommt Skepsis auf, ob solche optimistischen Utopien auch auf den Künstler und genialen Einzelgänger an den zeitgenössischen Höfen zutreffen. Mit der Halbtragödie "Tasso" endet die Phase des Sendungsbewußtseins und weicht einer differenzierteren Beurteilung beider Seiten. Goethes anfängliche Arbeit als Weimarer Minister bewertet Sengle weniger kritisch als üblich. Nach seiner Ansicht schärfte diese Tätigkeit den politischen Einblick und das soziale Verantwortungsbewußtsein, drängte zwar eine Zeitlang die literarische Produktion zurück, bereicherte sie aber um so mehr nach der Italienreise. Ohne die vorausgegangenen Erfahrungen wäre das komplexere Verständnis für das Verhältnis von Ich und Ganzem undenkbar gewesen.

Die Phase von 1789 bis 1805, Hochklassik und Frühromantik, sieht Sengle geprägt durch das politische Zentralereignis, die erste Französische Revolution. Schon den "Werther" mit seiner jugendlichen Protesthaltung und die Italienreise mit ihren radikalen Abbrüchen versteht er als Vorboten, um so mehr dann die Reaktionen nach 1789. Die ausgesprochenen Revolutionsstücke behandeln die Thematik eher burlesk und oft genug verharmlosend, ernster sind dagegen die Verarbeitungen in den "Unterhaltungen deutscher Ausgewanderten", in "Hermann und Dorothea" und der "Natürlichen Tochter", in denen die Revolution als bedrohlicher Hintergrund zu unterschiedlichen Ordnungsversuchen anregt. Auch "Wilhelm Meisters Lehrjahre" versteht Sengle von ihrem Reformansatz her als Gegenentwurf zu den gewaltsamen Abbrüchen in der Revolutionszeit. Goethe reagiert auf die Zäsuren der Revolution mit den Modi der Evolution. Auch im erhöhten Formbewußtsein der hochklassischen Periode sieht Sengle eine Revolutionswirkung. Durch strengeren Werkaufbau, die Rückkehr zum Versdrama, zu den antiken Metren usw. will Goethe der chaotischen Gegenwart formale Ordungskräfte entgegenstellen. Für den Sengle-Kenner ist an solchen Stellen der Bezug auf die Abfassungszeit der Vorlesung unübersehbar. Der Verfasser nimmt nicht nur Stellung zu Goethes Reaktionen, sondern auch zu der durch verwandte Umbrüche und Revolutionen gekennzeichneten eigenen Zeit. Die Vorlesung erhält einen aktuellen Ton, ohne daß das hier - im Unterschied zu anderen Sengle-Texten - offen ausgesprochen wird.

Goethes letzte und längste Phase, die Alterszeit von 1806 bis 1832, entzieht sich solchen knappen Reduktionen, dafür ist sie zu komplex. Obwohl die Darstellung der Jugendzeit wesentlich ausführlicher ausfällt, übertrifft das vierte Kapitel das erste eher noch an strategischer Übersicht und Dichte. Sengle entwirft in neun Punkten Hauptkennzeichen der letzten Periode (223ff.) und wendet besondere Sorgfalt auf die Interpretation der Hauptwerke. Im Unterschied zu gängigen Auffassungen sieht er die Alterszeit nicht nur durch Entsagung, sondern auch durch "Wiederkehr des Eros" geprägt (Marianne von Willemer, Ulrike von Levetzow und die mit ihnen verbundene Lyrik). Die Rückwendung zur ersten Lebenshälfte zeigt sich weiterhin an der Fülle autobiographischer Schriften und an der Anknüpfung an ältere Texte wie "Wilhelm Meister" oder "Faust". Alter und Jugend begegnen sich und gehen eine Symbiose ein. Schon erwähnt wurde das Ausgreifen in weltliterarische Stoffbereiche, sichtbar besonders am "Divan" und am zweiten Teil des "Faust". Goethe erweitert gerade in dieser Phase seinen dichterischen Horizont noch einmal überraschend und kreativ.

Neben den literarischen Arbeiten fördert er jetzt noch stärker als vorher die naturwissenschaftlichen Schriften ("Zur Farbenlehre", "Zur Morphologie"). Starke Spannungen verrät auch Goethes Alterstil, in dem sich sowohl Tendenzen zur Komplizierung und Abstrahierung als auch zu mehr Natürlichkeit, Sinnlichkeit und Geselligkeit nachweisen lassen, ebenso wie sich symbolische und allegorische Verfahrensweisen überlagern. Man kann also keineswegs von einem Nachlassen der Vitalität ausgehen.

Auffällig ist nicht zuletzt, daß neben den biedermeierlichen Affinitäten die Verbindung von klassischen und romantischen Ansätzen weitergeht. Der alte Goethe bleibt flexibel genug, um sich wesentliche romantische Einsichten anzueignen. "Faust" II ist dafür wohl das überzeugendste Beispiel. Sengle verweist auf das romantische Konzept der Universalpoesie, hier als Verschmelzung von Religion, Musik und Lyrik und in der Konzeption eines symbolisch-allegorischen Mysterien- und Zauberspiels. Von der Gattung her wirkt das romantische Doppeldrama nach (Arnims "Halle und Jerusalem"). Daß Goethe nicht als reiner Klassiker oder gar Klassizist aufzufassen ist, wurde schon vor Sengle - besonders von der Auslandsgermanistik - hervorgehoben. Sengle arbeitet aber deutlicher heraus, daß die Romantisierung durch die frühere Einarbeitung empfindsamer Züge präludiert wird, besonders im "Werther" und in der "Iphigenie". Goethes Gesamtfigur hat eine bedeutende empfindsam-romantische Seite, die man keinesfalls vernachlässigen darf. Aber ist damit alles gesagt? Auch der Rokoko-Goethe gehe, so macht Sengle geltend, durch den Sturm und Drang nicht unter, sondern tauche in den Weimarer Jahren wieder auf, z.B. in den "Römischen Elegien" oder im "West-östlichen Divan". Sengle zieht dieses Liniengeflecht behutsam nach.

Für den Anfänger muß eine solche differenzierende Betrachtungsweise verwirrend wirken, sie führt aber auf den Kern des Phänomens Goethe. Dieses ist nur durch Begriffe wie Polarität und Synthese angemessen zu erfassen. Polarität ist ein Begriff des späten Goethe und trifft auf diese Phase wohl am meisten zu. Doch ist er zu ergänzen durch den Begriff der Synthese, weil es nicht einfach um die Gegenüberstellung und die Antinomie, sondern gleichgewichtig um die Zusammenführung von scheinbaren Gegensätzen geht. Sengle arbeitet mit beiden Begriffen, außerdem gern mit dem der Spannung und meint damit den Spannungsbogen, nicht die Unverträglichkeit zwischen zwei Komponenten. Goethe verfügt über die Fähigkeit, sich weit zu öffnen, Spannungen auszuhalten und schließlich in Synthesen zu überführen.

Damit sind wir bei Strukturierungen, die den literaturwisenschaftlichen Beschreibungshorizont überschreiten und eher in die Anthropologie gehören, nämlich in die Kennzeichnung persönlicher Eigenschaften.

Letzlich kommt es bei einem so komplexen Phänomen darauf an, ob man die richtigen Kategorien für den Menschen Goethe einzuführen weiß. Und das dürfte hier wegweisend gelungen sein. Wir hören durchgehend vom Augenmenschen und dem Beobachter (75, 121, 154 u.ö.), auch immer wieder vom Realisten Goethe (216, 279 u.ö.). Diese besonders ausgebildete Begabung befähigte den Autor, Innenwelt und Außenwelt, die Natur und die Gesellschaft gleichermaßen umfassend und unbestechlich wahrzunehmen. Daraus erwuchsen nebeneinander und sich ergänzend die subjektiv-seelische Innenschau, die scharf beschreibende Gesellschaftsanalyse und die naturwissenschaftliche Erhebung und Deutung. In allen Bereichen geht es um Urformen und Urphänomene. Natur und Kunst, Natur- und Menschenwelt sind einheitlich strukturiert bzw. werden als Einheit gedeutet. Aus diesem Ansatz entwickelte sich auch Goethes Pantheismus und aus dem Pantheismus das symbolische Verfahren, die Hinweisung vom Teil aufs Ganze, vom Äußeren auf das Innere. Natur ist dabei nicht als harmlose Idylle, sondern oft genug als dämonische Kraft zu verstehen, wie sie in vielen Gedichten und z.B. in den "Wahlverwandtschaften" beschworen wird.

Ein weiteres kommt hinzu: der Wunsch nach Ausgleich, der Verzicht auf extreme Entscheidungen, sowohl im Leben als auch im Werk. Selbst für die Phase des jungen Goethe, in der Radikalismen normal wären, stellt Sengle diese Eigenschaft fest. Über die Leipziger Lyrik heißt es:

> Dieses *Balancieren* der Gewichte, diese Equilibristik, wie man heute verächtlich sagt, und wie man auch schon im Vormärz mit anderen Worten sagte, z.B. bei Heine, ist charakteristisch für den Leipziger Goethe und nicht nur für diesen; denn Goethes *Grundhaltung* ist ausgleichend, nachgiebig, wenn auch nur bis zu einem gewissen Punkt. Stilistisch entspricht dieser Neigung die Fähigkeit zu unaufdringlicher, will sagen, *anmutiger* Gestaltung (39f.).

Nicht einmal das "Prometheus"-Fragment will Sengle extremistisch deuten. Für ihn ist es ein Beleg dafür,

> daß Goethe *niemals* radikal war, daß bei ihm nichts so ausgeprägt ist wie das Bedürfnis, alles ins Gleichgewicht zu setzten. Das wird im Dramenfragment deutlicher als im isolierten Gedicht (98).

Zwar verkennt Sengle nicht, daß in der Sturm und Drang-Zeit auch Goethes Freiheitsbegehren stärker war als sonst, aber nie so ausschließlich wie bei seinen Freunden Lenz oder Herder. Schon hier tauchte das "Ganze" wenigstens in Umrissen auf.

Wer Balance und Ausgleich will, entscheidet sich auch für Bejahung. Obwohl Goethe oft genug an die Grenzen der menschlichen und gesellschaftlichen Belastbarkeit stieß, blieb er auf der Suche nach Lösung und Rettung. Auch dieser Zug durchzieht Sengles Darstellung. Über den jungen Autor lesen wir:

> Es ist ein Wesenszug von Goethe, daß er immer dazu neigt, sich einzufühlen und womöglich *alles zu bejahen*. Was man seine Charakterlosigkeit oder sein höfisches Wesen oder seinen undemokratischen Konservativismus genannt hat, beruht auf dieser Neigung zum Jasagen. Wer eine *Revolution* vorbereitet, muß immer *Nein* sagen, und das kann Goethe nicht. Eine so negative Haltung war ihm als *Lebens*haltung unerträglich. Da Deutschland nun im ganzen alles andere als revolutionär *war*, bejahte er den Zustand, der gegeben war, d.h. er machte wieder Frieden mit der damaligen Gesellschaft (108).

Im Alter tritt diese Eigenschaft eher noch verstärkt auf, etwa in Form der Altersironie (229) oder beim zweiten Teil des "Faust". Zu dessen Schluß erklärt Sengle:

> Im Grunde ist auch dieser Schluß allegorisch und nichts weiter als ein Ausdruck für den Willen zur Bejahung, den wir bei Goethe immer wieder als grundlegend und, ich glaube, als bewunderungswürdig kennengelernt haben (281).

Gemeint ist der Sieg des "Ewig-Weiblichen" über das "Ewig-Leere" (Mephisto), Fausts schließliche Himmelfahrt trotz der Serie der von ihm angerichteten Katastrophen. Es ist die ästhetische Konsequenz der bejahenden Haltung, daß Goethe in seinen Tragödien - ob in Form von Dramen oder Romanen - auf die Katastrophen gewöhnlich eine rettende Teillösung folgen läßt. Man denke nur an "Egmont", wo am Ende die Freiheit in personifizierter Gestalt im himmlischen Gewand und mit den Zügen Klärchens erscheint. Oder an den Schluß des "Tasso": Trotz der Verbannung vom Hof bleibt offen, ob es nicht doch noch eine Rückkehr für die Hauptfigur geben kann. Die Umarmung Antonios durch Tasso besagt für Sengle: "Es kann *unter Umständen* auch gut gehen" (167). In den "Wahlverwandtschaften" baut Goethe Ottilie zur Heiligenfigur auf und vereinigt sie mit ihrem Geliebten wenigstens im Grab.

Nur für den "Werther" gibt es keine Versöhnung nach der Katastrophe. Offenbar war Goethe zum damaligen Zeitpunkt noch nicht in der Lage, seinem Grundbedürfnis nach Bejahung Ausdruck zu geben.

> Goethe riß hier ein Loch in das Gefüge der alten europäischen Kultur, das er selbst bereute, das er mit vielen anderen zusammen wieder zu stopfen versuchte, *das aber nicht zu stopfen war*. Immer wieder tauchte Werthers Schatten vor ihm auf, und vor dem Geist der späteren Generationen erst recht. [...] Es geht hier also um eine Götterdämmerung, um die Heraufkunft des *Nihilismus*, und was man später bei Heine, Grabbe, Büchner usw. findet, liegt hier in nuce vor, noch ein wenig mit Empfindsamkeit verhüllt; aber das kann uns nicht mehr täuschen (119).

Der "Werther" ist Ausdruck jugendlicher Gefährdung und einer noch nicht erreichten Sinnfindung. Je reifer Goethe wird, desto mehr stemmt er sich gegen die latente Selbstmordgefahr und den drohenden Sinnverlust im eigenen Leben und in der modernen Gesellschaft. Wie er die wechselnden Herausforderungen Schritt für Schritt meistert, aber auch Umwege und Irrwege geht, ist Gegenstand der inneren Linie dieser Vorlesung. Es klingt wie eine letzte Antwort auf die "Werther"-Krise, wenn Sengle seine "Faust"-Interpretation und zugleich die Gesamtdarstellung mit dem Satz enden läßt:

> Dieser Glaube an den positiven Sinn der Welt - diese Absage an Weltschmerz und Nihilismus - ist Goethes wichtigstes Vermächtnis (281).

Durch die ihm eingeborene Genialität und durch ein hohes Maß an Selbstdisziplin gelingt es dem Autor, immer wieder Auswege zu finden. Was dazu im Alltag, gleichsam als Tagesbasis erforderlich ist, faßt das "Vermächtnis altpersischen Glaubens" im "Divan" zusammen:

> Schwerer Dienste tägliche Bewahrung,
> Sonst bedarf es keiner Offenbarung. (24)

Die Vorlesung zieht also genügend Linien, um hinter Vielfalt und Wandel dennoch eine Einheit, zumindest Kontinuität sichtbar werden zu lassen, Stetigkeit und Zusammenhalt mit einer durchgehenden persönlichen Handschrift. Nicht erst seit der Postmoderne tritt das Problem auf, wie man sich innerhalb einer Vielzahl von bereitstehenden Stilen noch behaupten kann, einerseits daraus Nutzen zieht, andererseits seinen individuellen Zugriff nicht aufgibt. Es entsteht eine starke Spannung zwischen den vielen Masken und dem autobiographischen Ansatz, beides wächst mit- und gegeneinander. Goethe ist in der deutschen Literatur das erste prominente Beispiel dafür, wie sich in unserer modernen pluralistischen Kunstwelt Vielfalt und Konsistenz verbinden lassen und bleibt in dieser Hinsicht auch für die nachwachsende Kunst noch immer Anregung und Herausforderung. Denn für eine vollständige Verjüngung der Kultur oder einen neuen, zugleich verbindlichen und lang anhaltenden Epochenstil gibt es - wie die Dinge liegen - keinerlei Anhaltspunkte.

Stufen und Kriterien einer Vorlesung

Noch ein Wort zur Entstehungsgeschichte der Vorlesung und zu ihren Eigenarten. Wie es germanistischer Brauch war und der speziellen Gewohnheit des Verfassers entsprach, ist sie ihrerseits über Jahrzehnte gewachsen. Im Wintersemester 1954/55 bildete eine erste Einführung in Goethe und Schiller noch den vierten Teil eines Gesamtüberblicks über die neuere deutsche Literaturgeschichte seit 1500; Sengle nannte das salopp seine "Dampfwalze". Hier fungierte das Jahr der beginnenden Freundschaft mit Schiller, 1795, als Hauptzäsur in der Goethe-Entwicklung. Während seiner Münchener Tätigkeit, im Wintersemester 1968/69, erweiterte Sengle den Goethe-Teil zu einer selbständigen Vorlesung und gliederte ihn in vier Kapitel. Diese sehr erfolgreiche Vorlesung trug der Verfasser noch einmal in den Wintersemestern 1973/74 und 1976/77 vor, wieder mit neuen Ergänzungen.Aus diesen Phasen stammt wohl die maschinenschriftliche Version, die er in Abständen einige Male durchging, auch noch nach Abschluß seines Hauptwerkes, der dreibändigen "Biedermeierzeit", als er sich erneut voll der Goethe-Forschung zuwandte. Dabei arbeitete er noch jüngste Forschungsergebnisse ein, z.B. seine Auseinandersetzung mit Wolfgang Schadewaldt über Goethes ehrgeiziges und gescheitertes "Achilleis"-Projekt (211).

Man kann also davon ausgehen, daß der Text durch diese mehrfache Überarbeitung ausgereift ist, ohne auf den Vorlesungscharakter zu verzichten. Im letzten Lebensjahrzehnt begegnet in Sengles Briefwechsel gelegentlich der Plan einer Veröffentlichung als Schriftstellerbiographie, wozu gewiß noch weitergehende Arbeiten und eine Umstellung auf den Modus von Drucktexten notwendig gewesen wären. Dazu ist es nicht mehr gekommen, weil Sengle sich auf sein Alterswerk "Das Genie und sein Fürst" konzentrierte, eine faszinierende und grundlegende sozialgeschichtliche Darstellung der wechselvollen Lebensgemeinschaft zwischen Goethe und seinem Landesherrn Carl August von Sachsen-Weimar, ein Jahr vor seinem Tod erschienen. Außerdem veröffentlichte er 1989 noch eine fast komplette Sammlung seiner späten Aufsätze und Vorträge zum Thema Goethe unter dem sprechenden Titel "Neues zu Goethe". Ich denke aber, daß die Vorlesung gerade wegen ihres spontanen Charakters einen besonderen Reiz hat. Nach meinem Urteil handelt es sich um die beste Goethe-Einführung und die überlegenste Goethe-Interpretation, die zur Zeit greifbar sind, zudem in erfreulich konziser Form. Es ist ein Vorzug, daß Sengle in dieser Gesamtdarstellung die didaktische Funktion bewußt in den Vordergrund stellt. Er verstand zu unterscheiden zwischen fachwissenschaftlichen Untersuchungen, die sich Spezialfragen widmen und mit der Forschungssituation auseinandersetzen - wie in den eben genannten Veröffentlichungen -, und pädagogischen Vermittlungen, in denen der Stoff und die Aufnahmefähigkeit der Hörer/Leser im Mittelpunkt stehen müssen. Hier haben die prägnante Zusammenfassung und die klare Mitteilungsform den Vorrang. Die Einführung wird als eigene Gattung wissenschaftlicher Literatur behandelt, behält den Rhythmus der gesprochenen Sprache bei und wird nicht dem Stil von Spezialstudien unterworfen. Deshalb läßt sich verschmerzen, daß wegen der Abfassungszeit der eine oder andere Titel der neuesten Goethe-Literatur nicht mehr erwähnt wird. Sengle versteht es, auch den uninformierten Liebhaber und Interessenten anzusprechen und einprägsam zusammenzufassen, was er in seinen fachwissenschaftlichen Veröffentlichungen teilweise nur angedeutet oder verstreut behandelt hat. Es ist also zu hoffen und wünschen, daß der Band die ihm zukommende Resonanz findet.

An der Veröffentlichung haben sich tatkräftig beteiligt
- Marianne Tilch durch die bewährte Sorgfalt ihrer Textbetreuung
- die Familie Sengle, besonders Hermann Sengle, durch großzügige Zuschüsse
- das Heinrich-Heine-Institut, Düsseldorf als Aufbewahrungsort des Sengle-Nachlasses sowie
- Helmut Kreuzer und der Verlag C. Winter durch die verlegerische Initiative.

Manfred Windfuhr

Zum Text

Das Typoskript, das diesem Druck als Vorlage diente, umfaßt 493 einseitig beschriebene und handschriftlich mit Bleistift paginierte Seiten im Format A 5, zwei Seiten mit detailliertem Inhaltsverzeichnis und Seitenangaben sowie drei Blätter im A 4 -Format mit den Textauszügen aus den drei "Götz"-Fassungen. Diese maschinengeschriebene Vorlage basiert auf dem Manuskript der Vorlesung, wie Friedrich Sengle sie zuerst im Wintersemester 1968/69 in München gehalten hat. Sie wurde von ihm in mindestens drei Stufen überarbeitet: einmal, mit blauem Kugelschreiber, als Vorbereitung für die zweite Münchener Lesung, wie sich aus inhaltlichen Indizien ergibt, einmal mit schwarzem Kugelschreiber, zeitlich nicht genau zu bestimmen und mit Bleistift. Die Bleistiftkorrekturen dürften wenigstens zum Teil im Jahr 1976 entstanden sein. Das läßt sich aus einer Änderung schließen, die den Zeitraum betrifft, der seit Goethes Geburt vergangen ist. Im Typoskript ist von "ungefähr 220 Jahren" die Rede, was auf 1968/69 verweist; Sengle strich diese Angabe und ersetzte sie mit Bleistift durch die Zahl 227, die auf das Jahr 1976 als Zeitpunkt der Korrektur deutet.

Außer den zahlreichen inhaltlichen Zusätzen, Korrekturen und gelegentlichen Streichungen, die meist vorangegangene Veranstaltungen (Seminare usw.) betreffen, gibt es noch zahlreiche Wörter, Sätze und Zeichen am Rand, die sich auf den Vorlesungsablauf beziehen, Zäsuren und Pausen markieren: kleine Kreise, Kreise mit Punkt und in Kombination damit Bemerkungen wie "Lyrik Ende, Forts. Drama" oder "Verschiebg der Pause" u.ä. Ebenfalls am Rand oder auch im Text zwischen den Zeilen, vor allem bei Zitaten, steht gelegentlich der Vermerk "Rep." (Repetieren, Wiederholen). Diese Zeichen und Bemerkungen wurden nicht in den Druck übernommen

Zu den Besonderheiten, die ebenfalls mit dem Vorlesungsablauf zusammenhängen, gehört, daß Sengle größere und kleinere Textpartien einklammerte, wobei zum Teil Überschneidungen auftreten können (z.B. S. 201). Fast immer wurden diese Einklammerungen durch kurze senkrechte Striche am Rand wieder aufgehoben. Wie aus begleitenden Bemerkungen hervorgeht, handelt es sich dabei um Textpartien, die er manchmal, vermutlich aus Zeitgründen, weggelassen hat oder evtl. weglassen wollte. So z.B. am Ende des Abschnitts "Leipziger Dichtungen" (49f.), wo am Beginn des eingeklammerten Textes die Bemerkung steht "Ende der Stunde keine Forts." und am Schluß "[Es folgt der Abschnitt Die Krankheitszeit]". Auch der Vergleich der drei "Götz"-Fassungen (86-94) ist mit Strichen am Rand markiert, dazu der Hinweis "1973/74 weggelassen Forts. S. 150". Diese Textpartien wurden, ebenfalls eingeklammert, in den Drucktext übernommen.

Der Druck folgt dem Text der Vorlesung wortgetreu. Dazu gehört auch, daß versucht wurde, den Ton der gesprochenen Sprache wiederzugeben. Im Typoskript drückt sich das in den vielen in den Text eingestreuten eingeklammerten Ausrufezeichen und in den zahlreichen Unterstreichungen von Wörtern und Textpassagen aus, auf die Sengle besonderen Nachdruck legen wollte. Die Anführungszeichen wurden in eckige Klammern gesetzt, die unterstrichenen Stellen sind durch kursiven Druck hervorgehoben. Auch die gelegentlichen Sperrungen im Text gehen auf die Vorlage zurück.

Es wurde nur in wenigen Einzelfällen versucht, nicht beendete Sätze oder nur aus Stichworten bestehende Hinweise zu ergänzen. Für diese gelegentlichen Ergänzungen wurden spitze Klammern verwendet.

Abweichend von der Vorlage wurden die zum Teil sehr kurzen Absätze des Typoskripts öfter zu größeren Abschnitten zusammengefaßt. Die schwankende Schreibung der Titel, mal mit Anführungszeichen, mal unterstrichen, mal ganz ohne Auszeichnung wurde vereinheitlicht: alle Titel erscheinen im Text kursiv. Schreibfehler wurden verbessert, fehlende Satzzeichen ergänzt, die Zitate überprüft und, wo diese fehlten, mit den Belegstellen versehen. Bei den Briefzitaten wurde auf den Stellennachweis verzichtet, dafür wurden die Briefdaten und in einigen Fällen die Adressaten ergänzt, so daß sie sich in den vorhandenen Ausgaben leicht auffinden lassen.

Bibliographie

(Erfaßt nur die in der Vorlesung erwähnte Sekundärliteratur)

Atkins, Stuart Pratt: The apprentice novelist. Goethe's letters 1765-1767. - In: Modern Language Quarterly 10 (1949), S. 290-306

Baumann, Gerhart: Goethe. Dauer im Wechsel. München 1977

Benz, Ernst: Der wiederkehrende Christus. - In: Zeitschrift für Religions- und Geistesgeschichte. IV (1954), H. 4

Beutler, Ernst: Essays um Goethe. 2 Bde. (Wiesbaden 1948) Bremen 1957

Beutler, Ernst: Ursprung und Gehalt von Goethes *Novelle*. - In: DVjs 16 (1938), S. 324-352

Brinkmann, Richard: Wirklichkeit und Illusion. Studien über Gehalt und Grenzen des Begriffs Realismus für die erzählende Dichtung des 19. Jahrhunderts. Tübingen ^{2}1966

Bruford, Walter H.: Die gesellschaftlichen Grundlagen der Goethezeit. Weimar 1936

Burger, Heinz Otto: Zur Interpretation von Goethes *Iphigenie*. - In: GRM N.F. IX (1959), S. 266-277

Cholevius, Carl Leo: Geschichte der deutschen Poesie nach ihren antiken Elementen. 2 Bde. Leipzig 1854, 1856

Emrich, Wilhelm: Die Symbolik von *Faust* II. (Berlin 1943) Königstein/Ts. ^{5}1981

Fairley, Barker: A study of Goethe. Oxford 1947 (dt.: Goethe. Aus dem Englischen übertragen von Fr. Wernecke. München 1953)

Fairley, Barker: Goethe, dargestellt in seiner Dichtung. Aus dem Englischen übersetzt von Hermann Boeschenstein. Frankfurt a.M. 1968

Flitner, Wilhelm: Goethe im Spätwerk. Glaube, Weltsicht, Ethos, Hamburg 1947

Friedenthal, Richard: Goethe. Sein Leben und seine Zeit. München 1963. 2 Bde. München 1968

Fuchs, Albert: Goethes *Prometheus*-Fragment. Irrtum, Not und Erlösung. - In: ders.: Goethe. Studien. Berlin 1968, S. 1-15

Gilg, André: *Wilhelm Meisters Wanderjahre* und ihre Symbole. Zürich 1954

Graefe, Johanna: Die Religion in den *Leiden des jungen Werther*. Eine Untersuchung auf Grund des Wortbestandes. - In: GoetheJb N.F. (1958), S. 72-98

Graham, Ilse A.: Vom *Urgötz* zum *Götz*: Neufassung oder Neuschöpfung? - In: SchillerJb 9 (1956), S. 245-282

Grimm, Reinhold und Jost Hermand (Hrsg.): Die Klassik-Legende. Frankfurt a.M. 1971

Gundolf, Friedrich: Goethe. Berlin 1916 (u.ö.), zuletzt 1930

Der Diwan von Mohammed Schemsed-din Hafis. Aus dem Persischen zum erstenmal ganz übersetzt von Joseph von Hammer [-Purgstall]. 2 Bde. Stuttgart und Tübingen 1812f.

Hass, Hans-Egon: Goethe. *Die natürliche Tochter*. - In: Benno von Wiese (Hrsg.): Das deutsche Drama. Bd. 1. Düsseldorf 1958, S. 215-247

Heisenberg, Werner: Das Naturbild Goethes und die technisch-naturwissenschaftliche Welt. - In: ders.: Gesammelte Werke. Abt. C. Bd. 2. Hrsg. von Walter Blum, Hans Peter Dürr und Helmut Rechenberg. München 1984

Henckmann, Gisela: Gespräch und Geselligkeit in Goethes *West-östlichen Divan*. Stuttgart 1975

Henkel, Arthur: Entsagung. Eine Studie zu Goethes Altersroman. Tübingen ²1964

Henkel, Arthur: Versuch über *Wandrers Sturmlied.* (1960) - In: Goethe-Erfahrungen. Studien und Vorträge. Kleine Schriften 1. Stuttgart 1982, S. 9-42

Jäger, Hella: Naivität. Eine kritisch-utopische Kategorie in der bürgerlichen Literatur und Ästhetik des 18. Jahrhunderts. Kronberg/Ts. 1975

Kaiser, Gerhard: Aufklärung, Empfindsamkeit und Sturm und Drang. München ³1979

Kaiser, Gerhard: Das Genie und seine Götter. - In: Euphorion 58 (1964)

Kindermann, Heinz (Hrsg.): Der Rokoko-Goethe. (Deutsche Literatur in Entwicklungsreihen Bd. 15: Reihe Irrationalismus 2) Reprint der Ausgabe Leipzig 1932. Darmstadt 1970

Klassik. Erläuterungen zur deutschen Literatur. Hrsg. vom Kollektiv für Literaturgeschichte im volkseigenen Verlag Volk und Wissen. Berlin ⁷1974

Kohlschmidt, Werner: Geschichte der deutschen Literatur vom Barock bis zur Klassik. (Geschichte der deutschen Literatur von den Anfängen bis zur Gegenwart. Bd. 2) Stuttgart u.a. 1965

Korff, H. A.: Geist der Goethezeit. 5 Bde. Leipzig 1923-1957

Lämmert, Eberhard: Bauformen des Erzählens. Stuttgart ⁶1975

Lehmann, Wilhelm: Bewegliche Ordnung. Heidelberg 1947; 2. Aufl. Frankfurt a.M. [o.J.]

Ludwig, Emil: Goethe. Geschichte eines Menschen. 3 Bde. Berlin 1922

May, Kurt: Goethes *Novelle*. - In: Euphorion 33 (1932), S. 277-299

May, Kurt: Goethes *Wahlverwandtschaften* als tragischer Roman. - In: Ewald Rösch (Hrsg.): Goethes Roman *Die Wahlverwandtschaften*. Darmstadt 1975, S. 263-271

Mayer, Hans: Goethe. Ein Versuch über den Erfolg. Frankfurt a.M. 1973

Meyer, Heinrich: Goethe. Das Leben im Werk. Stuttgart 1951, ²1967

Mommsen, Katharina: Goethe und Diez. Quellenuntersuchungen zu Gedichten der *Divan*-Epoche. Berlin 1961

Mommsen, Katharina: Natur und Fabelreich in *Faust* II. Berlin 1968

Mommsen, Momme: Studien zum *West-östlichen Divan*. Berlin 1962

Morris, Max (Hrsg.): Der junge Goethe. Neue Ausgabe in 6 Bänden. Leipzig 1909-1912

Müller, Günther: Geschichte des deutschen Liedes. Vom Zeitalter des Barock bis zur Gegenwart. Darmstadt 1959; Nachdruck der Auflage von 1925

Müller, Günther: Kleine Goethebiographie. Bonn ⁵1969

Müller, Günther: Morphologische Poetik. Gesammelte Aufsätze. In Verbindung mit Helga Egner hrsg. von Elena Müller. Darmstadt 1968

Müller-Seidel, Walter: Komik und Komödie in Goethes *Faust*. - In: Das deutsche Lustspiel. Hrsg. von Hans Steffen. Göttingen 1968

Muschg, Walter: Tragische Literaturgeschichte. Bern 1948

Neumaier, Herbert: Die Konversation in der frühen Biedermeierzeit 1815-1830. Bergatreute 1974

Paatz, Walter und Elisabeth: Die Kirchen von Florenz. Frankfurt a.M. 6 Bde. 1940-1954

Peacock, Ronald: Goethe's Major Plays. New York 1959
Peschken, Bernd: Entsagung in *Wilhelm Meisters Wanderjahren.* Bonn 1968
Preisendanz, Wolfgang: Die Spruchformen in der Lyrik des alten Goethe und ihre Vorgeschichte seit Opitz. Heidelberg 1952
Rasch, Wolfdietrich: Goethes *Torquato Tasso.* Die Tragödie des Dichters. Stuttgart 1954
Rotermund, H.-M.: Zur Kosmogonie des jungen Goethe. - In: DVjs 28 (1954), S. 472-486
Schadewaldt, Wolfgang: Goethe-Studien. Natur und Altertum. Zürich und Stuttgart 1963, S. 283-300 und 301-395
Scharfschwerdt, Jürgen: Thomas Mann und der deutsche Bildungsroman. Eine Untersuchung zu den Problemen einer literarischen Tradition. Stuttgart u.a. 1967
Scherpe, Klaus R.: Gattungspoetik im 18. Jahrhundert. Stuttgart 1968. - Rezension von Georg Jäger. -In: GRM N.F. 19 (1969)
Schlechta, Karl: Goethes *Wilhelm Meister.* Frankfurt a.M. 1985
Schröder, Rolf: Novelle und Novellentheorie in der frühen Biedermeierzeit. Tübingen 1970
Sengle, Friedrich: Goethes Verhältnis zum Drama. Die theoretischen Bemerkungen im Zusammenhang mit seinem dramatischen Schaffen. - In: Neue Deutsche Forschung. Berlin. 116 (1937)
Sengle, Friedrich: Konvention und Ursprünglichkeit in Goethes Dichtung. - In: Studium Generale 1949; auch in: ders.: Arbeiten zur Deutschen Literatur 1750-1850. Stuttgart 1965
Sengle, Friedrich: Wieland und Goethe. - In.: ders.: Arbeiten zur Deutschen Literatur 1750-1850. Stuttgart 1965
Sengle, Friedrich: Biedermeierzeit. Deutsche Literatur im Spannungsfeld zwischen Restauration und Revolution 1815-1848. 3 Bde. Stuttgart 1971-1980
Sengle, Friedrich: Neues zu Goethe. Essays und Vorträge. Stuttgart 1989
Sengle, Friedrich: Goethes Ikarus-Flug. Zur Forcierung des Klassizismus im *Achilleis*-Plan. - In: ders.: Neues zu Goethe. Essays und Vorträge. Stuttgart 1989
Sengle, Friedrich: Das Genie und sein Fürst. Die Geschichte der Lebensgemeinschaft Goethes mit dem Herzog Carl August von Sachsen-Weimar-Eisenach. Ein Beitrag zum Spätfeudalismus und zu einem vernachlässigten Thema der Goetheforschung. Stuttgart und Weimar 1993
Seybold, Eberhard: Das Genrebild in der deutschen Literatur. Vom Sturm und Drang bis zum Realismus. Stuttgart u.a. 1967
Sørensen, Bengt Algot: Allegorie und Symbol. Texte zur Theorie des dichterischen Bildes im 18. und frühen 19. Jahrhundert. Frankfurt a.M. 1972
Staiger, Emil: Goethe. 3 Bde. Zürich 1952-1959
Staiger, Emil: Goethes *Novelle.* - In: ders.: Meisterwerke deutscher Sprache aus dem 19. Jahrhundert. Zürich ^{3}1957, S. 135-162
Steinweg, Carl: Goethes Seelendramen und ihre französischen Vorlagen, ein Beitrag zur Erklärung der *Iphigenie* und des *Tasso*, sowie zur Geschichte des deutschen und französischen Dramas. Halle 1912
Stöcklein, Paul: Stil und Geist der *Wahlverwandtschaften.* - In: Ewald Rösch (Hrsg.): Goethes Roman *Die Wahlverwandtschaften.* Darmstadt 1975, S. 215-235
Stöcklein, Paul: Wege zum späten Goethe. 2. erw. Aufl. Hamburg 1960

Strich, Fritz: Der lyrische Stil des 17. Jahrhunderts. - In: Deutsche Barockforschung. Dokumente einer Epoche. Hrsg. von Richard Alewyn. Köln und Berlin ^{3}1968, S. 229-259

Trunz, Erich: Goethes lyrische Kurzgedichte 1771-1832. - In: GoetheJb 26 (1964)

Viëtor, Karl: Geschichte der deutschen Ode. München 1923

Viëtor, Karl: Goethe. Dichtung, Wissenschaft, Weltbild. Bern 1949

Viëtor, Karl: Der junge Goethe. Bern 1950

Walden, Paul: Goethe und die Naturwissenschaften. Bremer Beiträge zur Naturwissenschaft Bd. 1. Bremen 1933

Welti, Heinrich: Geschichte des Sonettes in der deutschen Dichtung. Leipzig 1884

Wentzlaff-Eggebert, Friedrich Wilhelm: Schillers Weg zu Goethe. Tübingen 1949; Berlin ^{2}1963

Wurm, Christian: Commentar zu Göthe's *west-östlichen Divan* bestehend in Materialien und Originalien zum Verständnisse desselben. Nürnberg 1834

Zitiert wurde nach folgenden Ausgaben:

Goethes Werke. Hamburger Ausgabe in 14 Bänden. Hrsg. von Erich Trunz. Hamburg 1948-1964 (= HA)

Goethes Briefe. Hamburger Ausgabe. Textkritisch durchgesehen und mit Anmerkungen versehen von Karl Robert Mandelkow. 4 Bde. Hamburg 1962-1967

Goethes Werke. Hrsg. im Auftrage der Großherzogin Sophie von Sachsen. 143 Bde. Weimar 1887-1919. Nachdruck München 1987 (= WA)

Baechtold, Jakob (Hrsg.): Goethes *Götz von Berlichingen* in dreifacher Gestalt. Freiburg und Tübingen 1882 (= Baechtold)

Eckermann, Johann Peter: Gespräche mit Goethe. In den letzten Jahren seines Lebens. Hrsg. von H.H. Houben. Wiesbaden ^{26}1975

Der Briefwechsel zwischen Schiller und Goethe. Hrsg. von Emil Staiger. Frankfurt a.M. 1966

Schiller, Friedrich: Briefe. Hrsg. von Gerhard Fricke. München [o.J.]

Die Briefe der Frau Rath Goethe. Gesammelt und herausgegeben von Albert Köster. 2 Bde. Leipzig 1904

Personenregister